경제민주화의 이론과 과제

경제민주화의 이론과 과제

조국 엮음

경인문화사

머리말

1987년 6월 항쟁으로 군사독재가 무너져 정치권력은 5년마다 바뀌지만, 경제 권력의 독재는 변함이 없다. 너무 심한 경제 범죄가 들통이 나서 가끔씩 총수가 감옥에 가는 일이 생기지만, 그의 영향력 자체는 감옥 전후 큰 차이 없이 견고하게 유지된다. 김대중·노무현이라는 탁월한 민주화 운동의 지도자가 이끄는 두 번의 '민주정부'도 이내 경제 권력의 논리에 포섭되었다. 두 정부 하에서 복지정책은 그 이전에 비하여 확실히 강화되었지만, 성장 위주의 경제정책, 재벌 중심의 경제 운용, 관료 의존의 정책 판단의 틀은 혁파되지 못했다.

'대중경제론'의 주창자 김대중 대통령이 이끄는 '국민의 정부'는 국가 부도를 가져온 1997년 외환위기를 해결하기 위해 대량 해고와 구정 조정, 노동의 유연화 정책을 집행해야 했다. '노동변호사'로 맹활약했던 노무현 대통령이 이끄는 '참여정부'도 경제 민주화를 추진하지 못했다. 오히려 경제 민주화 운동을 비난하기까지 했다. 예컨대, 노무현 대통령 후보 선대위 정치개혁운동본부 사무처장과 열린 우리당 원내기획실장을 지낸 윤석규 씨의 증언에 따르면, 2002년 참여연대가 '소액주주운동'의 일환으로 이학수 씨의 이사 선임을 반대했을 때, '386 운동권' 출신으로 당시 노무현 대통령 후보의 오른팔로 불렸던 이광재 씨는 이 운동을 주도하던 장하성 교수를 "빨갱이"라고 호칭하며 비난했다.[1]

　노무현 대통령은 권력 재창출에 실패한 후 서거 직전까지 고독 속에서, 제레미 리프킨의 《유러피언 드림》을 탐독하고 이 책의 함의에 공감을 표했다. 그와 그의 참모진이 집권 전에 이 책을 읽고 집권 후 '유러피언 드림'의 한국판을 실현하려고 노력했더라면 한국 사회의 모습은 달라졌을지도 모른다. 경제 권력에 의한 정치권력의 포획이라는 민주화의 가장 큰 역설적 비극은 김대중, 노무현 개인의 한계만이 아니라, 진보·개혁 진영 다수의 한계이기도 했다.

　경제 민주화에 대한 분명한 전망이 없었던 민주화 운동 세력은 김대중·노무현 정부의 연속 집권을 민주화의 완성으로 생각했다. 자본에 대한 통제와 규제의 계획과 의지 없이 자본과의 손잡기가 추진되었다. 이러한 경제 민주화에 대한 전망과 계획의 부재는 이후 "경제 살리기"를 내건 이명박 정권의 출범으로 이어졌다. "1948년 이래 가장 나은 정부가 1987년 이래 가장 나쁜 정부를 탄생시키는……역설"[2]이었다. 그 속에서 "삼성왕국"은 점점 강화되었다.

　헌법 제119조는 "시장의 지배와 경제력의 남용을 방지하며, 경제주체 간의 조화를 통한 경제의 민주화를 위하여 경제에 관한 규제와 조정을 할 수 있다"라고 규정한다. 헌법은 자유경쟁의 이름 아래 시장 약자를 몰락시키는 경제 질서를 상정하지 않는다. 일찍

---

1) 윤석규, 〈내가 지켜본 노무현·삼성 관계〉, 《프레시안》(2010. 3. 17).
2) 노회찬, 〈반MB 연대를 넘어 '민들레연대'로〉, 《리얼 진보》(레디앙, 2010), 372면.

이 영국 시인 윌리엄 블레이크는 "사자와 소를 위한 하나의 법은 억압이다"라고 갈파했다. 사자와 소를 한 울타리에 넣어놓고 자유롭게 경쟁하라고 하는 것은 사자보고 소를 잡아먹으라는 얘기와 같기 때문이다. 여기서 칸막이를 만드는 국가의 역할이 긴요하다.

물론 헌법은 사적 소유와 재산권을 인정한다. 그러나 이것의 의미가 자본주의를 "사적 이윤이 그 어느 다른 이해보다도 우위에 있고, 따라서 사회도 피고용인도 기업 경영에 어떤 영향도 미치지 못하는 일종의 사회 제도"로 이해하라는 것은 결코 아니다.3) 로버트 라이시(Robert B. Reich)의 용어를 빌리자면, 헌법이 용인하는 자본주의는 '슈퍼 자본주의'가 아니라 '민주적 자본주의'다.4) 자본주의는 민주주의의 틀 내에서 작동되어야 하며, 이때 민주주의는 정치적 민주주의만이 아니라 경제적 민주주의를 포함하는 의미다. 민주주의의 요청을 무시하고 민주주의를 위태롭게 하는 '마몬'의 목에는 고삐를 채워야 한다.

다행히도 정치민주화 외에 경제민주화가 필요하다는 문제의식은 2012년 대선을 거치면서 대중화되었다. 당시 야당 후보인 문재인 후보는 물론, 여당 후보인 박근혜 후보도 경제민주화를 공약으로 내세웠다. 정치적 민주화 이후 시대정신이 무엇인지, 국민의 고

---

3) 잉그바 카를손·안네마리 린드그렌 지음, 《사회민주주의란 무엇인가》, 윤도현 옮김(논형, 2009), 90면.
4) 로버트 라이시 지음, 《슈퍼 자본주의》, 형선호 옮김(김영사, 2008).

통을 해결하는 방안이 무엇인지 양 진영은 감지했던 것이다. 박근혜 후보가 당선된 후 자신의 공약을 지켰더라면, '한국의 메르켈'로 높이 평가 받았을 것이다. 그러나 그에게 경제민주화는 표를 얻기 위하여 잠시 빌려온 구호에 불과했다. 집권 후 박근혜 정부는 경제민주화를 바로 내팽개쳤고, 권위주의 정권 시절의 정경유착을 실천했다. 그 결과는 '박근혜-최순실 게이트'였고, 우리는 현직 대통령이 '피의자'로 확정되고 헌법재판소의 탄핵결정에 따라 파면되는 초유의 사태를 경험했다. 그리하여 경제민주화는 2017년 현재에도 여전히 시대적 과제로 남아 있다.

　서울대학교 법학연구소 공익인권법센터와 서울대학교 인권센터는 2016년 9월 30일, 이상과 같은 문제의식에 기초하여 경제민주화를 위한 학문적 논의를 정리하고자 하였다. 사회·경제적 논의와 헌법적 논의를 검토한 후, 그간 상대적으로 조명 받지 못한 노동자 경영참가와 산업민주주의 문제를 다루었다. 이 책이 향후 경제민주화를 실천하는데 일조할 수 있기를 희망한다.

2017. 3. 15
엮은이

목 차

머리말

제1부 사회·경제적 논의

우리 헌법의 경제민주화 사상과 제119조의 문맥 _ 이병천
 - 87년 헌법이 얻은 것과 잃은 것 -

글로벌 차원의 경제민주화와 한국 자본주의의 개혁 _ 이 근·이건호

경제민주주의란 무엇인가? _ 정승일

– 공정한 시장질서와 공정한 노사질서 –

제2부 헌법적 논의

경제정의와 헌법 _ 송기춘

– 경제권력 통제를 위한 권력분립의 구상 –

제3부 노동자 경영참가와 산업민주주의

근로자의 경영참가와 과제 _ 송강직

제1부
사회·경제적 논의

우리 헌법의 경제민주화 사상과 제119조의 문맥*
- 87년 헌법이 얻은 것과 잃은 것 -

이 병 천**

Ⅰ. 문제

새삼스러운 말이지만 현대 한국에서 헌법 규범(norms)과 역사적 현실(facts)과 간에는 늘 심각한 간극이 있어 왔다. 현실에서는 힘이 지배하며 심지어 힘이 정의라고 큰 소리 친다. 국가권력은 독점적 재벌과 '사익공동체'로 공모해 헌법을 짓밟고 농단하며 헌법위에 군림해 왔다. 87년 민주화 이후 30년이나 되는 오늘의 우리 현실에서, 불안에 떨며 내일의 희망을 빼앗기고 있는 90% 대중의 삶의 현실과 헌법 규범 간에는 여전히 간극이 매우 크다. 이는 선진 민주국가로 가는 기본 관문인 실질적 경제 민주화와 복지국가를 건너 뛴 채 주로 재벌과 가진 자를 살찌게 하는 무분별한 규제완화와 압축 시장화로 나아간 결과다. 한때 한국은 민주화이행이후 민

* 이 글은 학술지에 게재된 논문("대한민국 헌법의 경제이념과 제119의 한 해석", 동향과 전망, 제83호, 2011)을 서울대 공익인권법센터 주최 '경제민주화 심포지엄](2016년)에서 발표를 거쳐 수정 보완한 것이다. 이 연구는 한국연구재단의 지원을 받은 제주대 SSK 연구단으로 수행된 연구임 (NRF-2014S1A3A2044381).
** 강원대 경제학과 교수, 경제학박사

주적 '공고화'에까지 성공했다고 높이 평가받기도 했지만 다른 각
도에서 보면 민주화이후 한국 사회는 민주주의의 심각한 '결손화'
(缺損化) 과정을 걸어 왔다(신진욱 2017). 그에 따라 민주화의 약속
은 깨어졌다. 가깝게는 박근혜정부가 경제민주화와 복지증진에 대
한 대국민 약속을 배신하고 재벌과 희대의 정경유착으로 이익을
사유화하고 비용을 사회화함으로써 3대 세습 자본주의체제를 고
착, 공고화시켰다(이병천 2014, 291-304; 2016 b, 403-409, 75-77;
2016c). 촛불 시민혁명 행진이 패륜권력과 재벌의 공모에 의한 공
공성 농단사태에 제동을 걸지 않았다면 한국의 진로는 꼼짝없이
이른바 '헬 조선' 상황에 갇혀 헤어나지 못했을 것이다.

　이런 상황에서 헌법을 다시 불러내는 것이 무슨 소용이 있을까,
사람들은 물을 것이다. 충분히 이해가는 물음이다. 그러나 또 달리
생각하면, 다 죽어가 겨우 숨이 붙어있는 헌법에 다시 새 민주적
생기와 활력을 불어 넣어 그 규범적 힘으로 현실을 지배하는 권력
의 힘과 지배적 이데올로기를 제어해야 할 필요성은 더 커진 것이
아닐까. 이 글의 주제인 경제민주화의 경우는 특히 그렇다. 우리는
다음과 같은 말을 자주 듣는다. 주류 시장경제학 교과서에 따르면
경제는 민주화와는 아무런 관계가 없다. 민주화는 정치문제일 뿐
이고 경제는 정치와 별개문제다. 거기에는 경제생활에 민주주의를
적용한다거나 경제의 민주적 관리라거나 하는 생각은 경제고유영
역을 해악을 끼칠 뿐이다. 그러나 우리 헌법은 넓은 의미에서 '사
회적' 시장경제에 기초하고 있으며 분분한 경제민주화 논의가 기
본 준거로 삼아야 할 아주 훌륭한 교과서다. 우리의 국민 교과서,
시민교과서는 딴 곳에 있지 않다.

　우리 헌법은 제 1조에서 "대한민국은 민주공화국이다"라고 하
고, 제 2조에서는 "대한민국의 주권은 국민에게 있고, 모든 권력은
국민으로부터 나온다"라고 말하고 있다. 그리고 헌법의 경제사상

또한 이에 부합되는 경제적이고 사회적인 민주주의 이념에 기초해 있다. 그 기본가치와 정신에 따르면 고삐 풀린 시장이 낳는 심각한 불평등, 불균형과 불안정, 재벌의 독점·독식체제는 국가의 규제와 조정의 대상이며, 반 헌법적이고 위헌적이다. 이 글은 이런 문제의 식위에 특히 헌법 경제조항 제119조를 중심으로 한국헌법의 경제 사상이 어떤 기조를 갖고 있는지, 어떻게 변해왔는지에 대해 살펴 보려고 한다. 헌법의 경제사상 문제에 접근하는 이 글의 기본 시각 은 헌법을 동태적 변화물로 보고 헌정사를 자본주의 발전과 민주 주의 발전의 이중운동이라는 역사적 맥락 속에서 파악하는 것이다. 자본주의의 역사적 발전은 그것에 상응하는 '정당화 양식'을 요청 한다. 그리고 사회세력들은 그 '정당화 양식'을 둘러싸고 다툼을 벌린다. 그 다툼의 기본선은 자본 및 국가권력의 지배 대 민주주의 및 인권간의 다툼이다. 그에 따라 역사적으로 모든 정당성은 쟁투 적 요소를 내포한 정당성이 된다.[1] 이 정당화 양식을 둘러싼 다툼 은 '법의 정치'[2]라는 형태를 취하기 마련이다. 해당 나라의 가장 기본적인 공적 규범을 규정한 헌법을 둘러싼 법의 정치가 바로 헌 법 정치다. 이 글은 헌법 연구에서 '지배의 정당성 대 민주적 정당 성'간 다툼의 동학이라는 관점을 설정한다. 그런 관점 위에서 헌법 119조를 중심으로 대한민국 헌법의 경제사상이 어떤 헌정사의 변 모를 겪었는지, 부당한 현실의 개혁과 지배 이데올로기의 제어를 위해 어떤 규범적 기초를 제공할 수 있는지 나아가 어떤 문제점을 안고 있고 새로운 개혁과제를 갖고 있는지를 살펴보고자 한다. 그 런데 119조의 연구에는 먼저 그 역사적 연원 및 제헌헌법의 경제 민주화 사상 전반에 대한 논의가 불가피하다.

---

1) 이병천(2006, 401-4).
2) Scheueuerman(1994); Maravall & Przeworski(2003).

II. 제헌헌법 경제 민주화 사상과 그 특징

그간 권위주의 자들과 경제적 자유주의자들은 우리 헌법을 경제적 자유주의 방향으로 수정하기 위해 집요한 노력을 한바 있다. '뉴라이트' 쪽에서는 제헌헌법이 자유주의 시장경제에 입각해 있을 뿐더러 그것이 식민지 지배('식민지 근대화')의 유산인냥 아전인수적 해석을 한 적이 있다.[3] 뉴라이트 역사교과서에 따르면 대한민국 '건국'이념은 자유민주주의와 '자유 시장경제'에 기초를 두고 있다(교과서포럼 2008, 6). 한편 최근 교육부가 제작한 국정역사교과서(2017, 254)에는 제헌헌법이 민주주의와 '시장경제'를 기본틀로 삼았다고 하면서 "재산권의 행사는 공공복리에 적합하도록 하여야 한다"(15조)는 헌법의 핵심규정을 싹둑 잘라내어 버린다.[4]

우리 헌법이 말하는 것은 국정 역사교과서나 뉴라이트 교과서가 말하는 것과는 다르다. 대한민국의 제헌헌법의 경제사상은 경제적 자유주의가 아니라 특유한 형태의 사회적 시장경제론 위에서 있다. 유진오가 말하고 있듯이 우리 제헌헌법은 처음부터 경제

---

3) 이영훈(2007) 및 교과서포럼(2008: 6)을 보라. 이에 대한 비판은 이병천(2014, 제1장과 2장) 참고. 이영훈(2016)은 최근 방대한 분량의 저서를 출간했는데 여기에서는 제헌헌법의 경제이념이 '민족사회주의'적 성격을 갖고 있다고 지적하고 있다. 그러나 이는 헌법제정에 참여한 일부 논자들의 생각일 뿐이다. 뿐만 아니라 이영훈은 재산권이 자연권이라고 하는 고색창연한 자유시장/사유재산 절대주의를 표명하면서, 재산권을 공공복리에 적합하게 행사해야 한다고 천명한, 제헌헌법이래 면면히 흐르는 우리 헌법의 기본 이념에 무척 당황해 한다(이영훈 2016, 305-6, 585, 588). 이영훈은 이전에는 48년 '건국'의 경제이념이 자유시장 체제라고 했다가 그렇지 않음을 알고 나서는 자유시장체제가 아니라고 마구 비판한다. 그의 헌법과의 불화는 정도가 매우 심하다.

4) 이런 헌법 왜곡 국정교과서를 제작하는 데 무려 44억이나 되는 혈세가 투입되었다는 사실에 놀랄 뿐이다.

적, 사회적인 민주주의와 정치적 민주주의의 조화를 추구했는데 그 점에서 보자면 기본 정신과 이념에서 고전 자유주의와 고전자본주의 헌법이 아니라 현대적인 바이마르 공화국 헌법을 이어받고 있다.[5] 그러나 지금까지 알려진 바에 따르면 제헌헌법에 나타난 경제 민주주의는 어떤 단일의 사상이 아니라 여러 사상들, 그러니까 바이마르 헌법과 함께 조소항의 삼균주의에 기반을 둔 임시정부헌법 및 이를 계승한 헌법초안들, 중국의 헌법 문서 그리고 해방 후 헌법제정을 주도한 우파 세력의 생각(이청천 등의 '민족사회주의'나 이승만의 '일민주의'를 포함) 등에 영향을 받았다. 이들 사상이 어떻게 혼합되어 있는지에 대해서는 상당한 논란이 있다.[6] 그러나 "우리 헌법이 미국을 비롯한 서구의 자유주의/민주주의 국가의 헌법에서 내용을 빌려 왔다"(최장집 2005, 74)는 식의 주장만큼은 사실과 어긋난다.

돌이켜 보면 고전자유주의적 자본주의시대에는 소유권의 신성불가침과 경제활동에 대한 사적 자치가 원칙이었고 작은 정부가 좋은 정부라는 생각이 지배적 사조였다. 헌법도 자유권과 재산권의 신성불가침을 규정했고 별도의 경제조항은 둘 필요가 거의 없었다. 그러나 자본주의 시장경제에 내재된 여러 모순들, 즉 경제적

---

5) 1948년에 세계 인권 선언이 제정된 사실에도 유의해야 한다. 세계인권선언의 경제 사회적 권리들은 제 2차 세계 대전으로 잠시 중단되었던 19세기말 이래의 사회입법 전통을 다시 이은 것으로 볼 수 있다. 특히 인권 선언의 23조는 "모든 사람은 사회의구성원으로서 사회 보장을 받을 권리를 가진다"라고 하여 복지를 인권으로 천명하고 있다(조효제, "복지를 권리로 본 세계인권 선언, 한겨레신문, 2011/8/13, 14면).

6) 예컨대 이영록 (2006)은 유진오 개인을 중심으로 그가 어떻게 기존의 헌법사상을 종합하여 제헌헌법을 기초했는지에 초점을 두면서 사상적 바탕으로는 '5.5 헌장' 등 중국 헌법문서의 영향을 강조한다. 반면 신우철(2008)은 유진오보다는 조소앙의 삼균주의와 건국강령의 사상적 바탕을 훨씬 더 중시한다.

빈곤과 불평등, 노사간 대립, 국민경제의 불균형과 불안정, 공황 등이 새로운 시대 문제로 터져 나오면서 헌법도 시대변화에 부응하지 않을 수 없었다. 독일 바이마르 헌법은 선진자본주의 역사상 새 시대변화에 능동적으로 부응한 최초의 사회국가 및 사회적 시장경제 헌법이었다. 이 점은 1)경제생활의 질서는 각인에게 인간다운 생활을 보장할 목적을 갖는 정의의 원칙에 적합해야 하고, 경제적 자유는 이 한계 내에서 보장된다고 한 것(151조), 2)재산권은 의무를 포함하며 재산권의 행사는 공공복리에 적합해야 한다는 재산권의 공공성 규정(153조 3항),[7] 그리고 3)자본권력의 일방적 전횡에 대해 노동의 참여권과 견제력을 제도화한 노사 동등권과 노동자평의회, 지방 및 국민경제회의에 관한 규정 (165조) 등에서 잘 나타난다.[8] 그리하여 이후 많은 나라들이 자기 방식으로 바이마르 헌법의 정신을, 경제에 관한 별개조항들을 두든 그렇지 않든, 헌법 속에 담기에 이르렀다. 아시아에서 중국헌법 문서나 한국의 제헌헌법 또한 기본선에서 바이마르 헌법의 정신을 수용하고 있다. 제헌헌법이 그저 '(자유)민주주의와 (자유)시장경제'를 기본가치로 삼고 있다고 말하는 것은 바이마르 이전과 이후 시대 변화를 모르거나 고의적으로 무시하는 흑백 이분법적 논리가 아닐 수 없다.[9]

그러나 우리 헌법은 바이마르 공화국과는 또 다른 역사적 전통과 시대조건 위에서 만들어 졌음을 강조할 필요가 있다. 균등, 균평 및 균형의 가치를 중시하는 한국의 사상적 전통, 그 전통을 발전적으로 수용한 건국강령을 비롯한 임시정부헌법의 유산, 이웃 중국헌법의 영향, 민족해방운동과 민족주의적 요구, 그리고 분단과

---

7) 이는 독일 기본법 제14조 2항에 그대로 계승되었다.
8) 자세한 것은 송석윤(2016) 참조. 독일은 비스마르크시대에 후발 추격산업국이면서도 복지의 측면에서도 일찍부터 선발산업국에 앞서 유럽 복지국가의 길을 선도했었다.
9) 그 뿌리에 공산진영과 반공자유진영이라는 냉전적 이분론이 깔려 있다.

좌파 배제 및 우파 득세 등의 사정이 우리 헌법에 바이마르 헌법 이상으로 그에 따른 한국적 특징을 각인시켰다. 헌법의 경제사상을 '사회적 시장경제'로 명명한다 해도 독일과 구분되는 그 고유한 특징을 파악할 필요가 있다. 아래에서 제헌헌법 경제 민주화 사상의 몇 가지 특징을 지적해 보고자 한다.

첫째, 제헌헌법은 바이마르 헌법의 요소를 수용하고 있지만 그 것에 비해 훨씬 강력한 국가소유 및 통제의 원칙을 제시하고 있다 (이영록 2006, 2013). 이를 보여주는 대표적 조항은 중요 산업 (금융, 보험포함) 및 자연력의 국공유 조항(85조, 87조)이다. 바이마르 헌법은 공유의 가능근거만 마련해 놓고 있을 뿐이며 자연력에 대해서는 '국가감독'만을 규정하고 있다. 또 바이마르 헌법이 '통상 및 영업의 자유'를 별도 조항(151조 3항)으로 명시하고 있음에 반해, 우리 헌법에서는 '모든 국민에게 생활의 기본적 수요를 충족케 하는 사회정의의 실현과 균형 있는 국민경제의 발전을 기함을 기본으로 삼는다'는 한계 내에서 각인의 경제적 자유가 보장된다고 규정하고 있다(84조).[10]

그럼에도 불구하고 제헌헌법에는 주요 대규모 공업의 국유, 국영조항이 빠져있다. 뿐만 아니라 토지국유화 또는 토지사유제한의 조항이 없다. 임시정부의 건국강령(토지국유화)이래 민주의원안 및 조선임시약헌(토지사유제한)으로 이어지고 있던 규정이 제헌헌법에는 사라졌다(박찬승 2012, 2013).[11] 이에 따라 대한민국 현대사에

---

10) 이 점 때문에 이영록(2009, 2013)은 제헌헌법 및 그 경제조항의 이념에 대해, '동일주의적 경향과 공화주의적 경향의 불편한 공존'을 보여준다는 의미에서 '동화주의'에 입각해 있다고 말한다.

11) 또한 이는 제헌헌법이 바이마르 헌법에 크게 미달하는 부분이다. 바이마르 헌법 제155조【토지의 분배 및 이용에 대한 국가의 감독】참조. 바이마르 공화국시기 경제민주화의 일환으로서 주거권(155조 2항)에 대해서는 정현백 (2016, 제3장) 참조. 한편 이웃 대만 또한 제헌헌법에서부터 자본

서 토지 공개념의 정립 과제는 노태우 정부 시기 공개념 법률이나 노무현 정부 시기 종부세가 헌법불합치 판결을 받은 데서 보듯이 큰 곤란을 겪게 되었다.[12)

둘째, 우리 헌법은 토지 및 대규모 공업을 제외한 분야에서 국가소유 및 통제 성격은 강한 반면에 여러 이해당사자의 민주적 참여권과 견제력을 제도화하는 문제에서는 바이마르 헌법에 현저히 미달한다. 가장 중요한 대목은 바이마르 헌법 경제민주화의 핵심 구성 부분으로 들어 있는 노동자 평의회와 지방 및 국민경제 회의 조항이 우리 헌법에는 빠져 있다는 것이다.

우리 헌법 제정사를 살펴보면 노동자 경영참여권은 삼균주의에 입각한 임시정부 건국강령(1941. 11. 25)에는 없었지만 이를 이어받은 (남조선대한민국대표)민주의원 안에 최초로 명시된바 있으며 남조선과도입법의원의 조선임시약헌(1947. 8. 6)은 이를 이어받고 있다. 제2장 국민의 권리의무를 규정하고 있는 제4조에 10가지 '생활 균등권' 중의 하나로서 제7항에 "기업의 경영관리 면에 노동자 대표 참여' 조항이 들어 있다.[13) 그러나 새로 헌법기초논의가 시작된 후 만들어진 국회헌법초안과 그 이전 행정연구회초안, 유진오 초안 등 어디에도 이 조항은 사라졌다. 그러다가 국회 헌법초안의 심의과정에서 전진한에 의해 '노농 8개 조항'의 일부로서 노동자 경영참여권이 노동자 이익균점권과 함께 제출되었지만 기각되고 이

통제와 함께 지권균등화 원칙을 명확히 규정해 놓고 있다. 이는 손문의 삼민주의에 뿌리를 둔 것이다(김상용 1995, 254, 275, 310-311). 반면 일본은 토지소유권의 배타적 사유(및 건축자유) 국가의 전형을 보여주고 있는데 한국은 바로 이 일본의 길을 따랐다.

12) 헌법상 토지소유권 문제를 깊이 있게 논의한 글로는 배영길(1995) 참고.
13) 그러나 조선임시약헌에는 노동 기본권이 명시되어 있지 않았으며 다수 의원들은 경영참여권을 의견진술권으로 이해하고 있었다. 이에 대해서는 이경주(2001) 참조.

익균점권만이 사회적 기본권으로 살아남았다(제헌헌법 제18조). 한편 국민경제회의 부분은 유진오도 매우 중시했고 국회헌법초안에 내각자문기구로나마 들어 있었으나(95조) 심의과정에서 삭제되었다.

이리하여 제헌헌법은 국가의 소유 및 통제가 자못 강력한 가운데 '모든 국민에게 생활의 기본적 수요를 충족케 하는 사회정의의 실현과 균형 있는 국민경제의 발전을 기함을 기본'으로 삼는다는 평등주의 지향을 갖고 있음에도 불구하고, 이를 실현 가능케 할 뿐 아니라 그 자체 고유 가치를 갖는 노동자의 민주적 경영참여권, 특히 공업부문에서 거대자본의 횡포는 물론 비대한 국가권력의 오남용을 방지할 수 있는 대항적 견제·균형력을 제도화하지 않고 있다는 한계, 자본권과 노동권간의 균형을 제도화하지 못했다고 하는 중대한 한계를 갖게 되었다. 이 빈틈은 이후 헌법 개정의 역사 속에서 더욱 악화되며, 87년 민주화를 계기로 개정된 현행 헌법에서도 이 문제는 여전히 해결하지 못했다.

셋째, 균등과 함께 균형은 제헌헌법이 명시하고 있는 헌법적 기본 가치다. 이는 전문에서 "정치, 경제, 사회, 문화의 모든 영역에 있어서 각인의 기회를 균등히 하고… 국민생활의 균등한 향상을 기하고" 라거나, 6장 경제의 모두 조항(84조)에서 "균형 있는 국민경제의 발전을 기본"으로 삼는다는 규정으로 나타나 있다. 여기서 '균형 있는 국민경제의 발전'이란 어떤 의미인가. 이 규정은 87년 헌법 119조 2항에서 "균형 있는 국민경제의 성장 및 안정"이라는 말로 계승되고 있다. 유진오는 이를 '국민경제 조직의 균형 있는 발전'으로 풀이하고 있다.[14] 그렇지만 이 규정의 연원이 임시정부 건국강령에서 "민족전체의 발전과 국가를 건립 보위함"(건국 [6])에 있다고 본다면 경제적 민족주의의 의미도 빼놓을 수 없다고 생

---

14) 이영록(2013, 81).

각된다.15)

국민경제 조직의 균형 있는 발전 및 경제적 민족주의의 관점에
서 보자면 중소기업, 그리고 협동조합이나 노동자 자주관리기업,
사회적 기업 그리고 지역 커먼즈 등 비자본주의적인 참여-연대 경
제의 발전은 대단히 중요하다. 오늘날 다원적 사회경제형태의 강
점이 크게 주목받고 있는 새로운 추세에 비추어 볼 때 이 점은 특
히 강조될 필요가 있다. 그럼에도 불구하고 제헌헌법에는 이들의
보호육성에 대한 규정이 존재하지 않는다. 뿐만 아니라 자연력의
국유 조항은 자연자원의 공동소유에 기반을 둔 커먼즈의 복원과
발전을 억압하는 결과를 가져 왔다.16) 중소기업 보호와 관련해서
는 유진호 초안에서 보호 조항을 볼 수 있을 뿐인데 초안 99조에서
는 "중소상공업은 입법과 행정에 있어서 보호를 받고 법률에 의하
지 아니하면 그 자유를 제한받지 아니한다"라고 규정되어 있다. 이
는 바이마르 헌법(제164조)에서 참고한 것이 아닌가 짐작되는데,17)
여하튼 유진호 경제 민주화 사상의 또 한 가지 전향적인 대목을 보

---

15) 유진호 초안에도 "균형 있는 민족경제의 발전"이라고 표현되어 있다(제 93조).
16) 이에 대해서는 전재경(2006), 이순태(2015), 이병천(2017) 참고. 제헌논의과
정에서 수산, 산림 등 자연자원 국유화 문제를 둘러싸고 토론이 일어났으
나 다수결로 국유화 안이 통과되었다(이순태 2015). 제헌헌법상 자연력의
'국유조항'은 1954년 개정헌법에서 '특허조항'로 개정되었는데 특허조항
이 국유조항보다 커먼즈의 발전에 더 유리하다고 보기도 어렵다. 대한민
국 법제사상 커먼즈의 복원과 발전을 뒷받침하는 입법적 근거는 1958년
신민법에서 처음으로 '총유' 규정이 도입됨으로써 마련되었다. 그러나 박
정희 정부는 '지방자치에 대한 임시조치법'(1961년) 등의 입법으로 마을
[리동]재산을 군에 넘기도록 하는 불법 조치에 의해 민법적 총유 보장권
을 짓밟았다. 70년대 새마을운동은 이런 파괴적 토대 위에서 진행되었다.
17) 송석윤 (2016, 181) 참고. 나는 바이마르 헌법 제정자들이 국유계획화론과
거리를 두면서도 당시의 주류 경제민주화 사상, 즉 힐퍼딩류의 '조직자본
주의'론에 입각해 있었다고 생각하고 있는데 그럼에도 불구하고 바이마르
헌법에서 중소 상공업 보호 조항이 들어 있는 것은 흥미롭다.

여 준다.

요컨대 제헌헌법에 중소기업의 보호와 공정한 경쟁 및 상생협력, 보편적인 시장접근권과 패자부활권 규정 그리고 국유, 국영기업과 별개로 아래로부터 피어나는 다양한 비자본주의 형태의 기업 및 각종 커먼스 형태의 보호 육성에 대한 규정들이 결여되어 있다는 것은 "균형 있는 국민경제의 발전"을 말하고 있음에도 불구하고, 그에 대한 헌법의 사고가 여전히 협소했음을 말해 준다. 결국, 이 점을 앞서 말한 노동자 경영참여권 부재의 문제와 통합해서 생각해 보면, 제헌헌법을 지배했던 당대 경제민주화 사상은 국유 및 국가통제를 통한 거대 기업 권력의 견제에 주된 관심이 놓여 있었으며, 국유부문을 포함해 다양한 소유 및 경영형태가 공존하면서 견제와 균형, 상생 협력이 이뤄지는 다원적인 참여 및 연대의 시장경제 상을 가진 것이 아니었다고 여겨진다. 즉, 국유와 사유의 이분법적 사고를 벗어나지 못했다. 국공유 부문의 '신탁관리'[18]와 같은 생각을 찾아볼 수 없는 것은 두말할 것도 없다.

마지막으로, 제헌헌법의 또 한 가지 특징은 '경제 조항'(제6장)을 별도로 두고 있다는 것이다(제84~89조). 이는 87년 현행 헌법에도 그대로 계승되고 있다(제9장 경제, 제119조~127조). 이 부분은 일단 형식적으로는 바이마르 헌법 편제를 따른 것으로 보인다. 바이마르헌법에는 제2편(독일인민의 기본권과 기본의무)조항 안에 별도로 제5장 '경제생활'을 두고 제151조 이하에서 일련의 경제조항을 설치해 놓고 있다. 제153조 3항에 소유의 공공성 또는 사회적 의무 규정이 들어있다. 그러나 경제조항의 편제방식에서 제헌헌법은 바이마르 헌법과 중요한 차이를 갖고 있다. 바이마르헌법은 기본권 영역 안에 경제조항을 두고 있는 반면에 제헌헌법은 기본권

---

18) 이에 대해서는 우자와(2008 [2000]) 참고.

조항(제2장 국민의 권리 의무)과 별개 장으로 국가의 통치구조 다음에 경제조항(제6장)을 두고 있다. 이에 따라 재산권의 공공성 규정(15조)은 기본권 조항에 들어 있고 경제조항에는 없다. 사기업에서 노동자의 이익분배 균점권(18조)도 기본권조항으로 들어 있다.

제헌헌법에서 경제조항을 기본권조항과 분리해 놓은 편제방식은 유진오의 헌법초안에서 비롯된 것으로 보이며 국회헌법위원회 기준안도 이를 따르고 있다. 반면에 조선임시약헌(과도정부, 1947. 8. 6), 대한민국 건국강령(1941. 11. 25)은 물론, 행정연구 위원회 안(1948. 3. 1)에도 두 조항은 분리되어 있지 않다.[19] 이렇게 경제조항이 기본권 영역과 별도로 설치되어 있음으로 해서 경제 질서를 기본권과 분리시켜 논의할 수 있는 것처럼 오해할 여지를 남기게 되었다. 그러나 근본적으로 중요한 것은 형식적 편제보다 헌법이 지향하는 기본가치와 정신이다. 그런 관점에서 볼 때 기본적 인권 조항이야말로 '절대적 우위' 조항이라 할 것이며 경제조항은 기본권 조항과 별개라기보다 그것에 종속된 조항으로 보는 것이 타당하다는 생각이다.[20]

III. 87년 헌법 제119조, 무엇을 말하고 있나

우리 현행 헌법은 1987년 정치적 민주화 과정에서 탄생했다. 이 헌법에는 제9장이 별도의 경제조항 (제119~제127조)이고, 제2장 국민의 권리와 의무 안에서 제23조에 재산권의 공공성이 규정되어

---

19) 정종섭 편(2002: 166, 169, 177-8, 183, 191) 참조. 이영록(2006: 252-3)에 따르면 기본권 조항과 별도로 경제조항을 두고 있는 제헌헌법의 편제 방식은 중국의 '5.5 헌장'과 유사한 형식이다.
20) 이에 대해서는 오동석(2011) 참조.

있다. '제9장 경제'의 머리 규정인 제119조, 그리고 제23조를 같이
보면 아래와 같다.

> 제119조 제 1항: "대한민국의 경제 질서는 개인과 기업의 경제상의
> 자유와 창의를 존중함을 기본으로 한다.
> 제119조 제 2항: 국가는 균형 있는 국민 경제의 성장 및 안정과 적
> 정한 소득의 분배를 유지하고, 시장의 지배와 경제력의 남용을 방지
> 하며, 경제주체간의 조화를 통한 경제의 민주화를 위하여 경제에 관
> 한 규제와 조정을 할 수 있다.

> 제23조 1항: 모든 국민의 재산권은 보장된다. 그 내용과 한계는 법
> 률로 정한다.
> 제23조 2항: 재산권의 행사는 공공복리에 적합하도록 하여야 한다.
> 제23조 3항: 공공필요에 의한 재산권의 수용·사용 또는 제한 및 그
> 에 대한 보상은 법률로써 하되, 정당한 보상을 지급하여야 한다.

헌법 제9장 제119조 2항은 조항의 핵심 내용을 따서 '경제민주
화 조항'으로 불리기도 한다. 사람들은 제 119조 2항에 87년 민주
화의 시대정신이 헌법적으로 표현되어 있다고 보기도 한다. 그동
안 한국의 개혁·진보주의자들은 1항은 별로 거론하지 않고 주로
2항을 내세워 왔다. 반면에 보수·자유시장주의자들은 1항을 전면
에 내세운다. 그러면서 2항을 비판하고 집요하게 삭제하려고 해
왔다.[21]

그런데 헌법 제119조 2항이 탄생하는 데는 6월 항쟁의 시대적
배경위에서, 당시 국회개헌특위 경제분과 위원장이었던 김종인의

---

21) 강경근 외(2010); 좌승희 편(2007).

노력이 컸던 것으로 알려져 있다. 그의 역할이 과연 어느 정도였는지는 논란이 있지만,[22] 제119조 2항이 어떤 의미를 가지고 있는지를 정확히 알기 위해서 김종인 전의원의 설명을 직접 들어 볼 필요가 있다. 아래에서 다소 길지만 두 부분을 인용한다.

> A "재벌의 탄생은 무엇을 의미하느냐? 일반적으로 생각할 때, 경제가 발전하면 물질이 풍요로워지고 이는 곧 국민의 부의 증가와 생활수준의 향상, 그리고 국민의 행복의 증대로 생각하기 쉽다. 이 부분에서 간과하는 것이 있는데, 경제의 부가 증가한다는 것은 부 자체만 증가하는 것이 아니라 부를 바탕으로 그것을 소유한 자들의 정치사회적 힘도 같이 늘어난다는 것이다. 재벌과 경제세력의 성장 과정을 보면, 60년대는 태동기, 70년대는 확장기, 80년대는 안정기가 도래했다고 볼 수 있다. 70년대 중반부터 내가 생각했던 것이 6차 경제개발 5개년 개발 계획이 끝나는 90년대 초에 가면 정치세력과 경제세력의 관계가 역전을 하는 상황이 될 것으로 생각했다. 그렇게 되면 정치세력에 심각한 문제가 생기게 되는데, 정치세력이라는 것이 당면한 정치사회적 여러 가지 문제를 해결하기 위해 나름의 이해관계를 유지해 나갈 필요도 있고, 여러 가지 법적 조치도 필요하다면 해야 하는 것이 정치세력이다. 그런데 경제세력의 힘이 우위에 있다면 그에 반하는 정책이나 법적 조치는 경제세력의 반발로 인해 무산되거나 관철되지 못할 것이다 …그런데 70년대 한국 재벌의 상황을 보면,

---

22) 논란이 있지만, 홍헌호(2012, 237)는 당시 노태우 민정당 대표위원조차 정치, 사회의 민주화와 경제민주화를 시대적 요청으로 강조하고 있던 상황에서 김종인의 역할이란 "다 차려진 밥상을 방안에 들고 온 정도"에 불과했다고 말한다.

이후의 상황은 루즈벨트 당시 미국 기득권세력의 권한보다 막강하게 될 것이 훤히 보였다. 마침 헌법 개정을 하는 특위를 만들었는데, 그 특위에서 경제조항을 담당하는 위원장이 되었다. 한국 재벌의 힘이 증대되었다는 것을 여실히 경험한 것이 이때인데, 내가 헌법개정위 경제분과위원장이 되니까 전경련에서 즉시 반응이 왔다 … 이후에 경제민주화 조항을 꼭 넣을 수밖에 없게 된 것은, 향후 재벌이 법률과 언론을 장악한 상황 속에서 보수적 판사들이 판결을 내린다면 정부가 국가 운영을 위해 필요한 조치를 제대로 취할 수 없게 된다. 혹 취한다 해도 이것이 재벌들의 이익에 반하는 것이라면 이것을 헌법재판소에 제소하고, 또 이것이 위헌이 되는 사태가 벌어질 수 있는데, 이런 상황을 막기 위해 조항을 넣은 것이다."[23]

B "왜 민주화라는 표현을 그곳에 사용했는가를 설명하겠다. 시장경제의 기본원리대로 가게 되면 계속해서 힘 있는 사람이 독식을 하기 때문에 독과점이라는 현상이 필연적으로 나타날 수밖에 없다 … 산업화되고 경제가 성장하면 기본적으로 경제세력이 영향력을 행사하는 범위가 넓어진다. 경제력이라는 것이 자연적으로 보이지 않게 사회, 문화 전반적으로 넓어져 경제세력을 정치세력이 통제할 수 없는 상황까지 간다. 그렇다고 경제효율을 포기하고 경제세력을 화해시킬 수는 없기에 그 자체를 민주화할 수밖에 없다. **경제 세력 내부의 의사결정 과정을 민주화**할 수밖에 없다. 지나치게 경제력이 강해지는 상황에서 그것을 시정할 수 있는 방안으로 경제의 효율을 상

---

23) 김종인(2011). 비슷한 내용을 남재희(2005; 2006: 143~157)도 전하고 있다.

하지 않는 방향에서 경제의 민주화라는 표현을 넣은 것이다."[24]

위의 인용문에서 김종인의 설명에 따르면 산업화이후 대한민국이 어떤 새로운 도전에 직면했는지, 따라서 어떤 헌법적 과제에 직면했는지를 잘 알 수 있다. 즉 경제적 민주주의라는 헌법 규범과 산업화이후 거대공룡처럼 비대해진 재벌 지배현실간에 심각한 간극이 나타났던 것이다. 통제 불능 상태가 되었음은 물론, 거꾸로 경제, 사회, 문화 전반, 그리고 정치 세력까지 통제할 수 있게 된 거대 재벌권력의 위협, 또 정부의 규제와 조정 노력에 대해 자유시장경제라는 명분을 내세우며 이를 좌절시키고 대법원조차 재벌 손을 들어줄 상황을 자신이 우려했다는 것이다. 이것은 제헌헌법이 제정되던 때와는 판이하게 달라진 형국이다. 그래서 김종인은 되돌리기 어렵게 된 산업화이후 그리고 민주화이행이라는 새 역사적 조건 속에서 "정치세력이 사회조화를 위하여 경제세력을 견제하기 위한 방법"으로서, "지나치게 경제력이 강해지는 상황에서 그것을 시정할 수 있는 방안"이 필요하고, "경제 세력 내부의 의사결정 과정을 민주화"해야 한다고 생각했다는 것이다. 김종인에 따르면 헌법 제119조 2항 그중에서도 특히 '경제 주체간의 조화를 통한 경제 민주화' 규정에는 바로 이런 중대한 의미가 담겨 있다. 그리고 이전까지 우리 헌법에는 명시적으로 '경제민주화'라는 개념이 들어 있지는 않다는 점도 생각해야 한다. 이렇게 87년 헌법은 정치적 민주화 이행을 넘어 '경제 민주화'라는 민주화 시대의 새로운 기본가치와 정신을 담고 있다.

그런데 제119조 2항에서 '경제 주체간의 조화를 통한 경제의 민주화'라는 말은 안타깝게도 매우 애매모호한 표현이다. 그 정확한

---

24) 대화문화아카데미 편(2011).

의미는 무엇일까. 왜 헌법 조문에 이런 애매한 표현이 나타났을까. 위의 인용문 B에서 보면 김종인 자신은 그 의미를 "경제세력 내부의 의사결정 과정을 민주화"한다는 의미라고 풀이하고 있다. 그렇다면 그 의사결정과정의 민주화는 혹시 노동자 경영참여를 말하는 것일까. 그런 의미라면 애매한 표현이 아니라 노동자 경영참여라고 명확히 명문화하고 헌법 노동기본권 조항에도 그 조문을 넣었어야 했다. 그러나 우리가 알다시피 노동자경영참여권은 기득권세력의 저항때문에 제헌헌법에서도 명문화되지 못한 조항아닌가. 그렇게 버려진 규정을 87년시점에서 개헌주도세력들이 다시 살린다? 기대하기 어려운 이야기다. 뿐만 아니라 당시 민정당 의원총회 개헌안 토론에서 노동자 경영참여권(및 이익균점권)을 전향적으로 반영하자는 주장이 나왔음에도 불구하고 정작 김종인 자신은 이에 반대했다.[25] 김종인의 생각의 기본선은 대략 다음과 같은 것이었다.[26]

- 노동자 경영참여권과 이익균점권을 헌법에 규정한 나라는 없다
- 정부와 민간의 역할을 분명히 규정하고 수평적 상호화합 측면에서 정부가 적극적으로 개입해야 한다
- 기업가와 노동자간의 형평을 유지할 수 있는 어떤 틀을 헌법조항에 담아야 한다

즉, 김종인은 '기업가와 노동자간 형평'을 유지하고 '수평적 상호화합'을 보장하는 어떤 틀에 대한 조항 그리고 이를 위한 정부의 적극적 개입 역할을 규정하는 조항을 헌법에 담아야 한다고 보면

---

25) 이 점은 이전에 홍원호(2012, 236)가 지적한 바 있다.
26) 동아일보 1987년 7월 23일. 4면, "민정당 의원총회 개헌안토론 지상중계". 경향신문, 같은 날짜(3면)도 참조.

서도 노동자 경영참여권과 이익균점권을 명문화하는 것에 대해서는 확실히 반대했다. 그러니까 그의 주장의 실체인즉 노동자 의사결정 참여권와 이익균점권이 빠져 있는 기업가·노동자간 형평과 수평적 상호화합인 것이다. 바로 이런 생각이 119조 2항의 애매하고 복잡한 표현으로 나타난 것이다.[27]

뿐만 아니라 나는 제119조 2항 경제 민주화 조항을 기본권 조항(제2장 국민의 권리와 의무)과 따로 분리 고립된 것이 아니라 거기에 종속된 조항으로 보아야 함을 말하고자 한다. 이와 함께 87년 헌법에서 기본권 조항이 획기적으로 개선되었다는 점도 강조해야 한다. 만약에 우리 헌법의 기본 이념이 제헌헌법 이래 경제적, 사회적 민주주의와 사회적 시장경제 성격을 갖고 있지 않았더라면 제119조 2항의 경제민주화 조항은 쉽게 도입되기 어려웠을 것이다. 제119조 2항 경제 민주화 조항이 우리 헌법의 여타 사회경제 민주주의 조항들과 잘 합치된다는 것이 중요한 지점이다. 경제민주화 조항은 이들 조항을 민주화이후 및 산업화이후의 시대 상황에 부합되게 진전시킴과 동시에, 노동자 경영참여권 문제에도 보듯이 제헌헌법이래의 그 한계도 동시에 갖고 있다고 보는 것이 적절하다고 생각한다.

이런 저자의 생각에서 볼 때 제119조만 따로 떼어 내서 1항과 2

---

27) 서울대 공익인권법 센터가 주최한 경제민주화 심포지엄(2016년 9월 30일)에서 김종인은 헌법119조의 '경제주체간의 조화'라는 표현이 자본과 노동간의 조화라는 의미를 담고 있다고 설명했다. 그러나 이는 사실과 다르다. 또 그는 여러 이유를 들어 한국에서 노동자의 경영 참여는 시기상조라는 주장을 했는데 이것이야말로 그의 일관된 생각이라 여겨진다. 그의 경제민주화론은 노동자의 경영참여와 이를 통한 견제와 균형, 건설적 타협이라는 생각이 빠져 있는 담론이다. 현실정치 무대에서 김종인이 펴고 있는 경제민주화론과 전략에서 노동 참여권에 대한 적극적 견해는 찾아보기 어렵다. 그는 노조가 '사회문제'에 깊이 관여하면 노동자 권익보호를 소홀히 하게 된다는 취지의 발언도 한 바 있다.

항의 관계를 원칙과 보충, 심지어 원칙과 예외로 보려는 자유시장주의자의 주장은 성립할 수 없다. 상당히 보수적으로 경도되어 있는 헌법재판소의 판례도 이런 주장을 거부한다. 헌재는 제119조 1,2항 모두를 고려한 판례를 내린 바 있다. "헌법이 이미 많은 문제점과 모순을 노정한 자유방임적 시장경제를 지향(指向)하지 않고 아울러 전체주의국가의 계획통제경제도 지양(止揚)하면서 국민 모두가 호혜공영(互惠共榮)하는 실질적인 사회정의가 보장되는 국가, 환언하면 자본주의적 생산양식이라든가 시장 메카니즘의 자동조절기능이라는 골격은 유지하면서 근로대중의 최소한의 인간다운 생활을 보장하기 위하여 소득의 재분배, 투자의 유도·조정, 실업자 구제 내지 완전고용, 광범한 사회보장을 책임 있게 시행하는 국가, 즉 민주복지국가의 이상을 추구하고 있음을 의미하는 것이다"(헌재 1989. 12. 22. 88헌가13)라거나, "우리 헌법은 자유시장 경제 질서를 기본으로 하면서 사회국가 원리를 수용하여 실질적인 자유와 평등을 아울러 달성하려는 것을 근본이념으로 하고 있는 것이다"(헌재 1998. 5. 28. 96헌가4등) 등으로 말하고 있다. 이 헌재의 판례는 주목해서 봐야 할 지점을 갖고 있는데, 그것은 제119조 1항과 2항을 연결하는 고리 부분이다. 헌재의 판례는 자유시장 경제 질서가 "갖가지 모순"을 수반하고 있다고 지적하고 있다. 또 "실질적인 자유와 평등을 아울러 달성"하는 것이 헌법의 근본이념이라고 말한다. 그럼으로써 1항의 "경제상의 자유"가 형식적 자유에 불과함을 일러 준다. 헌법상 경제 질서에 대한 이 같은 헌재의 판단은 자유시장의 갖가지 모순, 형식적 자유의 이름아래 실질적인 부자유와 불평등의 모순을 은폐하는 보수 자유시장주의자들의 파당적 프레임을 확실히 거부한다. 헌재의 판례는 시장과 정부가 상호 대체관계가 아니라 보완 관계에 있음을 말해준다.

우리는 국가 권력의 간섭을 제한하지 않으면 자유가 유린된다는 자유시장주의자의 주장이 아주 교묘한, 프레임 전략임을 간파해야 한다. 어떤 자유인지, 누구의 자유인지, 어떤 시장인지, 어떤 국가권력인지에 대해 전혀 말하지 않고 있기 때문이다. 그들은 단지 추상적인 경제적 자유 일반, 시장 일반, 국가 일반에 대해서만 반복할 뿐이다. 제119조 1항을 금과옥조로 여기는 자유시장주의자들은 자유시장이 그 자체로는 모든 사람들이 동등하게 시장에 참여해 자신의 사회경제적 삶의 기회와 상생 협력을 증진시킬 수 있는 어떤 실질적인 소득-자산 기반도, 아무런 실질적 자유도 제공하지 않는다는 사실을 숨긴다.[28] 제119조 제 1항에서 "개인과 기업의 경제상의 자유와 창의를 최대한 보장"한다고 말했을 때, 우리는 그 "경제상의 자유"가 "어떤 자유인가" "누구의 자유인가"를 물어야 한다. 자유시장주의자들은 바로 이 "누구의 자유인지", "어떤 자유인지"의 문제를 숨기는 프레임 전략을 구사한다. 그런데 그들의 프레임 전략을 걷어내면 시장경제는 정글식 약육강식 시장과 다름없게 됨을 알 수 있는데 거기서 경제적 자유란 소수의 특권적 자유와 다수 서민대중의 부자유를 의미한다.

IV. 119조의 헌정사, 동전의 뒷면

지금까지 우리는 87년 헌법 제119조가 정치적 민주화이행의 시대정신만이 아니라 그것을 넘어 경제 민주화 조항이 담겨 있고 이는 제헌헌법이래 변함없이 지속되어온 민주공화국의 경제이념인 경제적 민주주의와 사회적 시장경제 이념을 발전적으로 계승하고

---

28) 오늘날 세계적 불평등과 '고용 없는 저성장'의 추세 속에서 기본소득 및 기본자산 논의가 활발한 것은 자유시장주의가 무엇을 덮어버리고 있는지를 여실히 보여준다고 할 것이다.

있는 것임을 주장했다. 이는 확실히 동전의 주요한 측면이다. 그렇지만 제119조는 또 다른 뒷면을 가지고 있다. 지금까지는 제119조에서 2항 경제민주화 부분을 중심으로 논의했지만 이제 제119조 전체에 눈을 돌려야 한다.

1. 제119조 1항과 2항의 편제 방식

먼저 제119조 전체가 어떻게 편제되어 있는지, 그 편제방식 부터 살펴보기로 하자.

> 제119조 제1항: "대한민국의 경제 질서는 개인과 기업의 경제상의 자유와 창의를 존중함을 기본으로 한다.
> 제119조 제 2항: 국가는 균형 있는 국민경제의 성장 및 안정과 적정한 소득의 분배를 유지하고, 시장의 지배와 경제력의 남용을 방지하며, 경제주체간의 조화를 통한 경제의 민주화를 위하여 경제에 관한 규제와 조정을 할 수 있다.

즉 제119조는 1항에서 대한민국의 경제 질서는 개인과 기업의 경제상의 자유와 창의를 존중함을 기본으로 한다고 규정한 다음, 2항에서 국가의 규제와 조정에 대한 규정을 하고 있다. 보수 자유시장주의자들이 1항이 기본이며, 2항은 부수적, 보완적 조항, 심지어 예외적 조항이라고 주장하는 것도 여기에 근거를 두고 있다. 그러나 헌재의 판례에서도 말하고 있듯이, 그 "기본"자체가 갖가지 모순을 갖고 있고 형식적 자유와 평등에 그치고 있기 때문에 1항이 기본이고 2항이 부수적, 심지어 예외적이라는 자유시장주의자들의 해석은 어불성설이다. 그런데 언제 이런 제119조의 편제방식 변화가 나타났는가? 우리 헌법의 역사상 1항과 2항의 편제는 실로 중대한 변화를 겪었다.

제헌헌법으로 돌아가 보자. 제헌헌법상 해당 조항 제84조는 위에서 이미 본 바 있지만 다시 써보면 다음과 같다.

> 제84조: 대한민국의 경제 질서는 모든 국민에게 생활의 기본적 수요를 충족할 수 있게 하는 사회정의의 실현과 균형 있는 국민경제의 발전을 기함을 기본으로 삼는다. 각인의 경제상 자유는 이 한계 내에서 보장된다.

여기서 제헌헌법 제84조는 모든 국민에게 생활의 기본적 수요를 충족할 수 있게 하는 사회정의의 실현과 균형 있는 국민경제의 발전을 기함을 "기본"으로 삼고 있다. 먼저 이 "기본"을 규정한 후에, "각인의 경제상 자유는 이 한계 내에서 보장"한다고 말하고 있다. 87년 헌법과 비교하면, "기본"도, 조항 순서도 거꾸로, 완전히 뒤바뀌어 있다. 이는 매우 중대한 변화다. 그렇다면 이 변경은 언제 이루어졌는가. 그것은 박정희 집권기의 일이다. 제3공화국 헌법(1962. 12. 26)에서 관련 조항은 제111조인데 이는 아래와 같이 되어 있다.

> 제1항 대한민국의 경제 질서는 개인의 경제상의 자유와 창의를 존중함을 기본으로 한다.
> 제2항 국가는 모든 국민에게 생활의 기본적 수요를 충족시키는 사회정의의 실현과 균형 있는 국민경제의 발전을 위하여 필요한 범위 안에서 경제에 관한 규제와 조정을 한다.

62년 헌법에서 "기본"이 뒤바뀐 것이다. 그리고 제헌헌법이 기본으로 삼았던 사회정의의 실현과 균형 있는 국민경제의 발전을 위해서는 정부는 "필요한 범위 안에서"만 규제와 조정을 할 수 있다고 제한을 부과하고 있다. 뿐만 아니라 박정희 정부는 제헌헌법 제84조의 이 같은 수정과 함께, 다른 두 개의 관련 조항을 삭제했다. 다른 두개의 조항은 다음과 같은 제헌헌법 제5조와 제18조 2항이다.

> 제5조 대한민국은 정치, 경제, 사회, 문화의 모든 영역에 있어서 각인의 자유, 평등과 창의를 존중하고 보장하며, 공공복리의 향상을 위하여 이를 보호하고 조정하는 의무를 진다
>
> 제18조 2항 영리를 목적으로 하는 사기업에 있어서는 근로자는 법률이 정하는 바에 의하여 이익의 분배에 균점할 권리가 있다.

제18조 2항은 제헌헌법의 초안에는 없었지만 심의 과정에서 제기된 것으로, 기업경영 참가권은 부결되고 이익균점권만 새로 포함되었던 것이다.[29] 그리고 제 5조는 제1장 총강 안에 들어 있는데, 정치적 민주주의와 경제적, 사회적 민주주의의 조화를 추구한 제헌헌법의 이념이 총론적 수준에서 담겨있는 조항이다.[30] 박정희 정권은 이런 중요한 조항을 도려냄과 동시에, 제84조의 순서를 뒤바꾸어 경제적 자유를 먼저 세우는 수정을 단행한 것이다.[31] 이승만 정부 시기 1954년 개헌에서 제헌헌법의 중요산업 국유화 조항

---

29) 자세한 것은 이홍재(2010) 참조

30) 헌법제정회의록(헌정사 자료 제1집). 국회도서관(1967: 103)의 유진오의 발언 참조.

31) 또한 지방자치에 관한 임시조치법(1961년 9월 1일)이 제정, 실시됨으로써 리(里) 주민의 총유에 속하는 마을재산이 시군(지방자치단체)소유로 이전되었다. 이는 지역 커먼즈를 파괴하고 새로운 발전을 봉쇄하는 중요한 결과를 가져 왔다.

(제87조)이 삭제된 것은 잘 알려져 있다. 그럼에도 불구하고 54년 개헌에서는 제84조 경제 질서의 원칙 규정에서 수정은 가하지 않았다. 박정희 정부에 와서 최초로 제헌헌법상의 경제 질서 원칙에 큰 수정을 가했다. 이로써 한국의 경제헌법사에서 제헌헌법과 다른 3공의 전통이 만들어진 셈이다. 1980년 5공화국 헌법 제120조는 62년 3공헌법의 제111조 1, 2항에 "제3항 독과점의 폐단은 적절히 규제·조정한다"를 추가한 것이다. 이상의 경과를 볼 때, 87년 헌법 제119조의 편제방식과 내용은 제헌 헌법이 아니라, 제헌 헌법 제84조의 규정에 처음으로 칼질을 한 3공헌법, 그리고 이를 이은 5공헌법을 답습하고 있음을 알 수 있다.

이러한 헌법 경제조항의 중대한 변화는 더 넓게 보면 우리 헌법에서 민주공화국, 민주주의를 어떻게 보고 있느냐 하는 문제와 밀접하게 연결되어 있다. 한 연구가 밝히고 있는 바와 같이, 우리 헌법전문에 "자유민주적 기본질서"라는 말이 처음 나타난 것은 '유신헌법' 때의 일이었다. 이는 제헌헌법 전문에서 "민주주의 諸제도"로 말하고 있는 것과는 근본적으로 다른 문구로서, 북한과 대결의식위에서 유신독재와 반공권위주의를 정당화하기 위한 의도로 새로 만들어진 것이다.32) 87년 헌법은 이 유신헌법 전문을 답습하고 다시 제4조에 "자유민주적 기본질서에 입각한 평화적 통일"이라는 문구를 추가했다.

그런데 넓게 보면 자유민주주의란 원래부터 하나의 단일 이념을 나타내는 게 결코 아니다. 맥퍼슨(Macpherson 1973)이 잘 지적했듯이 자유민주주의란 자유주의와 민주주의의 모순적 구성물, 소유집착적 개인주의와 발전적 참여민주주의의 혼합물이다. 따라서 어

---

32) 자세한 것은 다음 글을 참조. 박명림(2007, 2011). 박명림은 '자유민주적 기본질서'의 공식적인(법제처) 영어 표기가 'the liberal-democratic order'이 아니라, 'the free and democratic basic order'로 되어 있다고 말하고 있다.

디에 더 방점을 찍느냐에 따라 자유민주주의의 성격과 내용, 미래 발전 방향은 판이하게 달라진다.[33) 나는 제헌헌법상의 "민주주의 제 제도"가 군부독재 시대에 이른바 "자유민주적 기본질서"로 바뀜으로써 그 이념적 시계추는 민주공화주의로부터 자유주의적 민주주의 쪽으로 변경되었으며, 사회경제적 측면에서는 경제적, 사회적 민주주의로부터 '경제적 자유주의'쪽으로 크게 경도되었다고 생각한다. 군부독재가 역설적으로 경제적 자유주의 지향과 결합되었다. 제헌 헌법 제84조가 3공헌법 제111조 1항, 그리고 5공헌법 제120조로 변한 것은 이 변화와 궤를 같이 한다는 게 나의 해석이다.

논자에 따라서는 임시정부 헌법이래 면면히 이어지고 제헌헌법에서 제정된 경제적·사회적 민주주의질서의 기둥을 뒤흔든 62년의 이 조항개헌(제111조)이 박정희시기 압축 경제 근대화를 가능케 한 법적 기초가 되었다고 말할지도 모른다.[34) 그러나 민주공화국을 이후 괴물처럼 거대한 지배력을 행사하면서도 지극히 무책임한 반

---

33) 맥퍼슨은 국유, 공동소유(common property), 사유로 짜여지는 다원적 소유 형태의 발전에 대해서도 지적한 바 있다.

34) 이영훈(2007: 221)이 그런 주장을 편다. 그는 그렇게 주장하면서 62년 개정 헌법 제 111조 1항과 제헌헌법 15조를 같은 재산권 보장 조항으로 간주한다. 그는 62년 헌법 제111조가 제헌헌법을 어떻게 수정·변질시켜 만들어진 것인지에 대해서도 말하지 않는다. 제헌헌법의 재산권 조항이 식민지 지배유산, 특히 일제 민법의 연속이라는 이영훈의 주장에 대해서는, 다음과 같은 유진오의 대답을 언급해 둘 필요가 있다. "여기서 말씀드릴 것은 이 재산권에 관한 생각이 가령 그 전 일본 민법에 있던 돈 재산권에 관한 생각과는 대단히 다르다는 점을 한마디 말씀드려 두겠습니다. 그 전에는 재산권은 절대적으로 해 가지고 그랬지마는, 지금은 공공필요에 의해서 불가불 이것을 수용해야 하는 경우에는 법률의 정하는 바에 의해서 상당한 보상을 지불함으로써 행한다… 그래서 재산권을 절대적인 것이라고 보지 않고 법률로써 재산권의 내용을 정하고 법률로써 그 한계를 정해 가지고 그 법률이 허용하는 한계 내에서 재산권은 용인된다는 그 규정입니다" (헌법제정회의록-제헌의회 1967: 147).

민주적 '재벌 공화국'으로 전락시킨 헌법적 기초가 바로 3공의 헌법 수정에서 깔려졌다고 할 것이다.

〈표 1〉 헌법 제119조의 연원과 변화

년도	경제조항 (1)	경제조항 (2)
1948년	제84조. 대한민국의 경제 질서는 모든 국민에게 생활의 기본적 수요를 충족할 수 있게 하는 사회정의의 실현과 균형 있는 국민경제의 발전을 기함을 기본으로 삼는다. 각인의 경제상 자유는 이 한계 내에서 보장된다.	제85조 광물 기타 중요한 지하자원, 수력과 경제상 이용할 수 있는 자연력은 국유로 한다. 공공필요에 의하여 일정한 기간 그 개발 또는 이용을 특허하거나 또는 특허를 취소함은 법률이 정하는 바에 의하여 행한다. 제87조 ①중요한 운수, 통신, 금융, 보험, 전기, 수리, 수도, 가스 및 공공성을 가진 기업은 국영 또는 공영으로 한다. 공공필요에 의하여 사영을 특허하거나 또는 그 특허를 취소함은 법률이 정하는 바에 의하여 행한다. ②대외무역은 국가의 통제 하에 둔다.
1952년	제84조	1948년 헌법과 동일
1954년	제84조	제85조 광물 기타 중요한 지하자원, 수력과 경제상 이용할 수 있는 자연력은 법률이 정하는 바에 의하여 일정한 기간 그 채취, 개발 또는 이용을 특허할 수 있다. 제87조 삭제 제88조 국방상 또는 국민생활상 긴절한 필요로 인하여 법률로써 특히 규정한 경우를 제외하고는 사영기업을 국유 또는 공유로 이전하거나 그 경영을 통제 또는 관리할 수 없다.
1960년	제84조	1954년 헌법과 동일
1962년	제111조 ①대한민국의 경제 질서는 개인의 경제상의 자유와 창의를 존중함을 기본으로 한다. ②국가는 모든 국민에게 생활의 기본	제112조 광물 기타 중요한 지하자원 수산자원, 수력과 경제상 이용할 수 있는 자연력은 법률이 정하는 바에 의하여 일정한 기간 그 채취 개발 또는 이용을

	적 수요를 충족시키는 사회정의의 실현과 균형 있는 국민경제의 발전을 위하여 필요한 범위 안에서 경제에 관한 규제와 조정을 한다.	특허할 수 있다.
1972년	제116조	①광물 기타 중요한 지하자원 수산자원, 수력과 경제상 이용할 수 있는 자연력은 법률이 정하는 바에 의하여 일정한 기간 그 채취 개발 또는 이용을 특허할 수 있다. ②국토와 자원은 국가의 보호를 받으며, 국가는 그 균형 있는 개발과 이용을 위한 계획을 수립한다.
1980년	제**120조** ①대한민국의 경제 질서는 개인의 경제상의 자유와 창의를 존중함을 기본으로 한다. ②제2항 국가는 모든 국민에게 생활의 기본적 수요를 충족시키는 사회정의 실현과 균형 있는 국민경제의 발전을 위하여 필요한 범위 안에서 경제에 관한 규제와 조정을 한다. 제3항 독과점의 폐단은 적절히 규제·조정한다.	제120조 ①광물 기타 중요한 지하자원 수산자원 수력과 경제상 이용할 수 있는 자연력은 법률이 정하는 바에 의하여 일정한 기간 그 채취 개발 또는 이용을 특허할 수 있다. ②국토와 자원은 국가의 보호를 받으며 국가는 그 균형 있는 개발과 이용을 위하여 필요한 계획을 수립한다.
1987년	제**119조** ①대한민국의 경제 질서는 개인과 **기업의** 경제상의 자유와 창의를 존중함을 기본으로 한다. ②국가는 균형 있는 국민경제의 성장 및 안정과 적정한 소득의 분배를 유지하고, 시장의 지배와 경제력의 남용을 방지하며, 경제주체간의 조화를 통한 경제의 민주화를 위하여 경제에 관한 규제와 조정을 할 수 있다.	1980년 헌법과 동일

2. 제119조 제1항의 검토

이제 헌법 제119조 제1항의 내용을 자세히 살펴보기로 하자. 이 조항은 "개인과 기업의 경제상의 자유와 창의를 존중함을 기본으로 한다"고 되어 있다. 그런데 이와는 달리, 80년 5공헌법에는 단지 개인의 경제상의 자유와 창의를 존중하는 것으로만 규정되어 있다. 즉 6공헌법에서 기업이 개인, 즉 사람과 똑같은 자격으로 들어간 것이다. 이 조항 변화는 우리 헌법 역사상 초유의 일이다. "기업의 자유" 부분은 3공헌법 제111조 1항, 5공헌법 제120조의 1항에도 없었다.

그런데 제119조의 규정에서 기업이 사람 또는 자연인과 똑같은 수준의 권리를 갖는다는 것은 중대한 문제가 아닐 수 없다. 왜냐하면 앞서 지적한 바대로 기업, 특히 대기업은 단순한 제도가 아니라 그 자체 거대한 '경제세력'(김종인), 경제권력체이며 사물은 물론이고 인간을 지배하고, 경제는 물론 사회, 문화, 그리고 정치에 대해서 부당한 구조적 지배력을 뻗치기 때문이다. 기업의 자유를 사람의 자유와 동등한 레벨로 '존중'함을 기본으로 하게 되면, 현실에서는 똑같이 존중되기는커녕 기업 아니 독과점 대기업과 소수 재벌이 사람위에 군림하는 자본주의가 나타나게 된다. 그 때문에 기업에 대해 사람과 똑같은 경제적 자유를 제공할 수 있느냐하는 것이 외국 헌법사에서는 중대한 논란의 대상이 되었다. 이와 관련해 로버트 달(Dahl 1995/1985: 82-90)은 기업의 사적 소유권이 헌법이 보장하는 기본적 인권이 될 수 없다고 지적한 바 있다. 또 미국 클린턴 정권기 노동부장관을 역임한 로버트 라이시(Reich 2008)도 기업에 민주주의 권리나 의무를 부여하는 것은 바람직하지 않다고 말했다. 반면 우리는 이런 중차대한 문제에 대한 아무런 진지한 논의 없이 제119조 안에 너무 쉽게 집어넣은 것이다.

그리하여 제119조는 1항과 2항이 상호 조화 또는 균형 관계에 있다기보다 팽팽한 긴장과 갈등 관계에 있는 구조를 갖게 되었다. 이처럼 87년 헌법이 제헌헌법을 뒤바꾼 3공, 5공헌법 조항을 답습하고 있고 더구나 거기에는 없었던 "기업" 부분까지 새로 집어넣음으로써 발생한 가장 중대한 문제는 이 변화가 우리로 하여금 사기업의 영리활동이 천부적 자연권인 것처럼, '자유시장'이 자연적인 것인 냥 잘못 생각하도록 만들었다는 것이다. 바꾸어 말해 기업과 시장이 기본적으로 정치적, 제도적 구성물이라는 생각이 밀려났다. 실제로 민주화 이후 119조 1항은 재산권보장 조항(23조 1항), 직업선택의 자유조항(15조)과 함께 '경영권'과 그 오남용을 보장하는 강력한 헌법적 근거로 활용되었다(이창훈 2015).[35] 또 노동자의 경영참여권이 불비함은 물론 노동권이 전반적으로 취약한 기울어진 운동장 상황에서 기업주가 일방적으로 추진하는 취업규칙의 작성 변경이나 경영상의 이유를 내세운 정리해고, 그리고 노동자파업에 대해 형사 처벌은 물론 민사상 손해배상 가압류 청구 등에 대해 대법원은 거의 기업주 손을 들어 주었다(박귀천 2003, 2016; 신권철 2016; 송강직 2016; 김선수 2014, 34).[36] 따라서 우리는 민주화 이후 경제민주화의 논점에서 단지 공정거래법상의 공정경쟁 확립 및 경제력집중 제한 문제 쪽에만 시야를 좁힐 것이 아니라, 근본적으로 재산권 및 경영권의 민주화 문제가 존재하고 있음을 알아야 한다. 우리는 재벌 총수에 의한 부당한 경영권 세습체제를 물론 극복해야 하지만, 그와 더불어 이해당사자의 복리, 공공복리에 기여하지 않는 고삐 풀린 경영권 자체의 정당성에 대해 의문을 제기할 필요가 있다. 민주화이후 경제민주화의 과제는 복합적이다. 경제민주화는 결코 공정 경쟁만을 의미하지 않는다. 무엇보다 경영권이 노동기본권을 마구 짓밟는 부조리와 적폐를 청산하고 경영권과 노동권이 균형을 이루는 것이야말로 비정상을 정상화하는 경제민주

---

35) 그러나 경영권에 대한 헌법적 근거는 부실하다. 이에 대해서는 전형배 (2015) 참조.

36) 박귀천(2016)은 한국의 취업규칙 관련 규정이 19세기 독일의 영업법이나 나치시대 노동법의 영향을 받았을 것으로 보고 있다.

화의 근본이다

우리는 묻는다. 기업의 자유와 자유시장이란 것이 자연적인 것인가? 그렇지 않다. 그것들은 정치적, 제도적, 역사적 구성물이다. 그리고 현존하는 소유구조, 부와 소득의 분배구조는 정의롭지 못한 배경조건들, 이미 불공평한 역사적 조건들의 결과일 수 있다.[37] 나는 기업의 자유 및 자유 시장에 대한 이런 생각을 민주공화주의적 또는 시민정치적 사고라고 부른다.[38] 제헌헌법의 규정대로 모든 국민은 생활의 기본적 수요를 충족할 수 있어야 하되, 이는 저마다 자신의 좋은 삶(well doings and well beings)을 추구할 수 있는 실질적 자유와 역량을 신장함과 동시에 좋은 시민적 삶을 살기 위해 그렇게 해야 한다.[39] 경제적 불평등을 일정 범위내로 통제해야 하는 이유도 여기에 있다. 경제민주화는 그 자체로서 뿐만 아니라 정치적 참여와 자유, 연대의 증진을 위해서 요구된다.

위와 같은 의미에서 볼 때 87년 헌법 제119조에서 경제민주화 세력은 하나를 얻고 다른 하나를 잃은 꼴이 되었다. 만약 제119조 2항의 '경제민주화' 조항이 현실에서 그 말에 합당한 실체적 의미를 확보하지 못한다면, 1항에서 간단히 허용한 기업 권력의 자유와 횡포에 대해 민주적 대항력, 견제·균형력을 갖지 못한다면- 87년 민주화이후 지금까지도 우리는 그러지 못하고 있다 - 87년 헌법 제119조는 오히려 실질적으로는 후퇴한 개정이 될 우려마저 있다. 그렇다고는 해도 제119조 2항에서 기업이 포함되었다는 것이 사회적 기본권에서 기업이 자연인과 동등한 지위를 갖게 되었다고 해석할

---

37) Laborde & Maynor(2008/2009: 46-7).
38) 이에 대해서는 장하준(2010)도 시장자유주의를 비판하는 '정초명제'로 "thing1"으로 언급한바 있다. 그러나 그의 생각은 정치적인 것을 국가통치로 환원하는 국가맹신 정치론이라는 문제를 갖고 있다.
39) 이 때문에 나는 제헌헌법의 소중함을 환기시키면서도 새 민주적, 사회적 공화국을 위해 그 단순한 복원을 주장하지는 않는다.

수는 없다. 거듭 말하지만, 우리 헌법에서 경제조항은 기본권 조항과 분리 규정되어 있다는 사실을 유념할 필요가 있다. 기본권 조항은 어디에도 기업의 기본권을 규정하고 있지 않다. 다만 생존권으로서 '모든 국민의 재산권을 보장'할 뿐이며, 재산권 행사에 대해 공공복리의 의무를 요구하고 있다.[40]

3. 제119조 제2항의 재론

다시 제119조 2항으로 돌아가자. 119조 2항을 재검토하기 위해 1980년 5공화국 헌법과 87년 제119조 전체를 비교해 보겠다.[41] 5공 헌법 해당 경제조항은 제120조인 데 아래와 같다.

> 제1항 대한민국의 경제 질서는 개인의 경제상의 자유와 창의를 존중함을 기본으로 한다.
> 제2항 국가는 모든 국민에게 생활의 기본적 수요를 충족시키는 사회정의의 실현과 균형 있는 국민경제의 발전을 위하여 필요한 범위 안에서 경제에 관한 규제와 조정을 한다.
> 제3항 독과점의 폐단은 적절히 규제·조정한다.

87년 6공헌법을 80년 5공헌법과 비교해 보면 다음과 같다. 먼저 3개 조항이 2개 조항으로 축소되었다. 독립조항이던 독과점의 폐단에 대한 규제조정 조항을 2항으로 통합시켜 "시장의 지배와 경제력의 남용을 방지하며"라는 문장으로 반영했다. 조문상으로는 독자적 조항으로 유지하는 것이 더 나은데 통합 조항으로 변했다. 둘

---

40) 오동석(2011) 참고.
41) '경제주체간의 조화' 부분에 대해서는 이 글 제3절 참조.

째, 제2항을 자세히 보면, 5공헌법에서는 국가의 규제 조정 목적이 "모든 국민에게 생활의 기본적 수요를 충족시키는 사회정의의 실현과 균형 있는 국민경제의 발전을 위하여"로 되어 있다. 이 부분이 87년 6공헌법에서는 "균형 있는 국민경제의 성장 및 안정과 적정한 소득의 분배를 유지하고 … 경제주체간의 조화를 통한 경제의 민주화를 위하여"로 바뀌었다. 여기서 '균형 있는 국민경제의 발전' 부분은 흡사하다고 보면, 결국 5공헌법에서 "모든 국민에게 생활의 기본적 수요를 충족시키는 사회정의의 실현" 부분이, 87년 헌법에서는 "적정한 소득의 분배를 유지하고 경제주체 간의 조화를 통한 경제의 민주화"로 바뀐 것이다.

여기서 5공헌법상의 사회정의란 어떤 의미인가. 명확히 '모든 국민의 생활의 기본적 수요의 충족'이라고 하여 평등주의적인 분배적 정의의 의미로 사용되고 있다. 그렇다면 87년 헌법에서 '적정한 소득의 분배를 유지'한다는 말은 어떤가. 나는 이 부분에서는 87년 헌법이 오히려 이전보다 더 뒷걸음질 친 것은 아닌지 하는 생각이 든다. "모든 국민에게 생활의 기본적 수요를 충족시키는 사회정의의 실현" 그리고 "균형 있는 국민경제의 발전"은 알고 보면 결코 6공헌법의 고유 조항이 아니다. 그것은 원래 제헌헌법에 있던 조항(제84조)으로서 이후 군부독재시기에도 건드리지 못한 채 이어져 온 조항이다.[42] 이런 불변의 사회적 기본권 조항이 87년 헌법에서 바뀐 것이다. "모든 국민에게 생활의 기본적 수요를 충족"시킨다는 말은 보편주의적 의미를 확실하게 담고 있다. 이 조항은 헌법 제10조의 "모든 국민은 인간으로서의 존엄과 가치를 가지며 행복을 추구할 권리를 가진다"는 조항, 그리고 제34조 (1항 모든 국민은 인간다운 생활을 할 권리를 가진다, 2항 국가는 사회보장·사회

---

42) 이 조항의 역사적 연원에 대해서는 주 11) 참조.

복지의 증진에 노력할 의무를 진다)와도 유기적 연관성, 통합성을 갖고 있고 상호 보완적이다.

뿐만 아니라 '기본적 수요의 충족'이란 말은 사회적 통념으로 통용되는 표현이라는 게 중요하다. 물론 어디까지가 '기본적 수요'인지 하는 문제가 여전히 남는데, 이는 단지 '먹고 입는 것'만이 아니라 그 이상으로 최저한의 문화적 욕구를 충족할 수 있는 수준이어야 한다.[43] 그런 의미에서 '모든 국민에게 생활의 기본적 수요의 충족'이라는 보편주의적, 평등주의적 의미는 매우 중요하다. 반면에, '적정한 소득의 분배를 유지'한다는 말은 대단히 애매모호하다. 고무줄같이 자의적으로 해석될 여지를 주는 주관적 표현이다. 사회적 통념으로 통용되기가 매우 어렵다. 뿐더러 헌법의 다른 조항들과 괴리가 있다고 생각된다.

마지막으로, 제헌헌법 제84조는 "대한민국의 경제 질서는… 사회정의의 실현과 균형 있는 국민경제의 발전을 기함을 기본으로 삼는다"라고 규정하고 있음에 반해, 87년 헌법 제119조 2항은 "국가는… 경제에 관한 규제와 조정을 할 수 있다"라고 쓰고 있다. 80년 헌법에서 "필요한 범위 안에서 경제에 관한 규제와 조정을 한다"라는 표현보다는 훨씬 개선되었다. 그러나 "해야 한다"가 아니라 "할 수 있다"로 되어 있어, 국가가 경제 민주화를 위해 마땅히 규제하고 조정해야 할 기본적인 사회적 책임과 의무를 "이행하지 않을 수도 있는" 것처럼 여지를 남기고 있다.

---

43) 이 문제에 대해 제헌헌법 심의과정에서 유진오는 이렇게 대답한 바 있다. "그 기본취지는 생활의 기본적 수요가 사람으로서 먹고 입는 것으로는 우리의 사람다운 사람이라고는 할 수 없습니다. 그리고 먹고 입고하는 이상에 최저문화의 욕망을 취할 수 있는 그러한 정도의 생활을 할 수 있어야 경제적 기본 균등이 실현될 것이라고 이렇게 생각해서 말을 써본 것입니다"(헌법제정회의록 1967: 212).

V. 제119조의 역설

마지막으로 헌법 제119조의 '역설'에 대해 말해 보고자 한다. '역설'이라니, 무슨 이야기인가? 지금까지 87년 헌법 제119조의 두 얼굴, 즉 경제민주화 세력이 얻은 것, 계승 발전시켜야 할 것과 잃은 것을 말했는데, 그렇다면 더 들어가 그 조항 성립의 구체적 경과는 어떠했나. 그 조항을 주도한 쪽은 어떤 쪽이었나. 6월 민주 항쟁의 시기, 정치적 민주화 이행의 시기이니 만큼 민주 진보 세력이 제119조의 민주 진보적 부분을 관철시키고 보수 세력이 그 보수적 부분을 관철시켰던 것인가? 헌법 제 119조는 그런 타협적 균형의 산물인가? 그렇게 생각하기 쉽다. 그러나 유감스럽게도 실제 경과는 전혀 그렇지 않다.

앞서 말했듯이 헌법 제9장 제119조 2항은 법률제안자 이름을 따라 '김종인 조항'으로 불리기도 한다. 제헌법 119조 2항에 경제민주화 내용이 들어가게 된 것은 물론 6월 항쟁과 민주화 이행이라는 시대적 배경이 있었다. 그렇지만 그것만으로는 설명되기 어렵다. 당시는 대통령 직선제 개헌이 가장 중요한 관심사고 이슈였다. 그리고 개헌은 민주화 운동 세력의 손을 떠나 기존 제도 정당의 수중으로 넘어갔었다. 헌법 쟁취국면과 헌법 제정국면은 완전히 분리 구획되었다.(박명림 2007: 71). 이런 사정 때문에도 우리는 특별히 김종인 개인의 역할에 주목하게 되는 것이다. 그런데 당시 김종인은 어떤 정치적 위치에 있었는가. 그는 전두환 정권에서 민주정의당 국회의원이었으며 87년 9차 개헌 당시 국회개헌특위 경제분과위원장을 맡았다. 그런 위치에서 그가 전두환을 설득한 결과 제119조 2항이 민주정의당의 개헌안으로 제출되었던 것으로 알려져 있다. 즉 제119조 2항 '경제민주화' 조항은 민주정의당이 제시하여 최종안으로 통과된 것이다.

달리 말해 헌법 경제민주화 조항은 진보 세력은 물론이고 야당이었던 통일민주당(이 당은 고 김영삼, 고 김대중이 주도하여 창당한 당이다)이 제기하고 성사시킨 것이 아니었다. 정반대로 (수구) 보수정당인 민주정의당 내부의 한 경제 민주주의자의 노력에 크게 힘입은 것이었다. 그렇다면 통일 민주당이 헌법 제119조 성립에서 한 일은 무엇이었나? 당시 통일 민주당의 개헌안을 살펴봐야 한다. 이 안은 8장 제115조에 4개 조항을 제시하고 있다. 민주당의 제115조 2항은 5공화국 제120조 2항을 답습하고 있다. 반면 제115조 2항은 5공 1항에서 "개인의 경제상의 자유"를 "개인과 기업의 경제상의 자유"로 수정해 놓았다. 즉 오늘날 재계, 보수언론, 그리고 여러 시장자유주의자들이 금과옥조로 삼는 87년 헌법 제119조 1항, "대한민국의 경제 질서는 개인과 기업의 경제상의 자유와 창의를 존중함을 기본으로 한다"는 조항을 제기한 쪽은 바로 통일민주당이었던 것이다.

결론적으로 87년 헌법 제119조는 1항은 통일민주당이 제기하고 2항은 민주정의당이 제기한 것을 타협, 종합함으로써 성립된 것이다. 바로 이것이 헌법 제119조의 '역설'이라는 것이다. 87년 개정 헌법의 경과와 관련하여 오늘의 더불어 민주당, 나아가 자유주의 개혁세력에 비판적 성찰이 요구되는 '불편한 진실'이 아닐 수 없다.[44]

역설은 이것으로 그치지 않는다. '대화문화 아카데미'라는 시민단체에서 87년 헌법을 넘는 새로운 더 좋은 헌법을 만든다면서 헌법관련 책을 출간했다. 그간 논의해 온 경과를 살펴본 즉, 그 내부

---

44) 또 다른 문제로서 민주화 시대 개혁정부는 이전에 박정희 정권이 단행한 강권적 마을재산 박탈조치를 원인무효화하고 새롭게 마을재산권을 복원하는 특별법을 제정하거나 주민들에게 마을재산을 되돌려 주는 민주적 조치를 시행하지도 않았다. 이에 대해서는 이병천(2017) 참고.

에 119조 경제민주화 조항을 삭제하려는 강력한 움직임이 있었다. 경제분야 개헌안의 주도자들이 만든 시안 중에는 다음과 같은 안이 있었다(대화문화아카데미 편 2011: 344).

> 제119조 ①대한민국은 시장경제 질서를 근간으로 하여 개인과 기업의 자유와 창의를 존중한다.
> ②국가는 지속가능한 경제성장과 적정한 소득분배를 유지하고, 특정 경제주체의 경제력 남용을 방지하며, 시장의 실패에 대처하기 위해 긴절한 필요가 있는 경우에 경제에 관한 규제와 조정을 할 수 있다.

위의 시안은 자유시장주의자들의 주장과 별로 다를 바 없는 내용이라 할 수 있다. 대화문화 아카데미에서 내놓은 <새로운 헌법 필요한가>라는 이전 책(2008)에서도 경제헌법 개정 주도자들은 유사한 견해를 제시하였다. 토론과정에서 제119조에 대한 김종인씨의 설명이 유력한 반론 역할을 하여 그 최종안이 119조의 유지로 나온 것은 다행스럽다. 그러나 이는 87년 이후 헌법 개정에 대한 시민단체의 논의가 이런 정도이고, 제119조 경제민주화 조항이 다시 한 번 김종인씨에 힘입어 살아남게 됐다는 것은 우려해야 할 일이다.45)

---

45) 대화문화아카데미 책과 비교할 일은 아니지만, 차병직 외(2010)의 경우도 제119조에 대한 서술이 빈약하고, 119조를 둘러싼 쟁점에 둔감하다. 뿐만 아니라 "자본주의, 공산주의, 사회주의 국가, 사회국가, 복지국가라는 용어는 명확하지 않고, 어느 한 사회의 경제 질서를 경제용어나 개념에 맞추는 것도 우스운 일이다"라고 쓰고 있는데, 이 서술이야말로 '우스운 일'이 아닌가. 대한민국 헌법이 사회국가, 복지국가를 추구하는 헌법이 아니라는 말인지, 이해하기 어렵다. 이 책은 '시민의, 시민에 의한, 시민을 위한 헌법'을 추구하는데 그 때 '시민'이라는 말이 무슨 말인지 알기 어렵다. 이

〈표 2〉 정당들의 87년 헌법개헌안 비교

헌법과 개헌안	조문	조항 내용
제5공화국헌법 (1980.10.25)	제9장 경제 제120조	①대한민국의 경제 질서는 개인의 경제상의 자유와 창의를 존중함을 기본으로 한다 ②국가는 모든 국민에게 생활의 기본적 수요를 충족시키는 사회정의의 실현과 균형 있는 국민경제의 발전을 위하여 필요한 범위 안에서 경제에 관한 규제와 조정을 한다 ③ 독과점과 경제력집중의 폐단은 적절히 규제 조정한다
민주정의당 개헌안	제9장 경제 제118조	①대한민국의 경제 질서는 **개인의 경제상의 자유**와 창의를 존중함을 기본으로 한다 ②국가는 국민경제의 성장 및 안정과 적정한 소득의 분배를 유지하고 시장의 지배와 경제력의 집중 남용을 방지하며 **경제주체간의 조화를 통한 산업의 민주화**를 위하여 필요한 규제와 조정을 할수 있다
통일민주당 개헌안	제8장 경제 제115조	①대한민국의 경제 질서는 개인과 **기업의** 경제상의 자유와 창의를 존중함을 기본으로 하고 국민경제의 균형 있는 향상을 기하도록 한다 ②국가는 모든 국민에게 생활의 기본적 수요를 충족시키는 사회정의의 실현과 균형 있는 국민경제의 발전을 위하여 필요한 범위안에서 경제에 관한 규제와 조정을 한다 ③독과점의 폐단과 경제력 남용에 의한 소득불균형의 시정 및 분배구조의 왜곡을 적절히 규제조정한다 ④국가는 저소득층의 생활안정과 소득향상 및 복리증진을 위하여 적극적인 시책을 강구하여야 한다
87년 헌법 (1987. 10. 29)	제9장 경제 제119조	① 대한민국의 경제 질서는 **개인과 기업의 경제상의 자유와 창의**를 존중함을 기본으로 한다 (<-통일민주당 개헌안) ②국가는 균형 있는 국민경제의 성장 및 안정과 적정한 소득의 분배를 유지하고 시장의 지배와 경제력의 집중 남용을 방지하며 **경제주체간의 조화를 통한 경제의 민주화**를 위하여 경제에 관한 규제와 조정을 할 수 있다(<-민주정의당 개헌안)

부분의 서술은 최근 이 책의 신판에서도 거의 변하지 않았다.

Ⅵ. 결론

87년 이후 한국사회는 한 때 민주적 공고화에 성공했다는 평가를 받기도 했지만 그 핵심 대목들에서 결손(缺損)을 확대해 왔다. 97년 외환위기와 구조조정을 전환점으로, 이어 이명박 박근혜 정부를 거치면서 한국 사회는 사회경제적 불평등과 양극화, 신빈곤 현상이 심화되고 경제민주화는 여전히 미완의 과제로 남게 됐다. 한국자본주의는 불공정, 불평등과 저성장의 악순환 늪에 빠졌다. 특히 박근혜 정부가 경제 민주화와 복지 증진의 대국민 약속을 배신하고 무분별한 규제완화 기조를 추구시킴으로써 한편으로 비리와 세습, 재벌 독식이 고착화되는 반면, 다른 한편으로 다수 국민들은 삶의 불안에 허덕이게 되었다. 이런 맥락에서 이 글은 헌법 제119조를 중심으로 우리 헌법의 경제민주화 사상을 검토하였다. 많은 논의들이 헌법 제119조를 87년 6월 항쟁의 산물로만 본다거나, 헌법의 다른 사회경제적 조항들과 분리시켜 제119조만 고립적으로 본다거나, 그것을 금과옥조로 여긴다거나 하는 경향을 보인다. 또 헌법을 현실의 역동적 변화와 분리시켜 정태적, 고정적으로 파악하는 경향도 강하다. 이 글은 이런 연구 경향을 벗어나 헌법 연구에서 지배의 정당성 대 민주적 정당성간 다툼의 동학이라는 관점을 설정했다. 그런 관점 위에서, 헌법 제119조를 중심으로 한국 헌법의 경제이념이 어떤 의미를 갖고 있고 어떤 헌정사의 변모를 겪었는지, 오늘 우리의 고통스런 현실의 개혁에 어떤 규범적 정당성의 기초를 제공할 수 있는지, 그리고 어떤 한계지점을 갖고 있고 새 개헌과제를 갖고 있는지에 대해 살펴 보았다.

우리의 연구는 다음과 같은 사실을 밝혔다. 헌법 제119조는 직접적으로는 87년 6월 민주항쟁의 산물이긴 하지만 그것에 대한 포괄적 이해는 제헌헌법으로 소급되는 역사적 연원과 우리 헌정사 전체에 대한 이해를 필요로 한다. 제헌헌법은 자유시장경제가 아니라 경제적, 사회적 민주주의를 기본가치와 정신으로 삼고 있다. 구체적으로 그것은 사유재산권 행사가 공공복리에 적합하게 이뤄지도록 한 것, 모든 국민에게 기본적 수요를 충족시키는 사회정의 실현을 경제상 자유보다 앞세운 것, 국가소유 및 통제로 고삐풀린 거대자본의 전횡을 막도록 한 것 등에서 나타난다. 그러나 제헌헌법은 노동자경영참여권이 빠진 것, 토지사유권제한이 빠진 것, 중소기업 보호나 협동조합을 비롯한 연대경제 조항이 빠진 것 등에서, 국유와 사유의 이분법 틀에서 벗어나지 못한 점에서 한계를 갖고 있다.

87년 민주화 헌법의 제119조에는 제헌헌법상의 기본가치와지향이 구현되어 있다. 그렇지만 제119조는 양면성을 갖고 있으며, 그 속에 커다란 긴장 및 모순을 내포하고 있다. 87년 헌법에서 제정된 제119조 2항 '경제민주화' 조항은 분명히 재산권 행사의 공공성 조항을 비롯해 제헌헌법 이래 우리 헌법이 갖고 있는 경제적, 사회적 민주주의 이념의 기조위에서 비로소 도입될 수 있었고 전향적인 요소를 갖고 있다. 그러나 87년 헌법의 제119조는 또 다른 측면을 갖고 있는데 그것은 노동자의 경영참여권이 제거된 제헌헌법이래의 한계를 여전히 갖고 있을 뿐더러, 제헌헌법을 수정, 변질시킨 62년의 헌법 즉 제3공화국에서 개악된 헌법의 기본틀을 따르고 있다는 것이다. 그 수정의 핵심적 내용은 제헌헌법의 기본 기조인 사회정의와 평등· 균형주의보다 경제적 자유, 무엇보다 기업의 자유를 앞세운 것이다

마지막으로 이 연구는 헌법 119조에 내재된 역설 또는 "불편한 진실"을 보였다. 현행 헌법은 87년 6월 민주항쟁의 시기, 정치적 민주화 이행의 시기에 만들어졌으니 민주 진보 세력이 제119조의 제

2항을 관철시키고 보수 세력이 그 보수적 부분인 제1항을 관철시킨 것으로 생각하기가 쉽다. 그러나 사실은 그렇지 않았다. 헌법 제119조 중에서 제1항, 경제민주화 조항은 87년 당시 민주 정의당이 제시한 반면, 경제자유화 조항은 야당인 통일민주당이 제시하였다. 경제민주화 조항인 제119 제2항이 민주정의당의 안이었고, 자연인 개인의 자유에 기업의 자유를 추가하여 제1항을 개악한 것은 통일민주당이었다. 이는 헌법 제119조 탄생의 중대한 역설이 아닐수 없다. 오늘날 개헌논의가 분분하고 명실상부한 시민주권의 보장을 위해 개헌이 필요한 것도 분명한 사실이지만, 더불어 민주당 나아가 새 민주사회의 선도자 역할을 자임하는 모든 세력들은 반드시 이전 시기 헌법개정의 역설을 자신을 비추는 거울로 삼아야 할 것이다.

오늘날 개헌논의가 분분하고 명실상부한 시민주권의 보장을 위해 개헌이 필요한 것도 분명한 사실이다. 그렇지만 개헌작업도 적절한 때가 있는 법이다46). 그리고 더불어민주당 나아가 새 민주공화국 건설의 선도자 역할을 자임하는 모든 세력들은 반드시 이전 시기 헌법개정의 역설을 자신을 비추는 성찰적 거울로 삼아야 할 것이다. 촛불시민혁명의 성과로서 나타날 대한민국 2017년 체제는 지난 시기 정치적 민주화이행에 그쳤고 심각한 결손(缺損)들을 물려준 1987년 체제를 넘어, 그리고 '헬조선'의 불공정, 불평등, 불안의 3불체제를 넘어 노동자를 비롯해 이해당사자 실질적 참여를 보장하는 민주적이고 정의로운 사회경제체제를 추구해야 한다. 대선 이후 윤곽이 나타날 새 헌법 또한 반드시 이 같은 촛불시민혁명의 새 열망을 담아내야 할 것이다.

---

46) 지난 시기 헌법 119조 경제민주화 조항을 만드는 데 큰 역할을 했던 김종인이 최근 개헌을 명분으로 철새같은 행태를 보이는 것은 납득하기 어렵다.

<참고문헌>

강경근 외(2010), 한국 헌법 무엇이 문제인가, 북마크.

교과서포럼(2008), 대안교과서 한국근현대사, 기파랑.

교육부(2017), 국정역사교과서.

국회도서관 입법조사국(1967), 헌법제정회의록(제헌의회), 국회도서관

국회도서관 입법조사국 (1967), 헌법개정심의록(1~3권), 국회도서관.

김상용(1995), 토지소유권 법사상, 민음사.

김선수(2014), 노동을 변호하다. 오월의 봄.

김수용(2008), 건국과 헌법-헌법논의를 통해본 대한민국 건국사, 경인문화사.

김영수(2000), 한국헌법사, 학문사.

김종인 (2011). "<自由人' 인터뷰> 김종인 전 청와대 경제수석"(2011. 4. 18), 한림국제대학원대학교, 정치경영 연구소, http://ipm.hallym.ac.kr/interview/7511.

김철수(1990), 한국헌법사, 대학출판사.

남재희(2005), '개헌…제119조②항, 헌재, 편집권 독립', 국회보, 12월 (남재희, 아주 사적인 정치비망록, 민음사, 2006, 143~157면에 재수록).

대화문화아카데미(2008), 새로운 헌법 필요한가.

대화문화아카데미 편(2011), 새로운 헌법, 무엇을 담아야 하나, 7월.

박귀천(2003), 연구노트 : 경제위기 이후 정리해고 관련 판례 검토, <노동사회> 74권.

박귀천(2016), 독일 노동법상 근로조건 결정시스템-취업규칙으로부터 사업장협정으로, 노동법연구 제41호, 9월.

박명림(2007), "헌법개혁과 한국민주주의," (함께하는 시민행동 편, 헌법 다시 보기-87년 헌법 무엇이 문제인가, 창비사 수록).

박명림(2011), 박정희 시기의 헌법정신과 내용의 해석, 역사비평 96호, 가을.

박찬승(2012), 대한민국 헌법의 임시정부 계승성, 한국독립운동사연구 43.

박찬승(2013), 대한민국은 민주공화국이다- 헌법 제1조 성립의 역사, 돌베개.

박홍규(2001), 그들이 헌법을 죽였다, 개마고원.

배영길(1995), 헌법상 재산권의 보장과 그 한계, 自治研究 Vol.6 No.1.

송강직(2016), 노동자 경영참가와 노사관계 차원의 경제민주화. 서울대 공
　　　　익인권법센터, 서울대 인권센터 주최, 2016 경제민주화 심포지움.

송석윤(2016), 바이마르 헌법과 경제 민주화. 서울대 공익인권법센터, 서울
　　　　대 인권센터 주최, 2016 경제민주화 심포지움.

신권철(2016), 취업규칙을 넘어-판례법리와 그 비판, 노동법연구 41, 9월.

신우철(2004), 중국의 제헌운동이 상해 임시정부 헌법제정에 미친 영향 -
　　　　임시헌장(1919. 4. 11)과 임시헌법(1919. 9. 11)을 중심으로, 법사학
　　　　연구 29호.

신우철(2008), 비교헌법사-대한민국 입헌주의의 연원, 법문사.

신진욱(2017), 한국에서 결손민주주의의 심화와 촛불의 시민정치, 시민과
　　　　세계 29호.

오동석(2011), 헌법상 경제 민주화 조항 해석론, 민주당 헌법 제119조 경제
　　　　민주화 특별위원회 토론회, 헌법 제119조, 우리시대에 던지는 의미
　　　　는?, 2011. 8. 10.

우자와(2008 [2000]), 이병천역, 사회적 공통자본-진보적 공공경제학의 모
　　　　색, 필맥.

유종일(2011), 경제 119, 시사인.

이병천(2007), 양극화의 함정과 민주화의 깨어진 약속, 이병천 편, 세계화
　　　　시대의 한국자본주의, 한울.

이병천(2014), 한국자본주의 모델, 책세상.

이병천(2016a), 한국은 독일모델에서 무엇을 배울까, 동향과 전망 98, 가을.

이병천(2016b), 한국은 평화복지국가를 건너뛰는가, 이병천 외 편, 안보개
　　　　발국가를 넘어 평화복지국가로-독일의 경험과 한국의 과제, 사회

평론.

이병천(2016c), 세월호 참사 국가를 묻다. 이병천외편, 세월호가 남긴 절망
　　과 희망, 한울.

이병천 (2017), 마을재산권복원기본법 제정을 촉구한다. 한겨레 신문, 2월
　　27일.

이병천 신진욱편(2015), 민주정부 10년 무엇을 남겼나, 후마니타스.

이순태 (2015), 자연자원의 이용과 관리에 관한 법제, 한국법제연구원.

이영록(2006), 유진오 헌법사상의 형성과 전개, 한국학술정보.

이영록(2006), 우리 헌법의 탄생, 서해문집.

이영록(2009), 제헌헌법의 동화주의 이념과 역사적 의의, 한국사연구 144.

이영훈(2007), 대한민국 이야기, 기파랑.

이창훈(2015), 기업의 자유에 관한 헌법적 연구, 서울법학 22권 3호.

이흥재(2010), 노동법제정과 전진한의 역할, 서울대 출판부.

장하준(2010), 그들이 말하지 않는 23가지, 부키.

전재경 (2006), 자원고갈과 환경오염에 대비한 자연자원 관리법제(1), 한국
　　법제연구원.

전형배(2015), 경영권의 본질과 노동3권에 의한 제한, 강원법학 44호.

정종섭 편(2002), 한국헌법사 문류, 박영사.

조동걸(2010), 임시정부의 건국강령. 우사조동걸저술전집 8, 대한민국 임시
　　정부, 역사공간.

좌승희 편(2007), 새헌법연구, 경기개발연구원.

차병직 외(2010), 안녕 헌법, 지안.

최장집 (2005), 민주화 이후의 민주주의. 후마니타스.

홍헌호(2012), 맥쿼리의 빨대는 누가 뽑을 수 있을까, 이매진.

Dahl R. A.(1985), A Preface to Economic Democracy, Berkeley : University of
　　California Press(안승국 역, 경제민주주의, 1985).

Laborde C. & J. Maynor(2008), Republicanism and political theory, Wiley-Blackwell(곽준혁 외 역, 공화주의와 정치이론, 까치, 2009).

Macpherson C. B.(1973), Democratic Theory: Essays in Retrieval, Oxford University Press, USA.

Maravall & Przeworski(2003), Democracy and Rule of Law, Cambridge University Press(강중기 외 역,민주주의와 법의 지배, 후마니타스).

Reich R.B.(2008), Supercapitalism- The Transformation of Business, Democracy, and Everyday Life, Vintage (형선호 역, 슈퍼자본주의, 김영사, 2008).

Scheueuerman(1994), Between the Norm and the Exception- The Frankfurt School and the Rule of Law, The MIT Press.

글로벌 차원의 경제민주화와 한국 자본주의의 개혁*

이　근**·이 건 호***

Ⅰ. 서론

일반적으로 경제민주화는 경제의 민주적 관리 내지 경제에의 민주주의의 적용을 말한다. 변형윤(2016)에서는 경제민주화를 노동자의 경영참여, 경제력 집중 방지 및 중소기업 강화라는 세 가지 차원으로 논한 바 있다. 이런 세 가지 측면은 헌법 제119조 2항에 나타난 다음의 조항과 밀접히 관련된다고 볼 수 있다: 즉, "국가는 균형 있는 국민경제의 성장 및 안정과 적정한 소득의 분배를 유지하고 시장의 지배와 경제력의 남용을 방지하며, 경제주체간의 조화를 통한 경제의 민주화를 위하여 경제에 관한 규제와 조정을 할 수 있다." 본고에서는 경제민주화라는 관점에서 한국자본주의의 변천을 재조명하고, 한국자본주의가 성장의 분배를 새롭게 조화할 수 있는 개혁과제를 제시한다.

기본적으로 외환위기 이전의 자본주의는, '추격형 동아시아 자본주의'라고 볼 수 있고, 외환위기 이후의 자본주의는 추격형 동아

* 이글은 이근(2015)와 이근·이건호(2016)을 기반으로 하여 좀 더 내용을 추가하고 보완한 글이다.
** 서울대학교 경제학부 교수, 경제학박사
*** 서울대학교 경제학부 석사과정

시아 자본주의의에 영미식 주주자본주의가 들어와 새로 형성된 혼합 자본주의'라고 규정할 수 있다(이근 2015). 그런데, 외환위기 이후 득세한 영미식 주주중심 자본주의는, 장기 투자보다는 단기적 이윤과 주주에 대한 배당이 미덕이라는 가치를 지향하고 있어, 저투자 저성장, 저일자리라는 악순환으로 가는 가능성을 원천적으로 지니고 있다. 또한, 기본적으로 고소득자인 주주들의 단기적 이익을 중시한다는 점에서, 분배 악화 성향도 가지고 있고, 노동자의 경영참여를 배제한다는 점에서 경제민주화하고 거리가 먼 자본주의이다. 더구나 본고에서, 글로벌 차원의 경제민주화라고 한 것은, 이러한 금융자본 중심의 주주 자본주의가 글로벌 차원의 저투자, 저일자리, 분배 악화를 낳고 있다는 측면을 같이 보아야 하는 시각이 필요하다는 입장을 강조하기 위함이다. 즉, 국제 금융자본이 득세하면서, 금융소득이 노동소득보다 훨씬 커지고 이 부분에서 소득 격차가 커지고 있고, 국제 투기자본은 전 세계를 돌아다니면서, 이자 및 배당소득으로 개도국의 부를 이전해가서 부를 축적하고 있다는 것이다.

그래서 본고에서는 영미식 주주자본주의 보다는 이해관계자 중심 자본주의로(stake-holder capitalism) 가야하며, 이를 통해서 한국 자본주의가 장기적 투자에 기초한 지속가능한 성장과 안정된 분배 및 고용을 달성하기 위한 방안을 제시한다. 즉, 구체적으로, 외국의 사례를 보면서, 장기적 투자를 촉진하기 위한 네 가지 정책과제, 즉 벤처기업의 차등의결권, 벤처 창업 장려할 스톡옵션제 개선 방안, 장기주식 보유 장려, 및 적대적 M&A 규제 개혁에 대해 논한다. 이를 통해, 장기적 관점의 투자성향을 회복하지 않으면, 한국자본주의는 단기투자 지향적 영미식 자본주의화의 길을 계속 걸음으로써, 저투자, 저성장, 낮은 고용 분배악화라는 경향성을 갖게 되는 우려가 있음을 주장한다.

II. 외환위기 이후 한국자본주의의 변화와 분배악화

1. 영미식과 동아시아형이 혼합된 새로운 자본주의

해방 이후, 특히 1960년대 이후, 한국은 눈부신 고속성장을 하여왔다. 소위 압축성장이라고 불릴 정도로 선진국이 100년 이상 걸린 과정을 몇 십 년 만에 달성하는, 그래서 선진국과의 격차를 급속히 줄이는 추격형 성장을 하여왔다. 이러한 추격형 성장의 핵심은 소위 선도형 추격으로서, 추격을 선도한 주체는 대기업, 제조업 부문, 수출산업 및 정부부문이었다. 반면에 뒤쳐진 분야는 중소기업, 서비스업, 내수산업, 시민사회라고 할 수 있다.

1960년대 이후, 1997년 금융 위기까지의 한국자본주의는 기본적으로 추격형이지만, 80년대 중후반을 기점으로 그 이전에는 저임, 저가품위주의 전형적 수출주도형 성장에 기반을 두는 단순 추격형 자본주의라고 볼 수 있고, 그 이후에는 보다 고부가가치품 및 혁신에 기반한 성장에 기반하는 심화된 추격형 자본주의라고 볼 수 있다.

한국과 대만이 이러한 중진국 함정을 넘어서서 선진국 수준에 도달할 수 있었던 것은 80년대 중반부터 혁신, 즉 연구개발 투자에 집중한 덕이라고 볼 수 있다. 이때부터 한국의 R&D, 즉 연구개발 투자 대비 GDP 비율이 1%를 넘어서고 전체 R&D 중에서 민간 R&D의 비중이 공공 R&D를 넘어서는 현상이 발생하였다(Lee and Kim 2009; 표 1). 이러한 한국과 대만의 경험은 중진국 함정을 넘어서는 근본적 해결책은 결국 기술혁신을 통해서 보다 고가의 차별화된 제품을 만들 수 있는 혁신 능력임을 시사한다. 이로써 한국자본주의는 보다 성공적 추격의 길을 가게 된다. 그리고 특히 한국 전기전자 산업의 경우, 일본을 추격내지 추월하게 되는 결정적 기회의 창은 아날로그에서 디지털로의 패러다임 변화였다. 여기에 일본이 더디게 반응하는 사이 한국기업들은 신속히 이 신기술을 채택하면서 세계시장에서의 경쟁을 주도권을 잡아나갔고 이것이 국민경제의 향상으로 귀결되었다.

이러한 혁신에 기반을 둔 성공적 추격형 동아시아 자본주의는, 정부와 대기업의 수출제조업 중심의 성장 동맹이 주도하는 자본주의였고, 여기서는 고도성장이 임금상승을 낳고 이에 따른 분배 호전이라는 성과 속에, 복지는 일자리 제공으로 대신하는 체제였다. 대기업은 오너 가족이 지배적 주주인 아시아형 가족 경영이었고, 이는 고투자, 저배당 및 매출성장을 추구하고 연공서열 임금제를 채택하였다. 국제화 면에서는 국내 임금 상승 압박에 한계 중소기업이 공장으로 외국으로 보내는 형태의 국제화가 일부 진행되었으나, 대부분은 중소기업은 내수지향에 머물렀다.

그러나 80년대 이후의 성공적 '추격형 동아시아 자본주의'는 그 한계를 가지고 있었고, 이는 결국 1997년 외환위기로 귀결된다. 즉, '정치적 권위주의와 전략적 개방'을 그 핵심요소로 하는 동아시아 모델의 위기는 바로 그 성공 그 자체로부터 나왔다. 즉, 경제성장의 성공에 따라 개발독재의 변화 즉 민주주의로의 요구가 증대되고, 국제사회로부터 시장 개방과 금융자유화를 요구 받게 된 것이다. 즉, 1992년 군사정권에서 문민정부로 이행하면서 민주화의 수준이 높아지고 자본시장을 포함한 개방도가 급상승하였다. 소득재분배 요구를 포함하는 민주화와 개방은 이 과정에서 외환관리와 대외적 안정성 관련 정책 실패와 연결되면서 외환위기를 낳았던 것이다. 즉, 성공적 후발국의 지속성장의 두 목표 조건 중 내재적 혁신능력은 향상 되었으나, 첫 번째 조건인 외환확보라는 전제 조건이 개방 정책을 둘러싼 정책실패로 인해 깨지면서 한국경제는 순식간에 위기에 빠진 것이다(이근 外, 2013).

외환위기 이후 한국자본주의는 IMF주도의 개혁을 거치면서 급속히 개방화와 세계화의 길을 걷게 되고, 그 주요 내용은 영미식 주주중심 자본주의 요소의 대거 도입이다. 즉, 외환위기 이전의 자본주의를, '추격형 동아시아 자본주의'라고 규정한다면, 외환위기 이후의 한국 자본주의는 '추격형 동아시아와 영미식 혼합 자본주의'라고 규정할 수 있다(이근, 2015).[1] 이에 따라, 이전 단계의 추격형 자본주의의 핵심 요소인 한국 대기업의 특징도 변화하였다. 즉, 과거 은행에 의존하던 자본 조달에서 자본시장 의존형이 되었고, 과거의 장기고용 관행이 이제는 많이 단기화 되었으며, 일본식의 연공 서열형 보상체제에서 미국식으로 강력한 성과보상 체제가 정착되었다.[2] 이런 면에서 몸체는 영미식 자본주의 기업이 되었는데, 여전히 오너 체제라는 면에서 속과 머리는 한국식인 새로운 하이브리드 형 대기업 체제가 된 것이다(이근, 2014). 이런 체제가 유지 가능한 것은 오너 1인 체제라기보다는, 오너와 강력한 권한 위임을 받은 전문 경영자라는 two-top 혹은 쌍두마차형 지배구조가 형성되었기에 가능하다고 볼 수 있다. 과거 외국인 지분 비율이 5%도 안되던 한국 자본주의가 이제는 40%에 육박하는 세계 최고 수준의

---

1) 한편, 이상에서 기술한 변화에도 불구하고, '자율적인 사회의 성립이 미약한 가운데 시장에 대한 관료제의 통제와 개입이 강하다는 점에서, 한국자본주의를 '국가주의적 시장경제'라고 보는 견해도 존재한다(이영훈 2014). 즉, '자본주의 다양성' 논자들이 구부한 4개의 자본주의 즉, 영국을 모델로 하는 '자유시장경제(liberal market economy)', 독일을 모델로 하는 '조정시장경제(coordinated market economy)', 1990년대 이전의 프랑스를 모델로 하는 '국가관리주의(étatism)', 이탈리아를 모델로 하는 '보상국가(compensating state)' 중 한국은 '국가관리주의'의 일종에 속한다는 것이다. 필자는 동아시아형이라는 표현 속에 이 국가주의적 특질이 포함되고 있다고 본다.

2) 이영훈(2015)에 인용된 통계에 의하면, 2009년 종사자의 근속연수는 정규직의 경우 평균 6.2년으로, OECD 내에서 가장 짧은 편이다. 전체 피용자 가운데 1년 미만근속자의 비율은 36.2%나 되어, OECD 내에서 단연 최고다. 반면 10년 이상 장기근속자의 비중은 16.9%로 최저다.

외국인 지분율을 달성하면서 이들 주주들에 의한 배당 요구 및 자사주 매입 등으로 잉여 이윤이 지출되면서 투자율이 하락하는 영미식 자본주의의 비용을 치르게 된 것이다. 즉, 한국의 대기업은 외환위기 이후 영미식 자본주의의 외피를 입어서 겉은 영미식, 속은 오너 가족 지배의 동양식이라는 이상한 혼합 자본주의 형태를 띠게 되었고 그 대가는 투자의 하락이다.

근본적으로 영미식 자본주의는 주주중심 자본주의로서 투자보다는 주주에 대한 배당이 미덕이라는 가치를 지향하고 있어, 저투자 저성장, 저 일자리라는 악순환으로 가는 가능성을 원천적으로 지니고 있다. 이에 대하여, 기본적으로 고소득자인 주주들의 이익을 중시한다는 점에서, 분배 악화 성향도 가지고 있고, 노동자의 경영참여를 배제한다는 점에서 경제민주화하고 거리가 먼 자본주의이다.

2. 금융자본과 주주중심 자본주의와 글로벌 차원의 분배악화

<그림 1>에서는 한국에서 소득 상위 1%가 전체소득의 몇 퍼센트를 차지하고 있는지를 장기에 걸쳐 보여준다. 상위 0.1% 또는 상위 10%의 경우에도 그 양상은 크게 다르지 않다. 자료의 제약으로 한국의 경우 고도성장기가 공백으로 남아 있지만, 근로소득에 한정한 상위 1%의 소득 비중은 1963년까지 시계열을 연장할 수 있다(김낙년, 2012). 그에 따르면 상위 1%의 소득 비중은 1960년대 이후 5% 대로 안정적으로 추이하다가 1990년대 중엽부터 상승으로 돌아섰다. 즉, 한국이 외환위기를 맞아 영미식 자본주의를 본격적으로 도입한 이후에, 상위 1%의 소득비중이 급상승하고 있는 것을

보여준다.

같은 그림에서는 미국, 영국, 프랑스, 일본등도 보여주고 있는데, 상위 1%의 소득비중은 영미식 자본주의 대표라 할 수 있는 미국과 영국에서 15%에 육박할 정도로 압도적으로 높다. 반면, 유럽 대륙식 자본주의의 유형에 속한다고 볼 수 있는 프랑스 경우가 제일 낮다.

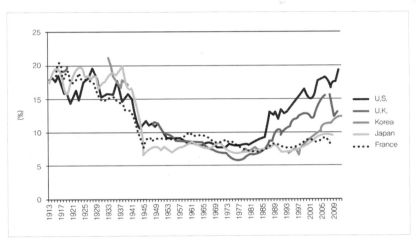

<그림 1> 각국의 상위 1% 소득자가 전체 소득에서 차지하는 비중
(자료: 김낙년(2014))

Piketty(2014)는 영국, 독일 프랑스의 GDP 대비 민간자산(wealth) 의 크기를 보여주고 있다(Piketty, 2014; Figure I.2). 이 비율이 높을 수록 자산소득 비중이 높아서 소득분배가 바람직하지 않은 편이라 고 할 수 있는데, 기간에 따라 조금 차이가 있지만 영국의 비율이 가장 높고, 산업자본 중심인 독일이 가장 낮은 경향이 역시 나타나 고 있다. 즉, 귀농자본 중심의 영미식 자본주의 경제에서 분배가 제일 취약함을 표시해준다고 하겠다.

분배에 대한 또 다른 지표는 노동소득 분배율인데, 아래 <그림 2>는 홍장표(2014)의 <그림 2>에서 전제한 것으로, 한국에서 75년 이후 노동소득 분배율의 추세를 보여주고 있다. 노동소득 분배율은 자영업자의 소득을 자본소득이냐 노동소득이냐 어느 쪽으로 얼마만큼 볼 것인가에 따라 추정치가 많이 차이 나는 경향이 있다. 이 그림에서 보면, 여러 추정치 간의 차이에도 불구하고 한국에서 혁신주도의 고성장이 이루어진 1985년과 1995년 사이의 노동소득 분배율이 일관되게 상승함을 보여주고 있다. 그러나, 또한 모든 추정치가 금융위기 이후 영미식 자본주의가 들어서면서 노동소득 분배율은 일관되게 하락하고 있다.

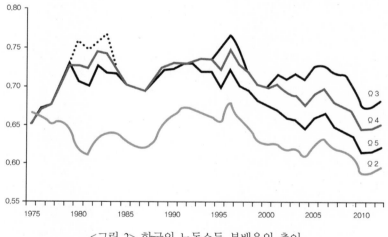

<그림 2> 한국의 노동소득 분배율의 추이
(출처: 홍장표(2014), p.113 그림 2: Ω4, Ω5가 수정치)

아래 <표 1>은 2012년과 2015년 사이 한국에서의 외국인직접투자액과 대외 투자소득 지급액을 보여주고 있다. 한국 자본시장에 대한 외국인의 직접투자보다 배당 및 이자로 지급되는 대외 투자소득 지급액이 더 큼을 알 수 있다. 매년 200억 불 정도의 자금이 해외로 가고 있으며 그 규모가 매년 10억 불 정도씩 증가하고 있다.

〈표 1〉 외국인직접투자액과 대외 투자소득 지급액 비교

잉여의 해외유철: 외국인 직접 투자액 〈 대외 투자소득 지급액
(2014년 : 190억불 대 214억불)

년도(단위 백만달러)	2012	2013	2014	2015
외국인직접투자 유치금액	16,286.1	14,548.3	19,003.1	
외국인 주식투자(매수~매도)	15,606.1	2,695.2		
외국인 채권투자(매수~매도)	33,710.5	36,840.7		
(대외) 투자소득지급	16,893.7	19,883.6	21,446.9	21,203.8
배당	12,270.0	13,952.5	14,441.4	15,449.2
이자	4,623.7	5,931.1	7,005.5	5,754.6
직접투자소득지급	10,853.3	12,414.1	11,929.4	11,968.1
배당	10,831.5	12,350.0	11,810.5	11,748.4
이자	21.8	64.1	118.9	219.7
증권투자소득지급	5,296.3	6,760.6	8,455.5	7,929.9
배당	1,438.5	1,602.5	2,630.9	3,700.8
이자	3,857.8	5,158.1	5,824.6	4,229.1

=> 15/년 주식배당 37억불 = 4조원: 최근 매년 10억불 증가:

ex) SC제일은행: 적자에도 거액 배당

* 자료: 이근(2016)

　　이러한 추세는 후발국(아르헨티나, 브라질, 볼리비아, 남아공)에서도 보이고 있다. <그림 3>의 후발국 4개국의 해외 자본 유입 및 유출 추이를 보면, 전반적으로 후발국에 유입되는 자본보다 배당 및 이자소득으로 유출되는 자본의 규모가 큰 것으로 나타나고 있다. 따라서 위 국가들의 자본시장은 외국인지분율이 높아지는 동시에, 배당 및 이자소득을 통한 투자자의 이익을 중시하는 영미식 주주중심 자본주의를 도입했다고 볼 수 있다. 특히 아르헨티나에서의 최근 유출은 삼성을 공격하였던 엘리엇 펀드의 역할로 보인다. 2001년 아르헨티나의 디폴트 선언 후 엘리엇 펀드는 채무 탕감 합의안 참여를 거부하여 아르헨티나의 디폴트를 촉발하였고, 이후 2016년 초에 엘리엇 펀드를 필두로 한 소수파(holdout) 채권자와 아르헨티나 정부는 정부가 총 47억 달러를 채권단에 지급하는 것으

로 합의하였다(Financial Times, 2016). 볼리비아의 경우 1980년대 초반부터 IMF의 관리를 받았으며, 이 기간 동안 거의 모든 국영기업이 브라질 Petrobras, 영국 British Petroleum과 같은 사기업에 매각되었다. 따라서 천연가스, 오일과 같은 자원이 풍부하지만 천연자원 사유화로 막대한 국부 유출을 겪어왔다(Zissis, 2006). 이를 해결하기 위하여 2006년 에보 모랄레스 볼리비아 대통령은 천연가스에 대한 국유화 정책을 통해 천연자원에 대한 완전한 통제권을 행사한다고 선언했다.

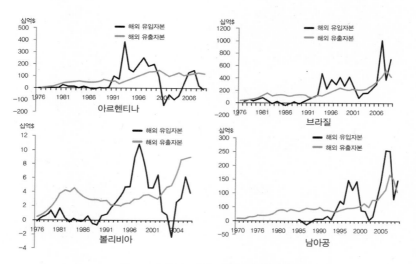

<그림 3> 후발국 자본 유입 및 유출 추이
(자료: 이근(2016))

3. 금융과 주주중심 자본주의와 저투자 성향

한편, 한국은 외환위기 이후, 투자율이 추세적으로 하락하고 있다. 즉 GDP 대비 총 자본 형성의 비율은 90년대에 35% 이상에 도달했지만, 2000년대에는 30%에 머물러서 5%p 정도라는 추세적 하락을 경험하였다<그림 4>. 이 하락분은 <그림 5>에서 보듯이, 외국인 지주의 등장, 즉 영미식 자본주의의 도입 비용이라고 할 수 있는데, 그나마 이 30%대의 투자율도 20%의 일본보다는 높다. 일본과의 차이는 아마도 오너 체제에서 나오는 높은 투자동기에 기인한 것이라고 볼 수 있을 것 같다.

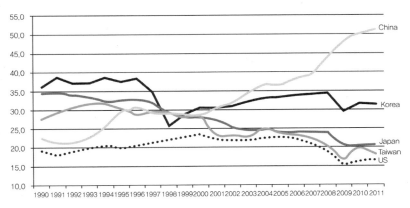

<그림 4> 각국의 GDP대비 고정자본형성 비율
(자료: World Bank, World Development Indicators 자료를 이용하여 필자 계산)

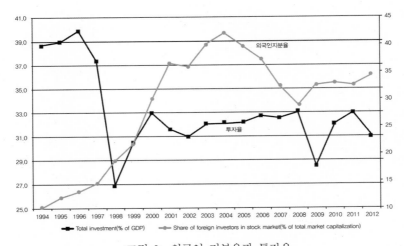

<그림 5> 외국인 지분율과 투자율

(자료: 투자율 - IMF World Economic Outlook Database(October 2014), 외국인지분율
- 금융감독원 금융통계월보(시가총액 기준))

<그림 5>에서는 우리나라 상장기업의 평균 외국인지분율의 추세와 GDP에서의 투자비중, 즉 투자율을 보여주고 있다. 집계적 변수들이라서 그 상관관계가 뚜렷하진 않지만, 외국인지분율과 고정자산 투자율 간의 역(-)의 상관관계가 나타나고 있다. 가령, 2000년대 중반에 외국인 지분율이 하락할 때, 투자율이 상승했으며, 2000년대 초반에는 외국인의 지분율이 상승함에 따라서 투자율이 감소하였다. 또한, 2010-2012년 사이에도 외국인지분율의 상승과 투자율의 감소가 관측되고 있다. 상장기업 차원에서 외국인 지분과 해당기업의 투자율간의 관계에 대한 보다 엄밀한 분석은 김아리, 조명현(2008)에서 행해졌다. 이 논문에서는 해당 기업의 유형고정자산 증가율을 종속변수로 하여, 여러 통제변수를 넣고 회귀분석을 한 결과, 외국인지분의 지수는 매우 강건하고 유의미하게 음의 부호를 보여주고 있다. 즉, 외국인지분의 비율이 높은 기업일수록 투자를 적게 한다는 관계가 이미 실증이 된 셈이다.

III. 성장과 분배를 고려한 한국자본주의의 미래상

1. 이해관계자 자본주의 대 주주자본주의

기업의 주인은 누구이고, 기업은 누구를 위해 경영되어야 하는가는 경제, 경영학에서 오래되고 어려운 질문 중의 하나이다. 기업은 보통 물건과는 달리 다양한 형태의 권리와 의무가 복합적으로 존재하는 자산이기 때문이다. 여기에는 크게 두 가지 입장이 있어 왔다. 좀 더 단순한 견해는 주주자본주의의 입장으로서 기업은 주식을 소유한 주주들의 권익을 최우선시하여 경영되고 성과도 배분되어야 한다는 입장이다. 또 다른 하나는, 기업의 주인은 주주뿐만 아니라 노동자, 경영자, 지역사회, 나아가 고객까지 포함하는 여러 사람들이 주인이라는 이해관계자 중심 자본주의이다. 전자는 영미식 자본주의를 대표하는 이론이나, 주주 이외의 당사자들의 권익을 무시한다는 비판을 받아왔다. 미국의 대표적 기업인 GE의 전 회장 잭 웰치는 금융위기 이후, 주주중심 자본주의는 허구라고 비판한 바 있다. 주주가 회사의 법적 주인이라는 점에서 주주 중심주의는 언뜻 그럴듯하게 보이지만, 이론적 근거는 탄탄하지 않다. 반면, 이 견해에 치중하면, 웬만한 투자는 주주에게 돌려줄 이윤을 경영자가 방만하게 투자한 것이라고 비판을 하여, 세계적 차원의 저성장, 저고용을 낳고 있다.

기업은 기업의 가치를 최대화하는 방향으로 경영되어야 하고, 이를 위해서는 기업의 가치에 공헌할 수 있는 여러 이해당사자들의 권익을 같이 고려해야 함은 당연하다. 즉 기업가치 제고는 주주들만의 힘으로는 부족하고, 경영자, 노동자, 지역사회의 적절한 참여 없이는 불가능하다. 즉, 기업은 그 기업이 망했을 때, 가장 피해를 볼 사람을 중심으로 경영되어야 한다는 이론도 있다. 기업에 참여하는 여러 주체를, 자본을 제공한 금융자본, 경영 노하우를 제공한 경영자본, 노동자들의 인적 자본, 지역사회가 제공한 사회적 자본 등으로 본다면, 이들 중 기업이 망했을 때 가장 큰 피해를 보는 자본은, 그 성격이 해당 기업에서만 유용하거나, 특수성이 높은 자본일 것이다. 가령 그 기업에서만 유용한 특수한 숙련을 오래 쌓은 노동자들이 그럴 것이고, 기업이 망하면, 엄청난 평판의 붕괴와 종종 형사처벌을 받는 경영자본이 그렇다. 그 기업 주변의 길을 닦거나 인프라를 제공한 사회적 자본도 피해를 본다. 이런 자본들은 기업과 헤어질 수 없는 반면 금융자본은 언제든지 팔고 나갈 수 있는, 즉 가장 특수성이 낮은 형태의 자본이다. 이러한 관점이 이해관계자 자본주의론은 정승일(2016)에서 경제민주화의 핵심을 국가와 대기업그룹의 경제적 역할을 축소하는 것이 아닌 노자 대립의 관점, 즉 경제력 집중 기업의 지배구조 하에서 자본에 대항하는 종업원 및 노동자의 권익을 신장시키는 것으로 관점과도 통하는 점이 있다.

사물에 대한 소유권은 그 사물을 통해서 어떤 소득을 수취할 수 있는 소득권과, 그 사물을 통제할 수 있는 통제권으로 나뉜다. 금융자본은 주로 소득권을 향유한다고 보는 것이 맞고, 노동자나 경영자는 그 기업을 실질적으로 운영한다는 면에서 통제권을 행사한다고 보면 된다. 물론 경영자의 일부는 소득권도 행사하고, 노동자들도 직급에 따라 통제권의 폭은 달라진다. 이렇게 기업과 관련한 여러 자본을 고려하면, 주주만을 중시하는 주주중심 자본주의는 기업가치 제고라는 효율성 기준에 맞지 않는다. 소득권, 즉 매매차익이나 배당을 노리는 단기투자는 주가가 이를 반영하기에 규제가 필요 없으나, 그런 단기투자자에게 통제권, 즉 의결권까지 주식 보유 기간에 상관없이 부여하는 것은 맞지 않는다. 주식을 하루 보유한

주주와 10년간 보유한 주주가 똑같은 의결권을 갖는 것은 비합리적
이다. 더구나, 이런 의결권을 가지고 장난을 쳐서, 투자에 쓸 돈이 경
영권 방어에 낭비되고 기업 가치를 훼손하는 부작용까지 낳고 있다.

2. 바람직한 한국자본주의의 미래상

　바람직한 방향으로의 한국자본주의의 미래상은 '지속가능한 성
장, 안정적 고용과 분배를 축으로 한 이해관계자 자본주의'일 것이
며, 이를 위한 정책과제에 대해 논해보자.

　지난 외환위기는 기본적으로 영미의 금융자본에 의한 한국의
산업자본의 포획과정이었으며, 지난 2008년 이후 세계금융위기는
그런 금융자본주의의 위험성을 알린 경고였다. 이에 대한 대항으
로서 유럽의 산업자본의 종주국인 독일과 프랑스가 금융자본에 대
한 각종 규제를 선도하고 있는 것은 과도한 금융자본의 지배성에
대한 산업자본의 반발이라고 할 수 있다. 한국은 후발 산업자본의
한 축으로서 영미보다는 이러한 유럽대륙의 산업자본과 국제적 정
책 공조를 하는 것이 필요하다. 한국 자본주의가 계속 성장을 하면
서 일자리를 창출하기 위해서는 지속적인 투자가 중요한데 투자
환경 개선 등 외부적 위험뿐만 아니라 이런 영미식 자본주의가 부
과하는 기업 지배구조 차원의 요구를 적절히 견제할 수 없다면, 한
국도 소위 영미식 저성장 체제가 정착될 것으로 보인다. 즉, 과도
한 주주자본주의를 견제하고, 이해관계자형 자본주의로 가야한다.

　근본적으로 영미식 자본주의는 주주중심 자본주의로서 투자보
다는 배당이 미덕이라는 가치를 지향하고 있고, 이는 결국 저성장
bias를 준다는 면에서도 글로벌 차원의 저성장 저 일자리 창출에
원인 제공을 하고 있다고 볼 수 있다. 이런 상황 하에서 한때 한국

정부가 소득주도 성장을 한다면서 들고 나온 것이 배당소득 증대라는 점은 부자 소득 증대라는 면에서 소비 및 성장효과도 작을 뿐 아니라 저투자 저성장 경향성을 더 강화하는 정책이라고 할 수 있다. 분배나 복지 측면의 효과를 보기 위해서는 오히려 금융자산에 대한 세금이나 각종 단기/투기성 파생상품이나 자본거래, 오바마식 은행세 등 금융 자산과 관련된 조세 강화가 더 효과적일 것이다. 즉, 금융소득에 대한 과세 및 단기투기자본 규제 및 과세강화로 위기 방지형 거시금융체제를 완성하고, 소득주도 성장은 배당주도가 아니라 투자에 따른 고용창출과 임금주도가 정답이다.

반대로, 별로 바람직하지 않은 한국 자본주의의 미래상은 본격적으로 영미식 자본주의가 되는 경우이다. 여기서는 외국인 중심으로 주주자본주의 득세 하에 소유경영이 분리된다. 또한, 대기업과 대기업그룹의 자산과 법인소득의 축소와 해체에 집중하는 경제민주화 정책으로 인해 과거 오너 패밀리는 경영 참여 없이 투자자화, 즉 자사 주식을 매각하고 국내외 주식과 채권 등 새로운 형태로 자산 포트폴리오를 재구성하여 배당만 챙기는 금융자본화할 가능성도 있다(정승일, 2016). 이에 따라, 기업은 영미식 저투자, 단기투자화 경향이 정착한다. 국제화도 자기 공장이 아닌, 애플식 위탁생산 방식의 국제화로 이에 따라 기술단절, 기술공동화가 일어나고, 자기 공장 국제화 시절의 고용창출 효과도 단절된다. 즉, 한국자본주의는 '탈산업화, 금융화, 서비스화'를 완성하고, 금융자산 소유 양극화에 따른 분배의 추가적 악화, 대기업에 대한 외국인주주 입김 강화로 국적 없는 시장지향적 글로벌 조달 체계 강화로, 과거 국내계 중소기업을 부품 공급자로 하는 관계형 조달체계가 붕괴되고, 국내 산업 및 고용 효과는 대폭 축소된다. 이영훈(2015)에서 지적된 2000년대 이후 중소기업의 수출 비중의 급감과 대중소 기업 연계 약화 추세는 이미 이런 방향으로의 변화가 시작되지 않았나 하는 우려를 갖게 한다.

여기서, 대기업과 경제력 집중 문제와 이에 따른 분배 차원을 고려해 볼 때, 한국의 향후 성장경로의 선택에 있어서 3~4가지 대안이 존재한다(이근 외, 2014; 이근, 2015). 첫 번째는 영국, 프랑스 방향으로 성장하는 것으로서 대기업 집중도도 늘어나면서 더 많은 대기업들을 창출하는 경로이다. 이 경우, 추가적 성장 효과도 있지만, 지니계수 등 불평등도가 악화된다. 둘째는 더 많은 대기업을 창출하지 못하면서 집중도만 더 심화시켜 불평등도를 심화시키는, 바람직하지 않은 내수 의존형 성장 패턴도 있다. 반면 바람직한 셋째 시나리오는, 독일을 벤치마킹하여 집중도는 늘리지 않으면서도 더 많은 대기업을 창출하는 것이다(이근 2015의 <그림 6> 참조). 이 시나리오의 경우는 성장과 분배에 대한 효과 면에서 집중도가 늘어나지 않기에 지니 계수의 악화는 없고, 노동소득분배율만 약간 하락할 수 있다. 이런 식의 국제화 성장전략에서 노동소득분배율이 하락하는 이유는 해외의 값싼 노동력을 이용하여 공장을 돌리기에 이윤율이 상승하고, 즉 자본소득 비중이 상승하기 때문이다(이근 외, 2014). 그러나 이는 큰 문제가 되지 않는 것이, 이런 자본소득에 대해 세금을 부과하여 이를 사회 복지에 지출한다면 노동소득 비중 감소에 대한 보상은 충분히 가능하기 때문이다.

또한 한국의 노동소득분배율은 55% 수준으로 60%인 독일보다는 낮지만, 대만이나 일본보다는 높은 수준이라는 점에서도 수용 가능한 선택이라 하겠다. 이 시나리오에서 세금 부과를 높이는 방안은 나라 간의 법인세 경쟁을 고려할 때, 법인세보다는 개인 소득세의 누진성을 높이는 것이 더 합리적일 것이다. 실제로 한국은 조세에 의한 재분배 정도가 OECD 국가들 중에서 최하위라는 점에서 조세에 의한 재분배 효과라는 고전적인 정책 수단을 제대로 활용할 필요가 있다.

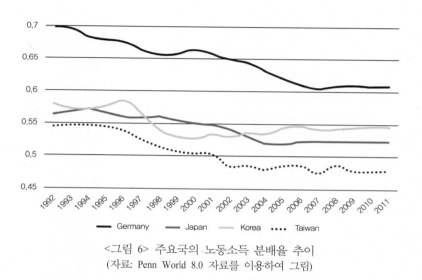

<그림 6> 주요국의 노동소득 분배율 추이
(자료: Penn World 8.0 자료를 이용하여 그림)

집중도를 늘리지 않고, 어떻게 추가 대기업을 창출하는 것이 가능할 것인가 하고 의문을 가질 수 있지만, 그것이 가능한 시나리오는 대기업이 내수에 의존하지 않고 해외시장 의존형으로 더 국제화하여 팽창하거나, 그런 유형의 대기업이 창출되는 경우이다.3) 그런데, 현실적으로 제조업 분야에서 삼성, 현대자동차 같은 초우량 기업이 추가로 나오기는 어려워 보이고, IT 서비스 분야에서 추가로 초우량 대기업이 나올 수 있을 것으로 본다. 실제로 네이버 같은 기업이 이미 1조가 넘는 매출액을 달성하여 대기업군에 들었는데, 기존 제조업 분야에서는 이런 신생 대기업의 탄생이 매우 드물다. 이미 중국도 알리바바(전자상거래), 바이두(검색엔진), 텐센트(SNS) 등 3대 IT서비스 기업을 창출하여 이미 뉴욕 등 해외 증시에 상장한 바 있다. 그런데 이들 기업이 이렇게 중국에서 나오게 된

---

3) 이영훈(2015)에서 개방도가 높은 수록 해외에서의 매출이 많을 것이므로 매출 대비 GDP로 잡은 대기업집중도는 높기 마련이라고 지적한다. 즉, 국내매출만 잡으면 집중도는 작게 나올 것이다.

배경에는 정부가 이런 신생 산업 분야에 대한 규제를 최소화한 유연한 정책이 주요하였다. 실제로 중국 정부는 기존 은행들의 성과 개선이 미흡하니까 대신에 이런 IT 서비스 기업에게 금융업을 허용하는 결단을 내렸다. 그리고 수상이 직접 최초의 온라인 대출 허가 버튼을 누르는 기념식을 한 바 있다. 그러나 한국에서 핀테크 산업의 상황은 결제 단계에 머무르는 초보 단계에 있다. 다음카카오 같은 기업들에게 모바일 은행업을 허가하기에는 한국은 금산 분리 등 너무 많은 규제의 산이 놓여 있다. 제1차 디지털 혁명이 아날로그에 머무른 일본을 한국이 추월하는 계기가 되었고, 이제 제2차 디지털 혁명이 오고 있다. 그 내용은 1차 혁명이 여러 전자 제품의 디지털화라면, 2차 디지털 혁명은 IT와 다른 산업 분야가 융합하는 것이다. 즉, IT와 헬스가 융합하고, IT와 운송업이 융합하고, IT와 금융이 융합하는데 이런 제2차 디지털 혁명(혹은 제4차 산업혁명)에 한국이 뒤쳐져 있는 것이 걱정스럽다.

위의 시나리오에서 국제화를 통해 추가적 대기업이 나오고, 동시에, 중소기업도 동반으로 해외로 진출하는 동반국제화도 가능하다. 물론, 락앤락, 오로라월드 같이 중소기업이 독자적으로 국제화하여 한국이 보다 중소기업의 비중이 높아지는 시나리오도 가능하다(중소기업 주도 성장형). 그러나, 많은 경우, 중소기업에게 국제화는 리스크가 크기에 대기업과의 동반국제화가 대안인 경우가 많다. 어쨌든, 한국의 과거 추격형 성장의 주역이던 대기업은 영미식 외피를 입으면서 저투자라는 경향성을 지니게 되어, 이런 이유에서도 중소기업, 서비스업 등 새로운 성장 원천이 한국 자본주의에 필요한 셈이다. 즉 과거 대기업, 정부, 제조업, 수출 주도라는 선도 추격 모델에서 중소기업, 민간, 서비스업, 내수라는 새로운 추격 동력을 육성하여 동반추격, 동반국제화로 가야하는 것이 한국 자본주의의 현 단계이다. 한국의 국제화 정도의 척도라 할 수 있는

GDP 대비 대외 순 수취 요소소득은 0.5% 부근이어서 2%가 넘는 일본 및 대만에 비해서 매우 낮은 수준이다. 즉 한국 산업은 더 국제화할 여지가 있다고 보이는 것이고, 특히 중소기업이 그렇다.

IV. 한국자본주의의 네 가지 개혁과제

이제, 한국의 과거 추격형 성장의 주역이던 대기업은 영미식 외피를 입으면서 저투자라는 경향성을 지니게 되고, 이는 한국경제 차원의 저성장 경향성의 원천이 되고 있다. 그런 면에서 과거 성장 주도세력인 재벌이 일정 정도 월스트리트식 자본주의에 포획되었다고도 볼 수 있고, 반면 미국의 구글 같은 기업이 IT기업으로 출발하였으나 우주개발도 하고, 무인차도 개발하고, 드론도 개발하는 등 그야말로 문어발 식 확장을 할 수 있는 것은, 구글의 지배구조가 기업 창업자에게 막대한 의결권을 주는 황금주를 허용하였기에, 지배구조 측면에서 주주들의 눈치를 덜 보고 적대적 인수합병 요구에 덜 노출될 수 있기 때문에 가능한 것이다. 반면에 한국 재벌은 평균 절반이 넘는 외국인 주주의 비율과 이들의 배당 요구 및 적대적 인수합병에 노출되어 있다는 점이 기업 차원의 저투자의 한 원인이 되고 있다.

실제로 구글의 경우 창업주인 Larry Page와 Sergey Brin이 총 주식의 약 15%을 보유하면서 약 56%의 의결권을 행사하는데 이는 1주당 10배의 의결권을 가지는 차등의결권 주식을 보유하기 때문이다(기업지배구조원, 2014). 미국에서는 차등의결권 관련 논의가 1920년대부터 이어져 오고 있는데, 1926년에 이미 1주 1의결권 원칙을 도입한 뉴욕증권거래소는 적대적 인수합병이 만연한 1980년대 많은 기업들의 요구로 차등의결권 제도를 허용(1994)한 이후 지금까지 허용하고 있으며 나스닥 또한 차등의결권 제도를 허용하고 있다(기업지배구조원, 2014). 2012년 기준 S&P 1,500기업 중 차등의결권을 도입한 기업은 79사에 불과하지만, 차등의결권 제도를 도입한 구글이 2004년 상장한 이후, 페이스북, 징가, 그루폰 등 IT기업을 필두로 차등의결권 제도를 도입한 신규 상장기업이 증가하고 있다(<표 2> 참조). 이러한 차등의결권주의 도입으로 주주의 간섭으로부터 좀 더 자유로워지고 경영권이 안정되면 이는 과감한 투자를 자극하는 효과가 있다.

한국의 경우, 1주 1의결권이라는 것을 글로벌 스탠다드인 양 상법에 규정하고 있어 스스로 발목을 잡고 있는 셈이다. 한국은 좀 더 창의적으로 스스로의 자본주의를 창조해 나갈 필요가 있다. 이하에서는 외국의 사례를 보면서, 장기적 투자를 촉진하기 위한 네가지 정책과제, 즉 벤처기업의 차등의결권, 스톡옵션제도 개선, 주식장기보유제, 및 M&A 규제 개혁에 대해 논해보자. 가령, 기존 대기업에서 나와서 창업을 하는데 인센티브 부여 차원에서, 기존의 스톡옵션제를 개선하여야 하고, 이런 신생기업의 경우 차등의결권을 허용하여 공격적 경영 장기투자를 할 수 있도록 하여야 한다. 반면, 성숙기업의 경우, 의결권과 배당권을 주식 보유 기간에 비례하여 부여하고, 적대적 인수합병에 대한 적절한 견제를 하여, 장기적 관점의 기업 경영을 유도하는 것이다.

〈표 2〉 차등의결권 제도를 도입한 미 IT기업 대주주의 의결권 현황

2013.4 기준	기업공개일	발행주식 수	창업자 보유쥬식 수
구글	2014. 8. 19	보통주A(1주1의결권): 270,987,899 보통주B(1주10의결권): 60,722,225	보통주A:93,420 보통주B:49,263,925 (56.1%)
링크드인	2011. 5. 19	보통주A(1주1의결권): 91,400,638 보통주B(1주10의결권): 18,887,435	보통주B:17,073,237 (60.9%)
질로우	2011. 7. 20	보통주A(1주1의결권): 27,208,820 보통주B(1주10의결권): 7,268,626	보통주B:7,268,626 (72.8%)
그루폰	2011. 11. 4	보통주A(1주1의결권): 658,824,902 보통주B(1주150의결권): 2,399,976	보통주A:196,198,554 보통주B:1,399,992 (54.6%)
징가	2011. 12. 16	보통주A(1주1의결권): 606,894,493 보통주B(1주7의결권): 165,808,221 보통주C(1주70의결권): 20,517,472	보통주B:74,085,846 보통주C:20,517,472 (61.0%)
페이스북	2012. 5. 18	보통주A(1주1의결권): 1,740,598,009 보통주B(1주10의결권): 670,450,341	보통주A:1,939,987 보통주B:607,599,549 (67.2%)

* 창업자가 다수인 경우 무도 포함하고, 기타 경영진 및 이사는 포함하지 않음(출처:EDGAR)
* 자료: 한국기업지배구조원(2014), page 11
(http://www.cgs.or.kr/CGSDownload/eBook/REP/R004003002.pdf)

1. 벤처기업에 대한 차등의결권 허용

미국에서는 차등의결권 관련 논의가 1920년대부터 이어져 오고 있는데, 1926년에 이미 1주 1의결권 원칙을 도입한 뉴욕증권거래소는 적대적 인수합병이 만연한 1980년대 많은 기업들의 요구로 차등의결권 제도를 허용(1994)한 이후 지금까지 허용하고 있으며 나스닥 또한 차등의결권 제도를 허용하고 있다. 2012년 기준 S&P 1500기업 중 차등의결권을 도입한 기업은 79사에 불과하지만, 차등의결권 제도를 도입한 구글이 2004년 상장한 이후, 페이스북, 징가, 그루폰 등 IT기업을 필두로 차등의결권 제도를 도입한 신규 상장기업이 증가하고 있다.

해외 주요국(미국, 영국, 일본, 스웨덴 등)의 기업들은 경영진에 보유 지분율보다 더 많은 의결권을 부여하는 차등의결권주를 통해 안정적인 경영환경을 제공함과 동시에 효과적인 경영권 방어 수단으로 활용하고 있다. 또한, 안정적인 경영권을 기반으로 경영진은 외부자금 조달로 인한 주주의 간섭 우려 없이 경영 전략 이행에 집중할 수 있기 때문에 기업 다각화를 통한 신산업 진출이나 R&D와 같은 장기 프로젝트에 대한 과감한 투자를 진행할 수 있다. 특히 외부투자자들이 가치 평가를 하기 힘든 사업의 경영에 유리하다는 점(Demsetz and Lehn, 1985)은 최근 미국에서 구글을 필두로 미디어 및 하이테크 벤처기업들이 IPO 시 차등의결권주식을 발행하는 이유로 볼 수 있다.

2004년 IPO 시 차등의결권제도를 채택한 구글은 Class B 주식을 통해 창업자 Larry Page와 Sergey Brin이 과반의 의결권을 가지게 되었고, 현재까지 창업자의 경영 철학을 중심으로 한 기업 경영 전략을 이어가고 있다. 차등의결권주 상장 이후 연평균 16개의 하이테크 IT 기업들을 인수하며[4] 주 수입원인 웹 검색과 광고에서 벗어나 사업을 확장하였고, 동시에 인공지능, 생명과학, 로봇기술, 가정 자동화 등에 걸친 적극적인 R&D 성장 전략을 이행하고 있다.

2012년에 IPO 한 페이스북 역시 CEO인 마크 주커버그가 57%의 의결권을 보유하며 기업의 전략적 방향성에 대한 모든 결정권을 가지고 있다. Instagram, WhatsApp과 같은 성장 잠재성이 높은 소셜 네트워크 및 플랫폼 산업의 기업들을 인수하여 시장 내 점유율을 높여가고 있으며, 2014년 가상현실 기술의 선두주자로 알려진 Oculus VR을 인수하며 R&D에도 집중하고 있다(Zeiler, 2014).

---

4) 구글의 대표 인수 기업: 2005년 Android(모바일 소프트웨어), 2006년 YouTube (비디오 공유), 2011년 Motorola(모바일 기기), 2013년 SCHAFT Inc.(로봇기술), 2014년 Nest Labs(가정 자동화), Deepmind(인공지능).

벤처기업의 경우 IPO 이후 주식매매차익을 노리는 단기투자자들의 경영권 간섭으로 인해 경영환경이 불안정해지고, 이는 기업 성장의 둔화로 이어지는 경우가 종종 있다. 이를 개선하기 위해, 비상장 벤처기업의 경우 최초 상장 시점에 한해 차등의결권주 발행을 허용하여 안정된 경영권을 보장함과 동시에 지속 가능한 성장전략을 펼 수 있도록 하는 것이 바람직하다. 다만, 차등의결권제도 실행 시 가장 문제가 될 주주 간 불평등 문제는 차등의결권제도 도입과 동시에 지배주주와 일반주주 간 상호 견제와 균형을 유지할 수 있는 제도를 수립함으로서 완화할 수 있다. 예를 들어, 일본의 사례와 같이 일정 규모 이상 성장한 벤처기업의 경우 경영진이 보유한 차등의결권주를 강제로 보통주로 전환하도록 하는 일몰제를 채택할 수 있다. 그리고 경영이사회를 견제할 수 있는 주주권 행사 요건을 보유 지분율이 아닌 일정 금액으로 전환하여 완화하는 방안을 검토할 수 있다. 현재 미국, 독일, 영국, 프랑스 등 해외 주요국에서는 주주대표소송을 단독주주가 가능하게 하거나, 법원의 승인 하에 모든 주주가 행사 가능하다.

2. 스톡옵션제도의 현 문제점과 개선방안

스톡옵션은 기업 성장에 따른 보상 기대치를 높여 유능한 인재를 유치하고, 그들의 장기근속을 효과적으로 유도할 수 있는 장치이다. 또한, 스톡옵션을 제공하는데 있어 직접적인 인건비가 소요되지 않기 때문에, 장기적 관점에서 최소의 비용으로 우수한 인력을 영입할 수 있다. 그러므로 스톡옵션은 경쟁사와 비교하여 현금 지급력이 낮지만 성장 잠재력이 높은 벤처기업들이 인재를 확보하는데 유리하게 작용한다. 효율적인 인력 운용과 장기적 성과 보상의 장점을 지닌 스톡옵션은 해외 주요국에서 널리 이용되고 있는 제도로서, 미국 상장 기업의 99%는 스톡옵션을 경영진의 장기 성과급 수단으로 사용하고 있는 것으로 알려져 있다(최병권, 2004).

과거 한국 소득세법 상 스톡옵션 행사이익은 근로소득으로 구분되어 근로소득세 과세대상이었기 때문에, 임직원의 행사이익에 대해 최고 38%의 세율로 과세하였으며, 주식 매각 시 매매차익에 대한 양도소득세까지 추가되어 스톡옵션을 받은 임직원들이 행사하는데 큰 제약이 되었다. 이에 2015년 벤처기업의 스톡옵션 활성화를 위해 조세특례제한법(이하 조특법)이 개정되어 행사이익에 대한 과세 방식을 기존의 근로소득세(주식 매수, 즉 스톡옵션 행사 시 과세)와 양도소득세(주식 매각 시 과세) 중 선택할 수 있게 되어 임직원의 스톡옵션 행사에 대한 제약이 완화되었다.

예를 들어, 기존 과세 방식은 A회사가 B씨를 채용하면서 주식 1만 주를 주당 1만원에 취득할 수 있는 스톡옵션을 제공했고, B씨가 주식 시세가 2만원일 때 스톡옵션을 행사 했다면, 행사이익 1억 원을 근로소득으로 간주하여 2,010만 원을 과세한다(=1,590만 원 +8,800만 원 초과금액의 35%, 행사이익 1억 원에 대한 근로소득세율은 35%). A사가 비상장 중소기업일 경우 B씨가 향후 3억 원에 주식을 매각할 때 양도차익 1억 원에 대해 10%의 세금을 추가 납부하여 총 3,010만 원의 세금이 부과된다. 그러나 양도소득세 과세 방식을 선택할 경우, B씨는 주식을 매각할 때 양도차익 2억원에 대한 양도소득세 2,000만 원만 내면 되기 때문에, 세 부담이 크게 줄어든다. 다만, 양도소득세 방식을 선택하기 위해서는 1)벤처기업육성에 관한 특별조치법에 따른 스톡옵션5), 2)행사 시 부여받은 주식

---

5) 벤처기업육성에 관한 특별조치법 제16조의3[벤처기업의 주식매수선택권] 요약: 주식회사인 벤처기업은 다음 각 호의 어느 하나에 해당하는 자에게 주식매수선택권을 부여할 수 있다. 1)벤처기업의 임직원 2)기술이나 경영

을 1년간 보유, 3)연간 행사가액 1억 원 이하의 적격 요건을 모두 충족해야 한다(조세특례제한법 제16조의3 참조). 또한, 기존 과세 방식을 선택할 경우, '신주발행형' 스톡옵션에 대한 행사비용을 기업의 인건비로 산정하여 법인세 부담을 완화하였다. 근로소득세 방식을 선택할 경우, 기업의 법인세가 감소하여 스톡옵션 추가 제공에 대한 비용 측면의 제약이 사라졌고, 양도소득세 방식을 선택할 경우 스톡옵션 행사에 대한 임직원의 세 부담이 완화되어 사업 초기 법인세 부담이 적은 벤처기업이 활용할 수 있게 되었다.

조특법의 개정을 통해 기업이 스톡옵션을 부여하고 임직원이 행사하는데 걸리는 제약이 완화되었음에도 불구하고, 현재 한국의 스톡옵션제도에서 양도소득세 방식 적격 요건인 연간 행사가액 상한은 벤처기업이 스톡옵션을 통해 인재 유치를 하는데 또 다른 제약이 된다. 올해 6월 14일에 열린 '벤처·창업 생태계 조성을 위한 간담회'에서 정준 벤처기업협회 회장은 "현실적으로 스톡옵션의 혜택을 부여하기 위해서는 적격 스톡옵션의 연간 행사가액을 현행 연간 1억 원에서 5억 원으로 한시적 상향조정해야 한다."고 제안했다. 즉, 현실적으로 1억 원 가지고는 유능한 인재들로 하여금 대기업에서 나와서 벤처로 오도록 유인하기에는 너무나 작다는 것이다. 미국은 한국의 양도소득세 방식에 해당하는 '장려 스톡옵션'(Incentive Stock Option; ISO)을 운영하고 있으며, 적격 스톡옵션의 연간 행사가액 제한은 10만 달러로 절대적인 액수는 한국과 차이가 없다.[6] 그러나, 미국은 훨씬 큰 시장 규모와 실리콘밸리와 같이 벤처기업이 성장하기 좋은 환경을 가지고 있어 벤처기업을 중심으로 우수한 인력 시장을 형성되어 있어, 여러모로 열악한 한국의 벤처기업

능력을 갖춘 자 3)대학 또는 대통령령으로 정하는 연구기관 4)벤처기업이 인수한 기업의 임직원.

6) 26 U.S. Code § 422 - Incentive Stock Option 참조.

성장 환경과 다르다(권승훈, 2016).

스톡옵션 고정형 스톡옵션으로 인한 임직원의 도덕적 해이 가능성은 기업의 성과에 따라 행사가격, 수량, 효력발생기간이 결정되는 성과연동형 스톡옵션의 도입으로 해결할 수 있다. 성과연동형 스톡옵션을 통해 임직원은 오로지 업무 성과에 의한 주가 상승으로 행사이익을 취할 수 있기 때문에, 경영진의 도덕적 해이를 막을 수 있다. 미국은 엔론 사태 이후 주주들의 요구로 성과연동형 스톡옵션의 도입이 확산되고 있으며, 한국 기업의 경우 국민은행, 하나은행 등 금융권 기업들이 적용하고 있다(김진성 외, 2011). 그러므로 성과연동형 스톡옵션의 도입을 적극적으로 권장하여 인재 확보와 동시에 임직원들이 기업 성장에 책임감을 갖고 기여할 유인을 제공해야 한다.

한국 벤처기업계의 활성화를 위해 현행 스톡옵션제도는 벤처기업의 임직원이 세제 혜택을 받을 수 있는 양도소득세 방식의 적격요건을 완화하고 일정 금액 이하의 스톡옵션 행사 시 비과세와 같은 적극적인 조치를 통해 더 많은 벤처기업들이 스톡옵션을 통해 유능한 인력을 확보할 수 있도록 해야 할 필요가 있다. 예를 들어, 연간 행사가액 제한을 상향조정하면 양도소득세 방식을 선택하여 임직원의 세 부담이 감소됨과 동시에 주가 상승에 대한 행사이익을 더 많이 취할 수 있기 때문에 벤처기업이 유능한 인력을 확보하는데 도움이 될 것이다.

3. 장기투자 제고를 위한 주식장기보유제

주식장기보유제란 일정 기간(대개 2년 이상) 이상 주식을 보유한 주주에게 소득권과 경영권에 대한 인센티브를 제공하는 것으로,

최대 10%의 추가 배당금, 추가의결권, 신주인수청구권(워런트) 등
이 있다. 즉, 투자자들에게 장기투자 유인을 제공함으로서 투자자
의 단기배당 중시 기조를 견제하고 기업의 장기적 생산 활동에 대
한 자금 조달을 촉진하자는 것이다. 또한 장기투자자들에게 간접
적으로 기업 경영에 참여할 수 있는 수단과 동기를 부여하자는 것
이다.

주식장기보유제는 기업의 성장을 통해 수익을 창출하고자 하는
투자자들에게 장기투자유인을 제공하여 장기자금 조달을 쉽게 하
며, R&D나 기업 인수와 같은 장기적 기업 성장 전략에서 약해질
수 있는 기업의 재무 상태를 보강하는데 효과적이다. 예를 들어
Michelin은 1991년 Uniloyal Goodrich의 인수로 인해 늘어난 부채를
해결하는데 신주인수청구권 인센티브를 제공한 바 있다(Bolton and
Samama, 2012).

미국, 일본, 프랑스, 이탈리아 등 해외 주요국의 법은 주식장기
보유제를 회사의 정관이나 주주총회 결의에 따라 채택할 수 있도
록 하고 있다. 유럽연합은 2015년 통과된 주주권한 개정안에서 장
기투자자에 대해 추가의결권, 세금 감면, 추가배당금, 워런트의 네
가지 인센티브 중 적어도 한 개 이상의 인센티브를 제공하도록 하
였다(Stabilini, 2015). 프랑스는 2014년 Florange Act를 통해 추가의결
권 인센티브를 법제화하였고 SBF 120 Index 상장기업 중 70개 사
이상이 추가의결권을 포함한 다양한 인센티브 옵션을 제공하고 있
으며, 이탈리아 역시 2015년 국내 기업의 추가의결권 인센티브 부
여를 법적으로 허용하여 Campari, Fiat-Chrysler, Astaldi 등 이탈리아
의 대기업들은 2015년 이후부터 추가의결권 인센티브를 제공하고
있다.

해외 주요국의 기존 상장기업들은 R&D, 기업 인수를 통한 사업
확장 등 지속가능한 성장 전략을 이행하는데 있어 주식장기보유제

를 활용하여 투자자들에게 장기주식에 대한 인센티브를 제공하고 장기투자자본을 확보하고 있다. 특히 차등의결권제도와 주식장기 보유제를 모두 허용하는 미국과 영국의 경우 기존 상장기업들은 차등의결권주 발행이 법제 상 불가하거나 엄격한 상장규정으로 어렵기 때문에, 다양한 인센티브를 제공하여 장기투자자들을 유치하고 있다 예를 들어, Standard Life는 장기투자자에 대해 보유한 주식 20주 당 1주의 'free share'를 제공하고 있으며, Aflac과 The J. M. Smucker Company는 4년 이상 주식을 보유한 주주에게 추가의결권 인센티브를 부여한다.

프랑스의 L'Oreal은 2012년부터 장기투자자에 대해 추가배당금 인센티브를 제공하고 2014년 Florange Act 제정 이후 추가의결권 인센티브를 추가하는 등 주식장기보유제를 적극적으로 활용하고 있다. 25개 이상의 브랜드 인수를 통해 실용 화장품, 럭셔리 화장품, 기능성 화장품 등 종류별 화장품 시장에서 점유율을 확보하고 있으며, R&D 기반의 경영 전략으로 신제품 개발 및 생산 능률성 향상에 집중하고 있다.

산업용 가스 제조 기업인 Air Liquide 역시 추가배당금, 추가의 결권의 인센티브 옵션을 제공하고 있으며, 1996년 주식장기보유제 도입 후 세계 각국의 산업용 가스 기반 R&D 기업을 인수하여 기술 흡수 및 시장 점유율 확보에 박차를 가했다.

반면, 한국은 상법 제369조 1항에 의거 '1주 1의결권'의 주주평 등 원칙을 엄격하게 적용하여 추가의결권을 분배할 수 없고, 상법 제464조는 각 주주가 가진 주식의 수에 비례하여 이익을 배당하는 것을 강행 규정하여 해외 주요국과 같이 회사 정권이나 주주총회 의 결의에 의해 장기주식에 대한 인센티브를 제공할 수 없다. 그러므로 주식장기보유제의 도입을 위한 정책검토가 필요하다. 다만, 추가의결권 인센티브와 관련하여 내재된 주주 간 불평등 문제를 견제하기 위해 일정 지분 이상 주식을 보유한 대주주의 추가의결권을 제한하거나, 의결권 상한을 정하여 주주 간 불평등 문제를 최소화해야 한다. 또한, 장기투자자에 대해 일괄적으로 인센티브를 제공하는 방식이 아니라 주주들의 기호를 반영한 실질적, 경영적 측면의 다양한 보상 체계를 갖추어 장기주주가 선택할 수 있도록 해야 투자자들의 장기투자 유인을 효율적으로 향상시킬 수 있다. 예를 들어, 프랑스의 Air Liquide는 인센티브 대상 투자자에게 추가 배당금, 추가의결권, free share 등 세 가지 옵션을 제공하고 있다.

4. 적대적 M&A 및 투자 목적 변경 관련 규제

이론적 차원에서 보면 기업 간 M&A는 신기술 확보를 통한 R&D 성장, 시장과 고객의 글로벌화를 통해 성장 효율성을 증진시키는 효과도 있다. 그러나 외국자본의 국내기업 인수(Out-In M&A)는 단기매매차익 실현을 위한 적대적 M&A 시도가 빈번하기 때문에, 기업들은 적대적 M&A의 대상이 되지 않기 위해 자사주 매입 등으로 장기적 기업 성장에 필요한 자본을 낭비하게 되고 이런 경우 오히려 기업 성장 둔화의 원인으로 작용한다. 이에 미국, 영국, 프랑스 등 해외 선진국은 적대적 M&A의 역기능을 인식하고 각종 규제로 자국기업을 보호하고 있다. 미국은 1988년 Exon-Florio 조항을 제정하여 외국인 M&A를 규제하고 있으며(Jackson, 2013), 대통령 산하에 외국인투자위원회(CFIUS; Committee on Foreign Investment)를 두어 해외자본 M&A에 대한 조사권과 금지 권한을 부여하였다.[7] 그 대상은 처음에는 국가 안보와 관련된 산업체에 국한되었으나, 이후 통신, 전자, 에너지 등 높은 기술력의 기간산업들로 확

---

7) Exon-Florio Amendment, 50 U.S.C. app 2170.

대되었다. 홍콩 HPH의 미국 Global Crossing 인수 시도는 해외 M&A에 대한 자국 산업 보호의 대표적 사례로서, CFIUS가 HPH의 인수 시도에 대해 45일 간의 조사 개시를 통보하였고, HPH는 자발적으로 인수를 포기하였다. 영국은 산업법과 공정무역법에 의거 국가 경제에 역기능을 가져올 수 있는 제조업에 대한 외국인의 인수를 규제하는데, 해당 제조업의 범위에 대한 제한이 없어서 매우 자의적이고 포괄적인 M&A 규제로 작동한다(포스코경영연구소, 2007). 프랑스의 경우도 정부가 국가안보, 연구, 생산 기능에 영향을 미치는 외국인 투자에 대한 사전 승인과 투자 철회와 같은 사후 규제 권한을 가지고 있다(김병태, 2015).

반면, 한국은 주요 선진국과 달리 규제 대상 산업과 내용이 제한적이다. 외국인투자촉진법에 의거 외국인 투자는 산업자원부장관의 허가가 필요하지만, 대통령령으로 미리 규제 대상 업종과 제한 내용을 정하고 있다. 또한, 전기통신사업법, 방송법 등 개별법은 방송, 통신, 신문 산업과 같은 특정 산업의 외국인 투자를 명시적으로 제한하고 있지만, 그 외의 국내 산업의 보호는 불가능하기 때문에 탄력적인 규제를 할 수 없고, 따라서 국내 우량기업과 대기업 모두 적대적 M&A의 위험에 노출되어 있다.

관련한 규정으로, 주식대량보유 보고제도(5% 룰)가 있는데, 이는 어떤 투자자가 상장법인의 주식을 5% 이상 보유하게 되었을 때 이 사실과 보유목적을 보고해야 하는 제도이다.[8] 한국의 경우, 주식 보유목적을 단순 투자에서 경영참여로 변경하거나, 추가적으로

---

8) 증권거래법 제200조 2항[주식의 대량보유 등의 보고] 요약: 주권상장법인 또는 코스닥상장법인의 주식 등을 대량보유(본인과 그 특별관계자가 보유하게 되는 주식 등의 수의 합계가 당해 주식 등의 총수의 100분의 5 이상인 경우를 말한다)하게 된 자는 그날부터 5일 이내에 그 보유상황과 보유목적을 금융감독위원회와 거래소에 보고하여야 한다.

지분을 늘려도, 보고일로부터 5일 간 주식 추가 취득이나 의결권 행사가 금지될 뿐 추가 징계는 없다. 위와 같이 한국은 해외 주요 국과 달리 적대적 M&A에 대한 규제가 엄격하지 않고, 그 규제는 특정 산업에만 적용되는 등 제한적인 반면, 현 법제 상 기업들이 활용할 수 있는 경영권 방어수단은 빈약하기 때문에, 외국자본의 공격에 노출되어 있다. 따라서 일부 '큰손'들은 이를 악용하여 경영 참여를 선언한 후 해당 기업의 주가가 오르면 매매차익을 실현하는 사례가 증가하고 있다(최익호, 2013). 반면, 독일과 영국의 경우 3%룰을 채택하고 있으며, 미국의 경우는 지분변동 및 보유목적을 즉시 보고해야 하며, 보유 목적으로 변경하거나 5% 이상 취득하는 경우, 그 날로부터 20일 간 의결권 행사와 주식 추가 취득을 금지하고 있다.[9] 한국도 이런 외국 사례를 참조하여 외국자본에 의한 M&A 규제 대상 기업의 범위를 전기통신사업법, 방송법과 같은 개별법 차원에서 정하는 것이 아닌, 외국인투자촉진법 상에서 국가 경제에 영향을 줄 수 있는 산업 분야를 포괄적으로 적용하는 등 확대해야 한다. 그리고 미국의 Exon-Florio 조항을 도입하여 CFIUS와 같이 정부 차원에서 외국자본 M&A 심사 기관을 두어 M&A에 대한 사전 조사 및 사후 규제 권한을 부여해야 한다. 동시에 외국인 투자 위축의 부정적 효과를 고려하여 투자 목적이 아닌 경영 목적에 대한 규제를 집중적으로 확대할 필요가 있다. 또한 해외 주요국의 주식대량보유 보고제도에 근거하여 5% 룰을 강화함으로서 적대적 M&A를 견제할 수 있다. 예를 들어, 보고 기한은 현행법 상 지분변동 후 5일 이내이지만, 이를 지분변동 즉시로 변경하고, 독일과 영국 같이 보고 대상 지분율을 3%로 하향 조정하며,

---

9) 주요국 관련 법제: 미국-Securities Exchange Act Section 13(d); 일본-금융상 품거래법 제27조 3항; 독일-Securities Trading Act(WpHG) 제21조 1항; 영국 -Disclosure and Transparency Rules Chapter 5.

보유 목적 변경이나 일정 지분 이상 취득에 대한 규제를 의결권 행사 금지 기간을 연장하는 등 좀 더 강화할 필요가 있다.

V. 요약과 결론

한국 자본주의는 과거의, '추격형 동아시아 자본주의'에서 97년 외환위기 이후 현재, 추격이 정체되면서 동아시아식과 영미식이 혼합된 자본주의로 이행하여 왔다.

전자인 추격형 동아시아 자본주의는, 정부와 대기업의 수출제조업 중심의 성장 동맹이 주도하는 자본주의였고, 여기서는 고도 성장이 임금상승을 낳고 이에 따른 분배 호전이라는 성과 속에, 복지는 일자리 제공으로 대신하는 체제였다. 대기업은 오너 가족이 지배적 주주인 아시아형 가족 경영이었고, 이는 고투자, 저배당 및 매출성장을 추구하고 연공서열 임금제를 채택하였다. 국제화 면에서는 국내 임금 상승 압박에 한계 중소기업이 공장을 외국으로 보내는 형태의 국제화가 일부 진행되었으나, 대부분은 중소기업은 내수지향에 머물렀다.

외환위기 이후, 급속한 대외 개방과 외국인 자본의 유입으로 등장한 현재의 자본주의는 추격정체형 동아시아와 영미식 혼합자본주의라고 규정할 수 있다. 현재 한국의 대기업은, 집합적으로 다수이면서 배당을 중시하는 외국인 주주와 소수지분이면서도 경영권을 쥔 오너 가족 사이의 타협적 가족경영 체제 하에서, 이제 고투자-고성장-저배당보다는 저투자-고이윤-저배당을 추구하면서, 미국식 강한 인센티브 임금제를 채택하는 영미식 외피를 입었다. 이런 미시적 변화의 결과는 국민경제 차원의 저성장과 이에 따른 분배

악화(저성장과 금융화), 저고용으로 인한 분배와 복지의 취약화 등
이다. 국제화도 이제 대기업 중심으로, 자기 공장을 해외에 운영하
는 자가공장형 주력기업 국제화가 진행되었고, 중소기업 내에서도
양극화 및 일부 국제화가 진행되었다.

이에 향후 미래의 한국자본주의도 두 가지 유형을 상정할 수
있다.

하나는 별로 바람직하지 않은 자본주의로서, 본격적으로 영미식
자본주의화로서, 주주자본주의 득세 하에 소유경영이 분리되고, 과
거 오너 패밀리는 경영참여 없이 투자자화 즉 배당만 챙기는 금융
자본화하고, 저투자 단기투자화 경향이 정착한다. 즉, 한국자본주
의는 '탈산업화, 금융화, 서비스화'를 완성하고, 금융자산 소유 양
극화에 따른 분배의 추가적 악화, 주주 입김 강화로 국적 없는 시
장지향적 글로벌 조달 체계 강화로, 중소기업을 부품 공급자로 하
는 관계형 조달체계가 붕괴 되고, 국내 산업 및 고용 효과는 대폭
축소된다.

좀 더 바람직한 한국자본주의의 미래상은 '지속가능한 성장, 안
정적 고용과 분배'를 목표로 하며 이를 위한 정책과제는 다음과 같
다. 첫째, 의결권과 배당권을 주식 보유 기간에 비례하게 하여, 과
도한 주주자본주의를 견제하고, 이해관계자형 자본주의로 가야한
다. 금융소득에 대한 과세 및 단기투기자본 규제 및 과세강화로 위
기 방지형 거시금융체제를 완성해야 한다.

미국자본주의가 80년대 이후 일본과의 경쟁에서 뒤처지면서 그
단점인 단기지향성과 과도한 M&A의 폐해에 대해 논의가 시작되
었고, 그 귀결 중의 하나가 1994년에 본격적으로 최초 상장 시에
차등의결권 발행을 허용한 것이다. 즉, 기존 기업들이 단기성 금융
자본의 영향력 하에 있으면서도 미국자본주의가 역동성을 회복 유
지하고 있는 것은 그로부터 자유로운 신생기업들이 차등의결권으

로 경영권을 안정적으로 확보하고 과감한 투자에 나서고 있기 때문이다. 한편, 유럽의 산업자본주의형 국가들은 2008년 미국발 금융위기 이후, 단기성 자본이동의 폐해를 심각하게 인지하고, 견제장치의 하나로서 주식장기보유제를 들고 나온 것으로 보인다. 한국자본주의도 그 역동성 회복을 위해서 이런 장치들의 도입을 통한 미시적 차원의 제도 변화가 필요하다. 특히, 중소벤처 기업이 경우, 차등의결권을 허용해 주는 것이, 이들이 현재 재벌과 같은 순환적 소유구조를 갖지 않게 하는 길이다.

2017년의 대선 정국 상황에서 각종 경제관련 이슈들이 논의될 것으로 보이고, 이미 각종 경제민주화와 관련 법안들이 추진되고 있다. 정치권에선 이미 이해관계자 자본주의 용어를 채택, 사용하기 시작하였으며,[10] 그 일환으로 노동자 대표의 사외이사 참여가 거론되고 있다. 한국적 상황을 고려할 때, 이해관계자 관점에서 사외이사 구성을 생각한다면 정규직 노조 대표뿐만 아니라 비정규직 대표, 납품업체대표, 지역사회(예, 회사 주변 소상공인이나 지자체) 대표 등의 참여가 같이 고려되어야 할 것이다. 나아가서, 이러한 변화가 단순히 대표성의 확대 차원을 넘어서 경영에 대한 책임을 공유하고, 공동운명체로서의 해당 기업 경쟁력 향상에도 도움이 되려면, 본고에서 논의된바와 같은 장기투자를 유도할 수 있는 장치가 마련되어야 하고, 정파 간의 정치적 타협과 교환 과정에서 여러 방안들이 동시에 도입되는 길도 가능하다고 본다.

---

10) 가령, 최운열(더민주당 정책의장), 더민주당 경제민주화 관련 법안 소개, 경제민주화 심포지움 자료집, 서울대 공익인권법센터, 2016. 10.

<참고문헌>

구정한(2007), "스톡옵션제도의 현황과 향후과제", 한국경제연구원.

권승훈(2016), "미래부, 벤처·창업 생태계 조성 위해 '스톡옵션, 엔젤투자, M&A 시장 활성화 등' 제도개선 적극 추진키로: 홍남기 1차관, 벤처기업인 현장 간담회 개최", 미래창조과학부 보도자료.

기업지배구조원(2014), "차등의결권 제도 관련 국내외 동향", CGS Report, 제4권 3호.

김낙년(2012), "한국의 소득불평등, 1963~2010: 근로소득을 중심으로", 경제발전연구 18(2).

김낙년(2014), "역사적 관점에서 본 한국 자본주의", 21세기 한국자본주의 대논쟁 발표문.

김범수 외(2011), "비상상회사의 주식매수선택권 행사요건: 대법원 2011. 3. 24. 선고 2010다85027 판결", 법무법인 세종.

김병태(2015), "외국의 주식대량보유 보고제도의 현황과 시사점", 한국경제연구원.

김아리·조명현(2008), "외국인 투자유형과 기업의 배당 및 투자의 관계에 관한 연구", 전략경영연구, 25~42면.

김용환·김정각(2003), "스톡옵션제도 개선방안 추진", 금융감독위원회·금융감독원 보도자료 2003. 4. 22.

김진성 외(2011), "스톡옵션제도의 현황, 문제점 및 개선방안: 성과연동형 스톡옵션 및 비용화논쟁 중심으로".

변형윤(2016), "경제정의·경제민주화," 2016년 경제민주화 심포지움 자료집, 서울대 법대대학 공익인권법 센터, 서울대 인권센터 공동주최.

이근(2016), "한국 자본주의의 성장과 분배: 금융자본중심의 월가식 주주자본주의 피하고, 산업자본 주도의 이해관계자 자본주의로 가야", 재정학회.

이근, 이건호(2016), "한국 자본주의의 미래상과 개혁과제," 이근 외, 2017 한국경제 대전망, 21세기북스.

이근(2015), "한국 자본주의의 과거 현재 미래 그리고 정책선택," 서울사회 경제연구소 엮음(연구총서 32권), 한국경제의 새로운 지향과 개혁 과제, 한울아카데미.

이근(2014), 경제추격론의 재창조-기업·산업·국가차원의 이론과 실증, 도서 출판 오래.

이근, 박태영 외(2014), 산업의 추격, 추월, 추락-산업주도권과 추격사이클, 21세기북스.

이근 외(2014), "혁신주도 성장을 위한 한국경제 및 대기업의 역할", 연구 보고서, 서울, 경제추격연구소

이근 외(2013), 국가의 추격, 추월, 추락-아시아와 국제비교, 서울대학교 출 판부.

이근, 이헌창(2001), "지난 1000년 한국경제사의 네 가지 쟁점-통합적 접근 의 시도", 경제논집 40권 2~3호, 197~219면.

이영훈(2015), 한국 시장경제의 특질: 지경학적 조건과 사회·문화의 토대에 서, 제도와 경제 제9권 제1호(2015. 2), 19~49면.

이영훈(2014), "한국사회의 역사적 특질 -한국형 시장경제체제의 비교제도 적 특질-", 이영훈 엮음, 한국형 시장경제체제, 서울대학교출판문화 원, 367~427면.

정승일(2016), "보다 넓고, 보다 깊은 경제민주주의로 나아가자", 2016년 경 제민주화 심포지움 자료집, 서울대학교 법과대학 공익인권법센터 및 서울대학교 인권센터 공동주최.

최병권(2004), "스톡옵션의 현재와 미래", LG경제연구원.

최익호(2013), "5% 지분공시의 명암", 매일경제 2013. 5. 22.

포스코경영연구소(2007), "주요 국가별 외국인 투자 규제 법안과 시사점".

홍장표(2014), "한국의 노동소득 분배율이 총수요에 미치는 영향", 사회경제평론 43호, 101~138면.

Bolton P. and Samama, F.(2012), "Loyalty Shares: Rewarding Long-Term Investors", ECGI-Financial Working Paper No. 342/2013.

Demsetz, H. and Lehn, K.(1985), "The Structure of Corporate Ownership: Causes and Consequences", The Journal of Political Economy V. 93, 1155.

Financial Times(2016), "The End of the Argentine Debt Impasse Is in Sight", Retrieved in March 2, 2016.

Jackson, James K.(2013), "The Exon-Florio National Security Test for Foreign Investment", Congressional Research Service.

Lee, Keun and Byung-Yeon Kim(2009), "Both Institutions and Policies Matter but differently for Different Income Groups of Countries: Determinant of Long run economic growth revisited", World Development, Vol. 37 (3):533-549.

Lee, Keun, Kim, Byung-Yeon, Park, Young-Yoon, and Elias Sanidas(2013), "Big Businesses and Economic Growth", Journal of Comparative Economics, 41(2): 561-582, May.

Lee, Keun and Moosup Jung(2015), "Overseas Factories, Domestic Employment, and Technological Hollowing out: A Case Study of SAMSUNG's Mobile Phone Business", Review of World Economics, forthcoming in no. 3

Piketty, T.(2014), Capital in the Twenty-First Century.

Song, Ok-Rial(2014), "Dual-Class Shares Revisited: Implications from Family Firm Theory".

Stabilini, A.(2015), "Revision of the Shareholders Rights Directive: It's a Long

Way Home", Lexology.

World Bank(2010), "Exploring the Middle-Income_Trap", World Bank East Asia Pacific Economic Update: Robust Recovery, Rising Risks, Vol. II, Washington DC: The World Bank.

Zeiler, D.(2014), "Why Facebook Inc. (Nasdaq: FB) Stock Is a Bet on the Future", Money Morning.

Zissis, C.(2016), "Bolivia's Nationalization of Oil and Gas", Council on Foreign Relations, Retrieved in May 12, 2006.

경제민주주의란 무엇인가?

- 공정한 시장질서와 공정한 노사질서

정 승 일*

I. 재벌 패밀리와 대기업그룹을 구별해서 접근하자

우리가 살고 있는 세상은 자본주의 시장 경제이다. 돈이 최고이고 돈 많은 사람이 왕이자 주인으로 대접받는 세상이다. 자본주의란 자본이 가장 소중한 가치(values)로서 숭상받는 가치관이며 또한 그런 가치관이 지배 원리로서 작동하는 경제사회 질서를 말한다. 이에 반해 민주주의란 평범한 국민 즉 피플(people)이 주인 되는 질서를 말한다. 그렇다면 경제민주주의란 돈 없고 자본 없는 사람들이 주인이 되는 그런 경제 질서라고 할 수 있다.

그런데 이런 의미의 경제민주주의에 동의하더라도 의견이 달라지는 지점이 있다. 한국경제에서 주인 노릇을 하는 자본이 과연 누구냐는 것이다. 그게 누구인가? 답은 재벌이다. 재벌은 특권층이고 거의 왕족처럼 생활하고 있다. 재벌이야말로 한국 경제를 지배하는 최고 권력자라고 흔히들 말한다. 따라서 재벌을 조지고 규제하고 통제하는 것이 경제민주주의의 핵심이라고 이구동성으로 말한다.

그런데 재벌에는 두 가지 의미가 있다. 우선 부유하고 돈 많은

* 새사연 이사, 경제학박사

사람과 그 패밀리를 우리는 재벌이라 부른다. 그런데 또 다른 의미도 있다. 대기업들이 여럿 모여 하나의 대기업그룹으로 움직일 때도 재벌이라고 부른다. 지금까지의 한국에서의 경제민주화는 재벌 패밀리의 부와 소득이 아니라 '대기업 및 대기업그룹'의 자산과 소득(법인소득)을 어떻게 축소·해체할 것인지에 주력해왔다.

막대한 불로소득을 얻으며 경제 권력으로 군림하는 한국 경제 최고 부유층인 억만장자 부유층 패밀리를 견제하고 통제하며 그들의 특권적 부와 소득을 쪼개어 서민들과 일반 직장인들이 공유할 수 있도록 한다는 의미에서의 경제민주주의가 있다. 이것은 복지국가의 중첩되는 중요한 진보적 과제이다.

그러나 대기업그룹으로서의 재벌그룹을 견제하고 쪼개는 일은 그것과 차원이 다르다. 경제민주주의를 삼성이나 LG, SK, 현대차 같은 대기업그룹을 쪼개거나 계열사들을 분리·매각하여 그 대기업들에서 주주들(투자자들)의 이익에 복무하도록 요구하는 것으로 이해하면서 그것을 위해 출자총액제한이나 순환출자 규제 등에 주력해야 한다고 한다면, 그것은 차원이 다르다. 그런 경제민주주의는 재벌 패밀리만이 아니라 그 대기업 및 대기업그룹에 근무하는 모든 종업원과 노동자, 협력업체와 그 노동자, 그리고 거래은행과 그 노동자 등에 모두 영향을 미친다. 함부로 판단할 일이 아니다.

II. 재벌그룹 해체가 아니라 재벌 가문 해체

재벌 패밀리가 누리는 부와 소득이 과연 정당한 노동의 대가인지, 정당한 방법으로 축적되었는지에 대해 의문을 품으며 우리 사회가 분노하는 것은 아주 자연스럽다. 태어날 때부터 수조 원의 재산을 상속받아 왕족처럼 살아가는 모습에 서민들이 박탈감을 느끼는 것도 당연하다.

그러나 이런 문제는 재벌 패밀리의 '가족적 부'를 어떻게 재분배할 것인지의 관점에서 해결해야 한다. 그러려면 재벌 일가 등 최고 부유층에게 어떻게 개인소득세와 상속증여세 같은 세금을 더 많이 부과해서 그들의 소득과 부를 재분배할 것인지를 고민해야한다. 재벌 '그룹'이 아닌 재벌 '가문'의 부에 대한 축소 또는 해체에 초점을 맞추어야 한다는 것이다. 그런데 그게 바로 복지국가이다. 재벌 일가 등 대한민국 0.001~1%의 부유층으로부터 세금을 더 거두어 복지국가를 만들어가는 것이 우리 사회의 과제이다.

대기업그룹, 재벌그룹이 축소되고 해체된다고 해서 한국경제를 좌지우지하는 최고 부유층 계급의 부와 소득이 해체될까? 예컨대 삼성그룹이 해체된다고 해서 이건희 일가의 막대한 부와 소득이 공중 분해될까? 절대 그럴 리 없다. 설령 삼성그룹이 해체된다 해도 10조, 20조에 이르는 이건희 일가의 부는 절대 해체되거나 줄지 않는다. 다만 부(자산)의 형태가 바뀔 뿐이다. 삼성물산(에버랜드) 주식과 삼성전자, 삼성생명 등의 주식은 매각하고 그 대신 각종 국내외 채권과 주식, 헤지펀드·사모펀드, 외환과 금, 부동산 등의 새로운 형태로 자신들의 자산 포트폴리오를 새롭게 구성할 것이다. 말하자면 재벌총수 일가가 국내외 금융시장의 큰손으로 환골탈퇴하면서 자산(부) 소유 형태를 바꾼다.

현재 한국의 민주화·진보 세력이 지향하는 재벌개혁(정확히 말해서 재벌그룹개혁)은 사실상 재벌 패밀리를 월스트리트 금융 자본주의, 또는 금융자산가 자본주의(주주 자본주의)의 방향으로 몰아가고 있다. 재벌 일가와 그 후계자들에게 산업자본가이기를 그만두고 금융자산가 또는 금융투자가로 전환하라고 촉구하는 양상이다. 재벌 패밀리의 관점에서 볼 때 그것은 별로 손해 보는 선택이 아니다.

반드시 재벌 총수 일가가 재벌그룹의 오너로 있어야만 대기업 그룹이 존속하는 건 아니다. 대기업그룹의 오너를 다른 오너로 대체할 수도 있다. 대기업그룹의 오너는 재벌 패밀리일 수도 있고, 국가(정부)일 수도 있으며, 은행 등 여타 대주주일 수도 있다. 또한 대주주가 아니라 하더라도, 종업원들의 대표가 대기업그룹의 그룹 이사회에 공동 지배자(통치자)로서 참여하는 유럽 나라들도 있다.

삼성그룹을 개혁하는 일과 이건희 패밀리의 부를 개혁하는 건 서로 다른 차원의 문제이고, 양자를 구분해서 봐야 문제가 풀린다. 이건희 일가가 부당한 편법으로 부를 축적했고 이 과정에서 이건희 일가가 통제하는 삼성그룹이 이용됐다면 이건희 회장과 그 일가를 법적으로 처벌하고 사적으로 축적한 재산에 대해서는 세금과 벌금을 부과하면 된다. 그렇다고 해서 삼성그룹을 축소 또는 해체시킬 필요는 없다. 빈대 잡으려고 초가삼간을 태워서는 안 될 일이다.

순환출자 금지나 금산분리를 통해 재벌그룹을 축소시켜야 경제민주주의가 구현된다고 말하는 사람들은 재벌 패밀리의 문제를 대기업그룹의 문제로 환원해버리는 치명적 오류를 범하고 있다. 예를 들어 삼성전자가 삼성그룹에서 분리돼 독립 대기업이 되거나 아니면 다른 재벌그룹 또는 해외 대기업, 사모펀드에 매각된다고 해서 정규직을 더 많이 채용할까? 노동조합을 합법화시킬까? 전혀 무관하거나, 오히려 그 반대일 가능성이 높다.

소수주주권 강화와 그 일환인 출자총액제한 등 1주1표 주주민주주의(주주자본주의) 방향의 재벌그룹 개혁에 열심이던 김대중-노무현 정부 때를 보면 오히려 비정규직이 더 크게 늘고 빈부 격차도 더 심해졌다. 그 당시 재벌그룹 개혁과 함께 우리나라 대기업들이 헐값에 외국에 팔려나갔다. 그리고 그렇게 우리나라의 대기업들이 헐값에 팔려나갈 때마다 주식시장 투자자들은 환호성을 질렀다.

대우그룹, 쌍용그룹 해체(재벌 해체)로 대우자동차가 GM에, 쌍용자동차가 중국 상하이자동차에 헐값으로 매각됐다. 그 여파로 쌍용자동차의 노동자들이 대규모 정리해고를 겪었고, 르노-닛산에 매각된 삼성자동차도 2011년 대규모 정리해고를 겪었다.

Ⅲ. 공정한 시장질서 VS 공정한 노사질서 - 무엇이 경제민주주의인가?

　주류 경제학자들은 보수와 진보를 막론하고 경제민주주의를 '공정한 경쟁', '공정한 시장질서'로 이해한다. 이들은 국가의 역할을 독과점 폐해 및 경제력 집중 폐해의 시정으로 이해하면서, 국가가 개입하여 독점과 경제력 집중이 없는 경쟁적 시장 즉 공정한 시장을 창출하게 되면 그 완전경쟁 시장에서 경쟁시장 원리가 작동하여 부와 소득이 자연스럽게 공평·공정하게 분배된다고 본다(1차 소득분배). 따라서 복지국가 같은 '인위적인 소득재분배' 체제는 필요 없거나 아니면 그 역할을 최소화시켜도 된다고 본다.

　정운찬, 장하성 같은 이들은 지금도 공공연하게 "보편적 복지와 복지국가가 뭐 그리 필요하냐?"고 반문하면서 시큰둥한 주제로 여긴다. 공정한 시장질서를 구축하게 되면 복지국가 같은 사후적 재분배 장치는 별로 필요 없다는 것이다. 다시 말해 재벌그룹 개혁과 대중소기업의 동반 성장(이것을 경제민주화라고 이들은 보는데)을 잘 이루어내어 '경쟁시장 메커니즘 내에서의 소득의 원천적 분배' 장치를 잘 만들면 되지, 뭐하러 '시장 메커니즘 외부에서의 소득의 재분배' 장치를 따로 또 만드느냐는 것이다.

　이들은 대기업과 중소기업 간의 임금격차와 비정규직과 정규직

간의 임금 격차 현상 역시 일물일가(一物一價)의 법칙, 즉 경쟁시장 가격 메커니즘 원리의 구현에 부합하지 않는 왜곡된 현상으로 본다. 따라서 문제 해결을 위해 재벌그룹과 노동조합, 국가의 시장개입 같은 시장 '왜곡' 요인을 모두 제거하여 경쟁적 시장 본래의 메커니즘을 회복해야 한다고 본다.

완벽한 경쟁적 시장질서(공정한 시장질서)를 구축하게 되면 대기업과 중소기업의 동반성장과 공정한 소득분배(하청 단가 인상)가 이루어지고, 동시에 대기업과 중소기업간 임금격차, 정규직과 비정규직 간 임금격차도 사라진다고 말한다. 환상적인 논리이다.

그런데 과연 '공정시장 원리'를 강화하면 임금격차가 사라질까? 그리고 재벌그룹이 축소되거나 해체되어(재벌해체) 계열 분리되면 대-중소기업 간 임금격차가 사라질까?

예컨대 대우그룹과 쌍용그룹이 해체(재벌해체)된 이후 매각된 한국GM(과거의 대우자동차)과 쌍용차, 그리고 르노삼성에 매각된 삼성자동차의 현실을 보자. 과연 재벌그룹에서 독립된 그 대기업들이 과연 하청협력업체들에게 과거보다 후한 하청단가를 지불하고 있을까? 전혀 그렇지 않다. 오히려 그 반대다. 하청단가는 현대기아차보다 더 깎고 있고, 하청 물량도 과거보다 줄어든 경우가 많다. 왜냐하면 해외 매각으로 인해 이들 대기업의 주인이 미국 GM 및 프랑스 르노 등으로 바뀌면서, 이들 초국적 기업이 이들 자동차 회사의 해외 수출을 제한하고 있기 때문이다. 또한 이들의 협력업체에서 임금단가가 높아진 일도 없거니와 대중소기업 간 임금격차는 전혀 줄지 않았다.

재벌그룹이 해체되고 대기업이 해체되어 좀 더 경쟁적인 시장질서가 만들어지면 자본주의 시장 경제의 근본 모순, 즉 돈 없고 자본 없는 사람들의 저임금, 저소득 문제가 해결된다? 원리상 입증될 수 없는 주장이다.

IV. 경제력 집중의 축소 및 해체냐, 집중된 경제력에 대한 사회적 통제냐?

경제력 집중 즉 대자본 및 대기업그룹에 관한 시각차가 존재한다. 자유주의 경제학은 완전경쟁 시장에서 보이지 않는 손의 작동을 가장 바람직한 상태로 여긴다. 대자본을 잘게 쪼개어 수많은 중소자본들이 완전 경쟁하는 상태를 바람직하다고 본다. 독점과 독과점, 경제력 집중 같은 현상은 '합리적 시장'을 왜곡하는 시장 '왜곡' 요인으로 보고 질색한다. 따라서 자유주의자들은 대기업그룹 같은 경제력 집중 현상을 최대한 억제·규제해야 한다고 본다.

이런 신고전파 경제학의 관점이 우리의 경우 개혁적 또는 진보적 자유주의 노선으로 나타난다. 이들은 1주1표의 주주민주주의(주주자본주의) 원칙에 근거하여 대기업그룹의 소유지배 구조를 개혁하여야 한다고 말하면서 주주민주주의 강화를 위한 정책으로 출자총액제한과 순환출자 규제, 그리고 지주회사 규제 강화 같은 정책을 요구한다.

이에 반해 정통 보수주의(민족주의)와 나치즘·파시즘, 사회주의·공산주의, 사회민주주의, 하이에크의 신자유주의는 대자본과 경제력 집중의 긍정성과 합리성을 - 전적으로는 또는 부분적으로 - 인정한다. 경제력 집중이나 독과점 같은 불완전경쟁 현상에 대해서도 무조건적으로 거부하지 않는다.

마르크스주의의 경우, 완전경쟁 시장에서 일어나는 기업간 경쟁과 승패, 이에 따른 인수합병 등으로 자본의 집적과 집중이 진행되고 그 결과 경제력이 집중되는 것을 불가피하다고 보았다. 자본주의 시장 경제는 필연적으로 불완전 경쟁 즉 과점적 경쟁 또는 독점 체제로 이행한다고 본 것이다. 이렇듯 정통 사회주의에서는 수많은 중소자본끼리 치열하게 경쟁하는 완전경쟁 시장을 복구하고자 하는 것을 역사의 필연적 흐름을 되돌리려는 어리석은 짓이라고 보았다. 집중된 경제력의 성장을 대전제로, 그 집중된 경제력이 사적 권력, 즉 특정 자본가의 사리사욕 하에 있는 것이 아니라, 어떻게 하면 사회공동체가 공동적으로 소유 또는 통제할 것인지를 고민하였다.

마르크스주의적 사회주의가 중시한 것은 경제력의 집중체인 대자본(대기업그룹)을 해체하는 것이 아니라 그 집중된 경제력에 대한 사회적 통제 또는 소유였다. 말하자면 우리나라의 600~700개 상장 기업들을 국유화시키자는 거고, 30대 대기업그룹을 통째로 국유화시키자는 것이다. '통째로'라는 말은 대기업그룹을 해체하기보다는 그 그룹의 소유 지배자인 재벌 총수 일가의 대주주 지분을 국가가 유상 또는 무상 매입하여 국유화시키겠다는 것이다.

집중된 경제력의 해체, 약화보다는 그것의 존재 및 유용성을 전제로 그것을 어떻게 사회적, 국가적으로 통제할 것인지 고민한다는 점은 사회민주주의도 비슷했다. 예를 들면, 1920년대 독일 최초의 민주공화국인 바이마르 공화국의 연립정권 참여당이던 독일 사회민주당은 당시의 경제 불황 속에서 광범위하게 나타났던 카르텔과 콘체른, 트러스트 같은 경제력 집중 현상에 대해 그 불가피성을 인정했다. 여기에는 소자본이 대자본으로 집중되고 완전경쟁 시장이 불완전 경쟁 시장으로 나아가는 것을 자본주의 경제 발전의 불가피한 속성이자 미래 사회주의 경제를 향해 나아가는 단초로 간주했던 고전적 사회주의의 경제학 사상이 큰 역할을 했다. 이 점에 관해서는 마르크스와 레닌만이 아니라 베른슈타인이나 힐퍼딩, 카우츠키 같은 수정주의자들, 그리고 스웨덴 사회민주당의 비그포르스 같은 이들도 마찬가지 생각이었다.

독일의 바이마르 공화국 정부는 당시로선 미래 첨단산업이던 자동차 제조와 비행기 제조 등에서 많은 중소기업들이 난립한 상태를 크게 걱정했다. 신고전파 경제학자라면 이런 상태를 오히려 가장 바람직한 완전 경쟁 시장으로 취급하겠지만. 그래서 이런 산업에서 기업들이 서로 연합하고 결합하여 덩치가 커지도록 정부가 고의적으로 조장하였다. 당시 세계 최대 자동차 회사였던 미국의 포드와 GM에 대항하기 위해 독일 바이마르 민주 정부는 수십 개로 난립한 중소기업 수준의 자동차 회사들이 다임러와 벤츠, BMW 등으로 집중되도록 조장했다. 민주공화국이 경제력 집중을 의도적으로 조장한 것이다. 그 배경에는 비스마르크 시대 이래로 후발 공업국 독일의 정부가 항상 카르텔과 콘체른을 용인하고 합법화시켜 온 전통이 있다. 바이마르 민주공화국을 이끌던 사회민주당도 경제력 집중이 필요하다는 입장이었다.

은행과 긴밀하게 결합된 대자본을 바이마르 공화국의 재무장관이던 사회민주주의자 힐퍼딩은 『금융자본론Das Finanzkapital』이라는 저서에서 금융자본(financial capital)이라고 불렀다. 거대 규모로 집중된 경제력이 바로 힐퍼딩이 말한 금융자본인데, 힐퍼딩은 이런 금융자본을 '조직된 자본주의(organized capitalism)'라고 불렀다.

신고전파 경제학과 자유주의 경제 사상이 꿈꾸는 완전 경쟁 시장과는 달리, 기업들이 카르텔과 콘체른으로 서로 묶여 있고 더구나 거기에 은행이 긴밀하게 결합되어 거대한 하나의 네트워크로서 협력하는 불완전 경쟁시장을 힐퍼딩은 '조직된 자본주의'라고 불렀다. 그리고 그렇게 조직된 자본주의는 그 다음의 역사 단계인 사회주의 경제로 넘어가는 필수적인 준비 단계라고 해석했다.

우리나라의 경우 1970~80년대에 박정희-전두환 군부독재가 아닌 민주공화국이 들어섰다 하더라도 자동차와 조선, 전자, 철강, 화학, 기계 등 전략적 중화학공업에서 정부가 앞장서서 일종의 독과점 및 경제력 집중을 조장하는 일이 불가피했을 것이다. 그것은 바람직했다. 중복투자, 과잉투자를 제거해야만 했기 때문이다. 그러지 않고서는 이들 전략 산업의 성장이 도저히 불가능했다. 후발 공업화, 즉 선진국을 추격하는 산업 추격이 불가능했다.

집중된 경제력은 대자본이 반드시 요구되는 특정 업종, 특정 분야의 경우 불가피하다. 더구나 후발공업국의 경우 산업기술상의 불가피성 때문에 경제력 집중이 더욱 유리하고 더구나 그것이 후발공업화를 성공시키는 열쇠라는 점에서, 국제적 관점에서 '공정한 국제 시장질서'를 만들어낼 수 있다.

문제는 그 집중된 경제력을 누가, 어떻게 통제할 것이냐이다. 먼저 수십 개의 계열사들이 하나의 대기업그룹으로 묶여 있는 현상이 바람직하냐의 질문이 있다. 물론 그 대기업그룹의 오너는 재벌 패밀리일 수도 있고, 국가(정부)일 수도 있으며, 은행 등 여타 대주주일 수도 있다. 마르크스였다면 그 대기업그룹의 오너를 노동자 국가로 상정했을 것이다. 그런데 현재 야권과 진보 측 경제학자들의 입장은 마르크스와도 다르고 힐퍼딩, 비그포르와도 다르다. 그들은 그 주인이 누구이건 상관없이 대기업그룹의 존재 그 자체를 비효율적이라고 부르면서 그것을 약화 또는 해체시켜야 한다고 말한다.

V. 경제민주주의 : 1주1표의 주주민주주의를 넘어
1인1표의 종업원 민주주의로

우리나라에서 지금껏 논의된 경제민주주의는 주주민주주의였다. 소액주주 또는 소수주주(minority shareholders) 역시 대주주와 마찬가지로 주주총회와 이사회에서 동등한 1주1표 원칙의 발언권과 대표권을 가져야 한다는 것이다. 그런데 주주민주주의란 주주자본주의의 다른 표현에 불과하다. 투기적인 펀드와 개미투자자들의 권리와 권한을 대주주와 똑같이 만들겠다는 것이다. 그런데 그 경우 이들 펀드 및 투자자들의 투기성과 약탈성을 더욱 조장하는 제도적 시스템이 만들어진다. 그것이 주주자본주의이다.

"민주주의는 회사(공장) 정문 앞에서 정지한다"는 유명한 말이 있다. 참된 경제민주주의는 민주주의의 원칙이 회사 안에서도 관철되도록 하는 것이다. 독일과 스웨덴, 덴마크, 네덜란드 등에서는 부장급 이하 전체 종업원의 직접 선거에 의해 선출된 대의원들이 회사 이사회에 이사로 진출한다. 회사법상 기업의 최고 의사결정 기구인 이사회에 종업원 대표자들이 들어가는 것이다. 주주와 종업원이 대기업을 공동으로 통치한다. 1주1표(1원1표)의 원리, 즉 '자본만이 지배자'라는 원리(자본주의의 제1원리)에 맞서, 1인1표의 민주주의의 원리가 회사 내에서 작동하는 것이다.

서독에서는 1940년대 말부터 노사 공동결정제를 시행하고 있다. 60년 넘게 정착된 제도이다. 대기업의 경우 이사의 절반은 주주 대표, 다른 절반은 종업원 대표로 선출한다. 스웨덴에서는 종업원 대표가 이사회 구성원의 1/3을 차지한다.

회사 이사회는 사장(대표이사 사장)과 경영진을 선출할 권한이 있다. 만약 종업원을 대표하는 이사들이 반대한다면 특정 사장 후보의 선출을 저지할 수 있다. 예컨대 "내 눈에 흙이 들어가기 전에는 노동조합을 인정할 수 없다"고 하는 이건희 일가는 삼성그룹 계열사의 CEO가 될 수 없다. 이건희와 이재용 회장은 삼성전자 등의 경영진에서 물러나야 한다. 이 경우 삼성그룹에서 발생하는 재산 및 경영권의 편법 상속이 원천적으로 봉쇄된다.

경제민주주의의 본질을 이렇듯 산업민주주의와 노동권 또는 종업원 권리 차원에서 바라보는 것이 중요하다. 제아무리 모든 국민이 투표권과 공직 출마 권리를 가지고 있고 대통령이 민주적이면 뭐하나? 정작 매일 출근해서 하루 시간의 대부분을 보내는 회사에서는 종업원들이 아무런 민주적 권리가 없어 노예처럼 모욕당하고 능멸당한다. 회사에서는 그들에게 일체의 투표권과 피투표권이 없다. 그야말로 '자본의 독재', '자본의 갑질'이며, '종업원은 노예'인 것이 헬조선의 현실이다.

VI. 대기업그룹에 대한 1인1표 민주주의 원칙 적용

만약 대기업그룹의 존재가 경제적 효율성 면에서 긍정적이라면, 그것을 굳이 해체하거나 축소시킬 필요가 없다. 그런데 이 경우에도 여전히 문제는 남는다. 거대한 대기업그룹을 과연 특정 패밀리와 그리고 투자자들(주식투자자들)의 사리사욕의 지배하에 방치할 것이냐의 문제이다.

예를 들어 삼성그룹에는 (미래)전략기획실이라는 조직이 있고 있다. 이 조직이 그룹 전체를 지휘한다. 이재용/이건희 회장의 손발처럼 움직이는 조직이다. 그런데 그것은 공정거래법과 상법 등 어디에서도 규정되지 않은 법외法外 조직이다. 법적 규제의 밖에 있는 대기업그룹 전략기획실은 그래서 온갖 편법 상속과 편법 경영을 기획하는 늑대 소굴이라는 비판을 받는다.

당연히 옳은 비판이고 그래서 법제도적 해법이 필요하다. 만약 우리가 대기업그룹의 존재 가치를 인정한다면 전략기획실 같은 그룹 경영조직의 실체 역시 법률적으로 인정해야 한다. 그렇지 않고 그것을 불법화시킨다면 대기업그룹의 존재 의의는 사라진다.

만약 전략기획실이 있어야 대기업그룹의 경영이 더 효율적이라는 것을 우리 사회가 인정한다면, 발상을 바꿔야 한다. 법률을 제정해서 전략기획실이라는 그룹 경영조직을 법 '내' 조직으로 합법화시켜 합당한 권리를 주는 대신 엄격한 의무와 책임도 부여해야 한다. 전략기획실에 삼성그룹의 계열사들 전체를 지휘하고 통제할 법적 권리를 부여하고 그 대신 그 대가로 법률적 책임을 져야 한다. 그리고 그러한 막중한 권한과 의무를 지닌 그룹 경영조직을 감시할 그룹이사회를 설치하도록 상법에 의무화하여야 한다. 또한 나아가, 삼성그룹의 수십만 종업원을 대표하는 종업원 대표 이사들이 그 그룹이사회에 참여하도록 법제화하여야 한다. 말하자면 독일식의 노사 공동결정제를 삼성그룹의 그룹 지배구조에 도입하자는 것이다. 이 경우 전략기획실과 이재용 회장은 삼성그룹 그룹이사회의 감독과 통제를 받는다. 또한 노동자 대표가 그 그룹이사회에 공동 권력자로서 참가한다.

독일, 스위스, 오스트리아 같은 나라에도 대기업그룹이 있다. 회사법상 콘체른이라 하는데, 콘체른 법을 만들어 위에서 말한 방식으로 기업그룹을 규제하고 통제한다. 독일과 스웨덴에는 종업원들이 직접 투표로 선출한 종업원 대표 이사들이 그룹이사회에 참가한다. 기업그룹 전체를 감독하는 이사회 권력의 절반(독일), 또는 1/3(스웨덴)이 종업원을 대표하는 이사들이다.

더구나 벨기에 같은 나라에서는 기업그룹을 아예 금융감독 차원에서 감시한다. 대기업그룹은 지주회사 체제로 조직돼 있고 맨 위에 있는 순수 지주회사는 사실상 금융투자회사나 다름없기 때문에 이들에 대한 금융감독이 중요하다. 어느 나라에서나 그렇지만, 금융회사들은 일반적인 주식회사에 비해 정부로부터 더 심한 감독과 통제를 받는다. 금융회사들이 잘못되면 자칫 금융위기가 발생할 수도 있기 때문이다. 지주회사로 조직된 우리나라 대기업그룹들도 금융감독원 차원의 규제를 받아야 한다.

이렇듯 대기업그룹에서 그룹경영 조직과 총수 가족의 행위를 국가(법원 또는 금융감독기구)와 종업원 대표들이 - 공동으로 - 통제·통치하고, 나아가 그룹경영에 대한 공시를 강화하여 공중과 주식시장 애널리스트들에 의한 감시를 강화하면 대기업그룹에 대한 다층적인 사회적 감시 또는 통제 장치가 마련된다.

이런 식으로 대기업그룹들을 총수 패밀리의 전횡적 통치에서 벗어나게 하고 종업원과 민주공화국이 대기업그룹의 공동통치자로 나서면 된다. 굳이 대기업그룹 해체(재벌해체) 또는 축소에 기를 쓸 필요가 있다.

VII. 경제적 집중 해소냐 노사 대립 해소냐

경제력 집중을 일정하게 인정하고 조장하는 데서 유럽의 보수 우파와 진보 좌파가 다를 것이 없었다. 그렇다면 경제력 집중 또는 대자본의 역할을 공통적으로 긍정하는 보수 우파와 진보 좌파는 대체 어디서 갈라졌나?

그건 노사 대립의 지점이다. 예를 들면, 독일의 보수 우파나 진보좌파는 모두 다임러-벤츠와 바이에른 같은 대자본, 대기업그룹을 유지하는 데 찬성했다. 양자가 부딪힌 지점은 그 경제력집중기업의 지배구조, 특히 이사회 구조에 종업원·노동자 대표가 들어갈 수 있느냐, 그리고 노동조합과 노사협의회의 권한과 책임을 어디까지 인정할 것이냐는 문제였다.

한마디로 말해 보수는 자본과 부유한 자들의 편에 서있고 진보는 종업원과 시민의 편에 서있다. 보수 중에서도 극우파인 나치즘과 파시즘, 박정희-전두환 군부파쇼는 종업원과 노동자, 시민의 권리를 일체 부인했을 뿐 아니라 아예 말살하려고 했다. 이에 반해 프랑스의 드골주의 가톨릭 정당이나 독일의 기독교 민주당 같은 건전 보수 정당들은 종업원과 노동자, 시민의 권리를 일정 정도 인정하는 사회적 대타협을 시도했다. 프랑스, 독일, 스웨덴 등 유럽의 사회민주주의 정당들은 건전 보수에 비해 더 높은 수준으로 종업원과 노동자, 시민의 권리를 대기업 안팎에서 확보하기 위해 부단히 노력했다. 사회민주주의보다 더 좌파적인 정당들은 자본 중에서도 특히 대자본을 모두 국유화시켜서 중앙계획 경제를 꾀했다.

　노사 대립의 관점에서 경제민주주의를 보는 관점이야말로 진정한 경제민주주의이다. 국가와 대자본(대기업그룹)의 경제적 역할을 축소시켜 완전경쟁시장(공정경쟁)을 더욱 발전시키는 것을 중시하는 자유주의적 경제민주주의는 가짜 경제민주주의이다. 그런데 우리나라에서 진행된 경제민주주의 논의는 독과점과 경제력 집중을 무조건 해체·약화시켜야 한다고 보았고 신고전파 경제학과 자유주의 경제사상을 경제민주주의로 이해했다. 그래서 철도 민영화처럼 국유기업 민영화조차 '관치경제 해체'라고 반겼거나 침묵했다. 대우, 쌍용, 삼미, 해태 같은 재벌그룹 해체(재벌해체)를 '경제력 집중 해소'라고 박수쳤다.

VIII. 세계사 속의 경제민주주의 - 1인1표 산업민주주의

　1920년대에 세계역사에 처음 등장하는 경제민주주의라는 용어는, 그리고 그 이후 1970년대에 다시 미국과 유럽에서 전개된 경제민주주의 논의는, 모두 공정한 노사질서에 관한 담론이다. 여기서는 경제민주주의의 핵심을 돈 없고 자본 없는 사람들의 권리를 어떻게 기업과 산업, 국민경제 차원에서 확보할 것인지를 중시한다. 회사 안에서는 주주(총수 일가와 대주주, 소수주주)들이 독점한 이 사회 권력과 각종 의사결정 권력을 전환하여 종업원들이 동등한 발언권을 가지고 기업의 모든 중요 의사결정 단위에 참여하는 형태로 기업권력을 공유하고자 한다. 산업과 국민경제 전체 차원에서도 1인1표 원칙이 적용되는 산별노조와 그리고 국민경제의 각종 주요 공공 의사결정 단위(한국은행, 방통위, 금융위, 공정위, 노사정 등등)에서 1인1표 민주주의의 역할을 확대하자는 것이다. 1인1표 민주주의가 형식과 절차에 그치는 것이 아니라 실질적 삶 속에 깊이 뿌리내리게 해야 한다는 것이다.

경제란 무엇인가? 우리가 살고 있는 자본주의 시장경제이다. 자본주의 시장경제를 민주화한다는 게 무슨 뜻일까? 선진국의 경우 경제민주주의보다 산업민주주의라는 말이 더 많이 쓰인다. 산업민주주의의 핵심은 노사 관계의 민주주의이다. 기업주 즉 자본에 대항하는 종업원/노동자의 권리를 드높여 (대)기업의 지배구조(통치구조)와 그 운영에서 1인1표 민주주의의 원칙을 관철시키자는 것이다. 동시에 회사 밖에서는 1인1표 원칙의 산업별 노동조합과 복지국가를 만들어 노동자와 서민들도 부자들에게 기죽지 않고 행복하게 살게 해주자는 것이다.

우리가 흔히 쓰는 경제민주주의라는 용어가 처음 쓰인 것은 1920년대 독일의 바이마르 공화국 시절이다. 독일 사회민주당에 프리츠 나프탈리라는 정치인이 처음으로 경제민주주의Wirtschafts-demokratie라는 용어를 사용했다. 『경제민주주의 - 그 본질과 길, 그리고 목적』이라는 저서에서였다. 독일 사회민주당은 1925년에 경제민주주의를 당의 핵심 과제로 채택했다.

당시 경제민주주의라는 용어가 탄생하게 된 배경이 있다. 소비에트 공산주의였다. 공산주의자들은 생산수단(기업)의 즉각적 사회화 즉 국유화와 함께 프롤레타리아 독재를 주창했다. 이에 반해 사회민주주의자들은 프롤레타리아 독재가 아닌 정치적 민주주의를 옹호했고, 기업에 대한 사적 소유의 폐지와 국유화가 아닌 노사 공동결정제를 주창했다 종업원들이 다양한 방식으로 기업 및 산업(업종)의 의사결정기구에 참여하여 '자본가들과 함께 공동으로, 민주적으로 통치'하는 것이 더욱 중요하다고 말했다. 그리고 그것을 경제민주주의라고 불렀다. 유럽과 미국에서 1970년대에 부활된, 그리고 미국을 통해 한국에 소개된 경제민주주의 담론 역시 본래는 이런 맥락의 논의였다.

하지만 현재 우리나라에서 이야기되는 경제민주주의 담론에서는 이런 이야기가 쏙 빠져 있다. 간혹 거론되더라도 부록에 참고사항 정도로만 언급된다. 여전히 우리나라에서 논의되는 경제민주주의는 미국의 반독점법(경제력 집중 해체)의 맥락에서 나온 경제력집중 완화 및 해체의 담론이며 또한 미국의 주주자본주의 경제학에서 나온 주주민주주의 담론일 뿐이다. 시종일관 자유주의 경제사상에 서있다.

IX. 자유시장이 아닌 민주공화국이 통치하는 경제질서가 경제민주주의

자유주의는 국가(민주공화국 포함)의 경제 개입과 경제 역할을 줄여야 한다고 생각한다. 국가이 경제개입은 '공정한 심판'으로서의 역할이 인정될 뿐이다. 가령 한때 안철수 의원과 함께 '진보적 자유주의 신당'을 만들겠다고 했던 최장집 교수는 "개인의 자유를 침해하는 국가권력에 대한 견제"를 매우 강조하면서 그것을 '진보적 자유주의'의 핵심이라고 했다. 이렇듯 보수적 자유주의건 진보적 자유주의건, 모든 자유주의는 국가보다는 개인, 국가의 경제개입보다는 '합리적 시장'(공정한 시장)을 더욱 중시한다. 민주공화국도 국가인 이상 민주공화국의 경제적 역할을 제한해야 한다고 본다.

이에 반해 사회민주주의와 사회주의·공산주의, 그리고 나치즘과 파시즘 등은 경제에 대한 국가 개입을 늘릴 수 있다고 본다. 유럽의 기독교 민주주의(독일의 아데나워와 메르켈)나 가톨릭 민주주의(프랑스 드골주의)도 자본주의 시장경제의 폐해를 보완하자는 건전 보수의 입장에서 적절한 국가 개입은 필요하다는 입장이다.

우리나라 해방 전후사에서는 조소앙의 삼균주의와 여운형의 사회민주주의가 자유시장 자본주의가 아니라 민주공화국이 적극적으로 개입하고 조정하는 조절된 시장경제를 표방했다. 조소앙의 삼균주의는 대한민국 임시정부의 건국헌법 정신과 그리고 1948년 8월의 제헌헌법 정신에 그대로 포함되었다.

경제를 민주화하려면 자유시장 자본주의가 아닌 민주공화국이 주도하는 경제 질서를 새로 만들어야한다. 일종의 국가 주도, 공화국 주도 경제가 필요하다. 그러려면 과거 박정희 경제체제의 국가 주도 경제에서 계승할 건 계승하고 폐기할 건 폐기해야 한다. 물론 박정희 체제는 복지국가도 아니고 민주공화국도 아니었다. 이제는 복지국가와 민주공화국의 원리에 부합하는 질적으로 새로운 유형의 국가 주도, 민주공화국 주도의 경제 질서를 새로 창출해야 한다. 그게 진짜 경제민주주의이며 더구나 그것이 1948년 제헌헌법의 내용이요 정신이었다.

X. 경제민주주의의 출발과 귀결은
'저녁이 없는/있는 삶'

경제민주주의가 지향하는 궁극적 목적은 직장인과 서민들의 노동권과 인권이 신장되고 질 높은 복지를 누릴 권리, 좋은 일자리를 얻을 권리, 근무시간을 줄이고 여름휴가를 늘릴 권리 등을 따낼 수 있는 것이다. 이런 게 진짜 경제민주주의인데 현재 정치권에서 이야기하는 경제민주주의에는 이런 내용이 없거나 뒷전에 밀려 부록 취급당한다. 시종일관 공정거래법과 증권관련 법제도에 관한 이야기뿐이다. 부자 증세, 복지 확대, 근무시간 단축, 여름휴가와 여가시간 대폭 확대 등 산적한 과제들이 많다. 대기업그룹 개혁을 중시하는 이들은 마치 대기업그룹 개혁만 잘되면 이 모든 일들이 술술 풀릴 것처럼 말하는데 과장이 너무 심하다.

경제민주주의가 정말로 대다수 국민의 열렬한 지지를 받으려면 그들의 일상생활의 현실 속에서 가장 아쉽고 시급한 문제들을 해결해주어야 한다. '밥 먹여주는 경제민주주의'만이 국민들의 넓고 깊은 동의와 지지를 받는다. 경제민주주의의 핵심에 아등바등 살아가는 직장인과 종업원, 소상인들의 꿈과 바람, 희망이 담겨있어야 한다. 자신의 회사생활에 영향을 미치는 회사의 주요 의사결정에 참여할 권리, 봉급인상과 직장 내 승진, 비정규직 차별 해소, 매일 오후 6시에 정시 퇴근할 권리 등의 소박한 소망과 열망에서 경제민주화가 출발해야 하고 또한 그것으로 귀결되어야 한다.

XI. 공정 거래법상 하도급 규제보다는 직접고용 확대와 외주하청 금지

야권의 정치인 및 경제학자들은 불공정한 시장질서의 대표적인 사례로 불공정한 대중소기업간 거래를 지적한다. 그들이 말하는 공정한 하청거래 질서의 해법은 두 가지이다. 첫째는 공정 거래법상 하도급 규제 강화와 징벌적 손해배상 등을 통해 다단계 하청의 아래 고리에 있는 납품기업의 권리와 수익을 보호하자는 것이다. 둘째는 이익공유제 및 성과공유제를 시행하여 원청기업에서 발생한 수익을 하청기업들도 일정하게 공유하도록 만드는 것이다. 하도급 규제 강화와 징벌적 손해배상 등의 법제도 개혁에 대해 필자인 나 역시 찬성한다. 그리고 그런 법제도가 하도급(하청) 계약의 현실에서 제대로 작동되기를 희망한다.

그런데 그러한 규제와 법제도가 현실적으로 잘 작동할 경우 대기업으로부터 하청기업 또는 중소기업에 트리클다운되는 액수는 제조업의 경우 연 7.4조 원에 불과하다. 장하성 교수가 2015년에 발간한 『왜 분노해야 하는가』에 제시된 계산 결과에 따르면 그렇다. 더구나 그렇게 법제도 적으로 강제 하방된 금액이 중소기업 노동자의 임금으로 지급되는 것도 아닌데, 왜냐하면 중소기업은 인권과 노동권의 사각지대인 경우가 태반이기 때문이다.

한계가 뚜렷한 불공정 납품거래 근절에 비해 보다 직접적이고 본질적인 해법이 있다. 기업 간 상거래의 외양으로 은폐된 노사관계 또는 저임금 착취의 온상인 다단계 하청·납품 거래를 아예 원천봉쇄하여 금지시켜버리는 것이다.

건설업의 경우 건설노동자를 다단계 하청으로 고용하지 말고 원청 또는 1차 하도급 대기업이 직접 정규직으로 고용하는 '직접시공제'를 확대해야 한다는 목소리가 높다. 현대건설과 삼성물산 등의 종합건설사 또는 토목과 설비, 배선 등을 담당하는 전문건설 회사들이 목수와 미장이, 배관공, 전기공 등의 숙련인력을 직접 자기 회사 정규직으로 채용하여 4대 사회보험에 가입시키고 고용을 안정화해야 한다는 것이다. 이 경우 종합건설회사와 전문건설회사가 목수와 배관공, 전기설비공 등의 건설인력을 직접 정규직으로 채용하는 까닭에 그들의 숙련기능을 더욱 높이도록 유도할 수 있다. 또한 이것은 우리나라 건설현장에 만연한 부실공사와 안전 불감증을 막을 수 있다.

이렇듯 직접시공-직접고용제는 다단계 하도급의 특징인 낭비적 거래비용 즉 중간착취를 없애고 그만큼의 돈이 임금인상과 품질향상, 안전향상에 사용되게 한다. 미국의 경우 연방정부에서 발주하는 건설사업의 경우 직접시공 의무비율을 30~70%까지 규정한다고 하며, 독일 역시 연방정부 차원에서 직접시공 30~50% 원칙을 적용한다고 한다.

현실적으로 일부 공정에서 하청(하도급)이 불가피하다 하더라도 1차 하청에 한해서만 인정하고 또한 1차 하청업체가 직접 정규직 노동력을 채용하여 공사하게끔 법제도로서 의무화하며, 또한 그 경우에도 원청업체가 수주할 때 제시한 공사 단가 특히 인건비 단가를 그 이하로 깎지 못하게 법제화하여 중간착취를 근절시켜야 한다.

직접시공 및 직접 고용 확대를 위한 제도적 개선은 구조적 위기에 직면한 한국의 건설업이 장기적으로 생존할 수 있는 길이다. 서울대 공대 교수들이 공동 집필하여 2015년 9월에 발간된 『축적의 시간』(지식노마드 발간)은 한국 제조업의 고도화를 위해서는 숙련 노동력 후계자들의 양성이 필수적이며 특히 조선과 건설업에서는 이것이 절실하다고 지적하고 있다. 예컨대 요즘 건설현장에는

20~30대 청년들이 보이지 않는다. 보수가 낮고 일거리와 일자리가 불안정하여 미래 전망이 안보이기 때문이다. 그 자리를 중국 교포와 외국인 노동자들이 차지하고 있는데 하지만 그들은 언어와 문화의 제약으로 인해 기능과 숙련을 익히기 힘들며 더구나 그것을 익힐만 하면 자국으로 돌아가기 일쑤다. 이렇게 가다가는 10년 내에 건설회사와 조선소들이 모두 숙련인력 부족으로 망할 판이다.

지금처럼 종합건설회사와 전문건설업체, 그리고 조선소들에서 15년 이상 정규직이 신규 채용되지 않고 있으며 그 대신 외주하청 업체(사내하청 포함)의 저임금 불안정 노동력만 잔뜩 늘리는 환경 하에서는 목수와 배선공, 비계공, 그리고 용접공 같은 숙련 기능 인력에 청년들이 취업하고자 하지 않는다. 건설업과 조선업 등에 필수적인 숙련공 후속 세대가 양성되지 않고 있는 것이다. 그렇다면 건설과 조선업에서 노동계와 산업계가 공동으로 얼굴을 맞대고 공동의 일자리 전략 즉 직접시공-직접고용과 공동의 숙련 정규직 양성 전략 등을 수립하는 것이 산업경쟁력 유지 및 고도화를 위해 불가피하다.

건설사(종합건설 및 전문건설)의 직접시공 및 직접고용 확대와 직결된 또 하나의 해법은 건설업 면허를 지금보다 훨씬 엄격하게 제한하는 규제 강화이다. 즉 일정 숫자 이상의 정규직 숙련 인력을 직접 채용하고 동시에 일정한 자본금 이상을 보유한 큰 업체들에게만 건설업(종합건설과 전문건설) 면허를 내주는 방안이다. 물론 이 경우 시장경쟁(여기서는 입찰시장)이 제한되며 따라서 자유시장 원리는 제한된다. 더구나 소규모의 영세한 업체보다는 규모가 큰 업체들에 유리하게 작용한다. 지금은 이런 규제가 없다보니 '인력장사 업체'에 불과한 건설사가 수천, 수만 개 난립하면서 중간착취를 일삼고 있다.

소프트웨어 개발을 주요 업무로 하는 IT서비스 또는 SI(시스템

통합) 경우에도 건설업의 경우와 똑같이 '직접개발 및 직접고용 확대'의 해법이 적용될 수 있다. 이미 2016년 초부터 소프트웨어산업진흥법 개정안이 시행되고 있는데 이 법은 정부 및 공공기관이 발주한 소프트웨어 개발 사업의 경우 그 개발 프로젝트를 수주한 업체(원청업체)가 50% 이상을 '직접 개발' 하도록 의무화하고 있다. 개발 업무를 하청-하도급 주더라도 50% 이하만 주라는 뜻이다. 50% 미만 하도급의 경우 그 하도급 개발 업체가 다시 재하청을 주는 것은 아예 금지된다.

공공부문 소프트웨어 개발에 한정된 것이지만 이 법의 시행은 하청에 재하청으로 이어지는 다단계 중간착취로 현장의 소프트웨어 인력들이 저임금에 철야근무에 시달리던 노동환경을 일정하게 개선할 가능성이 생겼다. 이 법안을 발의한 이는 더민주당 청년비례 의원 장하나이다. 그 노력에 갈채를 보낸다.

물론 이 법은 여전히 부족하다. 먼저 공공부문 발주에 한정되어 있다. 더구나 1차 수주 업체가 50% 이상 직접 개발할 것을 요구할 뿐 그 개발 업무를 수행하는 인력이 반드시 정규직이어야 한다는 요구는 없다. 직접고용 의무가 없기 때문이다. 예컨대 그 1차 수주 업체(가령 삼성SDS)가 해당 프로젝트를 위하여 2년짜리 비정규직을 대량 채용해도 문제가 없다. 건설업에서처럼 일정 규모 이상의 숙련 정규직 직접고용을 공공발주 프로젝트 자격 요건으로 요구하는 방향으로 개선되어야 한다.

물론 이 경우에도 역시 시장경쟁(입찰시장)이 제한되며 따라서 자유시장 원리가 제한된다. 특히 이것은 소규모의 영세한 IT개발 업체보다는 규모가 큰 IT개발 업체들에게 유리하게 작용한다.

직접시공(건설업) 또는 직접개발(소프트웨어개발)의 원칙은 여타 산업들에도 적용할 수 있다. 특히 통신과 유선케이블방송, 전자제품수리서비스의 3개 업종에서는 원청 대기업인 삼성전자와

C&M 등이 그 하청협력업체 즉 서비스회사들의 종업원들을 사실상 지배하는 것이 명백하고 하청·외주 계약으로 위장된 근로계약임이 명백하다. 따라서 이들 업종의 경우 원청업체 대기업이 직접 수리기사들을 정규직으로 고용하는 것이 진정한 해법이다.

XII. 공정한 시장 질서냐, 공정한 노자 질서냐

성공한 벤처기업인 안철수 박사가 '정의의 사도'로 뜬 것은 2010년경 청춘콘서트 강연 때마다 그가 삼성과 SK 등 재벌계 IT 대기업들의 횡포와 갈취로 중소벤처기업들이 고사(枯死)하고 있다고 비판하면서 부터였다. 그의 '삼성동물원' 발언은 이명박 정부의 '대중소기업 동반성장' 정책(위원장 정운찬)과 맞물리면서 세간의 화두가 되었고, 그것을 밑거름으로 안철수는 2012년 대통령 선거판에서 혜성처럼 유력 후보로 떠올랐다.

그의 발언은 삼성SDS나 LG-CNS 같은 재벌계 IT서비스 회사들이 소프트웨어 개발 하도급 거래에서 하청 중소벤처기업들을 혹독하게 쥐어짜는 현실을 지적했다. 그 업체 직원들이 저임금에 시달리고 있으며 또한 무리한 납품기일에 맞추기 위해 직원들을 잠도 못자며 하루 15시간씩 일을 시키는 현실을 이야기한 것이다. 안철수 후보는 그 모든 것이 결국은 '못된 재벌 탓'이라고 비난했다.

그런데 그의 발언의 한계는 뚜렷하다. 만약 본래부터 외주하청 소프트웨어 개발을 맡는 회사들 간에 기술력과 품질력은 별 차이가 없으며 이들의 주된 경쟁력 요인이 누가 더 낮은 납품 가격을 제시하느냐에 있을 뿐이라면, 게다가 납품가격 인하의 주요인이 인건비 인하라고 한다면, 제 아무리 안철수가 대통령이 되어 '하청 단가를 올려라'는 방향으로 하도급 거래를 규제해도 실패할 것이다.

그런데 인과관계의 프레임을 뒤집어 생각해 보자. 낮은 하청가격과 불공정한 하도급을 국가가 규제하는데 주력하는 것이 아니라, 거꾸로 중소벤처기업 노동자들의 저임금과 장시간 노동을 규제하여 막는데 주력하자는 것이다. 대통령과 국회가 나서서 총체적으로 중소벤처기업에서 노동권 신장과 노동조합 설립, 지역별·산업별 단체협상의 법적 의무화, 근로기준법 준수 감독 등에 집중하자는 것이다. 이 경우 안철수가 대주주인 (주)안랩 같은 IT 개발회사를 포함한 모든 중소벤처기업들에서 직원들의 임금이 올라가며 하루 10시간 이상 근무가 법으로 금지된다. 주 5일 이상 근무도 법으로 금지된다.

이 경우 중소벤처기업들의 인건비 부담은 급증한다. 그 부담을 감당 못할 만큼 비효율적이고 생산성 낮은 회사들은 도산하고 더 효율적이고 더 생산성 높은 회사로 인수·합병되면서 회사 규모가 커진다. 그렇게 규모가 커진 IT 개발 회사는 원청 대기업과의 협상력을 높일 수 있다. 꿩(종업원 임금인상)도 잡고 알(회사의 협상력 강화)도 잡는 전략이다.

소프트웨어 개발 및 IT업종의 모든 직원과 노동자들이 산별·지역별 노동운동으로 똘똘 뭉치고 더구나 민주공화국이 이들의 노동권과 노동조합권을 대폭 신장시키는 입법을 통해 노동시간 단축과 함께 업계 전체 임금 인상, '저녁이 있는 삶'을 이루어낼 경우, 제아무리 막강한 삼성SDS와 LG-CNS라 할지라도 과거처럼 낮은 하청단가를 관철할 수 없다. 왜냐하면 업계 전체에서 저임금과 장시간 노동이라는 대전제가 사라져버렸기 때문이다. 결국 '삼성 동물원에서 벗어나기 위해' 국회와 대통령이 해야 할 일은 한계가 뚜렷한 대중소기업 간 하청단가 규제에 전념하는 것이 아니라 중소벤처기업들에서 노동권 신장과 산별노조, 산별단체교섭의 입법화이다.

IT개발 업종만이 아니다. 자동차와 전자, 기계 등 수출제조업의 경우에도 2차, 3차, 4차 하청업체의 경우 별다른 기술력과 품질관리능력 없이 주로 저임금의 저숙련 노동력을 고용하여 낮은 임금의 '임가공'으로 승부하는 경우가 다반사이다. 이 문제를 해결하려면 공정 거래법상 원하청 규제를 강화하는 것으로 기대난망이다. 그런 규제의 한계가 너무나 뚜렷하다. 불공정한 시장질서가 아니라 불공정한 노사 질서가 문제의 근원이기 때문이다.

스웨덴과 프랑스, 독일, 스위스 같은 나라들에는 우리 같은 공정거래법상 원하청 규제가 없다. 그런데도 대중소기업 상생협력이 특별한 경제적 이슈가 안 된다. 그렇다고 유럽의 벤츠나 에릭슨, 필립스와 푸조 같은 대기업들이 양심적이고 자비로워서 납품단가를 후하게 쳐주지도 않는다. 그들도 매년 납품단가를 인하하라고 요구한다. 더구나 가능하다면 더 후려치고 싶어 한다. 자본주의의 냉혹한 시장경쟁 속에서 자비로운 기업이란 살아남을 수 없다.

그렇다면 이들 나라는 어떻게 문제를 해결했을까? 바로 강력한 산별·지역별 노동조합과 산업별 단체협상의 법적 의무화, 그리고 높은 수준의 최저임금 법적용을 산업·업종 내의 대중소기업간 임금격차(노동시장의 이중구조화) 문제를 원천적으로 봉쇄한 것이다. 노조 가입률이 높고 기업별 노조가 아닌 산별노조가 정착된 독일과 오스트리아, 네덜란드, 스웨덴과 덴마크 등 서유럽 복지국가의 대부분이 이렇다. 물론 프랑스 같은 나라의 경우 노조 조직률이 낮은데 하지만 노사 간 단체협상의 결과가 노동조합이 없는 회사들(중소기업들)에도 강제로 적용되도록 의무화하는 법률이 제정되어 있다. 독일, 스웨덴에서와 비슷한 제도 메커니즘이 작동하는 것이다.

우리나라 대통령과 국회도 이런 식으로 행동해야 한다. 법적 최저임금을 단계적으로 계속 높이고, 또한 동시에, 영세기업과 중소벤처기업을 모두 포함한 모든 회사와 사업장에서 비정규직과 사내하청을 포함한 모든 종업원을 하나로 포괄하는 사회 연대적 노동조합을 조직화해야 한다. 그리고 그것을 촉진하고 도와주는 법률을 제정해야 한다. 대공황 시기인 1930년대에 집권한 미국의 루스벨트 민주당 대통령 정부가 그렇게 하였고 또한 같은 시기에 집권한 스웨덴 사회민주당의 한손 총리가 그렇게 하였다. 히틀러 나치당의 패망 이후의 독일 역시 이렇게 하였다. 그리고 그 결과로서 정규직과 비정규직·사내하청, 그리고 대중소기업간의 임금격차 문제가 사라졌다. 그리고 그런 기초 위에서 대중소기업간의 약탈적 하도급 거래가 사라졌다.

제2부
헌법적 논의

경제정의와 헌법*
- 경제권력 통제를 위한 권력분립의 구상 -

송 기 춘**

Ⅰ. 우리 경제의 몇 가지 문제: 경제적 부정의

정의(正義)에 관한 '논의'의 물결이 거세다.1) 그것은 그만큼 사회가 정의롭지 못하다는 인식이 널리 퍼져 있고 실제 그러한 정의롭지 못한 사례가 적지 않다는 것으로 이해될 수 있다고 생각된다. 하지만 무엇이 정의인지 또는 정의로운 것인지를 말하기는 쉽지 않다. '같은 것은 같게, 다른 것은 다르게'라거나, '각자에게 각자의 몫을 주'는 것을 정의라고 하지만, 무엇이 같고 다른지, 각자의 몫이 무엇인지의 판단의 문제는 여전히 남는다. 그렇지만 정의는 법의 이념이며, 정의가 없는 법 또는 질서나 힘의 체계는 폭압적·착취적 체제로 전락하고 말 것이라는 점에서 정의는 법이나 제도를 정당한 것으로 만들면서 보다 안정적으로 지속되게 하는 역할을

---

* 이 글은 사단법인 한국공법학회, 『공법연구』 제41집 제4호(2013. 6)에 수록된 논문을 일부 수정한 것이다.
** 전북대학교 법학전문대학원 교수, 법학박사
1) 단적인 예는 무엇보다도 마이클 샌델, 이창신 역, 『정의란 무엇인가』, 김영사, 2010에 대한 폭발적 반응에서 찾을 수 있다. 그러나 이 저서에서의 정의에 대한 인식의 한계도 지적된다. 박홍규, 「샌델의 정의와 법」, 『민주법학』 제46호, 2011. 7, 375면 이하 참조.

한다.[2] 이 글의 핵심적 개념인 '경제정의'는 정의(正義)의 개념만큼 이나 다양하게 정의될 수 있겠지만, 이 글에서는 재화와 용역의 생산·분배·소비의 일련의 과정인 경제에 관한, 또는 경제영역에서의 정의의 문제를 일컫는 것으로 이해하고자 한다.

우리 헌법상 경제제도는 흔히 사회적 시장경제주의[3]라고 일컬어지는데, 이는 1)경제주체인 개인과 기업의 자유와 창의의 존중 (헌법 제119조 제1항), 2)국민경제의 균형성장·안정, 적정한 소득분배 유지, 시장지배와 경제력의 남용 방지, 경제의 민주화를 위한 국가의 규제와 조정(헌법 제119조 제2항)을 주된 내용으로 하며, 2) 는 1)로 인한 문제를 시정하는 장치이면서 2)가 제대로 작동되어야 1)의 경제적 자유가 보다 잘 보장된다는 점에서 1)과 2)는 갈등관계라기보다는 매우 긴밀한 보완관계에 있다고 할 수 있다. 이러한 사회적 시장경제주의에서 경제정의는 이러한 원리를 적절하게 구현함으로써 실현되는 것이며, 보다 구체적으로는 국민경제의 불균형 성장과 불안정·소득분배의 불공정성을 시정하고, 시장의 지배와 경제력 남용 등을 방지하기 위한 규제와 조정에 의한다고 할 수 있다. 결국 개인과 기업의 경제상의 자유와 창의를 억압하는 시장의 지배와 경제력의 남용, 국민경제의 불균형 성장과 불안정, 소득분배의 불공정성은 경제적 부정의의 상황과 긴밀한 관련성이 인정될 수 있을 것이다. 따라서 헌법적 관점에서의 경제정의는 1)경제주체

---

2) 강경선·정태욱, 『법철학』, 한국방송대학교출판부, 2000, 171면에서는 정의와 법적 안정성의 관계에 관하여 "법적 안정성이 법의 구성적 이념이라면 정의는 법의 규제적 이념이다. 법적안정성이 법을 현존케 한다면 정의는 그것을 지속케 한다. 법적 안정성이 법을 성립시킨다면 정의는 그것을 정당한 것으로 승화시킨다. 정의가 없다면 법적 안정성은 다만 맹목적인 질서만을 창출할 수 있을 뿐이고, 법은 다만 무미건조한 통일적 체계에 그치고 말 것"이라고 지적하고 있다.
3) 김철수, 『헌법학신론』, 박영사, 2013, 262면 이하.

인 개인과 기업의 자유와 창의의 존중(헌법 제119조 제1항), 2)국민경제의 균형성장·안정, 적정한 소득분배 유지, 시장지배와 경제력의 남용 방지, 경제의 민주화를 위한 국가의 규제와 조정(헌법 제119조 제2항)이 적절하게 이뤄지는 것을 의미한다고 할 수 있다.

경제정의에 관한 문제를 다루는 것은 다른 면에서는 무엇이 정의롭지 못한 것인가를 밝히는 것이기도 하다. 우리 경제에서 정의롭지 못한 사례 몇 가지를 들면서 이야기를 시작하고자 한다.

1. 삼성 X파일 사건과 삼성특별검사

대법원은 2013년 2월 14일 노회찬 의원이 국가안전기획부가 도청한 녹음자료 내용[4]을 국회 발언 전에 자신의 홈페이지에 게시한 행위에 대해 형법상 정당행위에 해당하지 않으며 국회의원의 면책특권이 적용되지 않는다고 하면서 유죄를 선고하였다.[5] 이 사안은

---

4) 1997년 9월 국가안전기획부에서 삼성전자 이학수 부회장과 중앙일보 홍석현 회장이 나눈 사적 대화를 불법으로 녹음한 파일이다. 노 전 의원은 의원직을 잃었다.

5) 대법원 제3부 2013. 2. 14. 선고 20011도15315 통신비밀보호법 위반, 명예훼손 판결. 노회찬 의원은 녹음자료에 등장하는 원고의 실명과 함께 법무부 검찰국장(2002. 2.~2002. 8), 서울지검장(2002. 8.~2002. 11)이라고 그 직책을 명기하고, 원고를 포함한 떡값검사들이 소위 세풍수사(1997년 15대 대통령 선거 당시 소외 4 국세청 차장 등이 23개 대기업으로부터 한나라당 대선자금으로 불법 모금한 사건으로서 검찰총장의 지휘를 받아 대검찰청 중앙수사부가 1998. 8.경부터 수사를 시작하여 2003. 3.경 미국으로 도피한 소외 4의 신병이 확보되면서 일단락되었다.) 당시 삼성그룹을 비호하는 차원에서 수사를 방해해 삼성그룹 관련자들만 형사처벌 대상에서 빠져나갈 수 있었다.'는 내용의 글을 게시하였고, 위 게시물이 게재되자 그 직후부터 각종 인터넷포탈사이트 등에 별지 2 기재와 같은 내용의 기사가 게재되어 일반 국민들에게 전달되었다. 그런데 피고는 같은 날 11:20경 국회예산결산특별위원회의에서 정하여진 피고의 질의순서가 그 다음날로

국회의원의 면책특권에 관한 문제를 다루고 있을 뿐 아니라 엄청난 경제력을 가진 재벌이 대선후보에 대한 정치자금 지원, 국가 고위공무원들에게 떡값 명목의 뇌물을 정기적으로 제공하여 왔을 것이라는 강한 추정을 가능하게 하는 자료가 시민들에게 노출된 것이라는 점에서 더 중요하다고 생각된다. 이것은 단순히 뇌물의 제공이 아니라 국민에게 봉사하여야 할 국가권력을 거대 재벌을 중심으로 한 '경제권력'이 사유화하는 경향을 드러낸 것이라고 생각된다.

이 사건에서 드러난 재벌 등 대기업과 국가권력의 유착관계는 김용철 변호사의 내부고발[6]로 촉발된 삼성특별검사 사건[7]에서도 근본적인 문제를 그대로 드러냈다. 검찰수사단계에서 대부분 면죄부를 받고 일부 죄목으로 기소된 재판에서도 매우 형식적인 형벌이 선고되었다.[8] 재산을 물려주기 위해서 벌인 증여와 전환사채

변경되었음을 이유로 자신의 홈페이지에 올린 2차 게시물을 삭제한 후 2005. 8. 23. 10:00경 다시 위 2차 게시물과 같은 내용으로 자신의 홈페이지에 보도자료(이하 2차 게시물과 같이 원고와 관련된 부분을 '3차 게시물'이라고 하고, 위 각 게시물을 합하여 '이 사건 게시물'이라고 한다)를 게재하였고, 같은 날 17:00경 국회예산결산특별위원회에 참석하여 떡값검사들이 삼성그룹을 보호한다는 취지의 발언을 하였으나, 구체적으로 원고의 실명을 거론하거나 원고가 세풍수사를 방해하였다는 취지의 발언은 하지는 아니하였다.(사실관계에 대해서는 서울중앙지법 2006. 11. 15. 선고 2005가합76888 판결)

6) 김용철, 『삼성을 생각한다』, 사회평론, 2010.
7) 삼성 비자금 의혹 관련 특별검사의 임명 등에 관한 법률[시행 2007. 12. 10] [법률 제8668호, 2007. 12. 10. 제정]. 삼성특검은 삼성 에버랜드 사건과 삼성SDS 사건, 삼성화재 횡령 및 증거인멸 사건만을 기소한 채 나머지 대부분의 의혹에 대해서는 불기소 처분을 내렸다. 특히 이건희 회장이 임직원 명의의 1199개 차명계좌로 4조5천억 원에 이르는 비자금을 운영한 사실을 확인하였으나 고 이병철 회장이 물려준 미신고 재산이라는 삼성의 주장을 받아들여 조세포탈 혐의에 대해서만 이 회장을 기소하였다. 이건희 회장은 2009년 12월 단독 사면을 받고 경영에 복귀하였다.
8) 2009. 5. 29. 대법원은 에버랜드 전환사채(CB) 저가발행 사건관련 이건희, 허태학, 박노빈 씨에 대해 무죄 취지로 파기환송했다. 대법원 2009. 5. 29.

발행과정에서의 업무상 배임행위 등에 대해서 법원이 내린 판결도 같은 맥락이다.[9] 최근에는 국가권력과 국민연금이 이재용의 그룹 세습작업을 위하여 삼성물산과 제일모직의 합병에 찬성하여 꾸민 연금에 수천억 이상의 손해를 입힌 사실도 확인되고 있다.[10]

2. 근로자 파견제도, 기간제 근로제도 등의 남용

노동관계의 유연화는 신자유주의의 거센 물결 속에서 엄연한 현실이 되었고 그만큼 노동자들에게는 가혹한 희생을 요구하고 있다고 생각된다. 동일한 노동에 대해 동일 임금을 지급하기보다는 기간제, 파견근로 또는 하도급이라는 계약 형식으로 노동을 제공받음으로써 자본은 이윤을 극대화하는 모습을 보여주고 있다. 노동계약에서 기본적으로 존재하는 힘의 불균형에 더하여 노동시장은 노동자들에게 비정규직, 파견근로자 등의 노동계약을 사실상 강요하고 있는 실정이다. 대법원은 현대기아자동차의 파견근로자 사용에 대해 파견근로자보호 등에 관한 법률 위반이라고 판결[11]하였지만, 현대기아자동차는 이에 따른 조치를 제대로 하지 않는 사례[12]도 있다. 이와 관련하여 구 파견근로자 보호 등에 관한 법률

선고 2007도4949 전원합의체 판결[특정경제범죄가중처벌등에관한법률위반(배임)]

9) 곽노현, 「대법원의 삼성에버랜드 면죄부판결 비판: 비겁하고 무분별하고 무책임한 사이비법리의 극치」, 『민주법학』 제41호, 2009. 11. 참조.

10) 『뉴스타파』 2016. 11. 24. 게시 「국민연금, 이재용 세습 이렇게 도왔다」 기사 참조.(http://newstapa.org/35982 검색: 2017. 2. 1)

11) 대법원은 2010. 7. 22. 선고 2008두4367판결과 2012. 2. 23. 선고 2011두7076 판결을 통해 현대자동차의 사내하청업체에서 2년 이상 근무한 노동자 최병승이 2004. 3. 13.부터 구 파견근로자보호등에관한법률에 따라 현대자동차가 직접 고용한 것으로 간주되어 현대자동차와의 관계에서 직접 근로관계가 성립한다고 판단하였다.

제6조 제3항에 대해서는 위헌소원심판이 청구되어 심리중이며, 2013. 6. 13. 이 사건에 관한 공개변론이 열렸으나[13] 2016. 5. 9. 청구의 취하로 종결되었다.

노동계약에서 기간제 또는 단시간 근로자 차별을 시정하고 이들의 노동조건 보호를 강화하고자 제정된 기간제 및 단시간근로자 보호 등에 관한 법률에 관해서도, 이 법률에 의한 기간제근로자의 계약기간이 2년을 초과하지 아니하도록 하고 있는 점에서 노동현장에서는 노동계약기간을 '쪼개기'[14] 하거나 2년에서 하루나 이틀 모자라는 기간 동안으로 함[15]으로써 교묘하게 이 법률의 적용을 회피하려는 예도 적지 않다.

파견근로자나 기간제근로자는 노동에서 일정한 제한을 받고 있

---

12) 현대자동차는 위 대법원 2011두7076판결에 따른 중앙노동위원회의 재처분(복직) 결정을 수용하지 않고 복직 결정에 대해 행정소송을 제기하였다. 현재기아자동차그룹 회장은 "근로자 파견이 허용되지 않는 직접생산공정에 파견근로자를 사용하고, 허가받지 않은 파견업체로부터 파견근로자를 사용했다"며 고발당하기도 하였다. 한겨레 2012. 12. 13. 인터넷 게시 「법학교수 35명, 정몽구 현대차 회장 '파견법 위반' 고발」 제하의 기사 참조(http://www.hani.co.kr/arti/ society/society_general/565195.html 2013. 6. 10. 검색).

13) 이 사건(2010헌바474, 2011헌바64(병합), 파견근로자 고용간주 규정 사건)은 파견근로자가 2년을 초과하여 근로하게 되면 2년의 기간이 만료된 다음 날부터 파견근로자를 고용한 것으로 보는 조항이 사용사업자의 계약의 자유를 침해하는 것인지가 쟁점이다.

14) "현대자동차가 울산공장 생산직인 한 기간제 노동자와 23개월 동안 16번에 걸친 '쪼개기 계약'을 한 뒤 해고한 사실이 드러났다"는 인터넷 「한겨레」 2015. 3. 30. 게시 「현대차, 촉탁직과 23개월 동안 16번 쪼개기 계약」 제하의 기사 참조. http://www.hani.co.kr/arti/economy/economy_general/684549.html 검색: 2016. 8. 30.

15) 현대자동차 전주공장이 촉탁계약직(기간제) 노동자들과 1~6개월 단위의 단기간 근로계약을 8~17회 등 수차례 반복 갱신하고 근무기간 2년 초과 직전 근로계약 해지통보를 한 것은 부당해고라는 중앙노동위원회의 판정이 있다. http://m.khan.co.kr/view.html?artid=201608211601001&code=940702#csidx47e2016edb527c68982df9d00ffcebd 검색: 2016. 8. 30.

긴 하나, 이른바 정규직 근로자와 '동일 노동'을 하는 경우에도 오로지 '법적 관계'의 차이 때문에 '다른 임금'을 받는 차별적 상황에 처해 있다. 이는 거대재벌의 경제권력에 의하여 노동자들의 계약의 자유가 현저하게 위축되고 있으며 노동현장에서의 차별이 고착화되고 있음을 보여주는 사례라고 생각된다. 이는 거대재벌의 경제력에 의하여 노동자들의 계약의 자유가 현저하게 위축되고 있음을 보여주는 사례라고 생각된다.

3. '갑을(甲乙) 사회'

최근 경제계의 관심사의 하나는 이른바 갑(甲)과 을(乙)의 관계에서의 갑의 경제력 남용과 이를 통한 지배의 문제이다. 본사와 대리점 사이에서 이뤄지는 한쪽의 희생을 강요하는 '밀어내기' 등을 요구하는 계약[16]은 계약관계에 전제되는 당사자의 대등함과 의사결정의 자유 등이 극도로 위축되어 체결되고 있으며, 이는 오늘날 벌어지는 경제적 부정의의 중요한 예라고 생각된다.

사적자치 또는 계약의 자유에서 핵심적 사항은 의사의 자기결정(Selbstbestimmung)이라 할 수 있으나, 이른바 갑-을 관계에서는 힘의 우위에 선 당사자가 상대방을 지배하거나 의사결정의 자유를 박탈 또는 현저하게 제한한다는 점에서 계약의 자유에 따른 책임을 요구하는 것이 정당화되기 어렵다.[17] 이러한 문제를 가지고 있

---

16) 한 예로, 우유업계에서 벌어진 불공정거래와 관련하여 대리점주가 우유회사의 밀어내기로 손해를 입으면 우유회사가 손해 전액을 배상하여야 한다는 판결이 최근 선고되었다. 경향신문 2013. 10. 7. 인터넷 경향신문 게시 "남양유업 '밀어내기 피해' 전액 배상" 제하의 기사 참조.

17) 이와 관련한 사례로 독일연방헌법재판소의 보증인 판결(BVerfGE 89, 214, 229f.)이 있다. 소비자가 대출을 받는 경우 대부업체는 대출인 가족들과 대출에 대한 보증인계약을 하는 것이 일반적이었는데, 이에 관해 연방최

는 사항의 하나인 납품단가 후려치기 등에 대처하기 위하여 하도
급거래 공정화에 관한 법률 제35조 제2항[18])이 개정되어 징벌적 손

고법원은 모든 성인은 위험부담이 존재하는 보증계약에 대해 잘 인식하
고 있으므로 보증계약이 단지 보증인에게 과도한 채무를 부과하게 된다
는 이유만으로 무효라고는 볼 수는 없으며, 은행 등이 보증인에게 착오를
유발시키는 경우 등 예외적인 경우에 한하여 보증계약이 무효화될 수 있
다고 판결하였다. 헌법소원 청구인은 연방최고법원의 판결이 인간의 존엄
성과 개성신장의 자유를 침해한다고 주장하며 헌법소원을 청구하였는데,
헌법재판소는 민법의 일반조항인 민법 제138조(공서양속조항) 및 제242조
(신의성실조항)의 일반조항을 해석하는 경우에 있어 헌법은 해석의 지침
으로 작용하므로 헌법적 고려를 흠결한 법원들의 결정은 취소되어야 한
다고 하면서, "계약에서는 개인의 자기결정권(Selbstbestimmung)의 충분한
활용가능성이 열려 있음을 요구"하므로 이 사건에서는 보증인이 청구인
에게 이러한 자기결정의 자유가 존재하지 않은 상황이었다고 판단하였다.
18) 제35조 ②원사업자가 제4조, 제8조제1항, 제10조, 제11조제1항·제2항 및
제12조의3제3항을 위반함으로써 손해를 입은 자가 있는 경우에는 그 자
에게 발생한 손해의 3배를 넘지 아니하는 범위에서 배상책임을 진다. 다
만, 원사업자가 고의 또는 과실이 없음을 입증한 경우에는 그러하지 아니
하다. <개정 2013. 5. 28>
또한 제4조(부당한 하도급대금의 결정 금지) ①원사업자는 수급사업자에
게 제조 등의 위탁을 하는 경우 부당한 방법을 이용하여 목적물등과 같거
나 유사한 것에 대하여 일반적으로 지급되는 대가보다 현저하게 낮은 수
준으로 하도급대금을 결정하거나 하도급 받도록 강요하여서는 아니 된다
(밑줄은 필자가 한 것임).
② 다음 각 호의 어느 하나에 해당하는 원사업자의 행위는 부당한 하도급
대금의 결정으로 본다.
1. 정당한 사유 없이 일률적인 비율로 단가를 인하하여 하도급대금을 결
정하는 행위 2. 협조요청 등 어떠한 명목으로든 일방적으로 일정 금액을
할당한 후 그 금액을 빼고 하도급대금을 결정하는 행위 3. 정당한 사유 없
이 특정 수급사업자를 차별 취급하여 하도급대금을 결정하는 행위 4. 수
급사업자에게 발주량 등 거래조건에 대하여 착오를 일으키게 하거나 다른
사업자의 견적 또는 거짓 견적을 내보이는 등의 방법으로 수급사업자를
속이고 이를 이용하여 하도급대금을 결정하는 행위 5. 원사업자가 수급사
업자와의 합의 없이 일방적으로 낮은 단가에 의하여 하도급대금을 결정하
는 행위 6. 수의계약(隨意契約)으로 하도급계약을 체결할 때 정당한 사유

해배상제도가 도입되었다.

4. 빈부의 양극화

그 밖에도 한국사회의 빈부의 양극화 경향이 심화되고 있다는 것도 경제에서 매우 심각하게 받아들여야 할 부분이라고 생각된다. 경제협력개발기구(OECD)의 자료에 따르면 우리나라는 이 기구 소속 30여개 국가 가운데 빈곤층이 6번째로 많은 나라이며, 빈곤격차는 4번째라고 한다.[19] 또한 한국노동사회연구소의 자료[20]에 의하면 우리나라 근로소득 불평등 정도가 경제협력개발기구(OECD) 회원국 가운데 멕시코 다음으로 심각하다고 한다. 이 연구소가 2010년 근로소득자 1,518만 명의 근로소득을 기준으로 계산한 지니계수는 0.503으로 2009년의 0.494보다 악화한 것으로 나타났다. 지니계수와 함께 소득 불평등 수준을 보여주는 또 다른 지표인 근로소득 10분위 배율(상위 10% 소득의 하위 10% 소득 배율)의 경우 전체 근로자를 대상으로 할 경우 5.23배로 비교가능한 27개 OECD 회원국 가운데 멕시코(5.71) 다음으로 높은 수준이다.[21] 이 보고서의 다른 내용으로는 1)연간 근로소득 1천 2백만 원(월 백만 원) 이하의 저임금 근로자는 2010년 570만 명(37.6%)으로, 이들이 받은 근로소

없이 대통령령으로 정하는 바에 따른 직접공사비 항목의 값을 합한 금액보다 낮은 금액으로 하도급대금을 결정하는 행위 7. 경쟁입찰에 의하여 하도급계약을 체결할 때 정당한 사유 없이 최저가로 입찰한 금액보다 낮은 금액으로 하도급대금을 결정하는 행위[전문개정 2009. 4. 1].
19) 선대인, 「해제『불평등의 대가』와 한국의 현실」, 조지프 스티글리츠, 이순희 역, 『불평등의 대가 - 분열된 사회는 왜 위험한가』, 2013, 15면.
20) 김유선, 「국세청 통계로 살펴본 근로소득 불평등 실태」(2012년 이슈페이퍼 제3호), 한국노동사회연구소, 2012. 5.
21) 인터넷 경향신문 2012. 5. 17. 게시 「OECD 최고수준에 이른 소득불평등」 제하의 사설 참조(http://opinionx.khan.kr/913 2013. 9. 25. 검색).

득 총액은 31조 7천억 원(7.9%)이고, 1인당 평균 연봉은 555만 원이다. 2)상위 10%가 받은 근로소득 총액은 2010년 136조 원(33.9%)으로, 1인당 평균 연봉은 8,965만 원이다. 3)억대 연봉 즉 연봉이 1억원을 넘는 사람은 28만 명(1.8%)이고, 이들의 근로소득 총액을 합치면 44조 원(11.0%)으로 저임금 근로자 570만 명의 근로소득 총액보다 12조 원 많다는 것 등이다.

이 글은 우리 헌법상 경제정의가 어떠한 내용으로 이해될 수 있는지를 살피고 이와 관련하여 경제정의의 실현을 위한 방안을 모색하기 위하여 작성되었다.

II. 경제정의란 무엇인가?

1. 사회정의와 경제정의

헌법재판소 판례[22]는 "헌법 제119조는 개인의 경제적 자유를 보장하면서 사회정의를 실현하는 경제 질서를 경제헌법의 지도원칙으로 표명함으로써 국가가 개인의 경제적 자유를 존중하여야 할 의무와 더불어 국민경제의 전반적인 현상에 대하여 포괄적인 책임을 지고 있다는 것을 규정"한 것이라고 설시함으로써 우리 경제질서가 사회정의를 실현하는 것이어야 함이 헌법상의 원칙임을 확인하고 있다. 경제 질서를 정의와 관련시키는 규정은 제헌헌법까지 거슬러 올라간다. 제헌헌법 제84조는 "대한민국의 경제 질서는 모든 국민에게 생활의 기본적 수요를 충족할 수 있게 하는 사회정의의 실현과 균형 있는 국민경제의 발전을 기함을 기본으로 삼는다.

---

22) 헌법재판소 1989. 12. 22. 선고, 988헌가13 결정.

각인의 경제상 자유는 이 한계내에서 보장된다."고 하여 경제질서의 기본이 사회정의의 실현과 국민경제의 발전이라는 점을 확인하고 있다. 여기서 사회정의의 실현이라 함은 "모든 국민에게 생활의 기본적 수요를 충족할 수 있게 하여 일방에는 포식난의(飽食暖衣)하는 국민이 있는데 일방에는 기한(飢寒)에 신음하는 국민이 있는 국민이 없는 것을 말한다."고 풀이되었다.[23) 이 조항은 1963년 헌법 제111조에서 "①대한민국의 경제 질서는 개인의 경제상의 자유와 창의를 존중함을 기본으로 한다. ②국가는 모든 국민에게 생활의 기본적 수요를 충족시키는 사회정의의 실현과 균형 있는 국민경제의 발전을 위하여 필요한 범위안에서 경제에 관한 규제와 조정을 한다."는 내용으로 개정되었고 그 기본적인 틀이 현행헌법 제119조까지 이어지고 있으며, 헌법재판소는 "헌법 제119조 제2항에 규정된 '경제주체 간의 조화를 통한 경제의 민주화'의 이념도 경제영역에서 정의로운 사회질서를 형성하기 위하여 추구할 수 있는 국가목표로서 개인의 기본권을 제한하는 국가행위를 정당화하는 헌법규범"[24)이라고 보고 있다. 이상에서 사용되는 것과 같이 사회정의를 실현하는 경제질서 또는 경제영역에서의 정의로운 사회질서를 경제정의라고 부를 수 있을 것으로 생각된다.

2. 경제의 민주화[25)

헌법 제119조 제2항에 근거를 둔 '경제민주화'라는 개념에 대해서는 의견이 분분하다. 크게 1)과거 권위주의국가에 의한 경제주도

---

23) 유진오, 『신고 헌법해의』, 일조각, 1954, 257면 참조.
24) 헌법재판소 20004. 10. 28. 선고, 99헌바91 결정.
25) 이 부분의 서술은 송기춘, 「경제의 민주화를 위한 법적 과제」, 『법연』 제35호(2012. 11), 한국법제연구원, 27면 이하의 내용을 바탕으로 한 것이다.

에 대한 비판의 의미로 이해하여 경제의 국가로부터의 자율성 또
는 중립성으로 보는 견해,[26] 2)국가를 통한 시장과 기업에 대한 민
주화의 의미로 이해하는 견해로 나누기도 한다.[27] 경제활동에 관
한 의사결정권한의 분산과 시장기구의 정상적 작동을 의미한다고
보는 견해[28]도 있다.

경제민주화의 핵심개념으로 재벌개혁을 들기도 하고,[29] 심지어
대기업집단(재벌)의 핵심적 고리인 순환출자 또는 의결권 제한, 출
자총액 제한 등 기업집단의 규모 축소 또는 소수인에 의한 기업지
배를 배제하는 방안뿐만 아니라 심지어 재벌총수에 대한 재판에
국민참여재판 실시, 총수일가의 사익편취시 지분조정명령제와 부
당이득환수제도, 정규직과 비정규직 간의 차별을 포함한 노동관계
에서의 차별 시정, 사내 하도급 등 중소기업 보호 등[30]까지 언급하
여 모든 경제문제에 이 개념을 적용하려는 경향도 있다. 한편 경제
민주화를 좁게 이해하여 "기본적으로는 경제주체간의 의사결정권
한의 분산 내지 참여를 의미"[31] 하지만, 현실에서 경제주체간의 의
사결정권한의 분산 문제와 형평의 문제는 분리되기 어려우므로 현
실적으로 형평의 문제까지 포함하는 것으로 보기도 한다.[32] 더욱

---

26) 정창영, 「경제민주화의 방향」, 한국경제연구원, 『경제민주화의 기본구상』,
   1988. 4, 5면 이하; 김종철, 「헌법과 양극화에 대한 법적 대응」, 『법과 사회』
   제31호, 2006, 23면 이하 등.
27) 김문현, 「한국헌법상 국가와 시장」, 『공법연구』 제41집 제1호, 2012. 10, 68면.
28) 권영성, 『헌법학원론』, 법문사, 2010, 169면.
29) 한겨레 2012. 9. 20.자 8면 게재 「경제민주화 핵심은 재벌개혁… 금산분리
   가 최우선 과제」 제하의 변형윤 교수 인터뷰 기사 참조. 변형윤, 「분배의
   정의와 이념」, 『경제정의와 경제민주화』, 지식산업사, 2012, 19~33면.
30) 연합뉴스 2012. 11. 15. 인터넷 게시 「朴 경제민주화 '대기업집단법' 수용
   키로」 제하의 기사 참조. (http://www.yonhapnews.co.kr/bulletin/2012/11/15/
   0200000000AKR20121115069152001. HTML?did=1179m 2013. 6. 10. 검색)
   그러나 지금까지도 경제민주화 관련 입법은 제대로 추진되지 못하고 있다.
31) 김문현, 앞의 글, 69면.

좁게는 헌법 제119조에 등장하는 경제의 민주화라는 용어가 "경제 주체간의 조화를 통한"이라는 구절에 의하여 수식되고 있다는 점에서 경제의 주체인 개인과 기업 또는 기업 내 자본과 노동 등의 관계에서의 대등한 지위 또는 권리의 인정 등의 내용으로 좁게 이해될 여지도 있다. "경제주체인 노·사가 평등한 권리를 가지며 기업을 조화롭게 운영할 수 있는 경제제도의 창설을 위한 근거조항"이라고 보는 견해33)가 이에 속한다.34)

그러나 경제의 민주화는 단지 국가를 통한 시장과 기업경영 또는 의사결정의 민주화35)라는 정도에 머물러서도 안 된다고 생각된다. '경제의 민주화'라는 용어가 헌법에 등장한 것이 정치영역에서의 민주화가 실현되기 시작한 1987년이고, 이는 인간의 삶에서 정치영역뿐 아니라 경제영역에서의 민주화를 염두에 둔 것이라고 보는 게 타당하기 때문이다. 따라서 경제의 민주화는 경제의 자율성과 함께 시장과 기업의 민주화를 아우르는 '경제 영역'에서의 민주화라는 넓은 개념으로 이해될 수 있다고 생각한다. 경제의 민주화를 일반적인 민주주의 원리가 경제영역으로 확대된 것으로 이해하는 데 반대하는 견해36)도 있지만 민주주의의 적용영역이 반드시 정치적 분야에만 한정될 이유는 없다37)는 점에서 경제영역에서의

---

32) 김문현, 같은 글의 같은 면.

33) 김철수, 「경제와 복지에 대한 국가 역할」, 『공법연구』 제42집 제1호, 2013, 45~46면.

34) 경제민주화에 관한 최근의 논의를 종합적으로 고찰한 글로는 노진석, 『한국헌법과 경제민주화』, 고려대학교 법학박사학위 논문, 2015; 이춘구, 『경제민주화에 관한 공법적 고찰-논의 배경 및 입법 방향을 중심으로-』, 전북대학교 대학원 법학박사학위 논문, 2013. 2. 참조.

35) 경제세력 내부의 의사결정과정의 민주화에 대해서는 김종인도 언급한 바 있다. 김종인, 『지금 왜 경제민주화인가』, 동아출판사, 2012.

36) 전광석, 「헌법 제119조」, 『헌법주석서 IV』, 법제처, 2010, 487~488면.

37) 권건보, 「경제민주화와 복지의 공법적 기초와 과제」, 『공법연구』 제41집 제2호, 75면.

민주화라는 개념으로 이해하고자 한다. 경제의 민주화의 의미를 정의하기 위해서는 먼저 민주주의에 대해 살펴볼 필요가 있다.

우리 헌법의 기본원리의 하나인 민주주의는 주로 정치적 공동체의 구성 및 운영에 관한 자기결정권의 측면에서 이해되어 왔다. 우리 헌정사에 뚜렷하게 나타나는 민주화 경향은 국민이 자신의 정치적 운명을 자기가 결정하는 권리를 회복하는 것이었으며, 이는 인간의 존엄성과 자유롭고 평등한 인간을 그 기본적인 전제로 한다고 생각한다. 따라서 우리 헌법상 민주주의 또는 민주화는 국민의 의사에 의한 국가기관의 구성과 운영, 존엄한 인간의 자유와 평등의 보장이 그 핵심적 내용을 이룬다고 생각한다.

이런 관점에서 헌법 제119조 제2항이 규정하는 '경제의 민주화'의 의미에 대해 살펴보자면, 이는 우선 경제 영역이 (권위주의적) 국가로부터 자율성을 회복하는 의미를 가진다. 과거 1960년대 이래의 국가주도의 경제정책은 경제성장의 원동력이 되었으나 경제의 자율성과 자생력을 현저히 약화시켰다는 점에서 경제의 민주화는 정치의 민주화 다음에 반드시 이뤄야 할 문제이기도 하다. 나아가 또한 헌법 제1조 제2항에서 규정하고 있듯이 "… 모든 권력은 국민으로부터 나"오는 것이므로 정치권력을 국민의 동의에 기초하게 하여 순화하고 자기통치를 실현하는 것이 정치 영역에서의 민주화이듯이 경제주체가 국가권력으로부터 자율성을 확보하는 것이 경제의 민주화의 내용이 될 수 있을 것이다. 이와 같은 맥락에서 시장경제야말로 경제민주주의라고 주장하는 견해가 있다. "자본주의 생산 시스템은 마지막 한 페니까지 투표권을 가지는 경제민주주의이다. 소비자들은 주권을 가진다. 자본가, 기업가, 그리고 농부는 사람들의 위탁자이다. 만약 그들이 복종하지 않으면… 그들은 그들의 자리를 잃고 만다."고 하면서, "자본주의는 사표(死票)가 전혀 발생하지 않기 때문에 그리고 소비자들의 마음이 변하면 언제든지

그 뜻에 맞게 정권교체가 이루어지므로 정치시장의 투표에 비해 훨씬 정교한 투표장치"라고 한다.[38]

　그러나 이러한 이해는 우리 헌법상 경제민주화라는 개념을 경제상의 자유와 창의의 보장으로 인하여 나타나는 여러 문제점을 시정하기 위한 국가의 규제와 조정의 차원에서 인식하는 우리 헌법상의 개념과 다른 것이라고 생각한다. 경제를 생산자가 소비자들에 의해 선택되는 정치과정으로 이해하는 점은 참신하지만 국민이 자신들의 대표를 선출하는 과정과 같게 볼 수는 없으며, 특히 이러한 이해가 헌법 제119조 제2항의 목적을 위한 국가의 규제와 조정 등 개입을 배제하려는 의도에서 주장된다면 받아들이기 어렵다. 불평등을 줄이는 일은 시장에 위협이 되기보다 시장을 지키는 데 핵심이 되므로[39] 경제의 자유와 국가의 규제와 조정이 상충되는 것만도 아니다. 또한 이 관점은 매우 비현실적이라고 생각된다. 대한민국에서 재벌로 상징되는 경제력은 이미 권력화되고 있다고 봐야 할 것이기 때문이다. 앞에서 언급하였듯이 재벌이라는 경제권력이 국민의 의사결정과정을 왜곡하고 심지어 국가기관의 의사결정과정에 막대한 영향력을 행사하고 있는 실정이므로 경제의 국가로부터의 자율성을 강조하는 것은 오히려 경제력의 행사를 오히려 정당화하는 역할밖에 하지 못하게 된다. 오늘날 한국에서 정부가 경제의 자율성을 침해하는 부분보다 거대 기업집단(재벌)이 정부의 정책결정에 막강한 영향력을 행사하고 있다는 사실, 즉 경제의 권력화[40]라는 현상을 염두에 둬야 한다.[41]

---

38) 김이석, 「경제민주주의를 시장경제의 또 다른 이름으로 이해한 미제스」, 한국경제연구원, 2012 KERI 정책토론회 『경제민주화, 어떻게 볼 것인가 : 2012 대한민국에의 시사점』, 2012, 27면.

39) 리처드 윌킨슨·케이트 피킷, 『평등이 답이다 - 왜 평등한 사회는 늘 바람직한가』, 이후, 2013, 375면.

40) 이에 관한 주간지의 기사로는 정은주, 「그후 20년, 삼성은 국가가 되었다」,

오히려 경제의 민주화는 경제의 자율성 회복보다는 재벌이라는 경제적 권력과의 관계에서 다른 경제주체의 자율성의 확보 또는 경제주체인 인간의 존엄성을 확보하는 것이 더욱 중요하게 취급되어야 한다고 생각된다. 이런 관점에서 경제주체 상호간의 관계에서의 자율성 또는 자기결정권의 회복이 무엇보다 중요하다고 생각된다. 이런 점에서 경제정의는 경제주체의 자율과 조화, 국민경제의 균형성장과 안정, 적정한 소득 분배, 시장 지배와 경제력 남용의 방지, 경제주체 간의 조화를 통한 경제의 민주화 등이 보장되는 것을 말한다고 할 수 있을 것이다.42)

3. 경제정의의 구체적 내용

경제정의라는 개념을 재화와 용역의 생산·분배·소비의 일련의 과정인 경제에 관한 정의의 문제로 이해한다고 해도 정의의 문제는 경제제도에 따라 그 내용이 달라질 수밖에 없을 것이다. 우리 헌법상 재산권이 보장되고(헌법 제23조), 생산수단의 국·공유화는 원칙적으로 금지되고 있다(헌법 제126조)는 점에서 생산수단의 사적 소유를 인정하고 자유경쟁에 의한 생산과 분배를 추구하는 자본주의 경제체제를 취하고 있다는 점에서 보면, 경제정의는 1)경제주체인 개인과 기업의 자율성의 보장, 사적 거래 또는 계약의 자유 보장 등과 함께 2)국민경제의 균형성장과 안정, 적정한 소득 분배,

---

『한겨레21』 제963호(2013. 6. 1) 참조.
41) 경제민주화에 관한 서술은 송기춘, 「경제민주화를 위한 법적 과제」, 『법연』 제35호, 2012. 11의 내용을 바탕으로 정리한 것이다.
42) 경제의 민주화 규정은 경제정책의 목적의 정당성을 뒷받침 하는 근거일 수는 있으나 이것만으로 모든 정책의 타당성이 인정되는 것은 아니라는 점을 지적하고 있는 글로는 장용근, 「경제민주화논쟁에 대한 헌법적 고찰」, 『세계헌법연구』 제18권 제3호, 2012.

시장 지배와 경제력 남용의 방지, 경제주체 간의 조화를 통한 경제의 민주화 등으로 조금 더 구체화할 수 있을 것이다. 사적 거래에서의 계약의 자유의 문제는 한편으로는 전체 경제체제의 관점에서 보면 분배의 문제가 될 수도 있다. 특히 힘의 불균형 관계가 바탕이 된 노동자와 사용자 사이의 임금계약은 단순한 계약의 자유문제를 넘어서서 부의 분배 또는 경제정의의 문제가 될 수 있을 것이다. 우리 헌법상 경제정의의 내용은 다음과 같이 나눠 볼 수 있을 것이다.

가. 개인과 기업의 경제상의 자유와 창의의 존중

우리 경제질서의 기본은 경제주체인 개인과 기업의 자유와 창의를 존중하는 것(헌법 제119조 제1항)이며, 이것은 경제정의의 바탕을 이룬다고 할 수 있다. 사유재산제도와 경제활동에 관한 사적 자치의 원칙을 기초로 하는 자본주의 시장경제 질서를 기본으로 하는데[43], 이에 관해 헌법재판소의 판례는 "국민 개개인에게 자유로운 경제활동을 통하여 생활의 기본적 수요를 스스로 충족시킬 수 있도록 하고 사유재산의 자유로운 이용·수익과 그 처분 및 상속을 보장해주는 것이 인간의 자유와 창의를 보장하는 지름길이고 궁극에는 인간의 존엄과 가치를 증대시키는 최선의 방법이라는 이상을 배경으로 하는 것"[44]이라고 한다.

하지만 경제상의 자유의 존중만이 경제정의라고는 할 수 없으며, 이것이 헌법 제119조 제2항에서 규정하는바 국민경제의 균형성장과 안정, 적정한 소득 분배, 시장 지배와 경제력 남용의 방지, 경제주체 간의 조화를 통한 경제의 민주화 등을 위한 국가의 규제와

---

43) 헌법재판소 1989. 12. 22. 선고, 88헌가13 결정.
44) 헌법재판소 1997. 8. 21. 선고, 94헌바19 결정.

조정을 배제하는 의미로 이해될 수는 없다.[45]

나. 사적 자치의 원칙과 경제에서의 자기결정의 보장

경제제도도 궁극적으로 인간의 존엄과 가치를 구현하기 위한 수단이라고 본다면 인간 특히 경제적 약자의 경제상의 자유를 제약하는 요소를 적절하게 배제 또는 제한하는 것은 경제에 관한 기본원칙을 보장하는 것이면서 경제정의를 실현하기 위한 방법이 된다. 독일 연방헌법재판소 판례 가운데 경업금지(競業禁止)와 관련하여 그 계약이 힘의 우열관계에 있는 당사자 사이에 이뤄진 것이라면 계약관계에서 약자를 보호할 필요를 인정한 판례(경업금지결정)[46]가 있다. 이 결정에서 독일 연방헌법재판소는 "사적자치가 자기결정의 원칙에 의거하는 것은 자유로운 자기결정 등에 필요한 제반조건이 현실적으로 존재한다는 것을 전제로 한다. 당사자 일방이 계약내용을 사실상 일방적으로 결정당하고 강요당할 수밖에 없는 경우 이것은 다른 사람에 의한 결정(Fremdbestimmung)이라 할 수밖에 없다. 당사자 사이에 힘의 불균형관계가 있는 경우 계약법원리에 의해 당사자 사이에 이익이 적정하게 조정될 수는 없다. 이러한 사정에 의해 기본권이 제약당하는 경우 국가는 기본권보호를 위하여 조정자로서 개입하지 않으면 안 된다. 사회적 경제적 불균형에 대처하는 법규정은 기본권의 객관적 기본결정을 실현함과 동시에 기본법상의 사회국가원리를 실현하는 것"이라고 판시한 바

---

45) 노진석, 「한국헌법상 경제민주화의 의미」, 『민주법학』 제50호, 2012. 11, 408면에서는 "시장이라는 경제 체계를 존중하고, 이에 기초한 경제질서 위에서 경제민주화의 구체적인 내용도 결정된다"고 하면서 "경제원칙의 독자성을 상실시키는 조치들은 억제되어야 하고, 시장에 대한 지나친 개입으로 인해 초래되었던 자본도피, 노사갈등으로 인한 경쟁력 감소 등의 역사적 선례에서 드러난 경제민주화의 한계"에 대해 언급하고 있다.

46) BVerfGE 81, 242(연방헌법재판소 제1부 1990. 2. 7. 결정).

있다.

경제주체는 단지 개인이나 기업에 한정된다고 볼 수 없으며, 대립적 성격을 가지는 경제주체를 크게 노동자와 사용자 또는 노동과 자본, 중소기업과 거대기업, 시민과 경제권력 등으로 보면 경제에서의 자기결정권의 보장은 다음과 같은 의미를 포함하고 있는 것으로 해석할 수 있을 것이다.

(1) 노동자와 사용자 사이

첫째, 노사간의 힘의 불균형 관계에서 노동자와 사용자 사이의 조화의 문제로서 힘에서 열위 또는 경제적 종속관계에 있는 노동자의 자기결정권의 회복[47]의 문제를 포함한다. 공동체 구성원으로서 인간다운 노동의 권리가 확보되지 않는 문제는 구성원으로서의 지위가 부정당하는 것과 같다[48]고 할 수 있다. 정리해고의 남용과 비정규직 문제, 노동조합 활동 탄압 등은 경제민주화 또는 경제정의의 문제로 다뤄져야 한다. 헌법상 보장된 평등권과 노동3권을 고려하면 동일한 일을 하면서도 정규직과 비정규직 등 계약형태나 파견근로 등 소속회사의 차이에 따라 임금의 차이가 과도한 것이나 다양한 수단을 동원하여 노동조합 활동을 억누르는 것은 헌법이 추구하는 경제의 원칙에 합치한다고 볼 수 없을 것이다. 이것을 단순히 사용자와 노동자 사이의 자유로운 계약의 문제로 치부할 수 없다. 본래 노동계약이 가지는 종속성과 노동과 자본의 힘의 불균형 관계 때문에 노동권이 등장한 것처럼 노동관계에서 현저한 힘의 불균형이 존재하는 현실에서 앞에서 언급한 정리해고와 비정규직 문제, 노동조합 활동 탄압의 문제는 각 기업 단위 또는 경제영역 전반에서의 노동과 자본의 관계에서 접근하여야 할 문제가

47) 같은 결정.
48) 김윤자, 「인권과 경제민주화」, 『민주법학』 제50호, 2012. 11, 137면.

아닌가 생각된다. 특히 국가권력에 의한 차별적 비정규직 제도의 입법과 방치, 노동조합 활동 억지를 위한 공권력의 동원 등의 문제는 경제 주체의 힘의 균형을 전제로 하는 '경제주체 간의 조화'의 관점에서 다뤄야 할 사항이라고 생각된다. 경제의 민주화를 기업에서 일하는 모든 사람들이 집단소유하고 민주적으로 관리하는 기업의 소유와 경영에 대한 민주적 자치권의 관점에서 파악하는 견해[49]는 노동자의 경영참여나 공동의사결정제도 역시 기업내 의사결정의 민주화라는 관점에서 헌법적 근거를 가진다고 본다. 그러나 아직 사용자가 노동자나 노동자 단체를 대등한 당사자로 인정하지 있고 기업의 집단소유나 자주관리가 거의 없는 우리나라에서는 공허한 주장으로 들린다.

(2) 중소기업과 재벌 사이

둘째, 중소기업과 거대기업집단(재벌) 사이의 문제이다. 실질적으로는 거대기업의 일부이나 법적으로 다른 주체인 중소기업 사이의 사내하도급에서의 임금 등 차별이나 힘의 우위를 이용한 납품가격 인하 요구 등에서 대등한 계약 당사자로서의 지위를 회복할 수 있도록 국가의 규제와 조정의 권한 행사가 필요한 대목이다.

(3) 시민과 경제권력 사이

셋째, 시민과 경제권력 사이의 문제이다. 일방의 의사를 타인에게 관철시킬 수 있는 의지 또는 힘을 권력이라고 하면 거대기업집단의 시장 지배나 경제력의 남용은 단지 경제적 횡포 정도가 아니라 권력이라고 할 수 있다. 오늘날 재벌을 중심으로 한 경제주체는 시민에 대하여 자신의 의사를 관철시킬 수 있는 대단한 권력을 행

---

49) 로버트 A. 달, 안승국 옮김, 『경제민주주의』, 1995, 97면 이하.

사하고 있다.[50] 각종의 정책결정과정에서 재벌에 의해 이뤄지는 로비활동은 잘 드러나지 않지만 엄연한 현실[51]이며 이는 국가의 공공성 또는 국민주권에 대한 침해를 초래하고 있다고 할 수 있다. 거대기업집단은 자신의 경제력을 통해 시민의 생활을 일정하게 종속시키며 정치에도 강력한 영향력을 행사한다. 선거과정에서는 경제로부터 나오는 선거자금을 통해 시민의 정치참여과정에서의 의사표현이 왜곡되기도 하고 정치인이 매수되기도 한다. 이 점은 앞에서 언급한 노회찬 의원 사건에서 드러났다.

　오늘날 거대한 경제권력과 국가권력 그리고 언론기관 간의 복합체가 한국사회의 지배권력을 형성하고 있다는 사실은 새삼스러운 것이 아니고 이미 오래 전부터 제기되어 왔다.[52] 고전적 권력분립에서는 인식되지 못한 부분인 경제권력에 대한 통제를 어떻게 할 것인가는 오늘날 권력에 대한 통제를 추구하는 입헌주의의 사활이 걸린 문제이기도 하다는 점에서 국가권력, 언론, 시민 등에 의한 통제를 구체화하는 방안이 마련되어야 하고 경제의 민주화의 핵심적 내용으로서 경제권력에 대한 통제 문제가 논의되어야 한다.[53] 그런 의미에서 재벌개혁이 경제민주화의 핵심이라는 주장[54]

---

50) 김종서, 「군림하는 언론, 핍박받는 국민」, 『법과 사회』 95년 하반기(제12호), 창작과비평사, 1995.

51) 예를 들어 임종인·장화식, 『법률사무소 김앤장』, 후마니타스, 2008, 142면 이하의 「권력을 가진 사람들은 보이지 않게 연대한다」 참조.

52) 이상희, 「재벌과 언론-90년대 한국사회의 지배구조」, 학술단체협의회, 『재벌과 언론』, 당대, 1997, 10면 이하 참조.

53) 사회적 권력 즉 신삼권이라고 말하는 제도권력, 언론권력 그리고 기업의 금력 사이의 견제와 균형이 이뤄져야 국민생활의 모든 영역에서 실질적 평등이 이뤄질 수 있다는 주장은 안경환, 『이야기 한마당』, 철학과현실사, 1994, 220~222면 「신삼권분립론」에 간략하게 구상되어 있다.

54) 인터넷 한겨레 2012. 9. 19. 게시 「경제민주화 핵심은 재벌개혁… 금산분리가 최우선 과제」(http://www.hani.co.kr/arti/culture/religion/552426.html 검색일: 2012. 11. 15).

은 타당하다고 생각된다.

다. 기회·조건의 평등과 인간다운 생활을 할 권리

경제정의는 분배정의와 동의어로 쓰일 정도로 분배의 문제는 경제정의에서 핵심적 부분을 차지하고 있다.[55] 공정한 분배의 기준에 대해서는 실질소득의 생산에 공헌한 정도에 따라 소득의 분배를 결정하는 것이 공정하다고 하는 공헌도 원칙, 평등도와 필요도[56]가 제시된다. 그러나 단순한 기회의 평등만으로 정의롭다고 할 수는 없다. "자유의 평등한 확보를 위해" "개인의 기회균등을 보장하는 형식적 평등과 기회균등의 공정성을 확보하기 위한 실질적 평등"이 아울러 요청된다는 주장[57]이 타당하다고 생각된다.

아울러 질서가 정의롭기 위해서는 공동체 구성원 누구나 인간다운 삶을 누림으로써 존엄과 가치를 보장받아야 한다. 공동체 구성원 모두가 최소한으로 누려야 할 가치에 대한 합의는 우리 헌법 제34조 제1항의 인간다운 생활을 할 권리의 내용을 결정하게 되며 그 최소한의 수준에 미치지 못하는 급부는 정의에 반하는 것으로 평가할 수 있을 것이다. 이 공공의 가치의 수준을 결정하는 것은 결국 정치라고 할 수 있다[58].

---

55) 경실련 정책연구위원회 편, 『우리 사회 이렇게 바꾸자』, 비봉출판사, 1993, 18면.
56) 경실련, 같은 책, 19면.
57) 김종철, 「공화적 공존의 전제로서의 평등」, 『헌법학연구』 제19권 제3호, 2013. 9, 34면.
58) 정태인, 「시장이 아니라 정치가 먼저다」, 『주간경향』 2013. 1. 29.자(제10011호). 주간경향 인터넷 사이트(http://weekly.khan.co.kr/khnm.html?mode=view&code=114&artid=201301231124131 20013. 6. 10. 검색).

Ⅲ. 경제정의 구현을 위한 구상:
경제권력에 대한 통제와 권력의 분산

1. 경제권력의 등장

가. 경제권력과 정치과정

일방의 의사를 타인에게 관철시킬 수 있는 의지 또는 힘을 권력이라고 한다면, 오늘날 재벌을 중심으로 하는 대기업은 권력화되고 있다. 그것이 가지는 경제력을 통해 국민의 생활을 일정하게 종속시키며 정치에도 막대한 영향력을 행사하고 있기 때문이다. 대기업이 경제 부문에서 어느 정도로 경제력을 집중하고 있는지는 삼성그룹의 예를 들면 알 수 있다. 삼성그룹은 국내총생산(GDP)의 33%, 우리나라 전체 수출의 28%를 차지하고 있다. 삼성그룹 가운데 삼성전자는 우리나라 전체 상장사의 순이익 가운데 30%를 차지하고 전체 주식시장의 20%의 비중을 점하고 있다.[59] 나아가 상호출자제한기업집단 중 자산상위 10대 기업집단(공기업 제외)의 자산은 지난해 1천 70조 50억 원으로 GDP의 84%를 차지했다.[60]

이러한 재벌 위주의 경제력의 집중은 단순히 경제력의 문제로 끝나는 것은 아니다. 선거과정에서는 경제권으로부터 나오는 선거자금을 통해 국민의 정치참여과정에서의 의사표현이 왜곡되기도 하고 정치인이 매수되기도 한다. 앞에서 보았듯이 삼성 X파일 사

---

59) TV조선 「우리나라 경제의 30%가 삼성」제하의 보도 참조(http://news.tv. chosun. com/site/data/ html_dir/2013/10/29/2013102990133.html 2013. 10. 29. 검색).

60) 인터넷 노컷뉴스 2013. 10. 16. 게시 「10대 재벌이 한국경제의 85% 독점… 10년 새 35%p↑ 지난 10년 동안 GDP대비 자산 48%→84%, 매출액 50%→84%」제하의 기사 참조(http://www. nocutnews.co.kr/Show.asp?IDX=2645672 2013. 10. 20. 검색).

건과 삼성특별검사 사건은 이러한 사실을 적절하게 보여주는 실례라고 생각된다. 경제권력에 의하여 정치적 과정이 위협을 받게 되면 "정치시스템이 기능을 하지 못할 뿐 아니라 공정하지 못하다는 믿음이 강해지면, 사람들은 시민적 덕목을 지켜야 한다는 의무감을 벗어던진다."[61] 이는 정치에 대한 환멸이나 혐오 또는 이탈로 나타난다. 이것은 역설적으로 '정치시스템을 자신에게 유리한 방향으로 조종하고자 하는 부유층'이 환영한다.[62] 공동체 구성원의 자발적인 참여를 바탕으로 하는 민주주의의 근본적인 문제상황이 초래될 수밖에 없으며, 대표 선출과정에서의 국민의 정치적 의사의 왜곡으로 인하여 대표의 민주적 정당성이 약화된다.

또한 그 동안 국가정책의 기조가 된 신자유주의적 경향은 꾸준히 국가권력과 경제의 관계에 변화를 가져왔으며 이 점은 2005년 노무현 대통령이 "이미 권력은 시장으로 넘어간 것 같다."고 한 데서도 확인된다.[63] 노무현 정부의 주요 경제정책 역시 삼성경제연구소가 작성한 <국정과제와 국가운영에 관한 어젠다>라는 보고서에 기초한 것[64]으로 지적되고 있다.

---

61) 조지프 스티글리츠, 『불평등의 대가』, 237~238면.
62) 같은 책, 238면.
63) 노무현 대통령은 "우리 사회를 움직이는 힘의 원천이 시장에서 비롯되고 있고, 시장의 여러 경쟁과 협상에 의해 결정되는 것 같"으며 "이미 권력은 시장으로 넘어간 것 같다"고 하면서 "정부는 시장을 잘 공정하게 관리하느냐가 중요하다"고 말했다. 그는 대기업과 중소기업의 공존에 관한 대책도 "기본적으로 시장에서 이뤄져야지 정부가 정책적 간섭하는 것은 바람직하지 않다"고 강조했다. 연합뉴스 2005. 5. 16. 게시 「노대통령 "권력은 시장으로 넘어간 것 같다"」 제하의 기사 참조(http://media.daum.net/politics/others/ newsview?newsid=200505160529241 99 2013. 10. 20. 검색).
64) 손석춘, 「노무현정부의 운명을 바꾼 한 편의 보고서」(http://blog.ohmynews.com/sonseok choon/284507 2013. 10. 15. 검색) 참조. '국민소득 2만 달러론', '동북아 금융허브론', '산업 클러스터 조성방안' 등이 이 보고서에 담겨있던 내용들이라고 한다.

나. 경제권력과 관료

재벌 등의 경제권력화는 공적 의사결정의 사유화를 통해서도 진행된다. 흔히 전직 고위관료의 전관예우로 지칭되는 인적 네트워크를 통해서이다. 전관예우가 가지는 헌법적 문제는 1)국가권력의 사유화를 통한 법과 '법의 지배'의 왜곡, 2)법집행과정을 사적인 것으로 전유함으로써 민주주의를 왜곡, 3)국가권력과 사적 이익의 유착관계 구조화를 통한 시장 또는 시민사회의 왜곡 등을 초래한다.65) 고액연봉을 지급하는 퇴직 관료의 영입66)은 전문가의 영입이라고 이해될 수도 있으나 장기적으로 보면 '사후적(事後的) 또는 연성(軟性) 뇌물'의 성격을 가지고 있다고 생각된다. 이러한 전관예우의 문제는 전관(前官)에 대한 예우의 측면보다는 현직의 공무원에게 장차 전관예우를 통한 이익의 수취를 기대하게 함으로써 사후적으로 이익을 얻는 시스템을 만들고 있는 측면이 중시되어야하며 후불제 뇌물이라는 관점에서 대책이 마련되어야 한다고 생각된다.67)

또한 경제의 권력화와 함께 언론도 언론매체라는 수단을 통해 국민에게 자신의 의사를 관철시킬 수 있는 대단한 권력을 행사하고 있다고 평가할 수 있다.68) 오늘날 언론의 자유가 곧 언론기관의 자유로 된 시점에서 언론기관에 대한 이용권을 제한당하고 있는 국민들에게 언론은 언론의 자유를 지배할 수 있는 힘을 행사하고

---

65) 이러한 지적은 한상희, 「헌법문제로서의 전관예우 방지」, 『헌법학연구』 제17권 제4호, 2011. 12, 106~114면 참조.
66) 전관예우에 관한 사실적 보고서는 강철원 등, 『전관예우 비밀해제 - 한국일보 법조팀 사건기자들의 심층토크』, 북콤마, 2013 참조.
67) 이러한 전관예우에 대해서는 송기춘, 「공직자윤리법상 퇴직 후 취업제한에 관한 법적 논의-공직자윤리법 제17조 등의 개정안에 대한 검토를 중심으로-」, 『헌법학연구』 제17권 제3호, 2011. 9. 참조.
68) 김종서, 앞의 글, 70면.

있다는 점에서 거대한 권력이 되었다고 할 것이다.[69] 언론의 힘은 특히 민주주의의 필수적 과정인 선거과정에서 그 위력을 나타낸다. 언론의 보도태도나 공정성에 의해 선거과정은 국민의 의사와는 다른 방향으로 전개되기도 하고 국민의 여론이 오도되기도 하고 국민의 의사가 왜곡되어 나타나기도 한다. 이처럼 경제권력이 언론까지 지배하게 되어 민주적 정치과정은 더욱 왜곡될 가능성이 커지고 있다고 할 수 있다.

다. 경제권력과 교육

경제권력은 교육 영역에까지 영향력을 확장하고 있다. 재벌이 대학을 운영하는 학교법인을 설립 또는 인수한 예도 적지 않다. 삼성이 성균관대를, 현대가 울산대를, 두산이 중앙대를 설립하거나 인수하여 경영하고 있다. 나아가 최근에는 중·고등학교의 설립에도 나서고 있다. 삼성은 충남 아산시에 1,050명 규모의 자율형 사립 고등학교(충남삼성고등학교)를 2014년 3월 개교하였다. 충남삼성고등학교는 한 학년이 10학급 350명인데, 이 가운데 70%인 245명이 임직원 자녀에 할당되어 있다.[70] 포스코에서도 인천에 인천포스코 고등학교[71]를 개교하였다. 이 가운데 삼성의 예를 살펴보면, 삼성

---

69) 강준만, 『권력변환: 한국언론 117년사』, 인물과 사상, 2000; 김동률, 「언론의 정치권력화 -재벌 정책 보도의 정권별 비교 연구-」, 『한국언론정보학보』 제45호, 2009 봄, 296면 이하.

70) 정원 350명 가운데 충남미래인재전형 35명, 사회통합전형 70명, 임직원자녀 전형 A 228명, B 17명, 정원외로 국가유공전형과 특례입학전형이 각각 10명씩이다. 충남삼성고등학교 2016학년도 「신입생 입학전형 요강」 3면. https://www.cnsa.hs.kr/hpw/common/hpwBbs/hpwBbsList?pageNo=3&maxRowP erPage=10&bbsId=004002001 검색: 2016. 9. 10.

71) http://icpa.icehs.kr/sub/info.do?m=0501&s=icpa 인천포스코고등학교 2017학년도 입학전형요강에 의하면, 전체 8학급 240명 가운데 글로벌미래인재전형 96명, 임직원자녀전형 96명(모집정원의 40%), 사회통합전형(기회균등전형,

그룹은 이미 1994년에 서울에 있는 중동학원을 인수하여 자율형 사립고로 운영하면서 서울시 교육청에 '임직원 자녀 선발권'까지 요구한 적이 있다. 이후 2011년 반대여론에 부딪히면서 재단에서 철수하였고 충남 아산지역에 자율형 사립고등학교를 개교하였다.[72] 이러한 재벌의 학교설립과 임직원자녀 입학할당제도는 헌법적 측면에서 몇 가지 문제를 드러내고 있다.

첫째, 학생선발에서 삼성 임직원의 자녀를 학년 정원의 70%까지 선발한다는 것이다. 이는 일차적 설발 기준이 학생의 능력보다는 부모의 사회적 지위라는 점에서 심각한 평등권 침해의 문제를 내포하고 있다. 아울러 이는 국민이 자신의 능력에 따라 균등하게 교육을 받을 권리를 가진다는 헌법 제31조 제1항에 위배될 여지가 많다. 이는 지원자의 부모 등이 학교발전의 기여한 정도를 고려하여 입학을 허가하는 이른바 '기여입학제'보다도 더욱 학생의 수학능력 외의 객관적 요소가 결정적으로 작용하는 제도이다. 물론 선발유형에 따라 지원자가 선발인원을 초과하는 경우는 일부 지원자 가운데 수학능력을 고려한 전형이 이뤄지겠지만 동일하거나 더 우수한 능력을 가졌음에도 부모가 삼성의 임직원이 아니라는 이유로 탈락할 것은 불 보듯 뻔하다. 이는 결코 합리적 차별이라고 할 수 없을 것이다. 학교 소재 지역에 거주하는 주민의 대부분이 삼성 임직원이고 아산 탕정 지역 임직원 거주지 가까운 곳에 학교가 없어 삼성에서 임직원 자녀의 교육을 위하여 스스로 학교를 설립한 것이라고 하지만 지원자의 부모가 삼성 임직원인지를 지원자격으로

사회다양성전형) 48명 등이다.

72) 이 학교의 설립과정과 입학기준 등에 대한 문제점은 20013 국회 국정감사 과정에서도 지적되고 있다. 인터넷 『경향신문』 2013. 10. 24. 게시 「삼성 자사고 설립 과정 '특혜' 의혹」 제하의 기사 참조(http://news.khan.co.kr/kh_news/khan_art_view.html?artid=201310242253005&code=9503 01 2013. 10. 24. 검색).

하거나 합격가능성을 결정하는 것이 되어서는 안 되며, 학생모집에서 대부분을 차지하는 70%라는 임직원 자녀의 쿼터가 정당화될 수 있는 것은 아니다.

둘째, 이처럼 돈이 많은 거대 기업집단이나 대기업마다 회사 임직원의 자녀가 전부 또는 대부분인 특별한 학교를 설립하여 운영하는 극단적 경우[73]를 예상하면, 사회적 특수계급을 인정하지 않는 우리 헌법(제11조 제2항)과 조화되기 어렵다고 생각한다. 이러한 고등학교는, 일부 사회통합전형이 있긴 하나, 높은 학비 때문에 경제적 약자의 입학이 애초부터 거의 불가능하다고 할 수 있으며, 입학자격을 법령에서 요구하는 최소한의 정원(사회적 배려대상자 20%) 이외에 대부분 관련 기업의 임직원의 자녀로 한정할 경우 부모의 사회적 신분과 지위에 따라 입학이 결정되고 좋은 교육환경에서 사회적 평판이 좋은 대학에 쉽게 진학할 수 있게 됨으로써 사회적 지위를 대물림할 가능성이 크다. 이는 자신들만의 교육을 공교육제도를 이용하여 함으로써 실질적으로 사회적 특수계급을 창설하는 효과를 가져와 헌법 제11조 제2항에 위반될 소지가 크다고 본다.

셋째, 교육은 학생의 인격과 사고의 큰 틀을 형성하는 과정으로서 근본적으로 정치적 태도와 성향을 결정하게 된다. 그런 의미에

---

73) 2012년 11월에는 교육과학기술부(장관 이주호), 삼성디스플레이(대표이사 권오현), 포스코교육재단(이사장 이대공), 충청남도 교육청(교육감 김종성), 인천광역시 교육청(교육감 나근형)은 교과부 대회의실에서 이주호 장관, 조수인 사장, 이대공 이사장, 김종성 교육감, 나근형 교육감 및 관계자 등이 참석한 가운데 "자율형 사립학교 설립·운영을 위한 업무 협약(MOU)"을 체결하였다. 교육부 「교과부-삼성-포스코-교육청 사립고 설립·운영 업무협약 체결」 http://www.moe.go.kr/web/100026/ko/board/view.do?bbsId=294&pageSize=10&currentPage=78&encodeYn=Y&boardSeq=38410&mode=view 검색: 2016. 9. 10.

서 교육은 매우 정치적이라 할 수 있으며, 이 점에서 교육은 특정한 정치적 세력에 지배되지 않아야 한다. 이를 우리 헌법 제31조 제4항은 교육의 정치적 중립성으로 보장하고 있다. 그러나 대학에서도 재단에 관련되는 기업에 대해 비판하는 행위를 금지 또는 억제하려는 경향이 나타나지만,[74] 한창 인격적 성장 과정에 있는 감수성이 예민한 중·고등학교 학생들에 대한 교육에서 과연 자본이나 재벌에 대해 공정하고 자유로운 토론과 교육이 가능할지 의문이다. 재벌은 단지 경제력을 장악하고 있을 뿐만 아니라, 나아가 경제권력이 한국사회의 정치적 권력으로 자리잡고 있기도 하다는 점에서 교육 부분에까지 경제력이 영향력을 행사하려는 것은 특정한 정치적 관점으로부터 자유롭지 못한 교육을 초래한다는 점에서 교육의 정치적 중립성을 해칠 위험이 매우 크다고 생각한다.

2. 새로운 권력분립론 구상의 필요성

흔히 얘기되는 대로 복지국가 경향과 정당정치가 활발해지면서 국가권력분립의 구상이 흐트러지는 한편, 국가권력은 입법부, 행정부와 사법부까지 포함하여 거대한 권력체로 자리잡고 있으며 이를 제도권력이라고 부르기도 한다.[75] 그러나 우리나라 경제발전 과정에서 국가의 지원을 받아 형성된 거대 재벌을 위시한 경제권력은 국가권력과 언론권력에 대해 강력한 영향력을 가지게 됨으로써 오늘날 한국사회에서는 국가권력과 함께 거대한 경제권력와 언론기

---

74) 실례로 삼성이 재단을 운영하는 성균관대의 경우 삼선반도체의 직업병으로 퇴직자가 사망하는 문제와 관련하여 학생단체가 주최하는 삼성 산업 재해 관련 강연회 홍보 포스터가 여러 차례 학교 당국에 의해 철거되기도 하였다.
75) 안경환, 「신삼권분립론」, 『이야기 한마당』, 철학과현실사, 1994, 220~222면.

관 간의 복합체가 지배권력을 형성하고 있다고 지적된다. 이러한 권력의 상호 결착관계의 배후에는 한국사회의 연줄망이 복잡하게 존재한다고 생각된다. 이러한 연줄망에 의한 사회적 관계의 형성을 연줄결속체 또는 이중질서사회로 진단하는 견해76)가 있다. 이러한 연줄결속체라는 개념을 사용하자면 한국사회의 국가권력, 경제권력, 언론권력을 아우르는 권력의 결속에 대해 설명하기 어렵지 않을 것이라고 생각한다. 또한 한국사회는 엄연히 법이 제정되어 있지만 그것이 잘 지켜지지 않고 '법 따로, 현실 따로'라는 이중성이 존재하며 공식적 질서와 비공식적 질서가 서로 다른 이중사회의 성격도 분명하게 드러난다고 생각된다. 이는 결국 법에 대한 근본적 불신이 존재하는 불신사회를 형성하게 된다.77)

---

76) "사람들이 상호의존하는 삶의 연줄망은 비단 혈연, 지연과 같은 요소만이 아니라 여러 요소에 의하여 복합적으로 형성되고 그 연줄망이 한 단위를 이루면 연줄결속체가 되는데, 이 연줄결속체는 일종의 삶의 공동체와 같은 의미를 갖고 있다. 연줄결속체는 사람들의 상호의존성만을 의미하는 것이 아니라 거기에 일체감을 느끼고 안착해서 삶의 정서적 기반을 형성하는 것이기 때문에, 삶에 필요한 자원을 획득하기 위한 경쟁에서 이 연줄결속체가 하나의 집단이나 세력으로 등장해서 다른 집단이나 연줄결속체와 경쟁하고 투쟁하기도 하고, 자기 결속체를 방어보호하고 자기 자신과 자신의 삶의 연줄망을 이루어주는 그 결속체 자체의 생존과 존속을 위하여 경쟁적이거나 위협적인 다른 연줄결속체를 공격하거나 패퇴시키기도 한다. 이 연줄결속체는 복합적인 연줄망의 복합체이기 때문에 비단 혈연·지연 또는 학연과 같은 요소뿐만 아니라 연줄을 만들어 줄 수 있는 모든 계기와 단서에 의하여 복합적으로 구성될 수 있는 것이다. 경제적인 활동, 즉 직업활동이나 국가생활에서 어떤 위치에 있느냐 하는 것도 중요한 계기가 될 것이다. 따라서 연줄망은 사회의 어느 영역 하나에만 국한되는 것이 아니라 여러 영역에 걸쳐서 짜여져 나간다." 김진균, 「한국사회의 구조적 역동성의 분석을 위한 몇 가지 개념에 관하여」, 『비판과 변동의 사회학』, 한울, 1983, 189~190면. 홍성태, 「상지대 판결과 사법 커넥션 - 연줄결속체의 관점」, 『민주법학』 제34호, 2007. 9, 50~51면에서 재인용.
77) 홍성태, 앞의 글, 51면.

그럼에도 불구하고, 이와 같은 현실에서 경제권력을 실질적으로 통제할 수 있는 권력은 현실적으로 국가 이외에는 없다고 할 수 있다. 국가는 자신이 가진 입법권 및 행정권, 사법권을 통해 경제권력을 조정 또는 통제[78]하여 그것이 국민이 가지는 기본적 인권을 침해하지 않도록 하는 환경을 조성하고 국민의 기본권향상을 위해 실질적으로 도움이 될 수 있도록 하는 것이 그 임무라 할 것이다. 경제권력에 대항할 수 있는 권력이 국가라면 국가는 국민의 기본권 보장을 위해 상호간의 견제와 균형의 유지를 통해 권력이 남용되는 것을 막고 국민의 기본권의 신장에 봉사할 수 있도록 해야 할 것이다.[79] 이것은 아울러 경제정의를 실현하는 방법이기도 하다. 기존의 권력분립이 국가권력의 내부적인 분립을 통한 기본권의 보장을 추구했다면 오늘날은 거시적으로 사회적인 권력 즉 국가, 언론, 경제권력 등 사이의 권력분립이론으로 발전시켜야 할 것이다.[80] 고전적 권력분립론을 유추하여 이들 각 권력의 분산과 이들 사이의 분리와 분립을 통한 견제와 균형을 확보하여야 한다.

3. 경제권력의 분산과 이에 대한 통제의 방법

우리 헌법상의 경제체제는 사회적 시장경제주의[81]로서 국가는 경제에 관한 규제와 조정의 권한을 가진다. 경제문제 가운데 경제권력으로 인하여 야기되는 것은 독과점, 경제적 약자에 대한 지배,

---

78) 경제의 민주화는 경제력의 통제와 경제적 의사결정에 대한 참여를 의미한다는 주장은 유승익, 「헌법 제119조 제2항 "경제의 민주화" 해석론」, 『법학연구』(한국법학회) 제47집, 2012. 8, 15면.

79) 송기춘, 『국가의 기본권보장의무에 관한 연구』, 서울대 대학원 법학박사학위 논문, 1999. 2. 참조.

80) 안경환, 앞의 책, 220~222면.

81) 김철수, 『학설 판례 헌법학(상)』, 박영사, 2009, 617면.

부의 불평등한 분배 등이다. 이에 대해 시장의 지배와 경제력의 남용을 방지하기 위해(헌법 제119조 제2항) 국가가 권한을 행사할 수 있고(물가안정에 관한 법률, 독점규제 및 공정거래에관한법률 등) 기업내부에서의 근로자에 대한 근로3권의 제한 등의 기본권침해를 방지하기 위하여 기업에 대해 대등한 교섭력을 가지는 노동조합의 결성 및 활동, 단체행동 등을 보장한 노동관계입법(근로기준법, 노동조합및노동관계조정법 등)을 통해 근로자의 단결을 보장하는 입법 및 집행을 할 수 있다.

가. 현저한 힘의 불균형 상태의 시정을 위한 개입

경제주체간의 조화를 통하여 경제의 민주화를 이루기 위해서는 국가의 친기업적 개입을 반성하고 노사간의 균형관계 정립을 위하여 국가의 중립성 또는 불개입을 요구할 수 있을 것이다. 그러나 현저한 힘의 불균형 상태에 있는 노동자와 사용자의 관계에서 노사간의 균형을 달성하기 위해서는 정리해고 등 노동자들에게 불리한 내용을 담고 있는 노동관계법의 개정이나 비정규직 제도에 대한 적절한 해결을 위한 입법 등에 관해서는 적극적인 개입이 절실하게 요구된다. 노동자의 동일한 가치를 가진 노동에 대해서는 동일한 임금이 지급되어야 한다는 원칙이 관철되어 노동관계의 현저한 불균형을 초래하는 비정규직 문제가 해결되어야 할 것이다. 또한 노동관계의 유연성을 과도하게 남용하는 정리해고(근로기준법 제24조)에서 긴박한 경영상의 필요가 있는지(같은 조 제1항)에 대한 판단[82])에서 보다 객관적 기준을 가지고 사용자가 해고 회피를

---

82) 회사가 경영악화 상태에 있는 지방 공장을 폐쇄하고 이에 따라 발생한 잉여인력을 감축한 사안에서 대법원은 "기업의 전체 경영실적이 흑자를 기록하고 있더라도 일부 사업부문이 경영악화를 겪고 있으며, 그러한 경영악화가 구조적인 문제 등에 기인한 것으로 쉽게 개선될 가능성이 없고 해

위한 노력을 하였는지, 정리해고를 위한 노동자와의 협의절차를 거쳤는지를 엄격하게 규정하고 판단하여야 할 것이다. 단지 국가의 중립성이 아니라 국가가 국민의 기본권보장을 위한 역할을 자임하고 기본권의 최대한 보장을 위한 적절한 활동을 하여야 한다. 경제의 자유와 창의를 보장하되 국가는 경제력이 집중되고 또한 남용되는 현실에 적절하게 개입하여야 하며 경제 영역에서의 정의의 구현을 위한 적절한 개입과 조정이 필요하다.

나. 거대기업집단에 대한 통제

경제권력에 대한 통제를 위해서는 거대기업집단의 규모를 축소하거나 소수인에 의한 기업지배를 가능하게 하는 순환출자에 대한 제한을 엄격하게 하여야 한다.[83] 그러나 순환출자는 재벌지배구조의 한 방법일 뿐 전부가 아니며, 기업지배를 위한 다양한 우회적 방법[84]에 대해서도 통제가 이뤄져야 한다. 금융자본과 산업자본의

당 사업부문을 그대로 유지할 경우 결국 기업 전체의 경영상황이 악화될 우려가 있는 등 장래 위기에 대처할 필요가 있다면, 해당 사업부문을 축소 또는 폐지하고 이로 인하여 발생하는 잉여인력을 감축하는 것이 객관적으로 보아 불합리한 것이라고 볼 수 없다"고 하면서 정리해고에 긴박한 경영상의 필요가 있었는지는 회사 전체의 경영사정을 기준으로 판단하여야 하지만, 회사가 전체적으로 당기순이익을 내고 재무구조상 안정적이었다는 점 등을 들어 정리해고에 긴박한 경영상의 필요 없었다고 본 원심판결에는 심리미진의 위법이 있다고 판결하였다(대법원 2012. 2. 23. 선고 2010다3735 판결[임금]).

83) 한국일보「롯데의 '기형적 고리'··· 대기업 순환출자 중 91% 차지 롯데家 '왕자의 난'」제하의 기사 참조. http://www.hankookilbo.com/v/67ddb5a6b6844a2a8bf1d06c4eb3fa22 검색: 2016. 9. 10. 그러나 순환출자의 해소에도 불구하고 기업지배구조에는 큰 변화가 없을 것이라는 게 전문가들의 견해이다. 아래 각주 참조.

84) 예를 들어, 현행 공정거래법은 계열사 간 순환출자만 금지하고 있는데, 우호적 비계열사나 위장계열사를 이용해 신규 순환출자 고리를 짜면 법망을

분리도 유지되어야 한다. 이는 헌법 제119조 제2항이 규정하는바 시장의 지배와 경제력의 남용을 방지하기 위한 것이다. 대기업 총수의 재판을 국민참여재판에 의한다거나 범죄행위시 지분조정을 명하는 식의 방안[85]은 경제권력에 대한 통제 문제에서는 매우 부수적이고 본질에서 벗어난 대책에 불과하다. 국민참여재판이 기대를 모으는 것은 사법불신 때문이고 사법불신이 있는 이상 국민참여재판이 최선의 해결방법은 되지 않는다고 보기 때문이다. 또한 실제 기업총수에 대한 재판이 이뤄지는 경우도 흔치 않은 현실에서 재판보다 더 중요한 것은 공정하고 엄격한 수사라고 할 수 있다. 또한 적어도 거대기업집단의 언론사 소유를 제한하여야 할 것이다. 국가에 의한 경제권력 통제뿐 아니라 언론에 의한 경제권력 통제도 중요하기 때문이다.

경제권력에 의한 국가의 공공성 훼손을 막기 위해서는 공무원의 윤리 확립과 직무범죄행위를 엄격하게 단속하여 처벌하여야 한다. 특히 공정거래위원회의 역할이 중요하다. 공무원의 퇴직후 이익추구를 위한 전관예우를 규제[86]하는 한편 이익이 충돌할 수 있는 경우에 공무원이 휴직후 민간기업에 근무하는 민간근무휴직제도 등도 금지되어야 한다. 공무원과 민간기업을 오가는 이른바 회전문 인사도 통제되어야 한다.[87]

피해가면서 지배력을 강화할 수 있다고 한다. 연합뉴스 「순환출자 해소되면 대기업 지배구조 문제 풀릴까」 제하의 기사. http://www.yonhapnews.co.kr/bulletin/2015/12/27/0200000000AKR20151227018200002.HTML 검색: 2016. 9. 10.

85) 2012. 11. 4. 연합뉴스 「새누리, 대기업 경제범죄 국민참여재판 추진」 제하의 인터넷 기사 참조(http://www.yonhapnews.co.kr/bulletin/2012/11/04/0200000000AKR20121104077200001.HTML?did=1179m 2013. 6. 10. 검색).

86) 송기춘, 「공직자윤리법상 퇴직 후 취업제한에 관한 법적 논의-공직자윤리법 제17조 등의 개정안에 대한 검토를 중심으로-」, 『헌법학연구』 제17권 제3호, 2011. 9, 210면 이하 참조.

87) 2013년 국정감사 과정에서 드러난 사례를 보면, 국세청 전산정보·시스템

IV. 마치며

오늘날 경제권력은 대한민국의 경제뿐 아니라 정치, 사회 및 문화의 모든 영역에 걸쳐 막강한 영향력을 행사하고 있다. 국민의 대표 선출과정인 선거와 법 제정, 해석과 집행 과정에도 영향력을 행사하고 있다.[88] 또한 자신들의 이념에 부합하는 교육을 위하여 학교를 설립·운영하고 있다. 대한민국은 국민 전체의 이익을 위하여 구성된 민주공화국임에도 경제권력에 유리한 정책들이 결정되고 있다. 이런 방향으로 가게 되면 국가는 재벌 단위의 경제권력이 영주가 되어 할거하는 '봉건제 국가'로 전락할지 모른다.

이러한 실정에서 경제정의를 논하는 것은 경제권력에 의하여 왜곡되고 있는 민주주의를 회복하기 위한 것이다. 국민의 정치적 의사가 왜곡되지 않고 대표 결정과정에 반영될 수 있도록 돈의 영향력을 차단하여 국민 자신의 자유로운 의사결정 과정이 확보되어야 한다. 이는 나아가 국민주권을 회복하는 길이기도 하다고 생각된다. 또한 경제정의를 확보하는 것은 국민의 기본권보장에 기여

구축 최고책임자인 전산정보관리관에 삼성 출신 인사가 기용됐다가 퇴임 직후 다시 삼성으로 돌아간 것으로 드러났다. 2006년 10월 국세청의 개방형 임용직인 전산정보관리관에 임용된 이철행 전 관리관은 재직 직전 삼성전자 반도체총괄 정보화 혁신팀, 삼성SDS 컨설팅사업부와 삼성그룹 정보전략팀을 거쳤는데, 그의 재직시기(2006. 10~2009. 1)에 삼성SDS, 삼성전자 등 삼성의 국세청 전산 관련 계약 비중이 40%를 넘는 것으로 나타났다. 이 전 관리관은 퇴임 직후 삼성SDS로 돌아가 현재 삼성SDS 통합서비스팀 팀장을 맡고 있다. 2013. 10. 21. 인터넷 『연합뉴스』 게시 박원석 「국세청은 '삼성 회전문 인사'」(종합) 제하의 기사 참조.(http://www.yonhapnews.co.kr/bulletin/2013/10/21/0200000000AKR20131021035051002.HTML?input=1179m 2013. 10. 23. 검색).

88) 송기춘, 「참여정부에서의 법치주의의 발전: 헌법적 평가와 전망」, 『공법연구』 제35권 제4호, 2007. 6, 297면 이하 참조.

하는 것이다. 직접적으로는 기업에서의 인권보장, 특히 노동3권과 동일노동에 대한 동일임금의 지급 등 평등권의 보장이 요청된다. 흔히 정의는 손에 잡히지 않는 추상적인 개념이라고 하지만, 정의는 아픈 이들이 낫고 억울함에 눈물 흘리는 이들이 눈물을 멈추는 것이라고 비유할 수 있다. 경제정의는 경제권력에 의하여 지배되는 경제적 약자의 권리를 회복하는 것이며, 권력으로 인한 고통을 치유하는 것이다.

경제의 권력화와 이에 따른 정의의 훼손은 국가의 정당한 권한 행사가 제대로 이뤄지지 않은 데 기인한다고 생각한다. 재벌 회장과 관련된 범죄행위에 대해서는 수사가 제대로 이뤄지지 않고 수사를 한다 해도 적절한 기소와 처벌이 이뤄지지 않는 경우가 대부분이다.[89] 국회에서 경제권력에 대한 적절한 제한을 가하는 법률을 만들지 못하거나 시행되는 법령을 적절하게 집행하지 못하는 경우도 많다. 그러한 원인의 하나가 앞에서 제시한 바 한국사회의 연줄결속체 또는 이중사회의 측면에서 기인한다고 생각된다. 경제권력에 대한 적절한 공권력 행사를 담당하는 공무원의 철저한 직업윤리의 확립이 무엇보다도 중요하다고 생각된다. 특히 법률의 제정과 해석 및 집행에 관련되는 법률가의 공정한 입법, 해석과 집행이 필요하다. 이런 방안을 제시하는 것이 순진하다고 볼 수도 있

---

89) 최근에는 재벌회장 등에 대한 재판에서 과거보다 높은 형량이 선고되고 있다. 과거 재벌회장에 대해서는 구속이나 실형을 선고할 경우 국민경제 상 악영향을 이유로 형량을 낮추거나 집행유예를 선고하였던 것이 오히려 "대기업 총수가 지위를 악용해 사적 이익을 추구할 경우 경제질서 근간을 위태롭게 할 수 있어 비난 가능성이 매우 크다"고 하게 되었다. 세계일보 2013. 9. 27. 자 인터넷 홈페이지 게시 「"재벌일가 법질서 교란 관용없다"… 최태원·재원 모두 실형 SK 횡령 혐의 항소심… 최태원·재원 모두 실형」 제하의 기사 참조(http://www.segye.com/ content/html/2013/09/27/20130927004787.html?OutUrl=daum 2013. 9. 27. 검색).

지만 근본적으로 윤리의 확립이 없이는 어떠한 방안도 효과가 없다고 할 수밖에 없기 때문이다. 경제정의는 경제 영역에 의해서만 확보되는 것이 아니고 그 전체적인 틀이나 내용을 결정하는 것은 정치이고 더 구체적으로는 입법부, 집행부와 사법부 등 국가기관이라고 생각된다. 가장 직접적으로 공정거래위원회가 될 것이다. 그렇지만 국가의 개입은 경제의 주체인 개인과 기업의 자유와 자율성을 존중하고 기본권제한의 원리에 의하여야 할 것이다. 또한 국가권력, 언론권력과 경제권력의 관계를 건전하게 유지되도록 견제하는 힘은 궁극적으로 시민들에게서 나온다고 생각된다.

<참고문헌>

강경선·정태욱, 법철학, 한국방송대학교출판부, 2000.

강준만, 권력변환: 한국언론 117년사, 인물과 사상, 2000.

강철원 등, 전관예우 비밀해제 - 한국일보 법조팀 사건기자들의 심층토크, 북콤마, 2013.

경실련 정책연구위원회 편, 우리 사회 이렇게 바꾸자, 비봉출판사, 1993.

곽노현, "대법원의 삼성에버랜드 면죄부판결 비판: 비겁하고 무분별하고 무책임한 사이비법리의 극치", 민주법학 제41호, 2009. 11.

권건보, "경제민주화와 복지의 공법적 기초와 과제", 공법연구 제41집 제2호, 2012. 12.

권영성, 헌법학원론, 법문사, 2010.

김동률, "언론의 정치권력화 -재벌 정책 보도의 정권별 비교 연구-", 한국언론정보학보 제45호, 2009 봄.

김문현, "한국헌법상 국가와 시장", 공법연구 제41집 제1호, 2012. 10.

김용철, 삼성을 생각한다, 사회평론, 2010.

김유선, "국세청 통계로 살펴본 근로소득 불평등 실태"(2012년 이슈페이퍼 제3호), 한국노동사회연구소, 2012. 5.

김윤자, "인권과 경제민주화", 민주법학 제50호, 2012. 11.

김이석, "경제민주주의를 시장경제의 또 다른 이름으로 이해한 미제스", 한국경제연구원, 2012 KERI 정책토론회 경제민주화, 어떻게 볼 것인가: 2012 대한민국에의 시사점, 2012.

김종서, "군림하는 언론, 핍박받는 국민", 법과 사회 95년 하반기(제12호), 창작과비평사, 1995.

김종철, "공화적 공존의 전제로서의 평등", 헌법학연구 제19권 제3호, 2013. 9.

김종철, "헌법과 양극화에 대한 법적 대응", 법과 사회 제31호, 2006.

김진균, "한국사회의 구조적 역동성의 분석을 위한 몇 가지 개념에 관하여", 비판과 변동의 사회학, 한울, 1983.

김철수, "경제와 복지에 대한 국가 역할", 한국공법학회 학술대회(2012. 6. 29) 기조발제문.

김철수, 학설 판례 헌법학(상), 박영사, 2009.

김철수, 헌법학신론, 박영사, 2013.

노진석, 한국헌법과 경제민주화, 고려대학교 법학박사학위 논문, 2015.

로버트 A. 달, 안승국 옮김, 경제민주주의, 1995.

리처드 윌킨슨·케이트 피킷, 평등이 답이다 - 왜 평등한 사회는 늘 바람직한가, 이후, 2013.

마이클 샌델, 이창신 역, 정의란 무엇인가, 김영사, 2010.

박홍규, "샌델의 정의와 법", 민주법학 제46호, 2011. 7.

변형윤, "분배의 정의와 이념", 경제정의와 경제민주화, 지식산업사, 2012.

선대인, "해제 불평등의 대가와 한국의 현실", 조지프 스티글리츠, 이순희 역, 불평등의 대가 - 분열된 사회는 왜 위험한가, 2013.

송기춘, "공직자윤리법상 퇴직 후 취업제한에 관한 법적 논의-공직자윤리법 제17조 등의 개정안에 대한 검토를 중심으로-", 헌법학연구 제17권 제3호, 2011. 9.

송기춘, 국가의 기본권보장의무에 관한 연구, 서울대학교 대학원 법학박사학위 논문, 1999. 2.

송기춘, "참여정부에서의 법치주의의 발전: 헌법적 평가와 전망", 공법연구 제35권 제4호, 2007. 6.

송기춘, "경제의 민주화를 위한 법적 과제", 법연 제35호, 2012. 11.

안경환, 이야기 한마당, 철학과현실사, 1994.

유진오, 신고 헌법해의, 일조각, 1954.

이춘구, 경제민주화에 관한 공법적 고찰 -논의 배경 및 입법 방향을 중심으로-, 전북대학교 대학원 법학박사학위 논문, 2013. 2.

임종인·장화식, 법률사무소 김앤장, 후마니타스, 2008.

장용근, "경제민주화논쟁에 대한 헌법적 고찰", 세계헌법연구 제18권 제3
호, 2012.

전광석, "헌법 제119조", 헌법주석서 IV, 법제처, 2010.

정은주, "그후 20년, 삼성은 국가가 되었다", 한겨레21 제963호(2013. 6. 1)

정창영, "경제민주화의 방향", 한국경제연구원, 경제민주화의 기본구상, 1988. 4.

정태인, "시장이 아니라 정치가 먼저다", 주간경향 2013. 1. 29.자(제10011호)

조지프 스티글리츠, 이순희 역, 불평등의 대가 - 분열된 사회는 왜 위험한
가, 2013.

한상희, "헌법문제로서의 전관예우 방지", 헌법학연구 제17권 제4호, 2011. 12.

홍성태, "상지대 판결과 사법 커넥션 - 연줄결속체의 관점", 민주법학 제34
호, 2007. 9.

경제민주화의 기원 : 제헌헌법의 이익균점권

황 승 흠*

I. 경제민주화와 이익균점권

1987년 헌법 제119조 제2항에서 국가의 '경제에 관한 규제와 조정'의 목적으로 규정된 '경제의 민주화'가 경제 불황과 사회양극화의 해결을 위한 시대정신으로 새삼스럽게 논의되고 있다. '새삼스럽게'라는 단어를 사용한 이유는 경제민주화가 1987년의 헌법 개정에서 이미 명문으로 제시되었다는 점에서 그리고 최근의 몇 년 간에 정치용어로서 반복적으로 제기되었다는 점 때문이다. 경제민주화라는 용어가 헌법에 처음 사용된 것은 1987년 헌법이었다. 하지만 그 헌법에 경제민주화가 '느닷없이' 등장한 것은 아니다. 대한민국의 헌법사에서 경제민주화라는 단어의 각인은 쉬운 것은 아니었지만 어떤 측면에서 그것은 필연적인 역사의 흐름 위에서 일어난 일이다. 경제민주화는 1948년 제헌헌법에서 이미 다른 이름으로 그 모습을 드러내었다. 현재진행형인 경제민주화는 제헌헌법에서 그 원형을 찾을 수 있는, 우리가 기원을 찾을 수 있는 오래된 미래 중의 하나이다.

1948년 제헌헌법의 제정은 그것의 전문(前文)에서 선언한 바와

---

* 국민대 법과대학 교수, 법학박사

같이 "기미삼일운동으로 대한민국을 건립"한 과정의 종착점일 뿐만 아니라 "민주 독립 국가를 재건함"에 있어 앞으로의 방향을 천명했다는 점에서 그 의의를 찾을 수 있다. 제헌헌법에서 규정한 국민의 경제문제에 관한 민주 독립국가의 방향은 "국민생활의 균등한 향상"을 기한다는 것이다. 제헌국회의원들은 "국민생활의 균등한 향상"이라는 과제를 헌법에 구현하기 위해 치열한 논쟁을 벌였다. 당시의 경제상황에서 가장 중요했던 경제적 과제는 농지개혁이었을 것이다. 하지만 농지개혁의 큰 방향은 헌법 제정 이전에 사회적 합의가 이루어졌기 때문에 정작 헌법초안의 농지개혁 규정에 대해서 반대의견이 거의 없었다고 할 수 있다. 제헌헌법의 제정 과정에서 "국민생활의 균등한 향상"이라는 경제적 과제를 놓고 심각한 논의가 이루어진 것은 근로자의 이익균점권 도입 문제였다. 제헌국회의 헌법한 제2독회는 6회에 걸쳐 이루어졌는데 그 중에서 2회의 독회가 이익균점권 도입을 위한 단 1개의 조항을 위해 할애되었다. 이익균점권 문제는 제헌헌법 제정과정에서 가장 많이 그리고 가장 심각하게 논의된 조항이었다고 할 수 있다.

제헌헌법 제18조제2항에서는 근로자 이익균점권을 "영리를 목적으로 하는 사기업에 있어서는 근로자는 법률의 정하는 바에 의하여 이익의 분배에 균점할 권리가 있다."고 규정하였다. 이익균점권이 근로자에게 보장되는 기본권이라는 점에서 제헌헌법 당시에는 단결권, 단체교섭권, 단체행동권과 함께 노동4권이라는 용어가 사용되었다. "이익의 분배에 균점할 권리"란 기업이익 분배(profit-sharing)를 말하는 것이다. 세계 헌법사에서 유례가 없다는 것은 기업이익 분배가 헌법의 기본권으로 규정되었다는 점에 있다. 근로자에게 얼마만큼 기업이익을 분배해야 하는지 그리고 균점의 구체적 의미가 무엇인지는 "법률이 정하는 바에" 따른다. 따라서 이익균점권은 이익균점에 관한 법률이 제정되어야만 실현될 수 있는 기본권이었다. 하지만 역사적인 사실로서 이익균점에 관한 법률은 제정되지 않았다. 근로자의 이익균점권은 헌법상의 기본권으로 선언만 되었을 뿐 현실적으로 실현되지 못하고 1962년 헌법에서 헌법상의 근거마저 삭제되고 말았다.

이 글에서는 제헌헌법에 "다른 나라의 헌법에서 유례를 볼 수 없는 독특한 규정"[1]이었던 근로자의 이익균점권의 의미는 무엇이었으며, 어떤 배경에서 이와 같은 기본권 조항이 도입되었는가에 대해서 살펴볼 것이다. 이를 통해 "국민생활의 균등한 향상"을 위한 근로자의 이익균점권의 도입이 현행 헌법의 경제민주화의 기원으로서 갖는 의의를 검토할 것이다. 이와 함께 제헌헌법에서 "법률이 정하는 바에 따라" 보장된 이익균점권이 왜 실현되지 못했는가? 다시 말하면 왜 이익균점에 관한 법률이 제정되지 못했는가에 대한 역사적 사실을 추적할 것이다. 이익균점에 관한 법률의 제정을 위한 노력과 좌절이라는 일련의 과정에서 오늘날의 경제민주화와 맞닿는 역사적 의미를 천착해 보고 경제민주화 논의에 대한 시사점을 찾아볼 것이다.

II. 근로자 이익규점권의 헌법화 배경

제헌헌법 제정당시에 다른 헌법에 유례를 전혀 찾을 수 없었던 이익균점권은 어떻게 하여 헌법전에 규정된 것일까? 1948년 7월 3일, 헌법안 제2독회가 열렸던 국회 제24차 회의에서 근로권을 규정안 헌법초안 제17조에 대해서 두 개의 수정안으로 정리된 안건이 제출되었다. 문시환 의원의 수정안은 "근로자는 노자협조와 생산

---

1) 유진오, 『신고 헌법해의』, 일조각, 단기 4292(1959), 84면.

증가를 위하여 법률의 정하는 범위 내에서 기업의 운영에 참가할 권리가 있다."와 "기업주는 기업이익의 일부를 법률의 정하는 바에 의하여 임금 이외의 적당한 명목으로 근로자에게 균점(均霑)시켜야 한다."를 신설하자는 것이다. 이에 비해 조병한 의원의 수정안은 "단 노동자는 이익분배의 균점권을 가진다."를 추가하자는 것이다.2) 7월 5일에 이루어진 국회 표결에서 경영참가권과 이익균점권 모두를 규정한 문시환 수정안이 부결되고 이익균점권 만을 규정한 조병한 수정안이 가결되어 제헌헌법 제18조제2항에 근로자 이익균점권이 규정된 것이다.

근로자 이익균점권은 단적으로 말하면 당시에 '노자협조'의 방안으로 제시된 기업이익 분배제(profit-sharing)가 헌법의 기본권으로 도입된 것이다. 기업이익 분배제는 1947년 7월경에 이루어진 미소공동위원회에 대한 임시정부대강에 관한 답신안에서 제안된 바 있었다. 좌익을 제외한 우익과 중간세력은 이익분배 제도채용 또는 생산이익 배당을 노동능률 증진정책으로 답변하였다.3) 좌익이 이익분배제를 고려하지 않은 것은 그것이 계급투쟁의 논지와 맞지 않기 때문이었다. 따라서 좌익을 제외한 정치세력들 사이에는 이익분배제에 대한 공감대가 있었다고 할 수 있다. 수정안 제안 설명에서 이익균점권을 두고 "지금 이것이 새로 정하는 것이 아닙니다. 이미 이것은 기업주가 하고 있습니다."4)라 하였다. 1949년의 귀속재산처리법 제정 시에도 "대영국가 사회주의 발단은 19세기의 이익배당 제도, 푸로페트 세아링이라는 제도를 쓰므로서 노자는 협조되었으며, 노동자는 공장에서 능률을 올려가지고 생산품을 증강

---

2) 헌정사자료 제1집, 『헌법제정회의록』, 국회도서관, 1967, 457면.
3) 『임시정부수립대강 : 미소공위자문안 답신집』, 새한민보사, 1947. 임협은 31면, 시협은 65면, 입법의원은 92면에서 답변을 찾을 수 있다.
4) 문시환 의원의 수정안 제안 설명. 『헌법제정회의록』, 457면.

시키는 그러한 예가 있으며 이 이익균점이라는 제도는 순전히 영국의 그 이익균점제도를 모방해 가지고 전 세계에 이것이 만연된 것이올시다. 다행히도 우리나라의 헌법 제18조제2항에 이익균점제도가 적용된 것은 이러한 세계 조류에 부합되는 것"[5]이라 하여 근로자의 이익균점권이 19세기 영국의 이익배당 제도에서 온 것이라고 밝히고 있다. 하지만 이익분배제에 대한 공감대가 있었다 하더라도 그것만으로 헌법의 기본권으로 규정될 수 있는 것은 아니다. 근로자 이익균점권의 헌법화 배경에 대해서는 당시의 시대정신, 경제상황, 추진 정치세력의 측면에서 접근할 수 있다.

1. "경제적 균등생활 보장" 이념

제헌헌법을 관통하는 시대정신을 경제에 관하여 말한다면 경제적 균등생활의 보장 이념이라 할 수 있다. 제헌헌법의 전문에 "국민생활의 균등한 향상"이라 하였고, 제84조에서 경제 질서의 기본으로 "모든 국민에게 생활의 기본적 수요를 충족할 수 있게 하는 사회정의의 실현"을 제시하였다. 현행 헌법의 경제 장에서 기본원칙으로 규정된 "경제민주화"의 이념적 계보도 이에 맞닿아 있다. 경제적 균등생활 보장 이념은 1941년 11월에 공포된 대한민국임시정부의 「대한민국건국강령」에서 "건국시기의 헌법상 경제체계는 국민 각개의 균등생활을 확보함"이라는 문구로 구체적 모습을 드러냈다.[6] 1946년 3월에 완성하였다고 알려진, 제1단계 헌법초안이라 할 수 있는 행정연구위원회안에서는 건국강령의 영향을 직접적으로 받아 제75조에 국민생활의 경제 질서는 "국민각개의 균등생

---

5) 강선명 의원의 발언. 단기 4282년(1949년) 11월 16일, 『제5회 국회임시회의속기록』 제42호, 국회사무처, 13면.
6) 정종섭 교감·편, 『한국헌법사문류』, 2002, 94~95면.

활의 확보"를 요한다고 하였다.[7] 미군정의 입법기관인 남조선과도
입법의원에서 1947년 8월 6일 의결된 「조선임시약헌」에도 생활균등
권 조항이 규정되었다.[8] 헌법안 심의에서 참고안이었던 법전편찬위
원회안 제108조에서는 "경제균등의 실현"으로 표현되어 있었다.

 '제헌헌법의 제정 당시의 용어인 생활의 기본적 수요충족, 생
활균등, 경제균등에 걸쳐있는 의미망이 현행헌법의 경제민주화라
는 용어의 발원지라 할 수 있다. 그런데 제헌헌법의 심의과정에
서 - 시간의 부족 때문일 수도 있지만 - 생활의 기본적 수요충족이
나 국민생활의 균등한 향상에 대한 구체적인 논의가 이루어지지
않았다. 그것은 추상적 이념이었기 때문이기도 하겠지만 그보다는
제헌의원들에게 경제적 균등생활의 보장 이념이 자명한 것으로 전
제되어 있었기 때문이었다고 보는 것이 더 타당할 것이다. 제헌 당
시에 경제적 균등생활의 보장을 위해 가장 시급한 과제는 농지개
혁이었다. 그러나 농지개혁은 미군정을 거치면서 대강의 원칙에
대한 사회적 합의가 있었기에 헌법 제정 논의에서는 많은 논의가
필요하지 않았다. 노동자들에게는 노동3권의 보장이 중요한 문제
였을 것이나 이 역시도 어느 정도 사회적 합의가 있었다고 볼 수
있다. 이익균점권이 노동4권으로 새롭게 제기된 것은 순전히 헌법
제정 과정에서였다. 헌법제정 이전에는 이익균점권에 관한 사전논
의가 거의 없었다. 제헌헌법에 대한 국회본회의 제2독회에서 수정
안으로 제기된 근로자의 경영참가권 및 이익균점권 수정안은 경제
적 균등생활 보장의 구체적 모습에 대한 논의를 촉발시켰다. 제헌
헌법 제정과정에서 가장 많은 논의를 한 조항이 이익균점권 조항

---

 7) 제1단계 헌법초안의 전문은 정종섭 교감·편, 『한국헌법사문류』, 2002, 158~
    166면 참조.
 8) 약헌의 제4조는 국민이 생활균등권을 향유한다고 하는데 제7호에는 종업
    원대표참여가 포함되어 있었다.

이다. 경제적 균등생활 보장 이념은 이익균점권 논쟁을 통해서 비로소 하나의 법제도로서 그 모습을 갖추었다고 할 수 있다. 원칙 수준에서는 모두가 당연히 전제하는 것이었지만 구체적인 기본권 조항으로 규정하는 문제에서는 찬반이 갈리는 논쟁의 중심이 되었다. 이익균점권 수정안의 제안설명에서 "경제적으로 민주주의를 실행하자고 하는 것이 이 조항입니다."라 하였고[9] 수정안 지지자는 "정치적 민주주의 원칙을 채용한다면 경제적 민주주의 원칙을 채용할 것을 전제"로 해야 한다고 하였다.[10] 유진오는 그의 헌법교과서에서 근로자 이익균점권 규정을 제헌헌법의 기본정신인 "경제적 민주주의의 원칙으로부터 나오는 수익권의 일종"이라 평가하였다.[11] 근로자의 이익균점권은 당시의 시대정신인 경제적 균등생활의 보장 이념, 다시 말해서 경제적 민주주의의 원칙에서 나온 시대적 산물이라 할 수 있다.

2. 귀속재산이라는 경제적 상황

제헌헌법에 근로자 이익균점권이 규정된 직접적 배경으로는 당시의 귀속재산이라는 특수한 경제상황을 꼽을 수 있다. 당시에 '적산'이라 불렸던 귀속재산은 국부(國富)의 8할이라 일컬어졌다.[12]

---

9) 문시환 의원의 발언, 『헌법제정회의록』, 455면.

10) 이청천 의원의 발언, 『헌법제정회의록』, 517면.

11) 유진오, 『신고 헌법해의』, 일조각, 1959, 86면.

12) 제헌국회의 귀속재산처리법 제1독회에서 산업위원장 서상일 의원은 제안설명에서 "귀속재산은 주택이 약 8만, 점포가 약 1만 3000, 기타 건물과 소기업체 건물이 약 8천 사오백이요, 대소 30여 종의 기업체가 약 2500과 광산권 기타 주식 또는 지분 등을 합하여 8·15 장부가격으로 1630여 억 원이나 되니 실로 우리나라 국재(國財)의 8할 이상을 점유하고 있는 것이다."라고 하였다. 단기 4282년(1949년) 11월 4일, 『제5회 국회임시회의 속기록』 제32호, 국회사무처, 22면.

귀속재산의 상당수는 일본인이 남긴 기업체였는데 농민에 있어 농
지와 같이 노동자들의 이해에 직결되었다. 대한노총 위원장이었던
전진한 의원은 "오늘날 모든 산업기구, 소위 적산이라고 되어 있지
만 앞으로 이 민족적 공유물이 될 것이올시다. 그러면 조선의 산업
의 근간이요. 말하자면 조선 산업의 전체라고 볼 수 있는 이 문제
를 놓고 이 이익을 누가 가지겠느냐, [⋯] 이 재산에 대해서 노동자
도 한 개 발언권과 이익을 점하는 것인가 이 문제올시다."[13]라고
하였다. 이 발언에서 귀속재산이 민족의 공유물이라는 것[14]과 귀
속재산을 바탕으로 만들어지는 새로운 경제 질서에서 노동자의 이
익을 확보한다는 사회적 인식을 읽을 수 있다.[15]

　귀속재산을 민족의 공유물 또는 국유로 본다고 하더라도 이를
계속 국유로 남길 것인지 아니면 민간에 불하할 것인지에 따라 그
경제 질서의 성격이 달라질 수밖에 없다. 국부의 8할이라는 귀속재
산을 국유로 유지한다면 이는 사회주의 경제체제로 간다는 것을
뜻한다. 제헌헌법의 경제 질서가 시장경제체제를 전제로 하는 것
이니만큼 귀속재산의 민간 불하는 필연적일 수밖에 없었다.[16] 비

---

13) 『헌법제정회의록』, 466면.
14) 귀속재산이 민족의 공유물이라는 사회적 인식은 건국강령에서 명시적으
　　로 드러난다. 건국강령의 '제3장 건국'에서 적산과 부적자(附適者)의 재산
　　을 몰수하여 국유로 한다고 하고 몰수한 재산은 무산자의 이익을 위한
　　국·공영의 집단생산기관에 충공(充供)함을 원칙으로 함이라 규정하였다.
　　정종섭 교감·편, 『한국헌법사문류』, 2002, 95면. 이승만도 당면 정책 33항
　　에서 "五. 일인이나 반역자들에게 속한 재산은 공사를 물론하고 전부 몰
　　수하여 국유로 할 것입니다."라고 하여 적산의 국유화 원칙을 분명히 하
　　였다. 우남실록편찬회 편, 『우남실록 :1945~1948』, 열화당, 1976, 383면.
15) "근로자 이익균점권의 헌법화는 기본적으로 적산(귀속재산) 불하를 둘러
　　싼 경제질서의 재구성 과정의 산물이다." 황승흠, 「제헌헌법상의 근로자
　　의 이익균점권의 헌법화 과정에 대한 연구」, 『공법연구』, 제31집 제2호, 한
　　국공법학회, 2002, 319면.
16) 미군정도 귀속재산 불하정책을 취하였는데, 1947년 3월 24일에 '법령 제33

록 제헌헌법에는 채택되지 않았지만 헌법기초위원회에 제출한 제2단계 헌법초안 제94조에서 "종전 일본정부와 일본인소유에 속하였던 모든 재산은 국유로 한다. 그 불하 또는 사용의 특허는 법률이 정하는 바에 의하여 정한다."고 하여[17] 귀속재산의 불하를 규정하였다. 귀속재산의 불하정책을 전제로 한다면 농민에게 농지가 분배되듯이 노동자에게 귀속재산 불하의 이익에 참여할 수 있게 해야 한다는 당시 노동계의 관점에서 보면, 이에 관한 법적 근거가 마련될 필요가 있다.

귀속재산에 대한 노동자의 이익 확보 주장의 배경에는 전진한 의원이 "조선에 기업가가 있고 자본가가 있다 할지라도 절대로 조선의 산업기구는 운영할만한 이러한 기업가나 자본가가 없다고 봅니다."[18]라고 한 발언에서 볼 수 있듯이 현실적으로 귀속기업체를 운영할만한 기업가나 자본가가 없었다는 인식을 들 수 있다.[19] 이는 다른 시각에서 보면 노동세력이 귀속기업체를 운영하였던 관리인들을 기업가나 자본가로 인정하지 않았다는 의미로 볼 수 있다. 이렇게 보면 당시의 노동세력이 귀속기업체에 일하고 있는 노동자들이 관리인들과 함께 기업체를 운영하고 있는 주체라고 생각하였다고 볼 수 있다. 문시환 의원은 "경영에 대해서 돈 내는 자본주, 노동력을 내는 노동자들이 같이 산업부문에 대해서 책임을 지고 같이 의무를 가지는 동시에 자기네가 할 수 있는 그 부문에 있어서

호에 의하여 군정청에 귀속된 소사업기관 처분에 관한 건'이라는 지령을 군정장관이 재산관리관에게 보내 1945년 6월 현재 장부가격이 100만환 이하인 사업체를 불하하도록 하였다. 정광현 편, 『적산관계법규 並 수속편람』, 동광당, 1948, 49~51면 참조.

17) 정종섭 교감·편, 『한국헌법사문류』, 2002, 191면.

18) 『헌법제정회의록』, 467면.

19) 한국사회에서 자본가계층의 성장은 귀속재산불하와 원조경제를 통하여 1950년대 이후에 이루어진다. 공제욱, 『1950년대 한국의 자본가 연구』, 백산서당, 1993 참조.

운영에 대한 권한을 주어야 할 것"20)이라고 근로자 경영참가권 및
이익균점권 수정안 제안 이유를 말했는데, 자본과 노동을 동등하
게 보는 시각은 귀속재산이라는 현실을 고려할 때 이해될 수 있는
것이다.

3. 우익 노동세력의 추진

제헌헌법 제정 과정에서 근로자의 이익균점권 논의는 1948년 6
월 14일에 이루어진 대한독립촉성노동총연맹[대한노총]의 '노농 8
개 조항' 또는 '노동헌장' 청원으로부터 촉발되었다.21) 노농 8개 조
항의 넷째 조항은 "노동과 기술은 자본으로 간주한다. 관, 공, 사영
일체기업체에 속한 노동자는 임금 이외에 당해 기업체의 이윤 중
에서 최저 30% 이상 50% 이내의 이익배당을 받을 권리가 있다 각
개 기업체에 대한 구체적 이익배당율은 국민경제회의의 결의를 거
쳐 법률로써 정한다."고 하여 노동자의 이익배당권에 대한 구체적
인 제안을 하였다.22) 이익배당의 범위를 30~50%로 제시한 점이 이

---

20) 『헌법제정회의록』, 455면.

21) 한국노동조합총연맹, 『한국노동조합운동사』, 1979, 296면. 『한국노동조합
운동사』에서는 대한노총의 제안을 '노농 8개 조항 또는 노동헌장'이라 한
다(296면). 1948년 6월 16일에 대한노총의 성명서에서는 "금반 국회에 대
한노총에서 제출한 노동헌장"이라 하여 이를 노동헌장이라 칭한다(『한국
노동조합운동사』, 296면). 대한노총이 노동조직이었다는 점에서는 8개 조
항의 제안을 노동헌장이라 하는 것을 이해할 만하다. 8개 조항은 노동에
관하여 4개 조항, 경제 질서에 관하여 3개 조항, 농지에 관하여 1개 조항
으로 되어 있어 노동헌장이라고 하기에는 복합적인 내용을 담고 있다. 이
러한 이유 때문에 당시에 노농 8개 조항과 노동헌장이 혼재되어 사용된
것으로 보인다. 당시 대한노총의 위원장이었고 이 8개 조항 제안의 주도
적 역할을 한 전진한은 자신의 자서전에서 이 제안을 '노동 8개 조항 제
출'이라 하였다(전진한, 『이렇게 싸웠다』, 무역연구원, 1996, 296면).

22) 이익분배권이 명시된 노농 8개 조항은 적어도 5·10 총선거 이후에 성립된

채롭다. 구체적 이익배당율은 법률로써 정한다고 했는데, 대한노총은 적어도 30% 정도의 이윤이 이익균점의 대상이 되어야 한다고 본 것이다. 노농 8개 조항의 이익배당권 제안의 첫 머리인 '노동과 기술을 자본으로 간주'한다는 것은 근로자 이익균점권 탄생의 핵심적인 지적 배경이다. 노동이 자본이므로 자본과 동등하게 '노력'이라는 것을 기업체에 출자했고, 주인이라는 점에서 당연히 자본과 함께 이익을 배당받을 권리가 있다는 것이다.

노동 8개 조항에서 이익배당권을 제안했던 대한노총은 좌익 노동단체였던 조선노동조합전국평의회[전평]에 대항하기 위해 우익 정치세력에 의해 만들어진 노동단체이다.[23] 대한노총은 우익 정치논리를 기반으로 하여 현장 노동자들의 시각을 대변하였다. 대한노총은 1947년 3월의 전국대의원대회에서 당면행동강령으로 "공장 운영에 대한 노동자발언권 확립"을 채택하였는데,[24] 이를 발전시켜 귀속재산의 민간 매각이라는 당시의 정치적·경제적 상황과 그리고 경제적 균등생활의 보장이라는 시대정신을 노농 8개 조항의 노동자 이익배당권이란 방식으로 담아냈다고 할 수 있다. 대한노총의 위원장이기도 했던 전진한 의원—그는 대한노총 출신 중에서 유일하게 제헌의원으로 당선되었다—은 노농 8개 조항의 노동자 이익배당권이 제헌헌법의 근로자 이익균점권으로 규정되는데 핵심 역할을 하였다.[25]

것으로 보인다. 1948년 5월 10일 총선거 적전에 열린 5월 1일 메이데이 기념행사에서 대한노총이 채택한 결의문에는 이익분배권이 언급되어 있지 않다. 한국노동조합총연맹, 『한국노동조합운동사』, 1979, 293~294면.

23) 대한노총의 결성에 대해서는 임송자, 『대한민국 노동운동의 보수적 기원』, 선인, 2007, 40~84면 참조.

24) 임송자, 『대한민국 노동운동의 보수적 기원』, 선인, 2007, 195면.

25) 근로자 이익균점권 가결의 가장 중요한 이데올로그라 할 수 있는 전진한(錢鎭漢) 의원은 세 가지 관점에서 문시환 수정안을 지지한다. 첫째는 경제적 입장에서 볼 때, "모든 산업기구 소위 적산은 민족의 공유물"이기 때

이익균점권의 헌법화를 추진했던 주도세력이 우익 노동단체라는 점에서 반-공산주의라는 이데올로기적 특성을 발견할 수 있다. 전진한 의원은 "결단코 이것은 공산주의를 본받은 것도 아니고 사회주의를 본받은 것도 아닙니다."라고 분명히 하였고,26) 다른 지지자도 "만민평등에 전 민족적 경제체제를 세우며 전체주의를 주장하는 공산주의와 일부 무산자를 선동하여 완전 자주독립을 찾는다는 것은 절대 배격하는 것"이라 하였다.27) 이익균점권 지지자들은 이것이 공산주의 또는 좌익의 입장에서 나온 것이 아니라는 점을 강조함으로써 이데올로기적 논쟁을 피해가려 했다. 현실적으로 이익균점권이 좌익이 아니라 우익의 입장이었다는 점은 좌익 노동단체였던 전평이 대한노총의 노농 8개 조항에 대해, "모든 중요산업은 친일파 모리배와 자본가들이 독점하고 있는 오늘 남조선의 사회경제도 고정화시키며 더욱 공고히 하고 강화시키려는 야망은 그들이 발표한 헌법초안에서 여지없이 폭로되고 있다."고 강한 어조로 비판한 점에서도 확인할 수 있다.28) 이익균점권의 제안 설명에서 노자협조가 강조된 것29)도 같은 맥락에서 이해할 수 있다. 하지

문에, 경영참가권과 이익균점권의 도입은 "조선 산업의 전체라고 볼 수 있는 적산을 자본가가 독점하고, 노동자가 그 밑에서 예속되어서 일해 나가느냐, 아니면 이 재산에 대해서 노동자도 한 개 발언권과 이익을 점하는 것인가"의 문제라고 하였다. 그는 "조선에 기업가가 있고 자본가가 있다 할지라도 절대로 조선의 산업기구를 운영할만한 기업가나 자본가는 없다"고 보고, "앞으로 적산의 운영은 전민족 여하로 되지 아니하면, 도저히 조선의 산업이 부흥될 가능성이 없다"고 주장한다. 둘째로 정치면에서는 통일을 전제로 하여, "전 민족이 시행할 수 있는 원칙"을 만들어야 한다는 것이며, 셋째로 국제적인 문제에서 "사회민주주의"라는 국제적인 조류에 동참하는 것이라 하였다. 『헌법제정회의록』, 466~470면.

26) 『헌법제정회의록』, 456면.
27) 이청천 의원의 발언, 『헌법제정회의록』, 515면.
28) 조선중앙일보, 1948. 7. 6, 「대한노총 제안 비판. 전평에서 견해를 비판」.
29) 문시환 의원은 이익균점권 수정안 제안 설명에서 "노자대립이 오래 동안

만 이익균점권의 지지자들이 이데올로기 논쟁과 거리를 두려한 것이 제헌의원들에게 완전히 받아들여졌다고 단정하기는 어렵다. 이승만은 수정안 토론을 마무리하고 조속한 헌법통과를 촉구하는 발언에서 "어느 나라 헌법이든지 내놓고 보면 노동하는데 이것을 특히 보호한다고 헌법에 들어간 것이 없는 것입니다. 우리가 지금 조목을 여기다가 넌다고 하면 지금 밖에 앉아서 우리가 공산색채를 띠였다, 국회에 어떤 다수 공산당이 드러가지고서 이것을 토의하지 않는가 이런 우려가 또한 없지 않으니까"[30]라 한 것으로 보아 당시에도 이익균점권의 주장이 공산색채를 띤다는 의식이 어느 정도는 있었다고 말할 수 있다.

4. 이승만의 자본과 노동의 평균이익 향유론

위에서 이익균점권이 헌법에 규정될 수 있었던 배경으로 경제적 균등생활 보장이라는 시대정신, 귀속재산이라는 특수한 경제상황 그리고 우익 노동세력의 추진이라는 요소를 꼽았다. 정치적 지형으로 본다면 우익 노동세력이 주도했다고 하나 지주나 기업가를 대변하였던 한민당 계열이 반대했을 것이므로 이익균점권이 전적으로 우익의 주장이었다고 하기도 어렵다. 제헌국회에서 이익균점권의 도입을 지지한 세력은 이른바 중간파와 우익 노동세력이라 할 수 있다. 좌익 정치세력이 제헌국회에 참여하지 않았다는 사정

각국의 큰 고통이었습니다. 노자협조가 실행될 수 있다면 그것은 우리나라 운명을 위해서 가장 좋은 것"(『헌법제정회의록』, 456면)이라 했고, 또 다른 이익균점권 수정안을 제출한 조병한 의원은 "노자협조를 위해서 기업력을 향상시키고 노동자가 어느 정도 기업에 대한 희망을 주기 위해서"(『헌법제정회의록』, 457면)라고 제안 이유를 설명하였다.

30) 『헌법제정회의록』, 509면.

을 고려한다면 중간파와 우익 노동단체의 연합만으로 이익균점권의 도입을 설명하기에 충분하지 않다. 이러한 의문은 경영참가권 및 이익균점권 수정안 표결에서 양 권리의 도입과 경영참가권의 도입이 모두 부결되고 오직 이익균점권 만의 도입이 과반을 갓넘는 아슬아슬한 표차로 가결되었다는 사실에서 비롯된다. 상식적으로는 다른 나라의 헌법에 유례도 있고 과도약헌에도 규정된 바 있는 노동자 경영참가권이 부결되고 유례를 찾을 수 없었던 이익균점권이 가결된 것을 쉽사리 설명하기 어렵다. 그렇다면 이익균점권 가결을 설명할 수 있는 제헌 당시의 또 다른 특수한 사정을 거론해야 한다.

이익균점권의 헌법화를 마지막으로 격발했던 계기를 당시의 국회의장이었던 이승만의 발언에서 찾을 수 있다. 제헌국회의 헌법제정회의록을 보면 이승만은 의장으로서 사회를 보는 것뿐만 아니라 적극적인 발언을 통해서 토론을 주도하기도 하였다. 헌법안 제17조 수정안 토론에서 이승만 의장의 역할을 이해하기 위해서 수정안 토론을 상황을 살펴볼 필요가 있다. 수정안 토론은 회의록만 놓고 본다면 극소수의 명시적인 반대의견을 제외하고는 일방적인 찬성분위기로 진행되었다.[31] 전진한 의원은 "회의에서 이 안들이 거의 다 통과될 기세"[32]라 했지만 현실적으로 수정안이 가결될 정도는 아니었다. 회의록에 나타나지 않은 침묵과 무관심은 상당한

---

31) 수정안에 대한 명시적인 반대 발언, 즉 원안에 대한 찬성을 한 의원은 한민당 소속의 김준연 의원과 김도연 의원, 무소속의 이종린 의원에 불과하였다. 김준연 의원은 헌법기초위원회 위원이었다는 점을 고려하면 그의 반대는 개인의견이라기 보다는 헌법초안에 경영참가권과 이익균점권을 규정하지 않은 점에 대한 헌법기초위원회의 입장이었다고 볼 수 있다. 헌법기초위원회가 경영참가권과 이익균점권을 받아들이지 않았다는 점을 전제로 하면 수정안 토론에서 반대파의 상황은 발언수가 매우 적었다 하더라도 그 입지가 상당한 수준이었다는 것을 의미한다.

32) 전진한, 『이렇게 싸웠다』, 무역연구원, 1996, 296면.

수준의 수정안 반대를 뜻하였다. 회의장의 분위기를 단적으로 보여주는 것으로 7월 3일 본회의 말미에 이루어진 즉시표결을 요구하는 안—정치적으로 수정안 찬성을 의미한다—이 과반수를 얻지 못하고, 특별위원회를 만들어 별도로 논의하자는 안—정치적으로 수정안 반대를 의미한다—도 부결되었다는 사실이다. 이를 놓고 보면 수정안 찬성파도 반대파도 과반을 점하지 못하는 어정쩡한 상태였다고 볼 수 있다. 남은 것은 부동층의 향배였다.

일요일을 쉬고 월요일에 속개된 7월 5일 본회의에서 이승만 의장은 사회를 김동원 부의장에서 맡기고 발언을 신청하였다. 이승만 의장은 노동관계를 규정하는 "헌법 제17조, 18조, 19조가 이것이 다 원만하게 된 줄 압니다."[33]라고 하여 수정안에 대한 반대 입장을 보였다. 그는 "근로대중이 동맹파업할 권리가 있다고 하는 것"[34]이 노동자 권익의 근간으로 보았으나 "공산당의 선동을 받아 가지고서 동맹파업을 해서 민생의 혼란을 이르키고 노동하는 사람들이나 자본가가 다 같이 손해당하는 이것을 없도록 해야 되는 것"[35]이라 하여 동맹파업이 현실적으로 발생하는 것에는 부정적인 인식을 드러내었다. 그래서 노동자들이 공산당의 선동을 받아 동맹파업을 하는 문제를 방지하기 위해서 추가적인 보완이 필요하고 "지주와 자본가와 근로자는 공동한 평균이익을 국법으로 보호한다. 이것을 만들어놓으면 이것은 원만히 효과가 있으리라고 생각합니다."[36]라 제안하였다. 이승만 의장은 자본가와 근로자의 평균이익 보호를 헌법에 규정하면 공산당의 선동을 막는데 효과가 있을 것으로 주장하였다. 이 평균이익 보호는 이익균점권과 동일한 궤도

---

33) 『헌법제정회의록』, 507면.
34) 『헌법제정회의록』, 507면.
35) 『헌법제정회의록』, 509면.
36) 『헌법제정회의록』, 509면.

에 있는 것이고 이익균점권의 헌법화를 찬성하는 것으로 볼 수 있다. 그는 경영참가권에 대해서는 별도로 언급하지 않았다. 근로자의 권익보호를 위해서 원칙적으로 동맹파업권 보장으로 충분하다는 그의 입장에서 보면 경영참가권의 도입은 반대하는 것으로 이해할 수 있다.[37] 발언분량으로만 보면 수정안 토론에서 가장 장시간이었던 이승만 의장의 발언이 끝나자 바로 수정안 표결에 들어갔다. 표결 결과 경영참가권과 이익균점권을 신설하고자 하는 문시환 수정안은 부표가 과반보다 1표가 많아 부결되고,[38] 이익균점권만의 도입을 규정한 조병한 수정안은 반대로 가표가 과반에 1표를 넘겨 가결되었다.[39] 단 1표의 차로 아슬아슬하게 이익균점권이 통과된 표결결과는 이승만 의장의 조병한 수정안 지지 발언이 팽팽히 맞선 문시환 수정안의 찬반양론에 대한 부동층의 의사결정에 상당한 영향을 끼쳤다는 것을 말해준다.

자본가와 근로자의 공동한 평균이익을 국법으로 보호한다는 것은 이승만이 1945년 귀국 직후에 한 「전민족의 급무」라는 연설에서 "공업을 권려하되 법률로 재정하야 자본과 로동이 평균히 리익를 누리게 하고 국가의 부요를 도모하게 하랴는 것입니다."[40]라고 하

---

37) 7월 3일의 국회본회의 말미에서 이미 경영참가권과 이익균점권을 분리해서 보는 시각이 제시된 바 있었다. 이재형 의원은 "대중이 노동권과 생존권을 획득해 가지고 이미 일할 수 있고 살 수 있으면 그만이지 무엇 때문에 기업에 참가하겠다는가 이것에 대해서는 진실로 의문이 없지 않을 수 없습니다."라 하여 수정안을 찬성하면서도 경영참가권을 부정적으로 보는 입장을 보였다. 『헌법제정회의록』, 492면.

38) 『헌법제정회의록』, 523면.

39) 『헌법제정회의록』, 524면.

40) 이승만, 『건국과 이상』, 국제문화협회, 1945, 21면. 이 자료는 이승만이 별도로 저술한 것이 아니며 귀국 이후 발표한 글이나 연설을 묶어 출판한 것이다. 「전민족의 급무」라는 제목의 연설 시기는 구체적으로 확정할 수 없다. 『건국과 이상』의 출판시기가 1945년 12월이므로 그 이전이라 할 수 있고, 이승만의 귀국이 1945년 10월이므로 그 이후일 것이다. 「전민족의

여 평균이익 향유론을 처음으로 제기하였다. 이는 제헌헌법 이전의 것에서 근로자 이익균점권의 단초라 할 수 있는 가장 구체적인 정치지도자의 언급이다. 대한노총이 이승만의 확고한 정치적 기반세력이었다는 점을 고려하면 자본과 노동이 평균이익을 누리자는 이승만의 구상이 대한노총의 노농 8개 조항에서의 이익분배권 청원이나 제17조 수정안의 이익균점권의 제한에 상당한 영향을 주었을 것이라 충분히 생각할 수 있다. 이승만의 자본과 노동의 평균이익 향유는 추상적 수준의 주장으로 구체적인 권리로 제안된 이익균점권과 동일한 차원의 것이라 단정할 수 없다. 하지만 제헌국회의 헌법심의에서 자본과 노동의 공동한 평균이익을 국법으로 보호하자는 발언은 이승만을 이익균점권의 지지자 인식될 수 있게 했다. 이와 같이 제헌 국회의 정치지형에서 근로자 이익균점권은 이승만의 지지로 '간신히' 가결된 취약한 입지를 가지고 있었다고 볼 수 있다. 이승만 의장의 근로자 이익균점권에 대한 지지는 권력구조 때와 마찬가지로 이익균점권에 대한 적극적 반대 입장을 가지고 있었던 한민당계에 정치적 압박이 되었고 입장을 결정하지 못한 부동층을 견인했던 것이다.

이승만 의장이 이와 같은 입장을 취한 이유는 무엇이었을까? 자본과 노동의 공동한 평균이익 향유라 그의 확고한 소신이었기 때문일까? 그러한 근거가 아주 없다고 할 수는 없으나 정부 수립 전까지로 국한하여 보았을 때 자본과 노동의 평균이익 향유 주장은 1945년 이후에는 거의 언급하지 않고 있다가 국회 본회의장에서 한 것으로 보아 그가 최우선으로 생각했던 메시지는 아니었을 것이다. 더구나 이승만 의장은 근로자 이익균점권이 현실적으로 실현가능한 것으로 보지도 않았다. 그는 근로자 이익균점권이 헌법

급무」라는 제목의 연설은 이 자료에만 수록되어 있고 1976년에 우남실록 편찬회에서 출간한 『우남실록 : 1945~1948』에는 수록되어 있지 않다.

안 제3독회에서 다시금 번안동의로 논쟁이 되었을 때 신속히 처리하자는 입장에서 "이익분배권이라든지 노동대중 균점권을 가진다는 데 대해서 다소간으로 과히 커다란 문제가 아닐 줄 알어요. 왜 그러냐 하면 지금 이 조건이 이익을 균점한다는 것이 그렇게 잘 되는 것이 아니에요. 다만 지금 근로대중에게 이 조건이 국회에서 통과되었다 한다 하드라도 시행을 하자면 잘 아니되는 것이에요. 그러므로 해서 5개월이나 6개월 안으로 근로대중부터 나와서 이것을 교정하자는 얘기가 많을 것입니다."[41]라고 하였다. 그는 이익균점권이 지닌 문제로 인해 이것을 고치자는 말이 근로대중으로부터 나올 것이라고 예측하였다. 이와 같이 이승만 의장은 근로자 이익균점권이 비현실적이라 보면서도 이를 지지하는 발언을 하였다. 그가 이와 같은 이중적 태도를 취한 이유는 헌법적 차원에서 상징적으로 이익균점권을 인정함으로써—노동자에게 실제로 이익균점 권리를 보장하는 것이 아니라—노동자에 대한 공산당의 영향을 차단할 필요가 있다는 것과 수정안 논쟁을 마무리하여 조속히 헌법을 제정해야 한다는 명분 때문이었을 것이다.

이승만은 헌법제정 이후에도 자본노동의 평균이익 향유론을 지속적으로 주장했다. 정부수립 후 이승만은 1949년 4월 20일 서울중앙방송국을 통하여 「일민주의 정신과 민족운동」이라는 담화를 발표하였는데, 여기서 "부자가 재산 세력만 믿고 노동 근로로만 생활하는 동포를 학대하는 폐단을 막으며 노동자가 재정가를 미워하는 태도를 가지지 말고 평균한 이익을 누리도록 합동 진행하여 서로 도우며 보호하기를 힘쓰자는 것이다. […] 이것이 곧 경제의 세 가지 기본되는 토지와 자본과 노동이 합작해서 서로 시장이익을 누리자는 유일한 계획일 것입니다."[42]라 하여 자본과 노동의 평균이

---

41) 『헌법제정회의록』, 662면.
42) 경향신문 1949. 4. 22. 자.

익 향유가 일민주의의 내용임을 밝혔다. 같은 내용이 1949년에 출간된 『일민주의 개술』에 수록되었다.43) 이러한 지속적인 이승만의 노동자의 평균이익·균등이익 향유 주장으로 볼 때 근로자 이익균점권이 가장 중요한 이념적 배경이 이승만의 주장이었다고 볼 충분한 여지가 있다. 하지만 1949년 귀속재산처리법 제정시에 이익균점 3개 조항에 대해 거부권을 행사한 점과 그의 임기 내에 정부가 이익균점에 관한 법률의 제정을 시도하지 않은 것으로 보아 그가 이익균점권을 현실적인 권리로 보지 않았거나 평균이익 향유론 주장이 정치적 선전이었을 가능성도 배제하지 못한다.

Ⅲ. 국회본회의 독회에서의 근로자 이익균점권의 법적 성질 규명

근로자 이익균점권의 신설하자는 수정안이 가결되었으나 그것이 수정안 그대로 헌법에 규정하기에는 법적 성격이 명확하지 않아 이를 분명히 하기 위한 번안동의가 국회본회의 제3독회에서 이루어졌다. 제2독회에서의 찬반논쟁도 부분적으로는 법적 성격에 대한 이해의 혼선에서 비롯된 것이기도 했다. 제2독회와 제3독회에서 이루어진 이익균점권의 법적 성질 규명은 크게 세 가지 논점으로 정리해 볼 수 있다.

첫째는 근로자 이익균점에 관한 사항이 기본권으로 규정되어야 하는가 아니면 경제질서로 규정되어야 하는 문제였다. 이익균점권 수정안이 기본권 조항인 헌법안 제17조의 수정안으로 제출되기는 하였으나 제2독회에서 과연 기본권 조항으로 적절한 것이냐가 문

---

43) 이승만, 『일민주의 개술』, 제2쇄, 일민주의보급회, 1954, 13면.

제되었다. 국민의 권리의무에서 규정하는 기본권 조항은 권리의 주체를 '모든 국민은'으로 하는데 이익균점권은 모든 국민이 아닌 근로자만 대상으로 하므로 헌법이 금지하는 사회적 특수계급이 창설되는 결과를 가져올 수 있다는 것이다. 따라서 농지분배 조항과 같이 근로자만을 대상으로 하는 조항은 경제 장에 들어가야 한다는 것이다.44) 수정안의 제안자였던 문시환 의원도 이 의견에 동조하였으나 문시환 수정안이 표결에서 부결되었기 때문에 근로자 이익균점권을 경제 장에서 규정하는 방안은 결국 시도되지 못하였다.

둘째는 근로자의 경영참가권과 이익균점권의 관계 문제였다. 수정안의 반대 토론에서 기업이익에 참가한다면 이익을 계산하기 위해서 회계장부를 조사할 수밖에 없고 결국 기업경영에 참여할 수밖에 없다는 문제점이 제기되었다.45) 이러한 시각에서 보면 근로자 이익균점권은 경영참가권을 수반할 수밖에 없다. 경영참가의 목적이 이익균점이라는 주장도 있었다.46) 이렇게 보면 경영참가권은 이익분배를 위한 절차적 수단의 관계에 있다. 사유재산권을 인정한다면 근로자가 기업운영에 참가하는 것은 불가하지만 이익균점권은 가능하다는 의견도 제시되었다.47) 이와 같은 경영참가권과 이익균점권의 관계에 관한 논의는 문시환 수정안이 부결되고 조병한 수정안이 가결되는데 일정한 영향을 끼쳤을 것이다.

셋째는 국·공영기업에서도 이익을 분배할 수 있는가의 문제였다. 정부세입의 절반가량을 차지하는 전매 및 연초 수입을 이윤분배하면 정부세입이 무엇이 남겠느냐는 비판이 제기되었다.48) 국·공영기업의 이익은 국가권력을 통해 이루어진 것인데 그 기업에

---

44) 조국현 의원의 발언, 『헌법제정회의록』, 473면.
45) 김준연 의원의 발언, 『헌법제정회의록』, 458면.
46) 장홍염 의원의 발언, 『헌법제정회의록』, 472면.
47) 이항발 의원의 발언, 『헌법제정회의록』, 500면.
48) 이요한 의원의 발언, 『헌법제정회의록』, 491면.

종사하는 근로자에게만 분배할 수 있는가 하는 의문도 제기되었다.49) 조병한 의원은 1948년 7월 7일 국회 제27차 회의에서 진행된 헌법안 제3독회에서 긴급번안동의를 통해 법적 문제점을 해소 하려고 하였다. 그는 근로자의 권리가 규정된 제18조에 제2항으로 규정하고 「영리를 목적으로 하는 기업에 있어서는 노동자는 법률의 정하는 바에 의하여 이익을 분배하고 균점한 권리가 있다.」로 번안동의를 해 줄 것을 요청하였다.50) 자구·체계 심사만이 가능한 제3독회에서 이와 같은 내용변경이 가능한 것인가에 대한 논쟁이 있었으나 3분의 2의 의결로 재수정을 가결하였다. 재수정안에 대하여 공영기업에도 영리목적이 있으므로 영리목적의 사기업이라 해야 한다는 지적51)을 받아 조병한 재수정안은 최종적으로 제18조 제2항으로 하여 "영리를 목적으로 하는 사기업에 있어서는 근로자는 법률의 정하는 바에 의하여 이익의 분배에 균점할 권리가 있다."는 것으로 가결되었다.52)

IV. 귀속재산처리법 제정과 이익균점 3개 조항의 '좌절'

　귀속재산에 대해서는 조속불하가 정부의 입장이었던 만큼 1949년 2월 18일에 정부는 귀속재산처리 법안을 국회에 제출하였다.53)

---

49) 이재형 의원의 발언, 『헌법제정회의록』, 492면.
50) 『헌법제정회의록』, 660면.
51) 장면 의원의 발언, 『헌법제정회의록』, 663면.
52) 『헌법제정회의록』, 666~668면.
53) 정부가 제출한 귀속재산처리법안은 손관수, 「귀속재산처리법 제정에 관한 연구-권력대립 측면을 중심으로-」, 서울대학교 정치학석사학위 청구논문, 1992, 93~97면

하지만 정부가 제출한 귀속재산처리 법안은 당시의 초급한 업무였던 농지개혁법에 밀려 본회의 상정조차 되지 못하였다. 정부가 1949년 4월 15일에 6월 1일부로 귀속재산 일제 불하를 실시하겠다고 발표하자 국회는 5월 24일에 귀속재산임시조치법을 제정하여 귀속재산 불하를 동결시켰다.54) 이에 대해 6월 3일, 이승만 대통령이 거부권을 행사하고 국회에 재의를 요청하였다. 6월 15일 국회는 3분의 2의 의결로 원안을 통과시켜 귀속재산임시조치법은 법률로서 확정되었다. 임시조치법에 따라 농지를 제외한 귀속재산 불하는 귀속재산처리법 제정 이후로 미루어질 수밖에 없었다.

1. 근로자 이익균점 확보를 위한 노동계의 대응

근로자 이익균점권의 헌법 규정화 자체가 '적산불하'라는 역사적 특수성에서 비롯된 것인 만큼 어떻게 귀속재산 불하가 이루어질 것인가를 결정하는 귀속재산처리법의 제정이야말로 노동계의 시각에서 볼 때 이익균점의 운명을 결정하는 것으로 볼 수 있다. 근로자 이익균점권은 영리 목적의 사기업에만 적용되는 것이다. 당시의 경제상황으로 볼 때 영리 목적의 사기업이란 오직 귀속재산 불하를 통해서만 가능한 것이었다. 그 귀속기업체조차도 대부분이 당장에 이익을 발생시키지 못하고 있었다. 그러면 이익이 발생하는 영리 목적의 사기업이 나타나려면 불하 후에도 상당한 시

---

54) 귀속재산임시조치법은 "단기 4281년 9월 1일부 대한민국정부와 미국정부 간에 체결된 재정 및 재산에 관한 최초협정 제5조에 의하여 대한민국정부에 이양된 일체의 재산은 귀속재산처리법 시행기까지 이를 불하하지 못한다. 단, 농지는 제외한다."라는 단 1개의 조문으로 이루어져 있다. 농지를 제외한 것은 농지는 귀속재산이라 해도 그것의 불하는 농지개혁법에 따라 이루어지기 때문이다.

일이 필요할 것이다. 따라서 근로자 이익균점법이 제정되어 실제로 노동자에게 이익균점이 이루어지려면 귀속재산 불하 이후에도 상당한 시일이 지나 이익이 발생하는 시점이 되어야한다. 따라서 근로자 이익균점법의 제정이나 이익균점이라는 것이 당장에 이루어질 수 있는 성질이 아니라고 할 수 있다. 노동계의 입장에서는 귀속재산의 불하가 완료되고 이익이 발생할 때까지 기다리는 것보다는 귀속재산이 불하되는 그 시점에 근로자의 이익이 균점되는 방안을 찾는 것이 보다 더 현실적이라 할 수 있다. 그래서 노동계는 귀속재산처리법 제정에서 근로자의 이익균점을 이루어내려 한 것이었다.

당시 노동운동의 대표 단체였던 대한노총은 근로자 이익균점권을 헌법에 규정한데 이어 '적산불하'에서 근로자의 이익균점이 관철될 수 있도록 총력을 기하였다. 1949년 6월 10일 대한노총은 전진한 의원을 위원장으로 하여 근로자의 이익균점 확보를 위한 전국 투쟁위원회를 결정하였다. 투쟁위원회는 1949년 6월 18일자의 성명에서 "관재위원회 구성인원의 반수 이상을 노무자의 대표로서 선정하라, 귀속재산처리법(초안) 제33조에 관리인이 취득케 한다는 이익을 노무자에게 균점시켜라, 귀속재산을 임차 또는 불하할 때는 그 권익의 50%를 그 사업체의 노무자에게 확보시켜라, 사기업에 대한 이익균점법을 급속히 제정 실시하라."를 "우리의 주장"으로 발표하였다.[55] 대한노총 전국투쟁위원회는 국회본회의에 상정된 상임위원회 대안에 대해서 수정안을 제시했다. 그 내용을 보면 귀속재산 불하대상자에 종업원조합 대표자를 추가했다. 귀속기업체 불하에 있어 종합원조합은 그 지분 또는 주식의 3할 내지 4할을 대통령령이 정하는 바에 의하여 보유할 권리가 있으며, 이 지분 또

---

55) 한국노동조합총연맹, 「한국노동조합운동사」, 1979, 299면.

는 주식은 총리령이 정하는 바에 의하여 국립은행에 저당하고 연부로 상환하여야 하다는 조항을 신설하고, 귀속기업체의 이익금은 그 관리인 외에도 종업원에게도 그 일부를 지급할 수 있도록 하였다.[56] 국회본회의에 상정된 귀속재산처리법안(위원회 대안)에는 근로자의 이익균점권을 전혀 고려하지 않았는데, 대한노총은 불하를 위한 경제적 자력의 확보를 위해 종업원조합이 귀속재산 불하를 받을 수 있도록 하고, 종업원조합이 귀속재산 불하를 받지 못한다 해도 지분의 30~40%를 보유할 권리를 갖도록 하되, 지분보유를 위한 자금은 국립은행의 대출금으로 충당하고 이를 연부로 상환하는 방안을 제시했다. 노농 8개 조항 청원 이후로 귀속재산처리와 관련하여 근로자 이익균점에 관한 가장 구체적인 방안이 제시되었다고 할 수 있다.

대한노총 전국투쟁위원회는 귀속재산처리법의 수정안과 함께 발표한 성명서[57]에서 "귀속재산처리법이 헌법정신에 부합하여야 한다."고 주장하였다. "근로입국의 정신 하에 제정된 우리의 헌법에는 농지는 농민에게 노동자에겐 권익을 균점시킴으로써 계급적 대립 마찰 없는 민족협동국가를 건설할 것을 국시로 하고 있다."고 하였다. "귀속재산에 대한 노동자의 지위와 농지에 대한 농민의 지위는 서로 대응한다."고 하면서 농민에게 농지를 분배하는 농지개혁법의 통과에 "대응하는 의미에서 노동자에게 이익균점 원칙이 확립되어 있는데 특히 귀산(歸産)은 전국민의 공유물인 동시에 근로층의 고혈의 결정이니 어떠한 자본계급이나 특권계급에게 독점시킬 이유가 없을 뿐 아니라 근로자가 가장 큰 혜택을 입어야 한다."고 하였다. 대한노총의 성명서는 "이기적이요 대립적인 자본주

---

56) 대한노총 전국투쟁위원회의 귀속재산처리법 수정안은 김기원, 『미군정기의 경제구조』, 푸른산, 1990, 288~289면.
57) 성명서의 전문은 김기원, 『미군정기의 경제구조』, 푸른산, 1990, 284~288면.

의 공산주의가 초극되고 진정한 의미의 일민주의가 실현될 수 있
도록 새로운 창의 하에 우리 국민경제 기반되는 귀속재산을 처리
되어야 한다."고 하여 이승만 대통령이 "창도한" 일민주의를 주장
의 근간으로 내세웠다. 성명서에는 "노동 자본 기술이 평등한 입장
에서 혼연일체하여 한 개의 목표로 매진하는" 것을 "일민주의의
근본의의"로 표방하였다. 이익균점권이 일민주의—자본과 노동의
평균이익 향유론—의 영향을 받았다고 할 수 있지만 1949년 시점의
대한노총의 성명서는 일민주의로부터 귀속재산의 처리원칙—근로
자의 이익균점권이 보장되는 처리원칙—을 도출했다는 점에서 양
자는 정치이데올로기 관점에서 헌법제정 전에 비해 밀접한 관계를
형성했다고 할 수 있다.

2. 이익균점 3개조항의 국회본회의 통과

농지개혁법을 처리한 국회는 귀속재산처리법안 심의에 박차를
가한다. 국회 산업위원회와 재경위원회 연석회의는 종합토론 끝에
1949년 10월 29일 정부안을 폐기하고 6장 55개조로 된 대안을 제5
회 임시국회 제32차 회의에 상정하였다.[58] 산업위원장이었던 서상
일 의원은 귀속재산처리법안의 제안 설명에서 귀속재산을 "처리하
는 법안은 농지개혁법과 같이 경제적으로 획기적인 대법안인 것이
다, 국민의 관심은 여기에 총 집중하고 있다, 이 귀속재산 처리에
관한 입법은 곧 우리나라 산업재건과 민생문제 해결에 근본적 방
침을 지시하는 것이다."[59]라 하였다. 국회 본회의에서 귀속재산처

---

58) 손관수, 「귀속재산처리법 제정에 관한 연구-권력대립 측면을 중심으로-」,
   서울대학교 정치학석사학위 청구논문, 1992, 19면, 22면, 24면, 29면.
59) 단기 4282년(1949년) 11월 4일, 「제5회 국회임시회의 속기록」 제32호, 국회
   사무처, 22면.

리법안에 대하여, 헌법 제정 시에 근로자 이익균점권 논쟁에 못지
않게 격렬한 논쟁이 벌어졌다. 국회프락치사건으로 다소의 인적
구성이 변하였으나 여전히 동일한 제헌국회의원들이었다. 국회본
회의 심의에서 많은 수정안이 통과되었다. 이 중에서 근로자의 이
익균점과 관련하여 다음의 3개 조항이 추가되었다.

첫째는 이재학 의원이 제안한 제9조 신설 수정안으로 귀속재산
의 매각을 수매각자 1인에 대하여 1,000만 원을 한도로 제한하는
규정이다. 이재학 의원은 제안 설명에서 농지개혁에서 지주를 희
생시켜 경자유전을 확립시킨 것처럼 귀속재산 불하에서도 더욱 많
은 국민이 귀속재산을 통해 이익을 볼 수 있도록 해야 한다는 것,
대자본가만이 귀속재산을 차지하도록 하지 않고 중산계급도 여기
에 많이 참가하게 하자는 것, 수십억짜리의 기업체를 한 사람이 혼
자 독점한다는 것은 큰 모순이므로 시정해야 한다는 것, 자본의 집
중의 방지하는 것 등을 이유로 들었다.[60] 이재형 의원은 수정안 찬
성 발언에서 농지개혁법에서 3정보를 상한으로 제한한 것은 부의
균등을 이 기회에 강력한 정치력으로 도모하자는 것이었다며 귀속
재산 처리도 이에 따라 다수의 국민이 참여토록 해서 전 민중에게
귀속재산을 자본으로 하는 새로운 산업증산에 참여할 기회를 주어
야 할 것이라고 주장하였다.[61] 수매각자 1인에 대해 1,000만 원의
한도를 두는 것은 그야말로 '균점'의 정신을 구현하는 것이었다.

둘째는 장홍염 의원이 제안한 제15조 수정안으로 귀속재산의
불하 우선권자에 '종업원조합'을 추가하는 것이었다.[62] 장홍염 의

---

60) 단기 4282년(1949년) 11월 15일, 『제5회 국회임시회의 속기록』 제41호, 국
   회사무처, 10~11면.
61) 단기 4282년(1949년) 11월 15일, 『제5회 국회임시회의 속기록』 제41호, 국
   회사무처, 12면.
62) 전진한 의원도 불하 우선권자로 종업원조합 대표를 추가하는 수정안을 내
   었으나 별도의 표결을 하지 않고 장홍염 수정안과 합쳐서 표결하였다.

원은 제안 설명에서 "자기네들이 피땀을 흘려서 이제까지 직혀 온 기업체가 완전히 관리인의 손으로만 넘어가서 자기에게 좀 더 관리권이라든지 여기에 관리를 균점할 권리가 없다 할 것 같으면 그 사람들에게는 과연 불평이 있을 것"이라 하면서 우리 경제가 헌법에 규정된 바와 같이 "균등 경제로 응해 나가기 위해서 이 균등한 사회를 건설하자면, 첫째 노동자를 대우해야만 하는 것"이라 주장했다. 특히 "공산주의 홍수를 막기 위해서 농민, 노동자에게 농지를 준다는 농지개혁법을 제정했으며, 여기에 따라서 역시 귀속재산에 있어서 농민에게 농지하고 이익을 균점시키는 것과 같이 이 기업체 운영에 있어서 노동자에게 그 이익을 균점시켜야" 한다고 주장하였다.[63]

셋째 역시 장홍염 의원이 제안한 제24조 신설 수정안으로 귀속기업체의 매각에 있어서 수매각자가 종업원조합이 아닐 시에는 해당 기업체 전자금의 3할을 출자할 권리를 가진다는 것이다. 장홍염 의원은 제안 설명에서 산업건설을 위한 노자협조에 절대 필요한 것이고 종업원이 기업체의 주주가 될 수 있다면 기업을 사랑하는 마음이 커져 산업건설에 자신들을 집중시킬 수 있을 것이며 이야말로 공산주의의 방파제를 쌓는 첩경이라고 하였다.[64] 전진한 의원은 귀속기업체 매각에 있어서 종업원조합은 그 기업체의 매각 평가액의 3할 내지 4할에 해당하는 지분 또는 주식을 보유할 권리가 있고 이 지분 또는 주식은 국립은행에 저당하고 연부로 상환하도록 하는 수정안을 내었다. 수정안의 '저당'에 대해서 법적 논란이 제기되자 전진한 의원은 표결에서 "혼란을 피하기 위해" 장홍

---

63) 단기 4282년(1949년) 11월 16일, 『제5회 국회임시회의 속기록』 제42호, 국회사무처, 5면.
64) 단기 4282년(1949년) 11월 21일, 『제5회 국회임시회의 속기록』 제46호, 국회사무처, 13~14면.

염 수정안에 합칠 것을 제안하였다.[65] 종업원조합에 3할의 출자권리를 주는 것이야말로 진정한 의미에서 근로자 이익균점의 실현이라 할 수 있다.[66] 헌법의 이익균점권 조항에 따르면 이익배당에 얼마만금 균점할 권리가 있는가는 법률로 정해야 하는데, 이익균점법이 아닌 귀속재산처리법에서 근로자가 지분의 30%를 출자할 권리를 갖게 되므로 결과적으로 이익의 3할 만큼을 '출자자로서' 자본가와 균등하게 배당받을 수 있게 되는 것이다. 이렇게 되면 이익균점법이 제정되지 않더라도 영리목적 사기업의 대부분을 차지하는 귀속기업체에서 근로자들은 3할의 지분출자자로서 이익을 균점받을 수 있다. 종원조합이 출자하지 못할 수도 있는데 이 경우를 위해서 별도의 이익균점권이 제정이 필요하다.

국회를 통과한 귀속재산처리법 중에서 귀속기업체 매각시 수매 각자 1인에 대하여 1,000만 원을 한도로 하는 제9조 수정안, 종합원조합을 우선 불하권자에 추가한 제15조 수정안, 귀속기업체 매각에 있어 종업원조합에 3할의 출자권리를 주는 제24조 신설안을 "이익

---

65) 단기 4282년(1949) 11월 21일, 『제5회 국회임시회의 속기록』 제46호, 국회사무처, 16면, 19면.

66) 수정안의 찬성 발언에서 황호현 의원은 다음과 같은 이익균점의 사례를 소개하였다. "여러분도 잘 아시는 바와 같이 우리 남한에서는 생산에 만일 좋은 성적을 내고 있는 공장이 부산 견직물주식회사가 아닙니까? 그 이유는 이 회사 사장 김지태(金智泰)라는 분이 미군정시대에 이 귀속재산을 불하를 맡았는데 그때 벌써 김 사장은 사회조류를 짐작하고 노자 협조만이 이 나라의 저하된 산업을 부흥식히는 유일의 길이라는 것을 신조로 또 이 신조를 달성씩히는 대는 종업원 전체에게 회사 주식을 공동 소지케 하도록 하는 것이 좋은 방도라고 간주하고 회사의 주권 3분지 1을 종업원 전체에게, 3분지 2를 중역들이 노나 사도록 하고 또 불하대금 중 선불할 것은 전부 중역들이 부담하고 종업원들에게는 한 푼도 출금시키지 않고 15년간 연부로 매월 임금 중에서 공제하여 상환하도록 하였습니다." 단기 4282년(1949) 11월 21일, 『제5회 국회임시회의 속기록』 제46호, 국회사무처, 16~17면.

균점 3개 조항"이라 할 만하다.67) 귀속재산처리법안의 수정안 가결을 보도한 언론에서도 기사제목을 「이익균점을 실천」이라 한 것68)을 볼 때 귀속재산처리법 수정가결이 이익균점법의 제정과 같은 의미로 인식되었다고 할 수 있다. 이익균점 3개 조항이 국회에서 가결된 것은 무엇보다도 헌법의 근로자 이익균점권 조항이 규범으로서 작동했기 때문이라고 할 수 있다. 찬성 발언을 한 많은 의원들의 논지가 헌법의 근로자 이익균점권에 바탕을 두었다. 이것이야말로 진정한 규범의 효력이 아닐까. 다음으로 들 수 있는 것은 전전한 의원의 효과적인 전략이 주효했다고 볼 수 있다. 그는 제15조와 제24조의 표결에서 자신의 수정안을 포기하고 장홍염 의원의 수정안을 밀었다. 비슷한 성격의 수정안에 합쳐서 표가 분산되지 않도록 함으로써 과반을 넘길 수 있도록 했던 것이었다. 그리고 대한노총과 같은 노동세력이 아닌 민국당 소속인 장홍염 의원의 활약을 들 수 있다. 그가 앞장을 선 것은 전진한 의원과는 또 다른 의미에서 중립적인 의견으로 비추어졌을 것이다.

3. 이승만 대통령의 거부권 행사와 국회의 재의결

1949년 11월 21일에 국회를 통과한 귀속재산처리법에 대해서 12월 2일, 이승만 대통령은 거부권을 행사하고 국회에 재의를 요구하였다. 재의이유를 보면 3가지 중 2가지가 이익균점 3개 조항을 대상으로 하였다. 첫째는 "매 1인에 1,000만 원 이상은 매각을 받지 못한다는 조건"은 "경제 실력이 한두 사람의 장악에 들어가는 것

---

67) 대한노총 투쟁위원회가 제시한 수정안 중에서 귀속기업체의 이익금은 그 관리인 외에도 종업원에게도 그 일부를 지급할 수 있도록 한 것은 국회본회의 제2독회에 전진한 의원이 제출하였으나 가결되지 못하였다.
68) 경향신문 1949. 11. 22, "종업원조합에 3할 권리. 귀재법에 신설조문 통과".

보다 여러 사람에게 분할되게 하자는 것"이나 실지 사무적으로는 "결코 될 수 없는 일"이라 하였고, 둘째는 "종업원조합이란 단체를 맨들어 기업체 자금 총액의 3할을 한하여 권리로 제공케 한다는 조건도 본의로는 자본과 노동과 합작해서 협조하자는 것"이나 종업원조합과 기업가를 구별하는 것이 "알력을 조장할 염려"가 있으니 "법문에 명규(明規)하지 말고 누구든지 종업원이면 자력(資力) 있는 한 기회를 주는 것"이 좋을 것이라 했다.69) 정부는 재의요구서를 통해 이익균점 3개 조항 모두에 대해 비토한 셈이었다.70)

12월 3일, 귀속재산처리법안에 대한 국회 재의에서 법률로 확정하기 위한 헌법이 요구하는 3분의 2 요건을 확보하지 못했다. 이익균점 3개 조항은 헌법 제정시와 같이 국회의 과반은 얻었지만 3분의 2의 찬성을 얻는데 실패했다. 이제 귀속재산처리법안의 운명은 폐기되던가 아니면 수정하여 다시 의결하던가의 기로에 섰다. 이익균점 3개 조항을 주도했던 장홍염 의원은 "개인이 기업체의 매수자가 되는 권리를 인정한다면 임의조합의 대표자에게도 수매자

---

69) 단기 4282년(1949년) 12월 3일, 『제5회 국회임시회의 속기록』, 제57호, 국회사무처, 2면.

70) 조선재산관리인연합회가 정부에 제출한 「귀속재산처리법에 관한 건의」에서는 "一. 매각에 1인 일천만 圓 제한(제9조)은 타당치 않음"에 대한 이유에서 "화폐가치가 저하한 차제 일천만 圓 제한한으로 인하여 그 이상의 재력이 있는 기업가도 主觀相異의 인사와 사업관계를 맺게 되어 부자연한 투자를 하게 되므로 무용을 파쟁을 조장할 뿐"이라 하였다. "二. 종합원조합 대표자에게 불하자격 우선권부여(제16조) 및 3할 출자권 부여(제24조)는 재고를 요함"에 대한 이유에서 "종업원 각 개인의 임의투자는 환영할 수 있으나 단체행동으로써 사업에 관여케 하는 等事는 도저히 용인하지 못할 방법"이라 하며 "초창기에 있는 기업 노동 雙방의 분쟁과 마찰을 조장할 우려가 심대하다."고 했다. 결국 이승만 대통령은 조선재산관리인연합회의 건의를 받아들이는 형식으로 귀속재산처리법에 대한 거부권을 행사하였다. 「귀속재산처리법에 관한 건의」의 전문은 김기원, 『미군정기의 경제구조』, 푸른산, 1990, 290~292면.

의 자격을 줘야 할 것"이며, "공산주의의 방파제를 쌓는 것은 여기의 자본가 돈 많은 사람을 가지고 공산주의 방파제는 못 쌉니다. 오직 노동자, 농민, 젊은 청년들을 가지고 공산주의 방파제를 쌓아야 합니다."라 하여[71] 정부의 재의요구를 강력히 비판하고 수정안을 내어서 다시 심의하자고 주장했지만 부결되고, 각 독회를 생략하고 정부가 이의를 단 조항만 수정하자는 동의안이 가결되고 만다. 재의요구서에서 "귀속재산처리가 하루가 시급한 것"이라 하며 "이 몇 가지를 이번 폐회하기 전에 통과하여야 임시회의 소집한 효과를 맺는 것이요"라 한 것[72]이 의원들에게 받아들여졌던 것이다. 결국 이익균점 3개 조항은 모두 삭제되고 제15조에 종업원조합 대신에 종업원이 유지되는 것으로 귀속재산처리법이 확정되었다.[73]

  이익균점 3개 조항을 포함한 귀속재산처리법의 국회통과로 근로자 이익균점권 논의는 정점에 올랐다. 불과 10일 후에 정부의 거부권 행사로 근로자 이익균점권 논의는 다시금 저 밑바닥에 내팽겨졌다. 왜 이익균점 3개 조항을 통과시킨 그러나 제헌국회의 의원들은 귀속재산처리법 재의라는 현실 앞에서 무기력하게 무너졌는가? 거부권이 행사되고 재의가 요구된 법률안은 의원의 3분의 2를 확보하지 못하면 폐기된다. 국회 프락치 사건으로 인해 제헌국회의 구성이 보수적으로 바뀌었음에도 불구하고 근로자 이익균점권이라는 헌법상의 명분과 전진한 의원의 노련한 의회전략으로 과반을 확보하여 이익균점 3개 조항이 가결될 수 있었다. 제헌국회의

---

71) 단기 4282년(1949년) 12월 3일, 『제5회 국회임시회의 속기록』 제57호, 국회사무처, 41면.

72) 단기 4282년(1949년) 12월 3일, 『제5회 국회임시회의 속기록』 제57호, 국회사무처, 2면.

73) 귀속재산처리법안 재의 시에 전진한 의원은 출국하여 현장에 없었다. "런던에서 열린 국제자유노련 창립총회에 참가하고 있는 동안 정부에서 이 법안을 비토하여 결국 부결되고 말았다." 『이렇게 싸웠다.』, 297면.

정치지형 자체가 근로자 이익균점권을 간신히 과반을 넘겨 가결시킬 수 있을 정도였고 이익균점권 가결의 중요한 계기가 되었던 이승만 대통령이 이번에는 이익균점 3개 조항을 명확히 반대한 상황이었다. 이러한 정치지형에서 3분의 2 확보는 사실상 불가능한 것이었다. 표결에서 찬성표가 20표 밖에 나오지 않은 것[74]은 의원들의 심정도 그러했다는 것을 보여준다. 법안을 폐기시키기에는 귀속재산의 불하가 시급한 당면정책이었다. 이승만 대통령은 회기가 끝나기 전에 법안을 통과시키라고 압박하고 있었다. 그래서 정부의 요구대로 법안을 수정하여 가결시켰던 것이었다. 이것은 이승만 대통령의 완벽한 정치적 승리였다. 정부의 거부권 행사를 고려한다면 정부가 제출한 법안이 아닌 이상은 의원입법으로는 3분의 2의 확보가능성이 있어야 한다. 이는 적어도 이승만 대통령이 동의하지 않는 한 근로자 이익균점권은 결코 입법으로 추진되기 어렵다는 것을 말한다. 근로자 이익균점법은 귀속재산의 불하가 완료되고[75] 이익이 발생하는 그 시점에 가야 다시 논의될 수 있을 것이다. 이미 마음이 떠난 의원들 앞에서 마지막으로 귀속재산처리법의 원안 통과를 호소하는 장홍염 의원의 "아까 미국 사람은 엿새 동안을 했다고 합니다. 나 말할 권리 있읍니다."[76]라는 목소리가 귀에 선하다. 런던에서 귀국한 전진한 의원도 근로자 이익균점 법률에 대해 침묵한다.

---

74) 단기 4282년(1949년) 12월 3일, 『제5회 국회임시회의 속기록』 제57호, 국회사무처, 35면.
75) 귀속재산 처리는 대략 1958~1959에 거의 완료된다. 공제욱, 『1950년대 한국의 자본가 연구』, 백산서당, 1993, 88면.
76) 단기 4282년(1949년) 12월 3일, 『제5회 국회임시회의 속기록』 제57호, 국회사무처, 41면.

V. 이익균점법 제정의 실종과 헌법의 이익균점권 조항 삭제

왜 이승만 대통령은 이익균점 3개 조항이 포함된 귀속재산처리법에 거부권을 행사한 것일까? 표면적으로는 조선재산관리인연합회의 법안에 대한 반대의견을 받아들인 것이다. 농지개혁법 논의에서는 반지주의 입장을 취했던 이승만 대통령은 귀속재산처리법 논의에서는 친자산가의 입장을 취했다. 그는 헌법 제정 시에는 근로자 이익균점권에 지지를 표명하지 않았던가? 이승만 대통령은 농지개혁법의 통과와 농지개혁의 실시로 농민을 자신의 확고한 지지 세력으로 만든 상태였다.[77] 농민은 70%에 달하지만 노동자는 5%에 불과하다. 조속한 헌법통과와 같은 당면 과제가 없는 상태에서 이승만 대통령이 노동자의 이해를 무리해서 수용할 필요가 있었을 것으로 보이지 않는다. 그보다는 귀속재산을 조만간 불하받게 될 관리인이나 자산가들에게 경제부흥의 사명을 맡기는 것이 더 좋을 것이라고 판단했을 것이다. 이승만 대통령은 농지개혁에서 철저하게 지주세력을 몰락시켰는데 이 때문에 지주들이 귀속재산 불하를 통해 기업가로 변신할 가능성이 거의 없었다. 결국 새로 건국된 대한민국의 자본가, 기업가로 산업부흥을 할 당사자는 귀속재산의 관리인들일 수밖에 없었고 이들은 귀속재산처리법 제15조의 선량한 연고자로 귀속재산의 대부분을 불하받았다. 이승만 대통령은 거부권의 행사를 통해 재산관리인들의 이해를 수용하였다. 귀속재산처리법 또한 자신의 의도대로 내용을 수정시켰다. 재산관리인에게 귀속재산을 불하시켜 경제부흥을 하기로 한 이상은

---

77) 김일영, 「농지개혁을 둘러싼 신화의 해체」, 박지향 외 엮음, 『해방전후사의 인식 2』, 책세상, 2006.

적어도 정부의 손에서 근로자 이익균점법이 추진될 수는 없었다. 국회에서 의원입법으로 추진되어서는 3분의 2라는 벽을 넘을 수 없었다. 이승만 대통령의 거부권 행사로 귀속재산처리법의 이익균점 3개 조항이 폐기된 것은 귀속재산처리법의 내용수정이라는 차원을 넘어서 근로자 이익균점법의 '실종'이라는 의미를 갖는 것이었다.

대한노총은 1950년의 5·30 선거에 참여하는데 이 때 내건 선거강령에 "민주적 노동법을 확립하고 노동자에게 기본 권리를 부여하여 경제적 이익을 균점케 한다."는 대목이 있다.[78] 이제 대한노총도 노동법 확립을 우선과제로 내세운다. 이익균점이 언급되고 있기는 한데 근로자의 이익균점권을 말하는 것은 아니다. 만일 이것이라면 이익균점에 관한 법률을 제정하라고 했을 것이다. 이 강령은 노동자에게 기본 권리를 부여하여 이것으로 경제적 이익을 균점한다는 매우 일반적인 언급이다. 이는 헌법에 근로자 이익균점권이 규정된 나라에서 더구나 그 기본권을 성립시킨 노동단체의 강령에서 나올 것은 아니다. 왜 근로자 이익균점권이나 이익균점법에 대한 구체적 언급을 하지 않았을까? 위에서 말한 근로자 이익균점법의 실종 때문이었을까? 민주적 노동법의 확립을 말함으로써 오히려 근로자 이익균점법에 대해서 침묵하는 것. 이것이 대한노총의 이익균점법의 실종에 대한 대응이었다. 이승만의 정치기반으로 출발한 대한노총이 이익균점법에 대한 명확한 반대의사를 밝힌 이승만 대통령과 정치적 균열을 최소화하는 어쩔 수 없는 방안이었을 것이다.

1962년 헌법 개정에서 근로자의 이익균점권은 마지막 버티고 있던 숨마저도 놓아버린다. 1962년 8월 2일에 헌법심의위원회 전문

---

78) 임송자, 『대한민국 노동운동의 보수적 기원』, 선인, 2007, 207면.

위원회에서 이형호 전문위원은 "우리나라 헌법 제18조 2항과 같이 이익분배 균점권 이것은 헌법 원안에는 없었는데 제헌 국회의원들이 다수를 차지하고 있는 농민이라든지 노동계급 일반대중이 무산자가 많으니까 무산자에게 아첨해 가지고 그래 가지고 국회의원들이 자기의 선거구에 평이 좋게 하기 위하여 했는지 모르겠읍니다 마는 너무 쓸데없는 조항을 넣어 두었습니다. 10년이 되도록 거기에 대한 법률도 제정이 안되고 실질적으로 노동하면 임금만 받으면 그만인데 남은 이익도 갈라먹자 이것은 염치도 좋다고 봅니다. 그렇기 때문에 이러한 불필요한 조항을 그대로 두는 것보다 없애는 것이 좋겠읍니다."[79] 1962년 헌법 개정으로 '쓸데없는', '불필요한' 조항으로 간주된 근로자 이익균점권은 더 이상 헌법에서 찾아볼 수 없게 된다.

VI. 근로자 이익균점권의 전승

이제 헌법에서 나열되지 아니한 권리가 된 근로자의 이익균점권은 그대로 역사 속으로 사라진 것이 아니다. 1963년의 노동조합법 개정을 통해 노사협의제가 새로 도입되었는데 그 목적이 노자협조로 되어 있었다. 다분히 이익균점권의 삭제를 의식한 것으로 보인다. 근로자의 이익균점권은 1980년의 헌법개정 논의 중 이른바 '6인 교수안'에서 부활된다.[80] 이를 계기로 하여 당시의 헌법 개정에 관한 정부보고서에서도 이익균점권이 검토되었다. 이 보고서에서는 "이익균점권에 관하여는 원칙 선언으로 필요하다고 볼 수 있

---

79) 『헌법개정심의록』 제1집, 대한민국국회, 1967, 349~350면.
80) 『바람직한 헌법개정의 내용』, 대화의 모임 종합보고서, 크리스챤아카데미, 1980. 1 참조.

으나 자본과 노동의 성질이 다르므로 주주의 이익배당과는 동일시
할 수 없고, 규정을 하더라도 그 실시에 기술상 많은 어려움이 있
으며, 자본주의 구조에 급진적인 변화를 가져올 실마리가 될 수 있
고 또 우리 산업형편으로 보아 이 제도를 채택하는 데도 많은 문제
점이 있으므로 이를 고려하여 검토되어야 할 것이"81)라고 하여 이
익균점권에 대하여 부정적으로 평가하고 있다. 1987년의 헌법개정
논의에서도 당시의 민주당안에서 근로자의 이익균점권이 제안되
었다. 1987년의 헌법개정안은 민정당과 민주당 각 4인씩 구성된 8
인 정치회담에서 작성되었다. 8인 정치회담에서는 근로자의 이익
균점권이 관계조문에 간접 반영된 것으로 인정하고 이를 조문화하
지 않기로 하였다. 1987년 개정 헌법에서는 최저임금제가 규정되었
고 1989년이 이르러서야 비로소 온전한 의미의 최저임금제도가 시
행되었다. 최저임금제는 해방이후에 노동관계의 과제로 지속적으
로 거론되어온 것인데 40여 년이 지나서야 시행된 것이다. 노사협
의회법, 노사협력법, 근로자복지법 등이 근로자 이익균점권의 전승
에서 읽어질 수 있는 법률들이다. 그 무엇보다도 근로자 이익균점
권과 그것을 가능하게 했던 제헌국회의원들의 파토스는 현행헌법
의 경제민주화 이념에서 전승되고 있다는 것을 기억할 필요가 있다.

---

81) [헌법심의자료] 『헌법연구반 보고서』, 1980. 3. 144면.

<참고문헌>

[헌법심의자료] 헌법연구반 보고서, 1980. 3.

공제욱(1993), 1950년대 한국의 자본가 연구, 백산서당.

김기원(1990), 미군정기의 경제구조, 푸른산.

김일영(2006), "농지개혁을 둘러싼 신화의 해체," 박지향 외 엮음, 해방전후
　　　　사의 인식 2, 책세상.

바람직한 헌법개정의 내용, 대화의 모임 종합보고서, 크리스챤아카데미,
　　　　1980. 1.

손관수(1992), "귀속재산처리법 제정에 관한 연구-권력대립 측면을 중심으
　　　　로-," 서울대학교 정치학석사학위 청구논문.

우남실록편찬회(1976), 우남실록 : 1945~1948, 열화당.

유진오(1959), 신고 헌법해의, 일조각.

이승만(1945), 건국과 이상, 국제문화협회.

임송자(2007), 대한민국 노동운동의 보수적 기원, 선인.

임시정부수립대강 : 미소공위자문안 답신집, 새한민보사, 1947.

전진한(1996), 이렇게 싸웠다, 무역연구원.

정광현 편(1948), 적산관계법규 竝 수속편람, 동광당.

정종섭 교감·편(2002), 한국헌법사문류.

한국노동조합총연맹(1979), 한국노동조합운동사.

헌정사자료 제1집(1967), 헌법제정회의록, 국회도서관.

황승흠(2002), "제헌헌법상의 근로자의 이익균점권의 헌법화 과정에 대한
　　　　연구," 공법연구 제31집 제2호, 한국공법학회.

조선중앙일보. 1948. 7. 6. 자, "대한노총 제안 비판. 전평에서 견해를 비판."

경향신문 1949. 4. 22. 자.

경향신문 1949. 11. 22. 자, "종업원조합에 3할 권리. 귀재법에 신설조문 통과".

국회사무처, 단기 4282년(1949년) 11월 4일, 제5회 국회임시회의 속기록 제
    32호.

국회사무처, 단기 4282년(1949년) 11월 15일, 제5회 국회임시회의 속기록
    제41호.

국회사무처, 단기 4282년(1949년) 11월 16일, 제5회 국회임시회의 속기록
    제42호.

국회사무처, 단기 4282년(1949년) 11월 21일, 제5회 국회임시회의 속기록
    제46호.

국회사무처, 단기 4282년(1949년) 12월 3일, 제5회 국회임시회의 속기록 제
    57호.

바이마르헌법과 경제민주화*

송 석 윤**

Ⅰ. 서론

에릭 홉스봄이 19세기의 역사를 다룬 3부작은 1789년부터 1914년까지의 이른바 "장기 19세기"를 대상으로 한다. 이렇게 보면 20세기는 제1차 세계대전과 그 종식에 따른 대중민주주의의 본격적인 확산으로 시작되었다.

독일에서는 19세기동안 독일식 입헌군주제헌법이 유지되어 왔는데 제1차 세계대전에서 패전함으로써 헌정질서를 근본적으로 새롭게 구성할 수 있는 계기가 마련되었다. 따라서 바이마르헌법의 제정과정에서는 대중민주주의라는 새로운 환경에 입헌주의헌법을 어떻게 변용할 것인가에 대한 다양한 논의가 집중적으로 이루어졌다. 가히 "현대헌법의 실험실"이었다고 해도 과언이 아니다.

바이마르헌법이 제정되는 과정에서 특히 주목할 새로운 부분은 기본권과 관련되어 있었다. 근대 입헌주의헌법의 기본틀이 마련된 이후 산업혁명기를 거치면서 사회구조에 커다란 변화가 있었고, 19세기말 이래 자본의 독과점화가 심화되었으며, 제1차 세계대전을

---

  * 이 글은 헌법학연구 제19권 제2호(2013.6)에 게재된 바 있음.
 ** 서울대학교 법학대학원 교수, 법학박사

경험하면서 신분과 계층을 초월하는 강력한 국민공동체가 형성되었다. 헌법이 정치공동체의 기본법이자 최고법으로 기능하기 위해서는 이러한 상황의 변화를 적절히 반영해야 한다는 목소리가 대두되는 것은 당연한 일이었다. 바이마르헌법의 제정과정에서 이러한 요구를 헌법에 담아내는 고민을 돌아보는 것은 의미있는 일이다.

1990년 이래 동구권이 붕괴하면서 최종적인 승리를 거둔 것처럼 보이던 정치적 자유주의와 시장경제질서가 고삐 풀린 자본이 주도하는 무한경쟁의 세계화로 연결되면서 그 첨단의 금융자본에서 문제가 발생하였다. 경제민주화를 화두로 헌법과 경제의 관계를 재고해야 하는 상황에서 국가와 사회, 특히 국가와 경제사회의 관계를 변화된 상황에 맞추어 재조정하려 했던 바이마르헌법과 궁극적으로 1929년에 발발한 세계경제위기를 극복하지 못하고 좌절해야 했던 바이마르민주주의의 역사를 되돌아보는 것은 가치있는 일이다. 스스로의 경험을 통해 배우는 것은 소중하지만 고통스럽고 비용이 많이 듦을 우리는 너무도 잘 알고 있기 때문이다.

제2장에서는 19세기의 산업화과정부터 제1차 세계대전까지 독일에서의 경제와 헌법의 관계를 약술하려 한다. 제3장에서는 바이마르헌법이 제정되는 과정을 기본권조항을 중심으로 살펴본다. 제4장에서는 바이마르헌법의 경제조항의 내용을 일별한 후 경제민주화와 경제헌법에 대한 논의를 정리하고 제5장에서는 글을 마무리하려 한다.

이 글은 논의의 초점은 다르지만 다루는 시대와 관심이 1995년에 제출된 필자의 박사학위논문인 "Politische Parteien und Verbände in der Staatsrechtslehre der Weimarer Republik"(1996) 및 그 한글판인 "위기시대의 헌법학 바이마르 헌법학이 본 정당과 단체"(2002)가 부분적으로 중복된다. 1990년대 초까지만 해도 바이마르헌법을 바이마르민주주의가 실패한 원인으로 치부하는 신화와 바이마르헌법을 단지 반면교사로 삼으려는 입장이 독일헌법학계에서 지배적이었다. 하지만 필자의 논문이 출판된 이후 바이마르헌법의 역사를 실증적으로 연구하는 "거리두기"가 본격화되어 적지 않은 연구서들이 출판되었으므로1) 이 글에서는 이러한 연구들을 적극적으로 반영하려 한다. 또한 1990년대 초 논문을 작성하던 때로부터 20년이 지난 시점에서 같은 사실을 보는 필자의 관점에 부분적인 변화가 있을 지도 모른다.

II. 바이마르공화국 이전의 경제헌법사

1. 입헌주의와 산업혁명

18세기말까지도 중상주의적인 경제정책을 따르던 독일의 국가들은 19세기에 본격적인 경제개혁을 실시하게 된다. 농민을 토지에 기초한 신분제적 구속으로부터 자유롭게 하여 인격적 평등을 보장하는 농민해방과 영업의 자유를 보장하는 이러한 개혁정책은 기본적으로 경제적 자유주의에 기초하는 것이었다. 19세기 초반과 중반 독일의 경제헌법은 경제생활을 보이지 않는 손에 의한 시장의 자율적인 조정이라는 "자연법칙"에 맡기고 국가는 의식적으로 뒤로 물러서는 기조를 유지하였다.

경제영역에서 자율조정의 문제점은 산업혁명이 시작되던 초기

---

1) 이러한 분위기를 주도하여 자신의 연구주제로 삼은 대표적인 예로 Christoph Gusy 교수를 들 수 있다. Christoph Gusy, Die Weimarer Reichsverfassung; Christoph Gusy (Hg.), Demokratisches Denken in der Weimarer Republik; Christoph Gusy (Hg.), Weimars lange Schatten - "Weimar" als Argument nach 1945 등 참조.

산업사회의 노동시장에서 드러났다. 프로이센의 개혁을 주도하던 하르덴베르크는 이미 1817년에 산업화가 앞서고 있는 지역의 지방장관들에게 보낸 지침에서 공장노동자들의 곤궁한 현실을 지적하면서 특히 아동노동의 문제점을 강조하고 있다.[2] 하지만 봉건적 공동체의 자족적인 질서로부터 자유로워진 노동자들의 빈곤문제에 대한 국가의 책임을 지적하는 목소리는 경제적 자유주의가 지배적이던 상황에서 소수에 머물렀으므로 입법적 대안을 마련하기에 이르지는 못하였다. 당시의 주된 흐름은 행정권이 국가와 사회의 경계를 자의적으로 넘어서는 것은 문제가 있으며 국가가 이러한 문제점에 대처할 만한 수단을 지니고 있지 못하다는 자유주의적 관점이었다.[3]

1828년에 이르면 프로이센국왕이 아동노동을 규율하는 구체적인 방안을 마련하라는 칙령을 내각에 내리게 된다.[4] 프리드리히 빌헬름 3세는 공장지대에서의 병사충원이 농업지대에 비해 저조한데에 우려를 표하면서 그 원인을 아동들이 열악한 조건 속에서 공장노동에 시달림으로써 육체적으로 성장하지 못하기 때문이라고 지적하고 대책을 마련할 것을 촉구하고 있다.

이러한 상황에서 1839년 국가가 아동노동을 보호하기 위해 노동시장에 개입하는 입법이 이루어진다.[5] 이 법은 9세 이하의 아동

---

2) Runderlaß des Staatskanzlers Fürst Hardenberg an die Oberpräsidenten der sechs industriereichen Provinzen Preußens über die soziale Frage vom 5. September 1817, in: E. R. Huber (Hg.), Dokumente zur deutschen Verfassungsgeschichte Bd.1, 75면 이하.

3) Reinhart Koselleck, Preußen zwischen Reform und Revolution, 625면.

4) Kabinettsordre über Maßnahmen des Jugendschutzes vom 12. Mai 1828, in: E. R, Huber (Hg.), Dokumente zur deutschen Verfassungsgeschichte Bd.1, 78면 이하.

5) Regulativ über die Beschäftigung jugendlicher Arbeiter in Fabriken vom 9. März 1839, in: E. R, Huber (Hg.), Dokumente zur deutschen Verfassungsgeschichte Bd.1, 79면 이하.

이 공장 등에서 노동하는 것을 원칙적으로 금지하고 있다.(제1조) 또한 16세 이하인 자가 공장에 취업하려면 3년 이상 학교에 다녔거나 읽고 쓸 수 있음을 증명해야 하며(제2조) 노동시간은 하루에 열 시간으로 제한되었다(제3조). 나아가 16세 이하 청소년이 새벽 5시 이전이나 저녁 9시 이후의 야간시간에 노동하는 것이 금지되었다(제5조).

이러한 입법은 이미 산업화의 초기단계에서부터 시장의 자율적인 조정기능이 문제가 있었음을 보여주고 있다. 새롭게 형성된 노동시장에서 임금이 가족을 부양할 수 없는 수준에 머무르고 아동과 청소년이 가혹한 노동에 시달리게 되면서 자본주의 경제질서에서 자본과 함께 필수적인 요소인 노동의 재생산에 커다란 문제점이 드러났던 것이다. 경제영역에서의 문제점은 다른 영역으로 이전되었고 프로이센정부는 국민교육과 병역자원의 충당이라는 정치공동체의 핵심적인 분야에서 심각한 장애가 나타남을 간과할 수 없었다.

아동노동에 대한 규제는 입법과정에서 예견했던 바처럼 효율적이지 못했다. 공장주들은 이러한 규제를 피할 방법을 어렵지 않게 찾아내었고 또한 극도로 가난했던 부모들 역시 생존을 위한 몇 푼의 생활비를 위해 자녀들의 불법노동에 협조할 수밖에 없었기 때문이다. 19세기초의 농민해방과 함께 거주·이전의 자유가 보장되었다는 것은 경제활동이 가족이나 지역을 넘어 국민국가 차원에서 이루어짐을 의미했다. 경제활동의 전국화는 또한 사회문제의 전국화를 가져왔다. 하지만 자유로운 경제활동의 확산의 이면인 사회문제의 대두에 대한 책임은 여전히 교회나 지역사회에 맡겨져 있었다. 오히려 독일에서 산업혁명 시대를 지배하던 사고방식은 자신을 부양할 노동력이 결여된 자만이 빈곤할 수 있으며 그밖의 경우에는 노동의욕이 없는 것이므로 노동을 강제해야 한다는 것이었다.[6]

독일사회의 자유주의적 개혁은 심각한 사회문제와 결부되었다. 이는 한편으로는 기존질서의 변화를 추구하는 시민혁명이 발발하는 원동력이 되었다. 하지만 다른 한편 독일 시민계급이 자본주의 사회에서 새로이 형성된 노동자들에 대한 두려움으로 근본적인 입헌주의혁명을 관철하지 못하고 귀족들의 정치적 주도권을 인용하는 배경이 되었다.

2. 독일 카이저제국의 형성과 국가개입주의의 대두

독일에서 시민계급의 주도로 통일된 국민국가를 형성하려 했던 1848년 3월혁명은 실패로 귀결되었지만 이후 자본주의경제는 비약적으로 성장하였다. 프로이센정부는 1860년대의 헌정의 위기를 비스마르크가 주도했던 이른바 철혈정책으로 극복하면서 덴마크, 오스트리아 및 프랑스와의 전쟁에서 연이어 승리함으로써 독일카이저제국의 성립을 주도하게 된다. 이로써 국민국가 형성에의 요구를 수용한 개혁적 보수주의와 보수주의가 주도하는 국민국가의 형성을 수용한 경제적 자유주의가 협력하는 시대가 열렸다. 이 시대에는 시민적 법치국가의 기초를 마련하는 일련의 개혁입법이 제정되기도 하였다.

독일 카이저제국의 형성기는 1850년부터 1873년까지 이어진 호황기였고 이는 산업혁명과 연결되어 있었다. 하지만 1873년 비인 주식시장의 폭락으로 시작된 경제공황은 국가와 시장의 관계에서 보다 근본적인 변화를 가져왔다. 이 경제위기는 1879년에 최저점에 이르렀지만 이후 수차례의 짧은 회복기에도 불구하고 1895년경까지 지속되었다. 이러한 상황에서 비스마르크는 1879년 보호관세정

---

6) Reinhart Koselleck, Preußen zwischen Reform und Revolution, 632면 이하.

책을 취함으로써 자유주의우파인 민족자유주의세력과의 협력관계를 파기했다. 이는 경제적 자유주의로부터 국가개입주의로의 전환을 의미했다.[7] 이와 함께 비스마르크는 사회민주주의 세력의 대두에 적극적으로 대처하는 방안으로, 한편으로는 사회주의운동을 강력하게 탄압하면서, 다른 한편으로 자본주의경제질서의 구조적인 문제를 해결하는 방안을 찾아나선다. 그 결과 1883, 1884, 및 1889년에 각각 의료보험법, 산업재해보험법, 그리고 노령 및 폐질 보험법이 제정되었다.[8]

독일에서 정치·경제적 자유주의는 영국에서와는 달리 지배적인 흐름을 이루지 못했다. 독일 자유주의가 1848년 3월혁명의 실패로 인해 국민국가의 통일이라는 정치적 과업을 실현함에 있어 주도권을 상실하게 된 것이 가장 커다란 이유일 수 있다. 이후 독일 자유주의의 다수세력은 노동조합 및 사회민주주의 세력의 대두 앞에서 정치적 자유주의보다는 경제적 자유주의에 만족하고 헌정을 주도하는 보수주의와 타협하여 그 개혁성을 잃게 된다. 하지만 동시에 자유주의세력의 취약성은 사회민주주의세력 뿐 아니라 사회적 보수주의가 자본주의 내지 시장경제 질서의 약점을 간파하고 이에 적극적으로 대처할 수 있는 배경이 되었다.

3. "전시사회주의"와 공동경제이론

제1차 세계대전은 인류가 최초로 경험한 총체적 전쟁(totaler Krieg)이었다. 고도로 발전한 자본주의적 생산력과 기술력을 지닌 산업

---

7) 송석윤, 위기시대의 헌법학, 31면 이하.
8) Dietmar Willoweit, Deutsche Verfassungsgeschichte, 313면. 독일 사회보장입법 도입의 배경에 대한 분석으로는 Michael Stolleis, Sozialversicherung Bismarcks, 235면 이하 참조.

국가들이 남녀노소, 계층, 그리고 전선과 후방의 구별 없이 사회의
모든 자원과 역량을 투입하였다. 전선에서는 전차, 화학무기, 전투
기, 잠수함 등 신무기가 본격적으로 사용되면서 대량살상이 이루
어졌고 후방의 민간인 역시 전시경제체제에 동원되면서 생활필수
품 조달에 어려움을 겪어야 했다.9) 이러한 총동원체제는 국민들의
희생을 요구하면서 승전 후 이에 대한 대가를 약속하였다. 또한 전
쟁에서 승리와 패배, 또는 삶과 죽음의 갈림길을 함께 경험하면서
신분격차에 대한 의식이 완화될 수밖에 없었다. 제1차 세계대전 이
후 유럽의 국가들에서 전반적으로 나타나는 민주화경향은 비극적
전쟁의 예기치 않은 성과물일 수도 있다.

　　1914년 제1차 세계대전이 발발하자 독일의 대표적인 산업자본
가였던 라테나우(Watler Rathenau)는 전쟁을 수행하기 위해서는 천
연자원에 대한 국가의 직접적인 통제가 필요함을 지적하고 스스로
전쟁성의 원자재수급 담당부서를 이끌게 된다. 라테나우는 묄렌도
르프(Wichard Grad von Moellendorf)와 함께 이른바 "전시사회주
의"(Kriegssozialismus) 경제체제를 이끌며 공동경제(Gemeinwirtschaft)
이론을 형성하게 된다.

　　이미 19세기말부터 급격한 독과점화가 진행되어 중소규모 기업
간의 공정하고 자유로운 경쟁은 이미 존재하지 않는 현실에서 이
에 대한 적절한 규제의 필요성이 지적되고 있었다. 라테나우는 전
쟁이 장기화되고 해상운송이 통제되어 무기와 생필품이 부족한 상
황에서 국가와 사경제의 협력을 강조하였다. 대기업의 문제는 더
이상 단지 민사법적 관심의 대상일 수만은 없고 전체 국민경제의
부분요소라는 것이다. 공동경제사상의 기초는 경제가 더 이상 사
적인 사안이 아니라 공동체의 문제라는 데에 있었다.10)

---

9) Clemens Zacher, Die Entstehung des Wirtschaftsrechts in Deutschland, 42면 이하.
10) Clemens Zacher, Die Entstehung des Wirtschaftsrechts in Deutschland, 45면.

III. 바이마르헌법의 제정과 기본권조항의 형성

1. 바이마르공화국 경제질서에 대한 기본적인 결정들

1918년 제1차 세계대전에서의 패전이 확실해지면서 독일은 헌정을 의회주의화하는 내정개혁을 위해 10월에 헌법을 개정한다. 이는 독일식 입헌군주제에서 의회제군주제로의 변화를 의미했다. 하지만 새로운 정부와 협의없이 해군지도부가 최후의 일전을 위해 함대를 북해로 진격하도록 하고 황제가 거처를 군총사령부의 막사로 이전함으로써 국면을 뒤집으려 하자 전혀 새로운 상황이 전개된다.[11]

1918년 10월 28일 항구에 집결한 해군수병들이 해군지도부의 출전명령을 거부하고 이어 키일에서 수군과 병사들이 봉기하여 11월 4일에 키일의 지배권을 병사평의회가 장악함으로써 10월개혁은 11월혁명으로 급변하였다. 혁명의 물결이 11월 9일 수도 베를린에 이르자 제국수상 바덴공(Prinz Max vom Baden)은 황제의 퇴위를 일방적으로 공표하고 수상직을 독일사회민주당의 지도자인 에버트(Friedrich Ebert)에게 이양한다. 이러한 정권의 이양은 황제는 교체하지만 군주제 자체를 폐지하지는 않는 것을 전제로 했다고 볼 수 있다.

한편 에버트의 정당동료인 샤이데만(Philipp Scheidemann)은 베를린의 제국의회 건물 발코니에서 집결한 군중들을 대상으로 행한 연설 도중 정당지도부와의 사전협의 없이 공화국을 선포하게 된다. 이처럼 예측불가능한 상황의 전개 속에서 11월 10일 사회민주당과

---

11) 이하의 전개상황에 대한 설명은 송석윤, 위기시대의 헌법학, 77면 이하의 내용을 기초로 하여 보완한 것임.

제1차 세계대전 중 이탈한 독립사민당이 동수로 참여하는 인민전권위임위원회(Rat der Volksbeauftragten)를 구성하는 합의가 이루어진다. 혁명의 과정에서 에버트가 제국수상 및 인민전권위임위원회 위원장으로서 지녔던 이중적 지위는 독일 바이마르공화국을 배태한 11월혁명이 지녔던 복합성의 일면을 보여준다.

세기 전환기를 겪으면서 독일의 사회민주주의세력과 자유노조로 대표되는 노동운동세력은 안정적인 지위를 확보해 갔으며 마침내 제1차 세계대전의 과정에서 정치경제 체제내로 편입되는 계기를 갖게 되었다. 제1차 세계대전의 총동원체제 하에서 노동조합은 노동자들을 규율하는 책임을 맡으면서 이와 함께 사용자와 동등한 파트너로서의 지위를 인정받게 된다. 1916년에 제정된 조국 구호봉사법(das Vaterländische Hilfsdienstgesetz)는 노동자위원회, 노동중재 절차 등에 대해 규정함으로써 노동조합의 실체를 법적으로 인정하고 사용자에게 노동조합과 협력하도록 하는 효과를 가져왔다.[12] 또한 독일 사민당 역시 여러 가지로 어려운 상황 속에서도 1912년의 제국의회 선거에서 제1당으로 약진하였다.[13] 전쟁의 전망이 불리하게 돌아가는 것이 확실해지던 1917년부터는 제국의회가 평화를 위한 결의를 채택하고 의회에 기반한 내각으로 발전할 여지가 있는 원내교섭단체 공동위원회(der Interfraktionelle Ausschuß)를 구성했으며 나아가 예산에 대한 의회의 권한을 활성화하는 등 헌정의 기본틀이 의회민주주의로 전개될 전망이 보이고 있었다. 독일 사회민주주의세력이나 노동조합은 군부나 관료처럼 통치하는 입장은 아니었지만 이미 정치와 경제의 체제내에 편입되어 자신의 역할을 담당하고 있는 상황이었다.

이러한 배경 속에서 에버트를 비롯한 사민당의 지도부는 정권

---

12) 송석윤, 위기시대의 헌법학, 52면 이하.
13) 송석윤, 위기시대의 헌법학, 41면.

을 장악한 이후 11월초에 발생한 소요사태로 인한 변혁적 상황은
바람직하지 않다고 보았으며 오히려 생필품의 확보, 귀환 병사들
의 노동과정에의 재편입 등 전시체제를 평시체제로 전환하는 데에
주안점을 두었다. 에버트는 11월 10일 패전의 책임을 지고 물러난
루덴도르프(Ludendorff)를 이어 군부의 지도자가 된 그뢰너(Groener)
장군과 협정을 체결한다. 이 협정의 요지는 군 장교단의 지휘권이
유지되도록 인민전권위임위원회가 노력하며 군최고사령부는 에버
트를 새로운 통치권자로 인정한다는 것이었다. 또한 인민전권위임
위원회는 두 문장으로 이뤄진 11월 11일자의 포고령에서 공직자들
이 업무를 지속할 것을 선언하고 권한없는 자들이 관청에 난입하
여 업무를 인수하는 것을 금지함을 선포하였다.[14]

　11월 15일에는 바이마르공화국의 사회경제질서의 기본방향을
정하는 중요한 결정이 이루어진다. 경영계의 지도적 인물이던 슈
티네스(Hugo Stinnes)와 자유노조의 지도자였던 레기인(Carl Legien)
을 협상대표로 사용자단체와 노동조합 사이에 "독일 상공업 사용자
및 노동자의 중앙노동공동체"(Zentralarbeitsgemeinschaft der industriellen
und gewerblichen Arbeitgeber und Arbeitnehmer Deutschlands: 이하 중앙
노동공동체)를 결성하기 위한 협정이 이루어졌다. 이 협정에서 사
용자단체는 노동조합을 처음으로 유보없이 노동자계층의 정당한
대표이자 단체협약의 상대방으로 인정했으며 어용노조(이른바 황
색노조)를 지원하지 않기로 약속하였다. 이러한 슈티네스-레기인
협정은 당시의 변혁적 상황에서 노동운동세력이 소유관계의 근본
적인 변화를 지향하지 않고 자본주의 경제질서의 기본틀이 유지되
는 속에서 노사동권의 사회적 동반관계를 선택했으며 관료주도의

14) Erlaß der Reichsregierung über das Weiterbestehen der Reichsämter und der
　　sonstigen Reichsbehörden, in: E. R. Huber (Hg.), Dokumente zur deutschen
　　Verfassungsgeschichte Bd.4, 8면.

국가조합주의적 체제 대신 경제활동의 주체인 노사간의 자율성을 지향했음을 의미한다.

1918년 12월 16일부터 21일까지 베를린에서 제1회 전독일 노동자 및 병사평의회총회(Der Erste Allgemeine Kongreß der Arbeiter- und Soldatenräte Deutschlands)가 개최되어 헌법제정의 방식에 대해 논의하였다. 평의회총회에 파견된 514인의 대표자 중 약 60퍼센트는 다수사민당에 속하였다. 급진좌파노선의 지도자인 룩셈부르크(Rosa Luxemburg)와 립크네히트(Karl Liebknecht)는 대표자로서의 자격을 얻지 못했으며 참고인으로 참석하도록 해달라는 청원 역시 거부되었다. 평의회총회는 평의회제도에 기초하는 사회주의공화국 헌법을 제정하자는 급진파의 제안을 334표 대 98표로 거부하는 한편, 1919년 1월 19일에 헌법제정회의 선거를 실시하자는 다수사민당의 제안을 약 400표 대 50표로 가결하였다. 이로써 바이마르공화국 헌정질서의 기본틀은 의회민주주의로 정해졌다.[15]

1918/19년의 변혁적 상황을 감안하면 매우 온건한 결과가 나온 배경에 대해 빙클러(H. A. Winkler)는 당시 독일 사회민주주의의 원로이론가였던 베른슈타인(Eduard Bernstein)의 분석에 기대어 두 가지 이유를 들고 있다.[16] 우선 사회구조의 근본적인 변화를 가져오는 고전적 의미의 혁명이 가능하기에는 당시의 독일사회가 이미 다양하고 분업화된 산업사회로 전환되었다는 것이다. 영국, 미국, 프랑스 등에서의 시민혁명이나 러시아혁명은 모두 국가나 지방정부에 의존하지 않고도 생존할 수 있는 농경사회에서 발생했는데 1918년의 독일사회는 이미 산업화와 도시화가 고도로 진전되어 행정적 연속성을 포기하기 어렵다는 것이다. 또한 독일의 민주화의 정도가 여전히 문제가 많았음에도 불구하고 바이마르공화국 출범

---

15) Heinrich August Winkler, Der lange Weg nach Westen Bd.1, 385면.
16) Heinrich August Winkler, Der lange Weg nach Westen Bd.1, 379면 이하.

의 시점을 기준으로 이미 반세기가량 제국차원에서 남성보통선거
가 실시되었고 대중의 정치적 영향력이 확대되고 있는 추세였다.
헌정의 민주화를 위해 투쟁하던 독일 사회민주주의가 여성참정권
의 보장과 보통선거권의 구성국가로의 확산 등을 통한 의회민주주
의의 심화 대신 교조적 마르크스주의의 계급독재로 노선을 급변시
킬 수는 없는 상황이었다는 것이다.

카이저제국에서 바이마르공화국으로의 전환기에 에버트를 비롯
한 다수사민당 지도부는 국가통일성의 보존, 법질서의 유지, 경제
의 재건에 진력하였다. 하지만 카이저제국의 붕괴부터 헌법제정국
민회의 선거까지 2개월여 동안 새롭게 탄생하게 될 의회민주주의
의 기초를 보다 탄탄하게 다질 제도개혁의 여지는 없었는가에 대
한 비판적 논의가 이루어져 왔다. 엘베강 동쪽에는 봉건적 대토지
소유제도가 여전히 존속하고 있었는데 토지개혁을 실시할 준비가
충분히 되어있지 않았다. 또한 광산업과 철강산업과 같은 중공업
자본은 입헌민주주의와 함께 할 준비가 되어있지 않았다. 이들 세
력은 바이마르공화국에서도 사회경제질서와 정치질서에 대한 가
부장적 사고방식(«Herr-im-Haus»-Standpunkt)에 기초하여 입헌민주
주의의 실현에 강력히 저항하는 거점을 이루게 된다. 또한 사민당
의 지도부는 카이저제국의 행정관료에 의존했을 뿐 아니라 기존의
관료들이 행정부처의 장을 맡는 프로이센적 관료주의를 답습했다.
이러한 자세는 군부와 관련해서도 마찬가지였는데 군과 관료를 신
생공화국 체제에 어울리도록 개편할 여지가 없지 않았다는 지적이
있다. 이러한 배경에서 빙클러는 1918년 11월의 독일혁명을 "초연
속성"(Überkontinuität)을 특징으로 하며 체제전환기의 독일 사민당
지도부는 민주주의의 창설자(Gründerväter einer Demokratie)로서보다
는 구정권의 파산관리인(Konkursverwalter des alten Regimes)으로서
의 역할을 했다고 평가하고 있다.[17]

볼셰비즘과 반혁명으로부터의 위협, 패전상황에서 전승국과의 관계, 전후 혼란상황에서의 통치가능성의 확보 등 당시 상황의 복합성을 감안할 때 이러한 아쉬움이 역사적 근거를 지니는 것인가의 여부와는 별론으로 이러한 논쟁은 입헌민주주의가 기능하는 사회경제적 조건 및 국가제도적 조건에 대해 생각해 보는 계기를 마련해 주고 있다.

2. 바이마르헌법의 제정과 기본권조항

(1) 정부의 헌법초안

바이마르헌법을 제정하는 작업은 자유주의좌파 성향의 국법학자 프로이스(Hugo Preuß)가 정부초안을 준비하면서 시작되었다.[18] 프로이스는 개별 기본권조항에 특별한 의미를 부여하지 않던 당시의 주류 헌법이론[19] 및 헌법실무에 근거하여 1848년 3월혁명과 함께 만들어졌던 파울교회헌법이나 프로이센헌법에서와 같은 자세한 기본권조항은 바람직하지 않다고 보았다. 특히 파울교회헌법을 제정하는 과정에서 기본권조항에 대한 논의가 길어짐으로써 3월혁명 자체가 실패하는 원인이 되었던 역사적 경험을 프로이스는 잘 알고 있었다.[20] 하지만 프로이스가 주도한 헌법초안에 대해 정치

---

17) Heinrich August Winkler, Der lange Weg nach Westen Bd.1, 382면 이하.

18) Günther Gillessen, Hugo Preuß, 103면 이하.

19) 예를 들어 독일 법실증주의의 대표적인 헌법학자였던 옐리넥은 기본권의 보장을 개별 기본권으로부터 도출하지 않고 법치국가원리에 기초한 법률유보의 원칙이나 행정의 합법성의 원칙을 일반적으로 적용함으로써 해결하려 했다. 안쉬츠가 헌법상의 기본권들을 법치행정의 원리를 나열한 것에 불과하다고 본 것도 유사한 맥락이다.(이에 대한 보다 자세한 내용은 송석윤, 헌법과 사회변동, 49면 이하 참조)

20) Walter Pauly, Grundrechtslaboratorium Weimar, 7면 이하.

권으로부터 문제가 제기되었다. 예를 들어 에버트는 기본권에 대한 명시적 조항을 두어서 민주주의적 관점을 강조할 필요성을 지적하였다.

정부초안은 이후 독일 구성국가의 대표회의(Staatenausschuß)를 거치면서 최종적인 정부초안으로 다듬어져서 헌법제정회의에 제출되었다. 모두 118개 조항으로 이루어진 정부초안에는 13개의 기본권조항이 포함되어 있었다.[21] 이들 기본권은 노동력의 특별한 보호조항과 단결권을 제외하면 평등권, 양심의 자유, 학문과 예술의 자유, 일련의 표현의 자유 등 19세기 입헌주의헌법의 전형적인 자유권들을 나열하고 있다.

(2) 사안(私案)

정부의 헌법초안 준비와는 별도로 다양한 개인과 단체들이 헌법안을 제시하였다.[22] 그 중 영향력이 가장 컸던 것은 트리펠(Heinrich Triepel)과 카우프만(Erich Kaufmann)이 주도적으로 참여했던 "법과 경제"협회(Verein "Recht und Wirtschaft")의 헌법안이었다.[23] 1919년 1월에 발표된 이 헌법안은 40개의 기본권조항을 지녔는데 여기에는 자유권 뿐 아니라 종교제도와 교육제도에 관한 내

프랑크푸르트의 파울교회에서 소집된 국민회의는 헌법의 기본권조항을 먼저 심의했는데 애초의 예상과는 달리 무려 6개월의 시간을 소비하였다. 그 결과 당시의 상황에서 매우 모범적인 기본권조항을 마련했지만 정치적으로는 반혁명세력에게 반격을 준비할 시간을 주었다.(Dietmar Willoweit, Deutsche Verfassungsgeschichte, 266면)

21) Entwurf einer Verfassung des Deutschen Reichs.(Entwurf IV.) Vom 21. Februar 1919, in: Heinrich Triepel, Quellensammlung zum Deutschen Reichsstaatsrecht, 28면 이하.

22) 전반적인 소개와 분석으로는 Hans Fenske, Nichtamtliche Verfassungsentwürfe 1918/19 참조.

23) Walter Pauly, Grundrechtslaboratorium Weimar, 13면 이하.

용이 포함되었으며 단결권과 노동법원제도가 도입되어. 있다. 또한 이 초안은 위헌법률심사제도를 명시적으로 도입하고 있다. 이러한 내용은 당시의 정치적 상황 속에서 한편으로는 독일의 부르주아가 건전한 사회적 진보를 받아들여야 하지만 동시에 민주적 다수의 절대적 지배에 대한 방어책을 확보해야 한다는 트리펠의 판단을 반영하고 있다.24)

특히 사회적 기본권의 확대와 관련하여 주목할 헌법안은 마부르크대학의 보수주의적 헌법학자였던 브레트(Joh. Viltor Bredt)가 독일 토지소유보호단체(Schutzverband für deutschen Grundbesitz)와 협의하여 1919년 1월에 발표한 것이었다.25) 브레트는 자유주의적 관점을 넘어 사회경제적 영역에서의 시대적 과제를 파악하여 그 핵심적인 내용을 헌법에 담아야 한다면서 34개의 기본권조항을 제시하였다. 이는 최저생계의 보장을 위한 노동권, 주거의 자유의 전제로서의 주거에 대한 청구권, 재산권의 사회적 의무, 적합한 기업체의 국유화 또는 사회화, 단결권, 노동계약에 대한 법적 규제, 노동법원제도 등의 내용을 포함하였다.

프로이스의 주도 하에 작성된 정부의 헌법초안은 여론과 정치의 현실 속에서 이러한 사안들과 경쟁해야 했다.

(3) 헌법제정회의 본회의

1919년 1월 19일 실시된 헌법제정국민회의 선거결과 독일사민당, 카톨릭정당인 중앙당 및 자유주의좌파인 독일민주당이 각각 38%, 19.7%, 18.5%를 획득하여 세 정당이 이른바 바이마르연정을 구성하게 된다. 사민당에서 분리된 독립사민당, 보수주의의 독일민

---

24) Ulrich M. Gassener, Heinrich Triepel Leben und Werk, 111면 이하.
25) Walter Pauly, Grundrechtslaboratorium Weimar, 16면 이하.

족국민당 및 자유주의우파인 독일국민당은 각각 7.6%, 10.3%, 4.4%
를 획득하여 헌법제정국민회의에서 중도세력인 바이마르연정에
대한 좌우 야당의 역할을 하게 되었다.[26]

정부의 헌법안이 2월 21일 헌법제정회의에 제시되면서 헌법제
정에 대한 공개적인 논의가 진행되기 시작했다. 헌법제정회의 본
회의는 2월말과 3월초에 실시된 제1독회에서 헌법초안을 심의하였
다. 여기서 기본권조항에 대한 비판은 좌우의 야당세력 뿐 아니라
자유주의정당으로부터도 제기되었다. 특히 프로이스와 같은 자유
주의좌파 독일민주당 소속인 쉬킹(Walter Schücking) 의원은 정부초
안의 기본권조항을 "1848년의 가장 오래된 재고품"[27]이라고 비판
하면서 일련의 "경제적 자유권"(wirtschaftliche Freiheitsrechte)을 도입
하자고 주장하고 있다. 여기서 쉬킹 의원은 사회보장제도를 실업
보험까지 확대하여 경제적 기본권(wirtschaftliches Grundrecht)으로
헌법에 도입할 것, 임금협정을 객관적 법규범으로 인정할 것, 공장
입헌주의(Fabrikkonstitutionalismus)의 기본원칙을 세울 것, 토지개혁
의 기본이념을 언급할 것 등을 제안하였다.[28]

(4) 헌법위원회(Verfassungsausschuβ)

헌법제정의회는 28인의 의원이 참여하는 헌법위원회(또는 "제8
위원회")를 구성하여 정부초안의 심의를 위임하였다. 헌법위원회
는 1919년 3월부터 6월까지 활동하면서 특히 기본권부분에 전면적

---

26) 송석윤, 위기시대의 헌법학, 87면.
27) Stücking, 19. Sitzung der Nationalversammlung am 3.3.1919, in: E. Heifron,
   Die Deutsche Nationalversammlung im Jahre 1919 in ihrer Arbeit für den
   Aufbau des neuen deutschen Volksstaates, Bd.2, 1185면.
28) Stücking, 19. Sitzung der Nationalversammlung am 3.3.1919, in: E. Heifron,
   Die Deutsche Nationalversammlung im Jahre 1919 in ihrer Arbeit für den
   Aufbau des neuen deutschen Volksstaates, Bd.2, 1186면.

인 수정을 가하게 된다. 13개의 기본권조항으로 이루어진 정부초안이 최종적으로 57개의 조항으로 증가된 결정적인 추동력은 독일민주당의 지도자였던 개신교 목사 출신의 나우만(Friedrich Naumann)으로부터 나왔다. 그는 헌법위원회에 "국민이 알기 쉬운 기본권"이라는 제목의 초안을 제출하였다. 이 안은 우선 매우 대중적인 표현들만으로도 충격적이었다. "아동의 성장은 국가의 힘이다", "질서와 자유는 형제자매이다", "모든 진실한 노동은 동등한 권리와 가치를 지닌다", "일하지 않는 자, 먹지도 말라!", "국민경제는 사경제에 우선한다", "토지는 개인이 사용하는 국가의 소유이다" "국유화는 효용성의 문제이다", "우리는 통상의 시대에 살고 있다", "우리는 우리가 외국에서 대우받기 원하는 바처럼 외국인을 대한다"는 등의 조항을 포함하는 그의 초안은 시민적·자유주의적 입헌주의와 이를 기초로 형성된 헌법학의 관점에서 구성된 정부초안의 기본권조항에 대한 근본적인 문제제기였다. 사회적 자유주의자였던 나우만은 국가통합의 상징이었던 군주제가 폐지되고 새로이 등장한 "대중국가"(Volksstaat)를 통합할 새로운 헌법적 정당성을 찾을 필요성과 제3신분이 주도하던 19세기적 정치공동체에 제4신분을 포섭할 헌법적 장치를 도입할 필요성을 극단적인 방식으로 촉구한 것이다. 1848년식의 추상적 법치국가의 개념으로는 1918년 러시아에서 볼셰비키헌법이 제정된 상황을 감당할 수 없으며 자본주의와 사회주의가 서로 이해하는 속에서 사회국가의 이념을 세워야 한다는 것이다.[29]

나우만 외에도 헌법위원회에서 기본권조항의 확충을 주도했던 의원으로는 독일민족국민당의 뒤링거(Adelbert Düringer)를 들 수 있다. 그는 트리펠과 카우프만이 주도해서 만든 헌법안을 발표한 "법

---

29) Walter Pauly, Grundrechtslaboratorium Weimar, 32면 이하.

과 경제"협회의 의장이기도 하였다. 노동법학자로서 사민당 소속
이던 진츠하이머(Hugo Sinzheimer)의 역할 역시 주목할 만하다. 그
는 헌법위원회에서 기본권의 사회경제적 기초와 사회적 권력에 대
해서도 기본권을 보장할 필요성에 대해 강조하고 있다.[30]

(5) 소위원회에서의 기본권확충과 헌법제정

헌법위원회는 나우만의 안을 받아들이는 대신 그의 기본관점을
감안하여 정부의 헌법초안을 재구성할 소위원회(Unterausschuß)를
구성하기로 하였다. 14인으로 구성된 소위원회를 주도했던 것은 나
우만의 문제의식에 깊이 공감했던 뮌헨대학의 법사학교수이자 바
이에른국민당 소속이던 바이얼(Konrad Beyerle) 의원이었다. 바이얼
은 4월말에 기본권초안을 마련하여 5월에 모두 여덟 차례에 걸쳐
개최된 소위원회에 제시하였다.[31]

소위원회에서의 논의 이후 기본권안은 헌법위원회에서 다시 논
의되었고 본회의에서의 수정을 거치게 된다. 헌법제정회의가 1919
년 7월 31일 바이마르헌법을 가결하고 대통령이 8월 14일 공포함
으로써 57개조로 구성된 바이마르헌법 제2장이 형성되게 된다. 이
모든 심의과정에서 바이얼은 주도적인 역할을 하였다. "바이마르
헌법의 아버지"로 불리는 프로이스는 기본권조항을 확충하는 데에
명백히 반대했으므로 바이얼을 "바이마르헌법 기본권조항의 아버
지"라고 불러도 무리가 없을 것이다.

---

30) Walter Pauly, Grundrechtslaboratorium Weimar, 33면 이하.
31) 바이얼의 기본권초안과 소위원회에서의 논의에 대한 자세한 내용은 Walter
   Pauly, Grundrechtslaboratorium Weimar, 37면 이하; Knut Wolfgang Nörr, Die
   Weimarer Nationalversammlung und das Privatrecht, 331면 이하.

(6) 기본권조항의 구성

바이마르헌법 "제2장 독일인의 기본권과 기본의무"는 모두 다섯 개의 절로 이루어져 있다. "제1절 개인"(제109조 이하)에서는 평등권, 거주 및 이전의 자유, 소수언어의 보호, 인격의 자유, 주거의 불가침, 형벌불소급, 통신의 비밀, 의사표현의 자유 등을 보장하고 있다. "제2절 공동체생활"(제119조 이하)은 혼인과 가족생활에 관한 사항, 집회 및 결사의 자유, 청원권, 선거권, 공무담임권, 병역의무 등을 규정하고 있다. "제3절 종교와 종교단체"(제135조 이하)와 "제4절 교육과 학교"(제142조 이하)는 각각 신앙의 자유와 종교제도에 대한 조항 및 예술, 학문 및 교수의 자유와 교육제도에 대한 조항을 두고 있다. 이어서 "제5절 경제생활"(제151조 이하)에서는 경제질서, 노동 및 사회질서에 대해 규정한 후 제165조에 이른바 평의회조항을 두고 있다.

(7) 정리 및 평가

지금까지 살핀 바로부터 바이마르헌법의 기본권조항은 11월혁명을 주도했던 세력에 의해 형성된 것이 아니라 19세기적 자유주의에 기초한 헌법과 헌법이론으로는 20세기적 상황에 대처하기 어렵다는 문제의식과 이에 대한 보수주의, 자유주의, 정치적 가톨릭 및 사회민주주의 진영의 광범위한 합의를 배경을 하였음을 알 수 있다. 따라서 바이마르헌법의 기본권조항은 고도로 발달한 산업사회에서 대중민주주의를 실현하는 규범적 기초를 확보하려는 고민과 노력의 산물이었다고 평가할 수 있다.

IV. 경제민주화와 경제헌법

1. 바이마르헌법의 경제조항

바이마르헌법 제151조는 "경제생활의 질서는 만인의 인간다운 생활의 보장을 목적으로 하는 정의의 원칙에 합당해야 한다"라고 선언하고 있다. 경제적 자유는 이러한 원칙 하에서 보장된다는 것이다. 하지만 동시에 경제생활의 영역에서 "인간다운 생활"이나 "정의의 원칙"이 무엇을 의미하는지를 법적으로 구체화하는 해석론을 형성하는 것은 쉽지 않은 일이었다.

(1) 경제질서

11월혁명의 과정에서 기본적으로 국가주도가 아닌 사적 자치에 기초하는 경제 질서를 선택했던 것에 상응하여 바이마르헌법은 통상과 영업의 자유(제151조 제3항), 계약의 자유(제152조), 재산권(제153조), 상속권(제154조), 저작권(제158조) 등의 기본권을 보장하고 있다. 하지만 이러한 기본권들은 공공복리, 선량한 풍속, 공공선 등에 의해 제한될 수 있다.

나아가 바이마르헌법은 토지의 분배와 이용에 대한 국가의 감독(제155조 제1항), 적합한 사기업체의 사회화(제156조 제1항)에 대해 규정함으로써 경제질서의 기본인 사경제질서가 국가의 간여로부터 자유로운 방임적 경제질서가 아님을 확인하고 있다. 하지만 경제적 기본권들은 직접 효력이 있는 권리인데 반하여 국가가 사적 경제에 간여하려면 입법적 근거가 필요하며 또한 재정적인 뒷받침이 있어야 했는데 바이마르공화국의 여건은 좋지 않았다.

헌법 제156조 제1항의 사회화와 관련해서는 이미 헌법제정이전인 1919년 3월에 파업노동자들의 요구를 받아들여 사회화법 (Sozialisierungsgesetz)이 제정된 바 있다. 하지만 석탄광산업이나 철강산업 등 기간산업이 독과점으로 인해 문제점을 지녔음에도 불구하고 실제로 기업의 사회화가 이루어지지는 않았다. 토지개혁과 관련해서도 진전이 거의 없었다. 심지어 헌법 제155조 제2항이 명시적으로 규정한 전근대적 토지제도인 세습가산제(Fideikommisse)의 폐지문제조차 매우 점진적으로 진전되었다.[32]

(2) 노동 및 사회질서

바이마르헌법은 재산권을 보장하는 것과 함께 노동력은 국가의 특별한 보호를 받는다고 규정함으로써(제157조) 자본과 노동 사이의 균형을 유지하려 하였다. 나아가 자본과 노동 간의 균형 뿐 아니라 농업과 상공업에 종사하는 자영중산층을 대토지소유자나 대기업으로부터 보호하는 조항(제164조)도 두었다.

바이마르헌법 제163조는 한편으로는 노동에 대한 도덕적 의무를 규정하면서 다른 한편으로는 실업자의 구제방안을 강구하도록 하고 있다. 제159조는 단결권을 보장하고 있으며 제165조 제1항 제2문에서는 노동조합과 경영자간의 노동조건에 대한 합의가 존중되어야 함을 천명하고 있다. 나아가 제157조 제2항에서는 통일된 노동법을 제정할 것을 위임하고 있다.

실업자의 구제와 관련해서는 1927년에 "직업소개 및 실업보험법"(Gesetz über Arbeitsvermittlung und Arbeitslosenversicherung)이 제정되어 커다란 진전을 이루었다. 하지만 1929년의 경제위기로 실업자가 급증하면서 실업보험의 재정확충의 문제가 제기되었다. 이에

---

32) Christoph Gusy, Die Weimarer Reichsverfassung, 347면 이하; 이철우, 서양의 세습가산제, 240면 이하.

당시의 대연정 내에서 사민당과 자유주의우파의 독일국민당 사이
의 이견이 극복되지 못함으로써 대연정이 붕괴되었다.[33]

한편 1926년에는 노동법원법(Arbeitsgerichtsgesetz)가 제정됨으로
써 새로운 영역이던 노동법이 독자적인 체계를 지닌 법영역으로
자리 잡는 계기가 되었다.

노사간 임금협상의 자율권(Tarifautonomie)과 관련해서는 제165
조 제1항의 규정에도 불구하고 노사당사자와 정부간의 관계가 명
확하게 정립되지 못하였다. 1923년 노동중재명령과 그 시행령이 제
정되면서 강제중재제도가 도입되었는데 이로써 정부가 임금협상
에 적극적으로 개입하는 법적 근거가 마련되었다. 이는 1923년 경
제위기를 겪으면서 노동조합의 교섭력이 급격히 약화되는 것을 사
회정책적 측면에서 보완하려는 것이었다. 강제중재제도로 인해 점
차 정부는 노사간의 협상에서 조정자를 넘어 지도적 지위를 점하
게 되었다. 하지만 정부가 노사관계에 지나치게 개입하는 것은 정
치적 부담으로 작용하였다. 1928년 루르지방 중공업 사용자들이 정
부의 강제중재의 결과를 거부하고 공장폐쇄조치를 취하는데 이는
바이마르공화국 위기의 시작으로 평가된다.[34]

바이마르공화국의 현실을 감안할 때 노동질서와 관련해서는 적
지 않은 진전이 있었다. 이에 반해 포괄적인 보험제도를 창설하라
는 헌법의 위임(제161조)에도 불구하고 사회보험제도에서는 언급
한 실업보험이 새롭게 도입된 것 외에 구조적인 변화는 없었고 기
존 제도의 부분적인 개선에 그쳤다.

---

33) 송석윤, 위기시대의 헌법학, 119면.
34) 송석윤, 위기시대의 헌법학, 101면 이하.

(3) 평의회조항

지금까지 살펴본 경제생활에 대한 조항은 상호 경쟁하는 경제세력들간의 힘의 균형을 추구하는 동권(同權)의 원칙(Paritätsprinzip)에 기초하는 것이었다. 이러한 원칙은 11월혁명이 발발한 직후 슈티네스와 레기인이 경영자단체와 노동조합을 대표하여 중앙노동공동체를 설립하기로 협정을 체결함으로써 결정된 방향이었다. 또한 평의회제도에 기초하는 사회주의공화국 헌법을 제정하자는 급진파의 제안 역시 1918년 12월에 개최된 평의회총회에서 명백히 거부되었다. 평의회제도와는 별도로 전시경제 하에서 형성된 공동경제사상에 기초한 요소를 도입할 필요가 있다는 소수의 견해가 묄렌도르프의 영향으로 존재했을 뿐이다.

하지만 11월혁명 이후 형성된 정부의 정책방향이 지나치게 현상유지적이라고 판단한 대중들이 항의하기 시작하면서 1919년 2월부터 분위기가 크게 바뀌게 된다. 이는 3월의 총파업으로 이어지고 나아가 평의회적 요소를 헌법에 받아들이고 주요산업의 사회화를 즉시 시작하라는 요구로 연결된다.[35]

이러한 아래로부터의 압력에 직면하여 정부는 평의회문제와 관련된 파업노동자들의 요구를 수용할 것을 천명하게 되었다. 이에 따라 사민당은 임시전당대회를 개회하여 진츠하이머(Hugo Sinzheimer)에게 평의회조항의 작성을 의뢰하였다. 진츠하이머는 사민당 전당대회, 헌법위원회, 헌법제정회의 본회의에서 연설하면서 자신의 입장을 다음과 같이 피력하였다.

정치헌법과 함께 경제헌법이 세워지며 이러한 경제헌법은 경제영역의 세력들이 국가의 기본규범에 근거하여 스스로를 발현하는

---

35) 평의회조항의 도입배경에 대해서는 송석윤, 위기시대의 헌법학, 182면 이하; Ernst Fraenkel, Rätemythos und soziale Selbstbestimmung, 117면 이하.

것이다. 평의회제도를 요구하는 것은 국가헌법과 함께 존재해야 하는 독자적인 경제헌법을 요구하는 운동이다.[36]

1. 민주주의사상은 국민이 국가의사의 형성에 참여하는 것 뿐 아니라 경제활동에 참여하는 모두가 경제생활을 지도하는 데에 참여할 것을 요구한다. 평의회제도는 민주주의의 이러한 경제적 측면을 표현하는 것이다.
2. 평의회는 국가헌법의 조직이 아니라 독자적인 경제헌법의 조직이어야 한다. 따라서 직업신분제적 국가기관으로서, 정치적 의회와 동등한 지위를 지니는 노동의 의회는 거부되어야 한다. 이러한 직업신분제적 국가기관은 정치 전체를 물질화할 것이며 노동계급을 위한 정치적 민주주의를 방해하고 의회주의적 작동방식을 무력화하며 정당을 분산시킬 것이다.[37]

한편으로는 정치헌법 또는 국가헌법과 구별되는 경제헌법의 조직으로서 평의회를 조직하자고 하면서 다른 한편으로는 정치적 의회와 동등한 지위의 노동의회를 거부해야 한다는 그의 주장을 이해하려면 당시의 전반적인 논의상황을 감안해야 한다. 1918년 11월 이래 독일에서는 평의회제도를 전면적으로 도입하고 의회민주주의를 극복하자는 입장(공산당과 독립사민당의 좌파), 평의회적 요소를 배제하고 순수한 의회민주주의를 건설하자는 입장(중도 및 우파정당, 사민당의 우파, 노조지도부) 및 양자의 요소를 결합하자

---

36) Hugo Sinzheimer, Das Rätesystem (zwei Vorträge), 9면(여기서는 Franz L. Neumann, Über die Voraussetzungen und den Rechtsbegriff einer Wirtschaftsverfassung, 86면에서 재인용).

37) Hugo Sinzheimer, Das Rätesystem (zwei Vorträge), 36면(여기서는 Franz L. Neumann, Über die Voraussetzungen und den Rechtsbegriff einer Wirtschaftsverfassung, 86면 이하에서서 재인용).

는 입장(독립사민당의 우파와 사민당의 좌파)이 병존하였다. 그런데 1919년 3월부터 전반적인 흐름이 평의회적 요소를 받아들이자는 방향으로 변화되었던 것이다.

또한 양자의 요소를 결합하자는 쪽에서는 의회민주주의를 존치하되 평의회에 의해 지배되도록 하자는 입장(독립사민당의 우파), 정치적 의회에 평의회적인 경제의회를 병치하는 양원제를 실시하자는 입장(막스 코헨-로이스, Max Cohen-Reuss)를 중심으로 했던 사민당의 일부), 국가헌법을 경제헌법으로 보완하자는 입장이 있었다. 3월 이후의 상황에서 사민당의 다수세력과 노조의 지도부는 양자의 요소를 결합하되 경제적인 차원에서 정치의회를 보완하자는 쪽으로 기울게 된다.[38]

진츠하이머의 입장은 급진화하는 일반당원과 노조원의 요구를 반영하여 평의회적 요소를 받아들이되 평의회적 요소가 국가적, 정치적 의미를 획득하는 방식을 배제하고 경제적 차원에 국한된 조직을 통해 의회민주주의를 보완하자는 것이었다. 이는 3월 이후의 상황에서 사민당과 노동조합의 입장이기도 했다. 진츠하이머는 경제헌법을 정치헌법과 구별하고 평의회는 독자적인 경제헌법의 조직이어야 한다는 원칙을 천명함으로써 당시의 상황논리에 밀려 평의회적 요소를 받아들이지만 여기에 국가적 또는 정치적 의미가 부여되는 것을 피하려 했다. 경제헌법이 국가헌법과 병렬하거나 상위에 위치한다고 주장했던 것은 아니다.[39]

이러한 배경에서 도입된 평의회조항은 노동자평의회와 경제평의회를 두었다. 노동자평의회는 직장, 지역 및 전국단위로 조직되도록 규정되었다.(제165조 제2항) 또한 동조 제3항은 지역단위와

---

38) Ernst Fraenkel, Rätemythos und soziale Selbstbestimmung 113면 이하.
39) Franz L. Neumann, Über die Voraussetzungen und den Rechtsbegriff einer Wirtschaftsverfassung, 86면 이하.

전국단위의 경제평의회를 두도록 했는데 이는 각각 지역 및 전국의 노동자평의회 및 경영자의 대표기구, 그리고 중요 직업집단들로 구성되도록 하였다. 전국단위의 경제평의회인 라이히경제평의회는 사회정책 및 경제정책에 관한 정부의 법률안을 심의하는 권한과 관련 법률안을 제출하는 권한을 지녔다.(동조 제4항)

바이마르헌법의 평의회조항은 평의회제도의 기본원칙에 따라 피라미드구조의 평의회를 구상했지만 법제도화된 것은 하부단위인 직장노동자평의회와 최상부단위인 라이히경제평의회 뿐이었다. 직장노동자평의회는 1920년 2월 직장평의회법에 의해, 라이히경제평의회는 1920년 5월 라이히정부의 시행령에 의해 임시적인 형태로 설립되었다.[40)]

라이히경제평의회는 사용자와 노동자의 대표 뿐 아니라 농수산업, 서비스업, 공무원, 소비자 등 다양한 직역을 포함하였다. 하지만 실질적인 조직은 각 영역의 노사대표체에 의해 주도되었다. 평의회사상에 기초하여 성립된 라이히경제평의회에서도 실질적으로는 노사동등의 원칙이 관철되었던 것이다.[41)] 라이히경제평의회가 커다란 역할을 할 수 없었던 것은 사민당과 노동운동의 주류 등 바이마르공화국을 주도했던 세력이 이 제도를 마지못해 받아들였기 때문이기도 했다.

이에 반해 직장평의회법의 제정으로 제1차 세계대전 중의 전시경제에서 시행되었던 노동자의 공동결정권이 제도화되었다. 직장평의회제도는 노동자들의 항의 속에서 도입되었지만 우파정당과 사용자 측에서도 그 필요성이 인정되어 사업장 단위에서 노동조합과 병존하는 조직으로 정착하게 된다.[42)]

---

40) 송석윤, 위기시대의 헌법학, 191면 이하.
41) 송석윤, 위기시대의 헌법학, 193면 이하.
42) Christoph Gusy, Die Weimarer Reichsverfassung, 355, 365면 이하.

2. 경제민주화와 경제헌법

(1) 경제민주주의와 경제민주화

바이마르공화국에서 경제민주주의라는 용어는 주로 사회민주당과 사회민주주의를 지향하는 자유노조에 의해 사용되었다. 진츠하이머는 1919년 헌법제정의 과정에서 이미 "경제적 민주주의"(wirtschaftliche Demokratie)라는 표현을 사용한 바 있다.[43] 하지만 이를 보다 구체화한 것은 1920년대 중반부터였다. 1925년 브레스라우(Breslau)에서 개최된 자유노조(공식명칭은 독일노동조합총연맹)의 총회에서 헤름베르크(Hermberg)교수와 애켈(Hermann Jäckel)이 경제민주주의의 개념에 대해 논의한 바 있는데 그 내용은 노동조합, 임금협정의 자율성, 직장노동자평의회와 같이 이미 성취한 것을 계속 발전시키고, 공법적 경제회의소를 노사동권으로 재구성하며, 노사가 동참하는 자치행정조직을 구성하여 산업합리화의 문제를 논의하는 것 등이었다.[44]

1925년에 제시된 경제민주주의의 단초는 1928년에 개최된 자유노조 총회에서 보다 구체화되었다. 진츠하이머, 힐퍼딩(Rudolf Hilferding)과 같은 이론가들이 참여한 연구결과를 나프탈리(Fritz Naphtali)가 대표로 발제하였고 그 내용은 "경제민주주의 : 그 본질, 과정 및 목적"(Wirtschaftsdemokratie: Ihr Wesen, Weg und Ziel)이라는 제목의 책으로 출판되었다. 이 책은 경제민주주의를 "경제관계의 민주화를 통한 정치적 민주주의의 심화"라고 정의하고 있다.[45] 이는 경제민주주의에로의 발전을 위해서는 정치적 민주주의가 출발

---

43) Sandro Blanke, Soziales Recht oder kollektive Privatautonomie?: Hugo Sinzheimer im Kontext nach 1900, 81면 이하.

44) Heinrich August Winkler, Der Schein der Normalität, 468면 이하.

45) Fritz Naphtali (Hg.), Wirtschaftsdemokratie: Ihr Wesen, Weg und Ziel, 14면.

점이자 불가피한 전제조건임을 의미한다. 한편으로는 정치적 민주
주의를 부정하고 권위주의국가를 통해 경제에 간여하려는 것은 경
제독재체제일 뿐 경제민주주의와 무관하며, 다른 한편 경제영역에
서 여전히 지배와 피지배가 존재하고 부의 분배가 극도로 불평등
하다면 기회의 균등은 존재하지 않는다는 것이다. 이러한 맥락에
서 이 책은 경제민주주의의 개념이 산업민주주의라는 명칭으로
1897년 영국에서 처음 고안되었지만 제1차 세계대전 이후에 실질
적인 의미를 획득하게 된 것은 노동자들이 정치적 민주주의를 어
느 정도 경험했기 때문이라고 지적하고 있다.[46)

　　이어서 이 책은 경제의 민주화(Demokratisierung der Wirtschaft)라
는 다른 개념을 사용하여 경제적인 자치행정조직, 공기업, 소비자
단체 및 농업 등에서의 문제를 분석한 후 경제정책 관련 국가기구
의 민주화, 노동관계의 민주화, 교육제도의 민주화에 대해 다루고
있다.[47) 이러한 개별영역에서의 경제관계의 민주화가 궁극적으로
경제민주주의로 귀결되며 이러한 경제민주주의, 즉 "경제관계의
민주화를 통한 정치적 민주주의의 건설"이 자유노조가 이해하는
사회주의였다.[48)

　　이러한 민주적 사회주의의 입장은 자유노조 총회에서 나프탈리
의 발제에 반박한 공산당원인 금속노동자의 발언을 통해 보다 명
확해 질 수 있다. 그는 이러한 경제민주주의 정책이 노동자들에게
부르주아적인 영향력을 강화하여 마르크스주의적인 계급이데올로
기를 약화시킬 뿐 아니라 독점적이고 제국주의적인 경제를 지원하
여 다시 제국주의 전쟁을 초래할 것이라고 비판하였다. 이에 대해
자유노조의 지도부이자 사민당 의원이던 타르노브(Fritz Tarnow)는

46) Fritz Naphtali (Hg.), Wirtschaftsdemokratie: Ihr Wesen, Weg und Ziel, 7면.
47) Fritz Naphtali (Hg.), Wirtschaftsdemokratie: Ihr Wesen, Weg und Ziel, 19면 이하.
48) Fritz Naphtali (Hg.), Wirtschaftsdemokratie: Ihr Wesen, Weg und Ziel, 182면.

마르크스가 생존하여 자유노조가 나프탈리의 발제를 그에게 부탁
하였다고 해도 다르지 않았을 것이라고 반박하고 있다.[49]

당시의 정세 속에서 사회민주주의적 자유노조는 노동대중의 지
지를 놓고 급진적인 노동운동과 경쟁해야 했다. 이러한 상황에서
경제민주주의라는 용어는 구호에 가까웠으며 개별 경제영역에서
의 민주화를 통한 점진적 개혁이 자유노조와 사민당이 실제로 취
하는 노선이었다. 하지만 1920년대 중반이후 노동조합의 영향력은
사용자단체에 비해 점차 감소하고 있었고 사민당 역시 단독으로
정치적 다수를 형성할 수 없었으므로 경제민주주의의 실현은 물론
경제민주화의 진전조차 실현하기 어려운 현실이었다.

(2) 경제헌법

경제민주주의나 경제민주화라는 용어가 주로 노조와 사민당 측
에서 제시되었던데 반하여 경제법이나 경제헌법에 대한 논의는 다
양한 입장에서 활발히 논의되었고 법학의 영역에서 시민권을 획득
했다. 하지만 개인과 국가의 관계, 또는 법질서에 의해 지도되게
되는 경제생활 영역에서의 인간상 등 근본적인 질문이 연결되어
있었으므로 그 개념에 대한 합의가 쉽게 도출될 수는 없었다. 경제
법이라는 용어는 별무리 없이 정착되었지만[50] 경제헌법이라는 용
어는 몇 단계를 거치며 자리를 잡게 된다.[51]

---

49) Heinrich August Winkler, Der Schein der Normalität, 609면 이하.
50) Knut Wolfgang Nörr, Zwischen den Mühlsteinen, 166면 이하.
51) 바이마르공화국에서 경제헌법의 개념에 대안 논의 전반에 대해서는 Knut
    Wolfgang Nörr, Zwischen den Mühlsteinen, 173면 이하; Clemens Zacher, Die
    Entstehung des Wirtschaftsrechts in Deutschland, 224면 이하 참조.

1) 조직연관적 관점

경제헌법은 앞에서 살핀 바처럼 평의회조항의 도입과 함께 활발히 논의되었다. 여기서 경제헌법은 조직연관적 의미를 지녔다. 하지만 바이마르헌법 제165조가 상정했던 노동자평의회와 경제평의회는 완성되지도 않았고 그 역할 역시 미약했으므로 이러한 차원의 경제헌법 개념은 커다란 의미를 지니지 못하게 되었다. 심지어 평의회조항은 바이마르공화국 말기에 일부 보수주의헌법학의 반의회주의적인 직업신분제적 사상과 연결되는 현상을 보였다.[52]

2) 기본권적 관점

경제헌법이라는 용어가 정착되는 두 번째의 단계는 기본권과 관련된다. 바이마르공화국 초기에는 경제생활과 관련된 헌법조항이 개별조항 차원에서 논의되는데 그쳤지만 1920년대에 활발했던 방법론논쟁을 거치고 1930년대 초반에 이르면 경제조항을 구조적이고 체계적으로 보는 경향이 생기게 되었다.

노이만(Franz Neumann)은 헤르만 헬러의 사회적 법치국가론에 기대어 자유주의적 법치국가에서는 경제법이나 경제헌법이 존재할 수 없는 바 경제영역에서는 제정법이 아닌 자연법칙이 지배한다는 가설이 여전히 지배적이기 때문이라고 주장하였다.[53] 나아가 그는 바이마르헌법 기본권조항의 사회국가적 내용을 실현할 필요성을 강조하였다. 노이만은 "경제헌법은 단지 법적인 자유 이상의 의미를 지니는 경제적 자유에 대한 국가와 사회의 간여를 규율하

---

52) Clemens Zacher, Die Entstehung des Wirtschaftsrechts in Deutschland, 224면 이하. 그 대표적인 예로 유기체적 국가관에 기초한 직업신분제를 주장하고 후에 나치정권에 적극적으로 협력했던 타타린-타른하이든의 학설을 들 수 있다. 자세한 내용은 송석윤, 위기시대의 헌법학, 244면 이하 참조.
53) Franz L. Neumann, Die soziale Bedeutung der Greundrechte in der Weimarer Verfassung, 71면 이하.

는 법체계"[54]라고 정의하고 있다.

사회민주주의의 관점에서 경제민주주의를 기본권영역에서 실현하려던 노이만과는 달리 자유주의적 입장이던 헨젤(Albert Hensel)은 경제질서의 국가연관성을 인정하면서도 경제헌법이라는 용어는 피하였다. 하지만 그 역시 자유주의적 경제질서의 기초를 유지하면서 이를 사회국가적으로 수정하는 것이 입법자를 기속하는 모델이라고 보았다.[55] 이러한 노이만과 헨젤의 해석이 입헌민주주의를 기초로 자유주의와 사회주의적 요소를 결합한 바이마르헌법을 바라보는 일반적인 관점이었을 것이다.

하지만 바이마르민주헌정질서는 경제위기상황에서 크게 흔들리면서 입헌민주주의를 위협하는 경제헌법이론이 대두된다. 국가주의적이고 보수주의적인 성향을 지녔던 후버(Ernst Rudolf Huber)는 칼 슈미트가 헌법의 수호자에서 전개한 "구체적 헌정상태"의 논리에 기대어, 헌법규범과 헌법현실이 충돌하는 상황에서 정치의 이념이 변화하면 이는 헌법적 관습법의 형성으로서 진정한 의미의 헌법변천이라고 전제하였다. 국가와 경제가 중첩되는 현대 경제국가라는 헌법변천 속에서 경제적 자유는 점차 그 성격이 변화하여 국가공동체에 기능적으로 종속되는 새로운 유형의 자유로 파악된다는 것이다. 이러한 관점에서 후버는 사회국가적 관점과 자유주의적 관점 뿐 아니라 권위주의적인 직업신분제사상까지 비판하면서 국가사회주의적인 경제 질서를 추구하였다. 후버는 바이마르공화국 말기에 헌법학자로서의 공식적 활동 뿐 아니라 익명으로 다수의 투고를 하면서 나치 이데올로기의 선봉으로 활동하였다.[56]

---

54) Franz L. Neumann, Über die Voraussetzungen und den Rechtsbegriff einer Wirtschaftsverfassung, 90면.

55) Knut Wolfgang Nörr, Zwischen den Mühlsteinen, 174면; Clemens Zacher, Die Entstehung des Wirtschaftsrechts in Deutschland, 220면.

56) Ralf Walkenhaus, Konservatives Staatsdenken Eine wissenssoziologische Studie

3) 경제학적 관점

한편 바이마르공화국 말기에 경제학이론을 본격적으로 도입한 경제헌법론이 등장하였다. 그 대표적인 예가 1933년에 출간된 뵘(Franz Böhm)의 "경쟁과 독점투쟁"(Wettbewerb und Monopolkampf)이다. 이러한 접근방식은 앞의 다른 관점에 비해 논쟁을 가치중립적으로 변화시킬 수 있는 잠재력을 지녔다. 하지만 나치의 집권으로 인해 뵘의 이론은 제2차 세계대전 이후에야 영향력을 지니게 된다.[57]

4) 정리

경제헌법이라는 용어는 경제학에서는 소유질서, 사회질서 및 노동질서를 포괄하는 경제체계를 그에 대한 국가의 개입과 함께 분석하는 범주로 이해된다. 법적으로는 경제와 연관된 형식적 헌법의 내용, 또는 광의로 경제생활의 규범적 기본질서로서의 실질적 의미의 경제헌법으로 파악될 수 있다.[58] 이와 관련하여 바이마르공화국에서의 논의는 헌법기관의 조직 또는 기본권이라는 실정헌법의 내용과 관련되어 시작되어 - 국가주의적 관점에서의 - 실질적 의미의 경제헌법에 대한 논의가 행해졌고 이어 경제학에서의 논의를 도입하는 방향으로 진행되었다.[59] 하지만 경제헌법의 개념이 정립되는데 이르지는 못하였다.

zu Ernst Rudolf Huber, 57면 이하; Clemens Zacher, Die Entstehung des Wirtschaftsrechts in Deutschland, 250면 이하.

57) Clemens Zacher, Die Entstehung des Wirtschaftsrechts in Deutschland, 240면 이하.

58) Clemens Zacher, Die Entstehung des Wirtschaftsrechts in Deutschland, 87면.

59) Knut Wolfgang Nörr, Zwischen den Mühlsteinen, 176면.

3. 헌법적 평가 : 결단과 타협

　바이마르헌법 기본권조항에 대해 심의한 1919년 7월 11일의 헌법제정회의 본회의에서 바이마르헌법의 기본권조항에 대한 가능한 모든 비판이 표출되었다고 해도 과언이 아니다. 비판자들은 기본권조항을 "교섭단체를 망라하는 정강정책", "타협의 산물", "비완결적 체계", "독일 법생활의 백과전서" 등으로 묘사하였다.[60] 기본권을 "라이히와 구성국가에서의 입법, 행정 및 사법의 준칙이자 한계"라고 선언했던 초안 제107조가 종국적으로 삭제된 것은 다양한 기본권조항의 법적 기속력에 대한 문제제기와 무관하지 않았다.[61]

　바이마르헌법 기본권조항의 문제점을 상징하는 표현으로 슈미트(Carl Schmitt)는 "지연적 공식의 타협"(dilatorische Formelkompromiß)이라는 개념을 사용하였다. 이는 다의적인 표현으로 본래의 쟁점을 미결정의 상태로 미루어 두면서도 모든 상충하는 요구들을 충족하는 공식을 발견하는 것을 의미한다. 슈미트는 바이마르헌법의 제2장 기본권조항 중 주로 제3절(국가와 학교) 및 제4절(국가와 종교)에서 이러한 특성이 발견된다고 보았다.[62] 슈미트가 지연적 공식의 타협이라고 지목한 것은 바이마르헌법 전체에 대한 것이 아니었음을 주목할 필요가 있다. 그는 군주국인가 아니면 공화국인가, 입헌민주주의인가 아니면 평의회독재인가와 같은 정치질서에 관한 헌법제정에서의 결단은 논란의 여지없이 내려졌다고 강조하고 있다. 한편 사회질서와 관련된 기본권조항에서는 시민적·자유주의적 사회질서와 사회주의적 사회질서 사이의 혼합적 성격이 드러나는데 실질적으로는 일련의 사회개혁(Sozialreform)을 도입하거

---

60) Walter Pauly, Grundrechtslaboratorium Weimar, 56면.
61) Walter Pauly, Grundrechtslaboratorium Weimar, 59면 이하.
62) Carl Schmitt, Verfassungslehre, 31면 이하.

나 목적으로 하는 조항들이 있을 뿐 역시 기본적인 결단은 시민적 법치국가와 입헌민주주의로 기울었다고 본다.[63] 슈미트는 아직 권위주의적 헌법학으로 전향하기 이전인 1928년의 시점에서는 바이마르헌법의 경제조항을 "지연적 공식의 타협"에 포함시키지 않았다.

한편 키르히하이머(Otto Kirchheimer)는 1930년에 발표한 "바이마르 … 다음에는 무엇인가?"라는 제목의 논문에서 기본권조항의 형성에서 나우만이 행한 역할에 주목하면서 그가 자유주의적 기본권의 개인주의와 노동자의 사회주의를 향한 의지에 대해 사회국가의 이념을 내세웠다고 평가하였다. 하지만 카르히하이머는 그 결과로서의 기본권조항은 타협에 이르지 못하고 헌정사상 유래가 없는 다양한 가치의 병존으로 귀결되고 말았다고 비판하였다.[64] 이에 대해 노이만은 이러한 키르히하이머의 입장이 급진적 혁명론에 접근한다고 보면서 "우선 바이마르부터!"라고 대답하고 있다.[65] 노이만은 바이마르헌법의 제정과정은 일련의 사회계약(Sozialverträge)의 결과였다고 하면서 사회계약론이 단지 국가의 정당화를 위한 이론적 발견에 그치지 않고 역사의 현실이 되었다고 설명하고 있다.[66]

한편 스멘트(Rudolf Smend)는 나우만의 기본권초안에 대해, 서투르고 조야한 내용이어서 이를 거부했던 것은 당연하지만 나우만의 기본생각은 막스 베버나 후고 프로이스의 기술적인 헌법이론과 비교할 때 깊은 통찰력을 지닌 것이었다고 평가하였다.[67] 이는 기본권조항에서 체계정합성보다는 현실적합성을 우위에 놓은 견해라고 볼 수 있다.

---

63) Carl Schmitt, Verfassungslehre, 30면 이하.
64) Otto Kirchheimer, Weimar - und was dann?, 30면 이하.
65) Franz L. Neumann, Die soziale Bedeutung der Greundrechte, 74면.
66) Franz L. Neumann, Die Herrschaft des Gesetzes. Eine Untersuchung zum Verhältnis von politischer Theorie und Rechtssystem in der Konkurrenzgesellschaft, 319면.
67) Smend, Verfassung und Verfassungsrecht, 267면 각주 18.

　　슈미트는 바이마르헌법의 기본권부분에서, 그것도 학교 및 종교
제도에 국한하여 "지연적 공식의 타협"이라고 했지만 이 표현은
바이마르헌법 전체를 비하하는 상징처럼 되었다. 바이마르헌법제
정 당시 학교제도와 관련하여 바이마르연정의 세 정당은 상이한
입장을 지니고 있었다. 사민당은 사회적 약자에게 교육기회가 확
대되기를 원했고, 자유주의의 독일민주당은 교육의 탈종교적 세속
화를, 종교적 소수파인 가톨릭지역에 기반한 중앙당은 종교교육의
보장을 지향했다. 이러한 입장차이는 쉽게 극복될 수 없는 성격이
어서 한때 사민당은 이 문제로 기본권조항 전체를 포기하려 하였
다. 하지만 중앙당이 종교제도를 헌법에 규정하는 것을 포기할 수
없었기 때문에 이 역시 불가능했다.[68] 헌법을 제정하려면 형식적
타협 이외에 다른 출구가 없는 상황이었던 것이다. 또한 종교제도
와 관련해서도 바이마르헌법은 국가교회를 부정하되 국가와 교회
를 완전히 분리하지는 않은 중간의 형태를 취하게 되었다. 종교제
도의 이러한 구조는 서독기본법을 제정할 때에도 그대로 전승되었
다.[69] 하지만 이를 부적절한 타협으로 비판하지는 않는다.
　　바이마르헌법의 경제조항은 제1차 세계대전에서의 패전이라는
극도의 혼돈상황에도 불구하고 20세기 현대 산업사회에서 각기 다
른 이데올로기에 기초한 다양한 입장들을 적절하게 조정하여 상호
접근시킨 결과였다.[70] 정치의 실패로 인한 불행한 결과를 헌법의
문제로 치부하는 것은 정치의 문제를 헌법이 해결할 수 있다고 믿
는 것처럼 조심해야 할 관점이다.

---

68) Heinrich August Winkler, Der lange Weg nach Westen Bd.1, 406면.
69) Heinrich August Winkler, Weimar 1918~1933, 107면.
70) Knut Wolfgang Nörr, Die Weimarer Nationalversammlung und das Privatrecht,
　　342면 이하.

V. 결론에 대신하여

보이지 않은 손에 의한 자율적인 조정에 기초하는 시민적 사회 모델은 시민혁명을 주도했던 이념이었고 시민계급이 국가권력을 장악한 이후에는 국가정책의 지향점이었다. 여기서 자유방임적 경제 질서를 자연법칙이라고 한 것이 자연상태를 의미하는 것이 아니었고 이것이 시민계급의 국가가 바람직하다고 보아 의지적으로 추구한 모델이었음은 물론이다.

시민계급이 지향했던 경제중심의 사회모델은 이미 산업혁명 초기부터 이것이 국가사회의 모든 분야에 그대로 적용될 수 없다는 점이 드러났다. 공장노동자들의 열악한 조건 속에서 노동 자체의 재생산에 위기가 와도, 상호 가격 경쟁을 할 수밖에 없는 개별 기업주는 스스로 해결책을 찾기 어려웠다. 이러한 문제가 국방이나 국민교육 등 다른 영역에도 영향을 미치게 되자 국가는 노동의 재생산이 가능하도록 최소한의 노동조건을 제시하면서 노동시장에 개입할 수밖에 없었다. 또한 대등한 지위에서의 자유로운 계약을 상정하기 어려운 노사관계에서 노동조합이 결성되는 것은 불가피한 일이었다. 나아가 기업의 독과점이 가속화되는 속에서 기업간의 공정한 경쟁을 확보하기 위한 방안이 마련되어야 했다.

바이마르헌법에서의 경제조항을 둘러싼 제반 논쟁은 이러한 새로운 요구들을 입헌주의헌법에 반영할 지의 여부와 그 방안에 관한 고민과 무관하지 않았다. 산업혁명 이전 초기자본주의 사회경제 질서를 기초로 구상된 입헌주의헌법을 고도로 발달한 산업사회에서 보통·평등선거에 기초한 대중민주주의가 실현되는 환경 속에서 어떻게 재구성할 것인가의 문제에 직면하여 바이마르헌법의 제정자들은 적극적으로 해답을 찾으려했다. 그 결과 바이마르헌법은

경제질서, 노동질서 및 사회질서를 포괄하는 경제생활에 대한 실
험실이 되었다.

　바이마르헌법의 경제조항을 도입할 당시의 논쟁구도를 한마디
로 정리한다면 헌법의 체계정합성과 현실적합성 사이의 고민이 아
니었을까 생각된다. 입헌주의헌법의 전래의 체계를 유지해야 한다
는 주장이 적지 않았음에도 불구하고 이를 극복하여 전향적인 헌
법조항이 도입된 배경에는 이미 19세기말부터 법실증주의적인 방
법론으로는 시대의 과제를 감당하기 어렵다는 방법론적 고민이 있
었다. 이는 경제적 자유주의를 추구하는 소수를 제외하고는 좌우
의 다양한 정치적 스펙트럼을 포괄하는 흐름이었다.

　바이마르헌법의 경제조항은 그 내용과 관련하여 현대헌법의 핵
심적인 내용을 지니고 있다. 환경, 문화 등과 관련된 20세기말 헌법
의 국가목적 조항들을 논외로 하고 비교할 때 우리헌법의 경제조
항과 커다란 차이를 보이지 않는다. 다만 협의의 경제조항과 관련
해서 우리헌법 제119조 제2항에서 규정하는 "균형 있는 국민경제
의 성장 및 안정"처럼 경기순환에 대한 헌법적 차원의 인식은 아직
없었다.

　경제헌법과 관련하여 바이마르공화국에서의 근본적 문제는 경
제문제에 대한 인식과 처방의 상이함이 아니라 정치적 민주주의에
대한 합의에 있었다고 보인다. 과도하게 정치화된 시대적 분위기
속에서 경제헌법에 대한 실용적인 논의가 이루어지기 어려웠고 이
데올로기의 대립으로부터 자유로울 수 없었다. 바이마르헌법의 조
항에도 불구하고 바이마르공화국에서 경제헌법이 뿌리를 내리지
못한 중요한 이유는 정치적 민주주의에 대한 합의가 전제되지 않
은 상태에서 논의가 이루어졌기 때문일 것이다. 바이마르헌정사에
서 반면교사를 찾는다면 입헌민주주의 정치질서에 대한 사회적 합
의의 중요성과 경제문제에 대한 실용적 접근의 필요성일 것이다.

　바이마르공화국에서 정치적 민주주의를 경험하면서 독일사회의 경제영역에서 잔존하던 가부장적 사고방식이 점차 사라졌다. 자유의 제3자적 효력은 기본권이론에만 있는 것이 아니라 정치적 민주주의의 사실적 효과였던 것이다. 입헌주의를 구현하려 했던 시민혁명이 신분제도를 혁파하려 한 노력한 것은 봉건적 질서에서는 개인과 기업의 자유와 창의가 존중될 수 없었기 때문이다. 노이만은 경제적 자유를 기회를 선택할 자유, 경제력을 활용할 자유, 경쟁할 자유로 이해하면서 초기자본주의의 자유로운 시장에서 대다수의 경제주체가 실질적으로 향유했던 이러한 자유를 복원시키는 것을 경제헌법의 핵심으로 이해하고 있다.[71] 이렇게 본다면 우리 헌법 제119조 제1항과 제2항의 관계가 상호 충돌하는 조항이라기보다는 제2항이 제1항을 보완하고 실현하는 관계로 이해하게 된다.

　나아가 최근 우리사회에서 나타나는 현상은 "각인의 기회를 균등히 하고 능력을 최고도로 발휘하게" 하자는 헌법의 기본정신으로부터 살필 필요가 있다. 시장경제와 정치적 민주주의의 경험이 길지 않은 상황에서 여전이 내재되어 있던 전근대적 정서가 경제적 양극화 속에서 사회전반의 재봉건화로 나타난다면 이는 우리사회의 산업화와 민주화를 이끌어 온 역동성의 종말을 의미할 것이기 때문이다.

　1929년 세계경제대공황이 발생한 이후 경제헌법에 대한 헌법이론적 논의가 본격화되던 상황에서 논의의 다양성에도 불구하고 발견되는 공통점은 경제에 대한 정치의 우위를 확보하려는 노력이었다.

　오늘날 정치와 경제의 관계 속에서 헌법의 역할은 무엇일까.

---

71) Franz L. Neumann, Über die Voraussetzungen und den Rechtsbegriff einer Wirtschaftsverfassung, 79면 이하.

<참고문헌>

송석윤(2002), 위기시대의 헌법학 바이마르 헌법학이 본 정당과 단체, 정우
　　사(Seog-Yun Song, Politische Parteien und Verbände in der
　　Staatsrechtslehre der Weimarer Republik, Berlin 1996의 한글판임).
송석윤(2007), 헌법과 사회변동, 경인문화사.
이철우(2010), 서양의 세습가산제, 경인문화사.

Sandro Blanke, Soziales Recht oder kollektive Privatautonomie?: Hugo
　　Sinzheimer im Kontext nach 1900, Tübingen, 2005.
Christian Bumke, Eigentum – Paradigma für ein dem Gemeinwohl verpflichtetes
　　Rechtsinstitut, in: Herfried Münkler u.a.(Hg.), Gemeinwohl und
　　Gemeinsinn Bd.3 Konkretisierung und Realisierung öffentlicher
　　Interessen, 179~229면.
Hans Fenske, Nichtamtliche Verfassungsentwürfe 1918/19, in: Archiv des
　　öffentlichen Rechts, 1996(Bd. 121), 24~58면.
Ulrich M. Gassener, Heinrich Triepel Leben und Werk, Berlin, 1999.
Günther Gillessen, Hugo Preuß Studien zur Ideen- und Verfassungsgeschichte
　　der Weimarer Republik, Berlin, 2000.
Dieter Grimm, Zwischen Anschluss und Neukonstitution, FAZ 5.April 1990,
　　Nr.81, 35면.
Christoph Gusy, Die Weimarer Reichsverfassung, Tübingen, 1997.
Christoph Gusy (Hg.), Demokratisches Denken in der Weimarer Republik,
　　Baden-Baden, 2000.
Christoph Gusy (Hg.), Weimars lange Schatten - "Weimar" als Argument nach
　　1945, Baden-Baden, 2003.

E. Heilfron, Die Deutsche Nationalversammlung im Jahre 1919 in ihrer Arbeit
für den Aufbau des neuen deutschen Volksstaates, Berlin, 1919/1920,
Bd.2.

E. R. Huber (Hg.), Dokumente zur deutschen Verfassungsgeschichte Bd.1,
3.Aufl, Stuttgart, 1978.

E. R. Huber (Hg.), Dokumente zur deutschen Verfassungsgeschichte Bd.4,
3.Aufl, Stuttgart, 1992.

Ernst Fraenkel, Rätemythos und soziale Selbstbestimmung Ein Beitrag zur
Verfassungsgeschichte der deutschen Revolution, in: Ernst Fraenkel,
Deutschland und die westlichen Demokratien, Frankfurt a.M., 1991,
95~136면.

Otto Kirchheimer, Weimar - und was dann? Analyse einer Verfassung, in: Otto
Kirchheimer, Politik und Verfassung, 2.Aufl., Frankfurt a.M. 1981,
9~56면.

Reinhart Koselleck, Preußen zwischen Reform und Revolution, München, 1989.

Fritz Naphtali (Hg.), Wirtschaftsdemokratie: Ihr Wesen, Weg und Ziel, Berlin
1928. (http://archive.org/details/WirtschaftsdemokratieIhrWesenWegUndZiel)

Franz L. Neumann, Die soziale Bedeutung der Greundrechte in der Weimarer
Verfassung (1930), in: Franz L. Neumann, Wirtschaft, Staat, Demokratie
Aufsätze 1930~1954, Frankfurt a. M, 1978, 57~75면.

Franz L. Neumann, Über die Voraussetzungen und den Rechtsbegriff einer
Wirtschaftsverfassung (1931), in: Franz L. Neumann, Wirtschaft, Staat,
Demokratie Aufsätze 1930~1954, Frankfurt a. M, 1978, 76~102면.

Franz L. Neumann, Die Herrschaft des Gesetzes. Eine Untersuchung zum
Verhältnis von politischer Theorie und Rechtssystem in der
Konkurrenzgesellschaft (1936), Frankfurt a. M, 1980, 319면.

Knut Wolfgang Nörr, Die Weimarer Nationalversammlung und das Privatrecht, in: Dieter Nörr/Dieter Simon (Hg.), Gedächtnisschrift für Wolfgang Kunkel, 1984 Frankfurt a. M, 317~343면.

Knut Wolfgang Nörr, Zwischen den Mühlsteinen Eine Privatrechtsgeschichte der Weimarer Republik, Tübingen, 1988.

Walter Pauly, Grundrechtslaboratorium Weimar Zur Entstehung des zweiten Hauptteils der Reichsverfassung vom 14. August 1919, Tübingen, 2004.

Carl Schmitt, Verfassungslehre (1928), 6. Aufl., 1983.

Rudolf Smend, Verfassung und Verfassungsrecht, in: Rudolf Smend, Staatsrechtliche Abhandlungen und andere Aufsätze, 3.Aufl., Berlin, 1994, 119~276면.

Michael Stolleis, Sozialversicherung Bismarcks, in: Konstitution und Intervention Studien zur Geschichte des öffentlchen Rechts im 19.Jahrhundert, Frankfurt a. M, 2001, 226~252면.

Heinrich Triepel, Quellensammlung zum Deutschen Reichsstaatsrecht, 3.Aufl., Tübingen, 1922.

Dietmar Willoweit, Deutsche Verfassungsgeschichte, 4.Aufl., München, 2001.

Heinrich August Winkler, Der Schein der Normalität Arbeiter und Arbeiterbewegung in der Weimarer Republik 1924 bis 1930, 2.Aufl., Berlin/Bonn, 1988.

Ralf Walkenhaus, Konservatives Staatsdenken Eine wissenssoziologische Studie zu Ernst Rudolf Huber, Berlin, 1997.

Heinrich August Winkler, Weimar 1918~1933 Die Geschichte der ersten deutschen Demokratie, München, 1993.

Heinrich August Winkler, Der lange Weg nach Westen Bd.1 Deutsche Geschichte vom Ende des Alten Reichs bis zum Untergang der Weimarer Republik, 7.Aufl., München, 2010.

Clemens Zacher, Die Entstehung des Wirtschaftsrechts in Deutschland, Berlin, 2002.

제3부

노동자 경영참가와
산업민주주의

근로자의 경영참가와 과제[*]

송 강 직[**]

Ⅰ. 서 설

전통적으로 독일이나 프랑스의 경우 노동조합 조직이 기업레벨을 초월한 산업별노동조합을 기본으로 하면서 기업레벨에서의 노사관계의 문제로서 사업소위원회 등이 자리매김하여 왔다고 할 수 있다. 그러나 이들 나라에서도 기업별노동조합이 결성되면서 노동조합과의 관계정립(경합)이 문제되고 있는 것으로 알려지고 있다.[1]

이에 반하여 우리나라는 일본과 같이 기업별노동조합이 일반화되어 있어, 노동조합이 기업레벨의 근로조건 등을 결정하는 구조를 갖고 있으며, 근로자의 경영참가는 노동조합을 중심으로 전개될 수밖에 없다. 그러나 우리나라의 경우에도 사용자에 의한 취업

---

* 본고는 서울대학교 공익인권법센터 「2016년 경제민주화 심포지움」에서 발표한 원고를 중심으로, 법학연구(전북대학교 법학연구소)에 원고를 제출한 것을 수정하고, 김홍영, "취업규칙 관련 법리의 문제점과 대안 - 근로자위원회의 사업장협정 도입 모색", 「노동법의 신화[1]: 취업규칙」(서울대학교노동법연구회, 2016. 5. 21. 발표문, 67~98면)에서의 논의 내용을 가필한 것임.

** 동아대학교 법학전문대학원 교수, 법학박사

1) 桑村裕美子, "労使関係法制ードイツおよびフランスの動向", 『労働法の改革』(水町勇一郎·連合総合生活開発研究所編), 日本経済新聞出版社, 2010, 101면.

규칙의 작성·변경 등에 대하여, 나아가 노동조합 조직률이 낮아 노동조합이 설립되어 있지 않은 사업 또는 사업장이 많다는 것 등에서 근로자들을 충분히 대표하고 있다고 보기가 어려운 사정하에서 사업 또는 사업장내의 노사협동적 조직의 필요성, 게다가 노동조합은 본질적으로 사용자와의 대립적 관계에 있는 반면에 독일이나 프랑스의 종업원대표제도들은 기업레벨에서의 노사 간의 협동적 관계라는 점 등을 고려하여, 기업레벨에서 종업원대표제도를 도입할 필요성을 제기하는 주장이 나오고 있기도 하다.2)

근로자의 경영참가 문제를 제도론적으로 입법론적으로 검토하게 되면 독일이나 프랑스 등의 종업원대표제도의 논의를 할 수밖에 없을 것이다. 이들 제도에 대하여는 각각 다른 발표자가 원고를 작성하는 것이 예정되어 있으므로, 여기에서는 현재의 우리나라 제도하에서 근로자의 경영참가 문제를 논하는 것으로 한정하고자 한다. 구체적으로 근로자의 경영참가를 논함에 있어서 그 대전제로서 노동조합을 통한 경영참가라고 하는 제한적인 제도하에서 노동조합의 결성 자체가 인정되지 않고 있는 단결금지의 문제, 취업규칙의 작성·변경 시의 근로자측의 동의절차, 경영상의 이유에 의한 해고에서의 노사 간의 협의절차, 단체교섭을 통한 근로조건 결정에서의 문제, 노사협의회제도, 나아가 사업 또는 사업장 레벨에서의 종업원대표제 논의 등을 중심으로 보기로 한다.

II. 단결권 제한과 근로자의 경영참가의 원천적 부정

경영참가 주체는 근로자측의 경우 근로자 집단이 그 주체가 될

---

2) 김홍영, 앞의 발표문, 67~98면.

수 있다. 그런데 근로자의 경우 고용형태의 다양화가 진행되면서 근로자성이 문제되고 있다. 우리나라 판례법리에 의하면 근로기준법상 근로자가 아닌 경우에 당해 노무제공자는 노동조합을 설립할 수 없다. 외형상 독립된 사업자로 분류되기 때문이다. 물론 이들 동종 노무제공자들로서 협의회를 만들어 이해관계자와 협의하는 것은 가능할 수 있을 것이다.

그러나 협의회와 노동조합은 그 법적 성격 및 보호의 측면에서 질적으로 전혀 다르다. 노동조합의 경우 단적인 예로 단체교섭을 할 수 있고 대체근로 금지 등의 쟁의행위의 보호를 받을 수 있으나 협의회는 이러한 보호를 받을 수 없다. 그러한 점에서 현재의 우리나라 판례법리에 따를 때에 개인 사업자라는 것을 이유로 노동조합 결성을 인정하지 않는 것은 당해 노무제공자의 보호의 면에서 심각한 한계를 낳는다.

여기서 근로자의 경영참가를 논함에 있어서 먼저 노동조합을 결성과 관련한 근로자들의 단결권 보장의 문제를 볼 필요가 있다. 특히 문제가 되는 것은 근로기준법상 근로자가 아닌 자로서, 개인 업무수탁인의 노동조합 결성, 특수형태 노무 종사자인, 보험모집인(우체국보험 포함), 콘크리트믹서트럭을 소유하여 그 콘크리트믹서트럭을 직접 운전하는 사람, 학습지 교사, 골프경기를 보조하는 골프장 캐디, 택배사업(소화물을 집화·수송 과정을 거쳐 배송하는 사업을 말한다)에서 집화 또는 배송 업무를 하는 사람, 퀵서비스업자로부터 업무를 의뢰받아 배송 업무를 하는 사람, 대출모집인, 신용카드회원 모집인, 대리운전업자로부터 업무를 의뢰받아 대리운전 업무를 하는 사람의 경우 등의 노동조합 결성권의 문제를 보기로 한다.

1. 도급계약에서의 개인업무수탁자의 노동조합 결성

대리점을 운영하는 자가 특정한 제품회사로부터 애프터서비스
자로 지정을 받아 당해 업무를 수행하는 경우 이 자는 노동조합을
결성할 수 있는가. 일본의 사례를 갖고 보면, 일본 전국에 걸쳐 500
인 이상의 이들 개인사업자들이 노동조합을 결성하여 제조회사를
상대로 단체교섭을 요구하였으나 제품생산자는 이들 개인사업자
들은 「노동조합법」상 근로자가 아니라는 것을 이유로 단체교섭을
거절한 것이 정당한 이유없는 단체교섭거부라고 하는 부당노동행
위가 성립하는 것인가가 문제되었다. 이들이 단체교섭요구사항으
로 내건 것은 근로조건이 변경 등의 경우 노동조합과 합의할 것,
수당, 할증임금, 출장비의 지불, 연수입 보장, 대여 기자재의 손상
시에 위 업무위탁회사가 부담할 것 등이었다.

최고재판소는 정당한 이유가 없는 단체교섭 거부로서 부당노동
행위에 해당한다는 판결을 내렸다.[3] 이들이 요구한 사항은 수당,
할증임금 등 노무제공자에게 있어서 가장 기본적인 것이었음을 알
수 있다. 이러한 계약조건들의 결정을 도급인이 유리한 입장에서
일방적으로 결정을 한다면 이들 개인사업자는 필연적으로 매우 불
리한 조건에서 노무를 제공하게 될 것이다. 일본 최고재판소가 이
들 노무제공자들의 노동조합결성을 인정하고, 이해관계인을 상대
로 단체교섭권을 인정한 것은 경제 민주화 내지는 산업민주주의의
실현에 있어서 매우 중요한 의미를 갖는다고 하겠다.

다른 한편 이들 노무제공자는 우리나라에서는 일반적으로 개인

---

3) INAXメンテナンス事件, 최고재판소 2011. 4. 12., 労働判例 제1026호, 27면.
　이들 일본의 최고재판소 판결의 흐름에 대하여, 송강직, "일본 노동조합법
　상의 근로자 개념-최고재판소 판례법리를 중심으로", 「법제연구」 통권 제
　41호, 한국법제연구원, 2011, 337~366면.

사업자에 해당된다는 것만으로 「노동조합 및 노동관계조정법」(이하 '노조법'이라 함)상의 근로자가 될 수 없으며, 따라서 노동조합을 결성할 수 없고, 따라서 단체교섭의 거부에 대한 부당노동행위의 성립은 당연히 부정되었을 것이다. 이들 개인사업자들이 요구한 기본적인 근로조건 결정에 대하여 노사자치에 의한 자율적인 결정을 인정한 일본 최고재판소의 판단은 높이 평가할만하다.[4]

2. 특수고용형태 노무 종사자

대법원은 보험모집인 등 특수형태 노무에 종사하는 자들 가운데 골프장경기보조원들에 대한 노조법상 근로자를 인정하였다.[5] 그 인정 근거를 보면, "피고가 캐디들의 근무내용, 근무시간 및 근무장소에 대하여 상당한 정도의 지휘·감독을 하고 있다고 볼 수 있는 점, 캐디들은 경기보조업무 수행 과정에서 필요한 작업도구를 피고로부터 제공받아 사용하며 노무 이외에 자신의 자본을 투여하는 일이 없고, 그 업무내용이 단순 노무제공의 측면이 강하며, 피고가 지정한 순번에 따라 출장의 기회를 제공받으므로 이용객을 임의로 선택하거나 교체를 요구할 수 없고, 캐디 피의 액수도 캐디들이 이용객과 사이에 임의로 정할 수 있는 것이 아니어서 …… 피고와 이 사건 노동조합 상호 간에 상대방을 노조법상 사용자 또는 노동조합으로 인정하여 단체협약과 별도의 합의나 노동쟁의 조정

---

4) 최고재판소는 이 외의 사건에서도 개인사업자들이 설립한 노동조합의 관련 상대방에 대한 단체교섭권을 인정하는 판례를 전개함으로써 판례법리를 완성하고 있다. 이에 관하여, 송강직, "일본의 특수고용형태 종사자들에 대한 논의 방향", 「법학연구」 제16집 제3호, 인하대학교 법학연구소, 2014, 172~186면.

5) 대법원 2014. 2. 13. 선고 2011다78804 판결.

절차 등을 거쳐 왔고 원고들은 이 사건 노동조합 소속 조합원들로 활동하여 온 점 등에 비추어 이 사건 골프장의 캐디들에 대하여는 노조법상의 근로자성을 인정할 수 있다"고 하였다.

　대법원이 골프장경기보조원에 대하여 노조법상 근로자성을 인정한 판결을 내린 것은 2014년 2월이므로, 이전의 학습지 교사 등에 대한 노조법상 근로자성을 부정한 판결이 현재에도 대법원의 입장에서 유지되고 있는 것인지 단언할 수 없다. 그럼에도 불구하고 학습지 교사 등의 노조법상 근로자성은 일반적으로 부정되는 것으로 이해되고 있다. 대법원이 골프장경기보조원의 노조법상 근로자성을 인정한 근거로 들고 있는 사항들을 보면, 업무의 종속성 및 독립사업자성, 근무내용·근무시간·근무장소에 대한 상당한 정도의 지휘감독, 작업도구의 제공 여부, 자신의 자본의 투여 여부, 단순노무제공 성격 유무, 고객이 임의 선택 가능성 유무, 봉사료 내지 수당의 임의 책정 가능 여부, 노무제공자의 이윤창출과 손실 위험 부담 여부, 다른 사업 내지 사업장으로의 노무제공 가능성 여부, 단체협약과 별도의 합의나 상호 간의 노동쟁의 조정절차를 거친 점, 골프장경기보조원들이 노동조합 소속 조합원으로 활동하여 온 점 등이다. 여기서 골프장경기보조원에 대한 노조법상 근로성 인정에 있어서 특별한 사정으로 볼 수 있는 점은, 단체협약과 별도의 합의나 상호 간의 노동쟁의 조정절차를 거친 점, 골프장경기보조원들이 노동조합 소속 조합원으로 활동하여 온 점이며, 그 외의 판단기준은 일반적으로 다른 특수형태노무 종사자들에게도 인정된다. 문제는 골프장경기보조원들이 노동조합을 결성하여 활동을 하여 왔다고 하나, 이는 노동조합 설립신고증을 교부받을 수 없는 상황에서, 즉 합법적인 노동조합으로서가 아니라 어디까지나 사실상 활동하여 온 것으로, 이러한 사실상의 활동이 법적으로 노조법상 근로자성을 인정하는 특별한 사정으로 볼 수 는 없을 것이며,

하나의 근로자성 인정의 참고사항으로 볼 수 있는 것에 지나지 않는다고 할 수밖에 없다. 나아가 가령 이러한 사실상의 노동조합활동을 노조법상 근로자성을 인정하는 결정적인 근거로 삼았다고 한다면 위 특수한 사실관계에 있는 골프장경기보조원을 제외하면 사실상의 노동조합활동이 없는 다른 골프장경기보조원들에게는 여전히 노조법상 근로자성은 부정된다고 보아야 할 것이다.

결론적으로 골프장경기보조원의 경우에 노동조합 결성을 인정한 대법원 판결은 긍정적으로 평가할 수는 있지만 골프장경기보조원들의 노조법상 근로자성 인정 근거들은 다른 특수형태 노무 종사자들에게도 다를 바 없다고 할 것이고, 그 외 골프장경기보조원들에게만 인정되는 특수한 사정도 인정되지 않는다고 하겠다.

3. 근로자가 아닌 자와 노동조합 결성권

노조법 제2조 제4호 라목은, 노동조합으로 보지 않는 사유로, "근로자가 아닌 자의 가입을 허용하는 경우. 다만 해고된 자가 노동위원회에 부당노동행위의 구제신청을 한 경우에는 중앙노동위원회의 재심 결정이 있을 때까지는 근로자가 아닌 자로 해석하여서는 아니된다."고 규정하고 있다.

대법원은, "노조법 제2조 제4호 (라)목 단서는 '기업별 노동조합'의 조합원이 사용자로부터 해고됨으로써 근로자성이 부인될 경우에 대비하여 마련된 규정으로서, 이와 같은 경우에만 한정적으로 적용되고, 원래부터 일정한 사용자에의 종속관계를 필요로 하지 않는 산업별·직종별·지역별 노동조합 등의 경우에까지 적용되는 것은 아닌 점 등을 근거로, 노조법 제2조 제1호 및 제4호 (라)목 본문에서 말하는 '근로자'에는 특정한 사용자에게 고용되어 현실적

으로 취업하고 있는 자뿐만 아니라, 일시적으로 실업 상태에 있는
자나 구직중인 자도 노동3권을 보장할 필요성이 있는 한 그 범위
에 포함되고, 따라서 지역별 노동조합의 성격을 가진 원고가 그 구
성원으로 '구직중인 여성 노동자'를 포함시키고 있다 하더라도, '구
직중인 여성 노동자' 역시 노조법상의 근로자에 해당하므로"고 하
여 산업별·직종별·지역별노동조합에 있어서 노조법상 근로자를 인
정하였다.6) 그리하여 하나의 사업 또는 사업장 내에서 복수노동조
합의 설립이 보장된 2011년 7월 1일 이전에도 사업 또는 사업장 내
의 노동조합과 그 외의 산업별·직종별·지역별노동조합 상호 간의
복수노동조합의 설립은 긍정된 것이다. 대법원의 위 해석은 단결권
의 실질적 보장을 위한 해석론으로서 높이 평가할만하다고 하겠다.

그럼에도 불구하고 기업별노동조합이 거의 절대적 대부분을 차
지하고 있는 우리나라 노동조합 조직형태하에서 위와 같은 해석론
만으로 헌법상 단결권 보장이 충분히 실현되고 있는가에 대해서는
여전히 의문이 남는다. 필자는 '근로자가 아닌 자'는 노조법 제2조
제1호의 근로자 정의 가운데 '기타 이에 준하는 수입에 의하여 생
활하는 자'의 정의와 연계하여 해석하는 방법이 단결권 보장의 취
지 등과 관련하여 타당하지 않는가 하는 생각을 한다.

즉 '근로자가 아닌 자'는 직접 근로계약 관계하에 있는 근로기
준법의 적용을 받는 근로자 외에, 근로자와 관련하여 어떠한 관계
를 갖고 생활하는 자는 이에 해당하지 않는 것으로 해석하여야 한
다는 것이다. 이를테면 '기타 이에 준하는 수입에 의하여 생활하는
자'에는 명시적으로 근로자가 되지 않겠다는 자 내지 객관적으로
근로자로 볼 수 없는 자만을 제외한 노무제공자를 포함하는 의미
로 해석을 하고, 퇴직자로서 연금 등의 수입에 의하여 생활하는 자,

---

6) 대법원 2004. 2. 27. 선고 2001두8568.

퇴직한 이후에 구직을 하기위하여 노력하는 자, 나아가 장래 근로
자가 되기 위하여 노동조합에 가입하여 정보를 제공받고자 하는
잠정적인 근로자(학생도 포함) 등 노동조합 설립에 관심을 갖는 사
실상 거의 모든 자를 포함하는 의미로 해석을 한다는 것이다. 물론
이러한 단결권 보장 해석이 곧 단체교섭권 보장으로 직결되는 것
은 아니며 단체교섭 당사자로서의 사용자의 확정 문제는 구체적인
사실관계하에서 별도로 검토되어야 한다.

Ⅲ. 근로자의 경영참가 양태

근로자의 경영참가의 의미는 무엇인가. 근로자의 경영참가는 당
위성을 갖는 것인가. 사용자의 경영권이라는 법적인 권리가 형성
되어 있는가에 대하여 일반적으로 의문을 갖는다. 그러나 사용자
의 경영에 대한 근로자의 참가 문제는, 특별한 논리가 필요한 것이
라기보다는, 노사가 자본과 노동력을 각각 결합하여 생산을 하고
이윤을 적정하게 배분하는 구조에서 근로자의 참가는 필연적으로
요구되는 자연스러운 것이라고 할 수 있다. 이는 곧 경제의 민주화
를 위해서도 필요한 것이다. 종래 도급계약에서 도급인이 수급인
의 근로자와의 관계에서 책임을 지는 것은 일반적으로 상정하기
곤란한 영역이었다. 그러나 '상생'이라는 사회적 요청에 따라 도급
인에게는 또 다른 사회적 책무의 이행이 요청되기에 이르고 있다.[7]

---

7) 도급인과 수급인 근로자와의 사이에는 위장도급의 경우에는 도급인과 수
급인 근로자의 사이에서도 근로계약이 성립하는 것으로, 아니면 이들 사
이에 묵시적인 근로계약의 성립이라는 것으로 각각 도급인과 수급인 근로
자의 사이에도 근로계약이 성립하는 것으로 인정되는 경우가 나타나게 되
었다. 나아가 직접적인 근로계약의 성립이 인정되는 경우가 아니라고 하

근로자의 경영참가의 구체적인 실정법적 근거로서 근로기준법 제4조를 들 수 있다고 생각한다.[8] 동조는 근로조건은 근로자와 사용자가 동등한 지위에서 자유의사에 따라 결정하여야 한다고 천명하고 있다. '동등한 지위에서' 근로조건을 결정하려고 한다면 근로자의 경영참가는 필연적인 것이다. 물론 근로자의 경영참가가 사용자의 헌법상 기본권의 본질적 내용을 침해하는 유형으로 근로자의 경영참가제도가 설정될 수는 없을 것이나,[9] 근로조건 결정 시스템, 단체교섭, 나아가 노사협의회법상의 협의 내지 의결 등에 의하여 경영참가는 일정 부분 보장될 수 있다.

근로자의 경영참가의 견지에서 근로자의 경영참가의 소재로 볼 수 있는 것들을 든다면 어떠한 것들이 있을 수 있겠는가.

더라도 도급인의 부당노동행위 주체의 인정을 비롯하여, '도급인에 대한 위와 같은 법리의 전개는 사실관계에 따른 판단이긴 하지만, 도급계약의 실질적 판단에 따른 계약형식의 부정이라는 점에서 단순히 불공정 거래의 여부에 따른 책임의 문제뿐만 아니라 상대적으로 우월적인 지위에 있는 도급인과 상대적으로 열위에 놓여 있는 수급인과의 사이의 거래의 민주화, 경제민주화의 방향과 일치하는 것으로 볼 수 있다. 일본의 경우에는 도급계약 형식에 대하여 이론적으로는 별론으로 하더라도 위장도급으로 인정한 예는 없으며, 실질적으로 도급계약으로 볼 수 없는 경우에 이를 불법파견 및 묵시적 근로계약 성립이라는 법리로 판단하고 있다(일본의 위장도급 논의에 대하여는, 송강직, "사내도급에서의 위장도급과 불법파견의 상호관계",「강원법학」제32권, 강원대학교 비교법학연구소, 2011, 372~375면).

8) 제헌 헌법 제18조 제1항의 이익균점권 보장은 구체적인 법률의 실현을 보지 못하고 1962년 12월 26일 제3공화국 헌법에서 삭제되었다. 당시의 논의에 대하여는, 이흥재, "노동기본권에 관한 제헌의회의 심의의 쟁점 - 기업경영참가권 보장논의를 중심으로", 서울대학교노동법연구회, 2009. 11. 발표문, 1-21면; 송강직, "한국에서의 근로자의 경영참가 법리의 향방",「동아법학」제50호, 동아대학교 법학연구소, 2011, 489~492면.

9) 이러한 관점에서 경영참가를 논한 것으로, 박종희, "근로자 경영참가제도의 기본구조와 방향성에 관한 법적 검토",「산업관계연구」Vol.13 No.2, 2003, 117~135면.

근로자에게 단결권이 보장되는 경우에 근로자 집단은 비로소 단체교섭 등을 통하여 사용자의 경영에 참가할 수 있는 기회를 보장받게 된다고 할 수 있다. 그런데 근로자들이 단결권을 보장받는 다고 하여 반드시 노동조합을 결성하는 것은 아니다.

노동조합이 결성되지 않은 사업 또는 사업장의 경우 근로자의 경영참가는 어떻게 이루어 질 수 있는 것인가. 제도적인 측면에서 보면 노동조합이 존재하지 않는 경우로서 근로자측이 경영에 참가 하는 것으로 노사협의회제도를 들 수 있겠다. 반면에 노동조합이 결성되어 있는 경우에는 단체교섭, 단체행동, 동시에 노사협의회 등을 통하여 경영에 참가할 수 있는 제도를 상정하고 있다. 노동조 합의 경우는 일반적으로 사용자와의 사이에서 대립적인 관계로 보 며, 이에 반하여 노사협의회제도는 노사 간의 협동적인 관계로 이 해되고 있다. 그러나 그 어느 것이든 사용자와의 사이에서 근로조 건 결정 등을 도모하는 것으로서 경영참가의 하나로 이해할 수 있 다고 생각한다. 또 다른 근로자의 경영참가의 유형으로 볼 수 있는 것으로, 취업규칙의 작성 및 변경 절차에서의 근로자측의 의견청 취·동의절차, 경영상의 이유에 의한 해고에서의 노사 간의 협의 절 차 등도 고찰의 대상이 될 수 있다.

이하 이러한 기본적인 관점에서 근로계약 측면에서의 근로자의 경영참가 문제로 접근이 가능하다고 생각되는 취업규칙의 작성·변 경 및 경영상 이유에 의한 해고 시의 근로자측 참가절차, 기업의 구조조정 등의 단체교섭 대상 여부, 노사협의회로 나누어 근로자 의 경영참가의 현황을 보기로 한다.

1. 근로계약상 근로자의 경영참가

대기업 등 규모가 큰 사업 또는 사업장의 경우에 노동조합이 조직되어 있는 경우가 많으며, 노동조합이 설립되어 있는 경우에는 거의 100% 조직률을 보이고 있는 것이 우리나라 노동조합조직의 특징이라고 할 수 있다. 따라서 전체적으로 노동조합의 조직률이 10% 내외로 낮다고 하는 것만으로 노사관계의 질서형성에 있어서 노동조합의 역할이 쇠퇴하였다는 등의 분석은 신중을 기할 필요가 있다.

어떻든 노동조합이 설립되어 있지 않은 사업 또는 사업장의 경우 근로자의 경영참가는 어떠한 형태로 이해할 수 있는 것인가. 상시 근로자 10인 이상을 사용하는 사용자는 필요한 기재사항을 기재한 취업규칙을 행정관청에 신고하여야 한다. 그리고 「근로기준법」은 취업규칙의 작성 및 불이익변경 등의 경우에 근로자측의 의견청취 및 동의 절차를 규정하고 있고, 경영상의 이유에 의한 해고의 경우에도 노사 간의 협의 등 일정한 절차를 규정하고 있는데, 이는 사업 또는 사업장에서의 질서형성에 있어서 근로자들의 경영참가를 의미하는 것으로 이해할 수 있다. 이에 관하여 보면 다음과 같다.

(1) 취업규칙의 작성·변경과 근로자의 의견청취·동의

근로기준법 제94조 제1항은, "사용자는 취업규칙의 작성 또는 변경에 관하여 해당 사업 또는 사업장에 근로자의 과반수로 조직된 노동조합이 있는 경우에는 그 노동조합, 근로자의 과반수로 조직된 노동조합이 없는 경우에는 근로자의 과반수의 의견을 들어야 한다. 다만, 취업규칙을 근로자에게 불리하게 변경하는 경우에는 그 동의를 받아야 한다."고 규정하고 있다.

그런데 대법원 판례법리에 의하면 위 절차적인 규정의 의미는 근로자의 경영참가의 관점에서 보면 매우 형해화되어 있다고 할 수 있다. 우리나라 근로자의 경영참가가 단체교섭 및 노사협의회 등 제도적으로 지극히 제한적으로 행하여지고 있는 상황에서 취업규칙의 작성 및 변경 등과 관련한 실정법의 해석에 있어서 보다 엄격한 해석이 요구된다고 하는 관점에서 볼 때에 대법원의 이러한 해석론은 비판의 대상이 될 수밖에 없다.

다른 한편 위 근로기준법 제94조 제1항 위반에 대하여는 500만 원 이하의 벌금에 처하도록 하고 있다(제114조 제1호). 이와 관련하여 근로기준법 제94조 제1항의 의견청취 및 동의 절차, 나아가 제93조의 신고(위반은 500만 원 이하의 과태료, 제116조 제2호), 취업규칙의 주지의무(동법 제14조 제1항, 위반은 500만 원 이하의 과태료, 제116조 제2호)와 같은 절차와 취업규칙의 효력과의 문제는 어떻게 해석할 것인가. 해석론으로서는 주지의무는 효력발생요건으로 해석되며,[10] 그 외 신고의무 및 의견청취 의무 위반에 대하여 통설은 효력발생요건은 아닌 것으로 해석되고 있다[11],[12] 그러나

---

10) 대법원 2004. 2. 12. 선고 2001다63599 판결. 김형배, 『노동법』, 박영사, 2015, 304면; 임종률, 『노동법』, 박영사, 2016, 367면; 하갑래, 『근로기준법』, ㈜중앙경제, 2015, 244면.

11) 김형배, 위의 책, 301, 303면; 임종률, 위의 책, 365면, 359면. 하갑래 교수는 의견청취는 단속규정으로, 신고의무는 효력발생요건으로 각각 해석한다(위의 책, 228, 220면).

12) 일본의 경우 근로계약법 제7조에서 취업규칙이 근로자에게 주기시키고 있었다면 근로계약의 내용은 당해 취업규칙에서 정하는 근로조건에 따른다고 규정하고, 노동기준법 제89조의 행정관청 신고, 동법 제90조의 근로자대표의 의견청취, 동법 제106조의 주지의무 등을 규정하고 있다(신고위반·의견청취의무 위반·주지의무 위반은 30만엔 이하 벌금-제120조 제1호). 여기서 주지, 신고, 의견청취의 절차의 효력에 대하여, 취업규칙의 효력발생의 유효요건으로 해석하는데 판례 및 학설은 일치하는데, 그 외 신

행정관청에 대한 신고의무는 일반적으로 단속적인 처벌규정으로 족하다고 생각하더라도, 의견청취의무는 취업규칙에 의한 근로조건 결정의 실질적 의미를 고려할 때에 중요한 절차상의 요건으로 해석되어야 한다는 의미에서, 나아가 현행 노동법제하에서 근로자의 경영참가로서의 성질을 갖는다고 하는 의미에서 효력발생요건으로 해석하여야 할 것이다.

나아가 근로자의 경영참가와 관련하여 취업규칙의 불이익변경에 대한 판례법리를 검토하고자 한다.

대법원은, 취업규칙의 불이익변경과 관련하여, 근로자측(근로자 과반수 조직의 노동조합이 있으면 그 노동조합대표자, 노동조합이 조직되어 있지 않거나 과반수 미달의 경우 근로자 과반수의 동의)의 동의절차에 대하여 동의를 구하지 아니하고 일방적으로 취업규

고와 의견청취에 대하여는 판례가 대립하여 통일성을 갖추지 못하고 있으며, 학설은 취업규칙의 내용을 최저기준으로서의 효력을 갖는 부분과 근로계약내용을 규율하는 부분으로 나누어 전자의 경우에는 주기 및 신고로서 효력을 갖지만, 후자의 경우에는 주지·신고 외에 의견청취도 있어야만 효력을 갖는다고 해석하고, 작성에 있어서(변경의 경우에 노동계약법은 제11조는 의견청취·신고에 대하여 규정하고 있음) 주지의무만 규정하고 있어 근로자가 취업규칙의 내용을 용이하게 알 수 있고 그 내용의 합리성 심사가 엄격하게 이루어진다는 것을 전제로 하면 의견청취·신고와 같은 절차위반은 노동계약법 제7조의 효력을 좌우할 수 없다고 해석한다(西谷敏, 『労働法』, 日本評論社, 2013, 164~165면). 상시 근로자 10인 미만을 고용하고 있는 사용자도 취업규칙을 작성하여 신고할 수 있으나, 이 경우 근로기준법상의 의견청취·주지의무는 없지만, 그 내용이 합리적이고 실질적으로 근로자에게 주시시키고 있었다면 근로계약으로서의 효력(노동계약법 제7조)과 최저기준으로서의 효력(노동계약법 제12조)이 인정된다고 해석되며, 나아가 신고·의견청취의 절차를 이행한 경우에는 근로조건의 불이익변경의 효력(노동계약법 제10조)도 인정되는 것으로 해석한다(西谷敏, 위의 책, 57면). 일본 근로계약법에 관하여는, 송강직, "일본 근로계약법 소고", 「노동법논총」 제13집, 한국비교노동법학회, 2008, 95~121면 참조.

칙을 불이익하게 변경한 경우에도 당해 변경된 취업규칙이 당해 사업 또는 사업장의 취업규칙이 되며, 다만 기존의 취업규칙의 적용을 받고 있던 근로자들에게는 불이익하게 변경되기 전의 취업규칙이 적용되고 변경 이후에 채용된 신규 근로자들의 경우에는 동의를 구하지 않고 변경된 취업규칙이 적용된다고 해석한다.13) 나아가 취업규칙이 불이익하게 변경되고 근로자측의 동의도 구하지 않은 경우라도 하더라도 그것이 사회통념상 합리성이 인정되는 경우에는 당해 취업규칙은 유효하게 변경된 것으로 보아 모든 근로자에게 유효하게 적용된다고 해석한다.14)

이와 같은 대법원의 취업규칙 불이익변경과 관련한 해석론은 실정법상의 해석론으로서 타당하다고 할 수 있는가. 취업규칙의 불이익변경의 절차에 대한 명문의 규정이 있음에도 불구하고, 근로자측의 동의가 없는 경우에도 유효하게 취업규칙을 불이익하게 변경할 수 있다는 해석, 사회통념상 합리성이 인정되면 근로자측

---

13) 대법원 1992. 12. 22. 선고 91다45165 판결.
14) 대법원 2004. 7. 22. 선고 2002다57362 판결. 대법원은, "취업규칙의 작성 또는 변경이 그 필요성 및 내용의 양면에서 보아 그에 의하여 근로자가 입게 될 불이익의 정도를 고려하더라도 여전히 당해 조항의 법적 규범성을 시인할 수 있을 정도로 사회통념상 합리성이 있다고 인정되는 경우에는 종전 근로조건 또는 취업규칙의 적용을 받고 있던 근로자의 집단적 의사결정방법에 의한 동의가 없다는 이유만으로 그의 적용을 부정할 수는 없다고 할 것이고, 한편 여기에서 말하는 사회통념상 합리성의 유무는 취업규칙의 변경에 의하여 근로자가 입게 되는 불이익의 정도, 사용자측의 변경 필요성의 내용과 정도, 변경 후의 취업규칙 내용의 상당성, 대상조치 등을 포함한 다른 근로조건의 개선상황, 노동조합 등과의 교섭 경위 및 노동조합이나 다른 근로자의 대응, 동종 사항에 관한 국내의 일반적인 상황 등을 종합적으로 고려하여 판단하여야 하며(대법원 2001. 1. 5. 선고 99다70846 판결 참조), 근로자집단의 동의를 대신할 만한 사회통념상의 합리성이 있는지를 판단함에 있어서는 개정 당시의 상황을 근거로 하여야 할 것이다(대법원 1993. 9. 14. 선고 92다45490 판결 참조)"라고 한다.

의 동의가 없더라도 유효하게 취업규칙을 불이익변경할 수 있다는 해석론은 그 자체 해석론으로서 한계를 넘는 것이라는 비판을 면할 수 없다. 동시에 근로자측의 경영참가가 현실적으로 매우 제한되어 있는 법제도하에서 명문 규정으로 정한 절차적 요건에 대하여 정면에서 이를 부정하는 해석은 해석론으로서 찬성하기 곤란하다.

(2) 경영상의 이유에 의한 해고와 노사 간의 협의

근로기준법 제24조 제1항은 경영상의 이유에 의한 해고의 요건으로 긴박한 경영상의 필요성을, 제2항은 해고회피노력의무와 합리적이고 공정한 해고의 기준을, 제3항은 노사 간의 협의의무 등을 각각 규정하고 있다. 이 가운데 동조 제3항은 "사용자는 제2항에 따른 해고를 피하기 위한 방법과 해고의 기준 등에 관하여 그 사업 또는 사업장에 근로자의 과반수로 조직된 노동조합이 있는 경우에는 그 노동조합(근로자의 과반수로 조직된 노동조합이 없는 경우에는 근로자의 과반수를 대표하는 자를 말한다. 이하 "근로자대표"라 한다)에 해고를 하려는 날의 50일 전까지 통보하고 성실하게 협의하여야 한다."고 규정하고 있다.

그럼에도 불구하고 대법원은, 50일 전까지의 통보 및 협의에 대하여, "기간의 준수는 정리해고의 효력요건은 아니라 할 것이고, 구체적 사안에서 통보 후 정리해고 실시까지의 기간이 그와 같은 행위를 하는데 소요되는 시간으로 부족하였다는 등의 특별한 사정이 없으며, 정리해고의 그 밖의 요건은 충족되었다면 그 정리해고는 유효하다고 하겠다."고 해석한다.[15] 물론 해석론으로서는 노사 간의 협의의 기간이 50일보다 짧았다고 하더라도 실질적으로 협의가 잘 이루어졌다면 이러한 협의를 두고 그 효력을 부정할 필요는

---

15) 대법원 2003. 11. 13. 선고 2003두4119 판결.

없다고 할 수도 있다. 그러나 명문의 규정에서 '50일 전까지'라고 규정하고 있음에도 불구하고 이를 위반하여 통보하고 협의된 경우에도 협의에 소요된 실질적인 시간이 부족하지 않았다고 한다면 절차상의 하자는 치유될 수 있다고 해석하는 것은 해석론의 한계를 넘는 것이라고 하지 않을 수 없다.

부언하여 두면, 대법원은 경영상의 이유에 의한 해고의 다른 요건에 대한 해석론에서도 이를 완화하는 경향에 있다. 예컨대 긴박한 경영상의 필요성이라는 요건에 대한 해석론에 있어서도, "긴박한 경영상의 필요라 함은 반드시 기업의 도산을 회피하기 위한 경우에 한정되지 아니하고, 장래에 올 수도 있는 위기에 미리 대처하기 위하여 인원삭감이 객관적으로 보아 합리성이 있다고 인정되는 경우도 포함되는 것으로 보아야 하고"16)라고 해석하여 그 요건을 완화하는 해석론을 전개하였다. 경영상의 이유에 의한 해고는 근로자에게 귀책사유가 없는 것으로 특히 그 절차적 요건을 엄격하게 해석하여야 할 당위성을 갖는다는 점에서 이러한 완화된 해석론은 비판을 면할 수 없다.17)

게다가 기업의 구조조정 등에서의 정리해고문제와 관련한 실정법상의 절차규정은 근로자의 경영참가제도가 불비한 우리나라에서는 한층 더 엄격하게 해석되어야 할 것임에도 불구하고 대법원이 이를 완화하는 해석론을 전개하는 것은 해석론의 문제 외에 근로자의 경영참가에 대한 봉쇄적 의미도 있다는 것에 주의할 필요가 있다.

---

16) 대법원 2003. 11. 13. 선고 2003두4119 판결.

17) 일본의 판례 입장은 긴박한 경영상의 필요성 해석에 있어서 보면, 도산이 불가피한 경우에서부터 경영합리화를 위한 예방적인 것에 이르기까지 그 필요성 인정에 있어서 폭이 넓게 형성되어 있다고 할 수 있으나, 대부분의 판례는 그 중간적 입장에서 필요성을 판단하고 있다(西谷敏, 앞의 책, 416면).

(3) 소결

근로계약 측면에서 보면 근로자가 경영에 참가할 수 있는 제도는, 앞에서 본 바와 같이 근로계약상 취업규칙의 작성 및 변경에서의 절차상 참가, 경영상 이유에 의한 해고에서의 협의 절차를 제외하면 특별히 존재하지 않는다. 이러한 근로자의 경영참가 또한 대법원 해석론에 의하여 행해화되어 있다.

게다가 상시 근로자 10인 미만을 고용하는 사용자의 경우에는 취업규칙의 적성·변경 절차 참가는 위와 같은 행해화되어 있는 형태의 절차상의 근로자의 경영참가 조차도, 노동조합이 설립되어 있지 않는 경우에는, 제도적으로도 사실상으로도 존재하지도 않는다.

이러한 상황하에서 독일의 경우와 같이 상시 근로자 5인 이상의 선거권(18세 이상)을 갖는 상용근로자가 있고, 그 가운데 3인이 피선거권(당해 사업소에서 월 이상 고용된 18세 이상의 자)을 갖는 사업소의 경우 사업소위원회를 설치하도록 하고, 사업 또는 사업장의 근로조건을 공동으로 결정하는 제도를 포함한 기업레벨에서의 종업원대표제도의 도입을 입법론적으로 검토해볼만하다.

2. 단체교섭과 근로자의 경영참가

노동조합이 설립되어 있는 경우 경영참가는 단체교섭을 통하여 이루어지게 된다. 단체협약의 경우 근로조건 등은 후술하는 바와 같이 규범적 효력이 인정되므로 그 경영참가의 의미는 실로 크다고 하겠다. 그런데 판례법리에 의항 때에 단체교섭의 대상에 있어서 노동조합의 단체교섭을 통한 경영참가는 한계를 지니고 있다고 할 수 있다. 이를 보면 다음과 같다.

(1) 단체교섭 대상

사업 또는 사업장의 근로조건 결정에 있어서 노동조합이 설립되어 있는 경우의[18] 근로자의 경영참가는 어떠한가.

근로계약이나 취업규칙에 의한 근로조건 결정에 의한 효력은 단체협약에 의한 근로조건 결정의 효력에 반할 수 없으며, 단체협약의 기준에 반하는 '근로조건 기타 근로자의 대우에 관한 기준'은 그 부분에 한하여 무효이며, 무효로 된 부분은 단체협약에 정하는 기준으로 갈음하게 된다(노조법 제33조 제1항 및 제2항).[19]

근로계약이나 취업규칙에 의한 근로조건 결정에서의 근로자의 참가가 제한적인 상황에서 근로자의 경영참가의 실질적인 실현을 위해서는 단체교섭에 의한 단체협약 체결이 그 중심에 서게 된다고 할 것이다.

그렇다면 현재의 노동법제 및 해석론에 의할 때에 단체교섭은 실질적으로 근로자의 경영참가를 실현하는 최소한의 도구로서 그 역할을 수행하고 있는가. 그렇지 않다. 해석론상 고착화되어 있는 단체교섭의 대상의 문제를 보면 명확하다.

대법원은 단체교섭의 대상에 대하여, "정리해고나 사업조직의 통폐합, 공기업의 민영화 등 기업의 구조조정의 실시 여부는 경영

---

18) 노동조합의 설립은 사업 또는 사업장 내에 노동조합이 설립되어 있는 경우 외에 사업 또는 사업장밖에 설립되어 있는 산업별·직종별·지역별노동조합에 근로자 개인이 가입하는 경우도 있을 수 있으며, 이 경우 산업별 노동조합 등은 당해 조합원이 소속되어 있는 사용자에게 단체교섭 등의 요구를 할 수 있을 것이며, 이러한 의미에서 근로자는 당해 노동조합을 통하여 경영에 참가할 수도 있을 것이다.

19) 이 경우 단체협약보다 유리한 단체협약의 적용을 받는 조합원의 근로계약 내지 취업규칙의 효력문제, 이른바 유리원칙의 인정 여부가 문제되는데, 우리나라에서는 일반적으로 유리원칙은 인정하지 않는 것으로 해석한다. 임종률, 앞의 책, 153~154면; 하갑래, 앞의 책, 364면. 김형배 교수는 유리원칙을 인정하는 입장에 서 있다(앞의 책, 107면).

주체에 의한 고도의 경영상 결단에 속하는 사항으로서 이는 원칙적으로 단체교섭의 대상이 될 수 없고, 그것이 긴박한 경영상의 필요나 합리적인 이유 없이 불순한 의도로 추진되는 등의 특별한 사정이 없는 한, 노동조합이 실질적으로 그 실시를 반대하기 위하여 쟁의행위에 나아간다면, … 그 쟁의행위는 목적의 정당성을 인정할 수 없는 것이고"라고 한다.20)

단체교섭의 대상 문제는 이를 비판하는 논리로서 사용자의 경영권이 존재하는가 하는 의문을 제기하게 한다. 경영권이라고 할 수는 없다고 하더라도 대법원 판례법리에 의하면 적어도 단체교섭의 대상이 될 수 없고, 쟁의행위의 목적으로 정당화 될 수 없는 사용자의 경영사항은 고착화되어 있다고 할 수 있고, 이러한 경영사항에 대한 근로자의 참가는 불가능한 사용자의 전권적이고도 배타적인 영역으로 자리매김하고 있는 것이다.21)

---

20) 대법원 2006. 5. 12. 선고 2002도3450 판결. 필자의 사견은 단체교섭 사항과 쟁의행위의 목적은 반드시 일치하여야 하는 것으로 아닌 것으로 해석한다. 즉 순수한 정치파업이라도 하더라도 근로자의 언론의 자유로서 사용자와의 사이에서 교섭사항은 될 수 없지만 쟁의행위(일시적인 것에 한정)의 목적으로서 정당하다고 해석한다(宋剛直, 『韓国労働法』, 悠々社, 2001, 106~113면).

21) 일본의 노동법학자들은 필자에게 한국의 경우 구조조정 등이 왜 단체교섭의 대상이 될 수 없다고 해석되는지 도저히 이해할 수 없다는 얘기를 한다. 구조조정이야말로 근로자에게 있어서 단체교섭의 대상 그 자체가 되어야 할 것임에도 이러한 문제가 사용자의 전권에 속한다고 해석하는 것은 헌법학의 해석으로는 이해할 수 없음은 물론이거니와(송강직, "노동법학에서의 헌법학의 역할", 「동아법학」 제48호, 동아대학교 법학연구소, 2010, 834~837면), 단적으로 근로자의 노동기본권이 헌법상 보장되어 있지 않은 미국의 경우에도 구조조정 문제가 단체교섭의 대상 및 쟁의행위의 목적으로서 정당하다고 하는 해석론을 전개하고 있는데 우리나라 대법원의 해석론은 이미 해석론의 한계를 벗어난 것이라고 하지 않을 수 없다(일본·미국·우리나라의 쟁의행위 비교에 대하여는, 송강직, "노동기본권의 본질과 쟁의행위", 「법학논문집」 제39집 제1호, 중앙대학교 법학연구소, 2015,

따라서 근로계약 영역에서 근로자의 경영참가가 현실적으로 지극히 제한되고 있는 상황에서, 근로자들의 조직인 노동조합에 의한 단체교섭을 통한 경영참가 또한 결정적인 제한을 받고 있다고 하겠다.

(2) 고용안정협약

단체협약에 의하여 사용자에게 구조조정을 제한하는 내용을 정한 경우에 그 효력은 인정되는가. 대법원은, 해고동의조항,[22] 위법한 파업 이후의 민·형사 면책조항,[23] 쟁의행위 중의 인사조치 금지,[24] 구조조정 금지[25] 등과 같은 단체협약 내용에 대하여 원칙적으로 각각 규범적 효력을 인정하고 있다. 따라서 구조조정에 대한 제한 등과 같은 근로자의 경영참가는 단체협약을 통하여 사용자가 이에 합의하는 경우에는 가능하다.[26] 학설상 통설은 구조조정 자체는 별론으로 하더라도 그에 따른 해고대상의 처우 등에 대한 교섭은 가능하다고 해석되고 있는데, 이는 어디까지나 경영참가와는 질적으로 다른 것이며, 진정한 의미의 경영참가를 위해서는 단체교섭을 통하여 구조조정 자체를 논의할 수 있어야 할 것이어야 한다.

다른 한편 대법원은 협의에 대하여는 규범적 효력을 일반적으

235~237면. 그리고 미국의 단체행동의 정당성에 대하여, 송강직, "미국의 단체행동의 정당성", 「노동법학」제42호, 한국노동법학회, 2012, 209~247면).
22) 대법원 2007. 9. 6. 선고 2005두8788 판결.
23) 대법원 1991. 1. 11. 선고 90다카21176 판결.
24) 대법원 2009. 2. 12. 선고 2008다70336 판결.
25) 대법원 2011. 5. 26. 선고 2011두7526 판결.
26) 다만, 이 경우에도 급격한 경영상황의 변화 등 이 조항 체결 당시 예상하지 못한 사정변경이 있어 그 이행을 강요한다면 객관적으로 명백하게 부당한 결과에 이르는 경우에는 이 조항은 효력을 상실하고 사용자이 정리해고는 유효하게 된다(대법원 2011. 5. 26. 선고 2011두7526 판결).

로 부정한다. 노동법상 협의의 효력이 문제되는 것으로, 인사조치 시의 신의칙에 근거한 협의의무,27) 해고협의의무28) 등이 이에 속한다. 다만 기업분할 시의 분할회사로의 승계가 예정되는 근로자들과의 협의의무에 대하여는 규범적 효력을 인정하고 있다.29) 대법원이 회사분할에 있어서 협의의무를 제외하면 신의칙상 요구되는 협의의무는 별론으로 하더라도 노동조합과 사용자(단체 등)가 단체협약에서 명문으로 협의의무를 규정하고 있는 경우에 이러한 협의 절차 위반에 대하여 규범적 효력을 인정하지 않는 것은 타당하지 않다고 하겠다.

3. 노사협의회

근로자의 경영참가를 제도적으로 보장하고 있는 전형적인 것으로 노사협의회 제도를 들 수 있다. 「근로자 참여 및 협력증진에 관한 법률」(이하 '근참법'이라 함)에 의하여 상시 근로자 30인 이상의 근로자를 사용하는 사업 또는 사업장으로서 근로조건에 대한 결정권이 있는 사업 또는 사업장 단위에 노사협의회를 설치하도록 하고 있다.

이러한 노사협의회 제도가 실질적으로 근로자의 경영참가를 보장하는 제도로서 기능하고 있는가. 이하 이에 대하여 보기로 한다.

---

27) 대법원 2009. 4. 23. 선고 2007두20157 판결.
28) 대법원 2012. 06. 28. 선고 2010다38007 판결.
29) 대법원 2013. 12. 12. 선고 2011두4282 판결. 즉 대법원은, "분할하는 회사가 분할계획서에 대한 주주총회의 승인을 얻기 전에 미리 노동조합과 근로자들에게 회사 분할의 배경, 목적 및 시기, 승계되는 근로관계의 범위와 내용, 신설회사의 개요 및 업무 내용 등을 설명하고 이해와 협력을 구하는 절차를 거쳤다면 그 승계되는 사업에 관한 근로관계는 해당 근로자의 동의를 받지 못한 경우라도 신설회사에 승계되는 것이 원칙이다."고 한다.

(1) 노사협의회의 활동과 노동조합 활동의 중복성

근참법은 상시 근로자 30인 이상의 근로조건에 대한 결정권이 있는 사업이나 사업장 단위로 노사협의회를 설치하도록 하고 있다 (제4조). 그리고 동법 제5조는 노동조합의 단체교섭이나 그 밖의 모든 활동은 이 법에 의하여 영향을 받지 아니한다고 하여 노동조합의 활동과 노사협의회의 활동과는 상호 관련이 없는 것으로 상정하고 있다. 그러나 우리나라의 노동조합은 산업별노동조합인 전국금속노동조합을 포함하여 각 지역의 지역별노동조합을 제외하면 기업별노동조합 조직이 주류이다. 따라서 동법의 입법취지와는 별개로 노동조합이 조직되어 있는 경우에 사업 또는 사업장 단위에서 설치된 노사협의회의 활동과 중복되는 것은 불가피하다.[30) 실제로 필자가 지방공기업의 경영평가 등에서 확인한 바로는 노동조합이 노사협의회를 단체교섭의 전단계로 활용하고 있다는 것, 당해 노사협의회에서 타협이 되지 못하는 사항들을 단체교섭의 장으로 넘긴다는 것이다. 노동조합의 활동과 노사협의회의 활동은 이미 중복되어 있다는 것이다.[31)

---

30) 따라서 단체교섭과 노사협의회와의 중복성은 본래 노사협의회제도가 기대하는 것이 아닌 만큼 노사협의회의 제도개선을 위하여 단체교섭과의 관계의 설정이 필요하다. 예컨대 노사협의회의 의결 효력을 취업규칙보다는 우선하는 것으로 하더라도 단체협약보다는 후순위의 효력을 인정하는 것에 대한 명시 등이다. 이승욱, "노사협의회의 의결사항의 효력", 「노동법학」 제9호, 한국노동법학회, 1999, 283면.

31) 근참법 제6조 제2항은 노사협의회의 구성에 대하여, 근로자의 과반수로 조직된 노동조합이 있는 경우에는 노동조합의 대표자와 그 노동조합이 위촉하는 자로 한다고 하여, 제도적으로 그 활동에 있어서 노동조합과 중복할 수밖에 없는 형태이다. 더욱이 우리나라의 노동조합이 경우 노동조합이 설립되어 있는 경우에 그 조직률은 거의 100%에 이르고 있는 것이 현실이기 때문에 근로자의 과반수라는 요건은 노사협의회와의 중복성 문제에 있어서 의미가 없다고 하겠다. 노사협의회가 법적으로 제도화되어 있지 않은 일본의 경우에도 1994년의 조사내용을 갖고 보면, 노사협의회

(2) 노사협의회의 협의사항·의결사항·보고사항

문제는 노동조합이 설립되어 있지 않은 사업 또는 사업장에서의 노사협의회는 실질적으로 경영참가를 하고 있는가. 근참법상의 경영참가제도를 보면 노사협의회에 대하여 실질적인 경영참가를 기대하기에 충분한가. 구체적으로 보면 다음과 같다.

먼저, 노사협의회의 협의사항으로, 생산성 향상과 성과 배분·근로자의 채용·배치 및 교육훈련·근로자의 고충처리 등(제20조 제1항)을 규정하고. 나아가 위 협의사항에 대하여 의결도 가능하도록 하고 있다(동조 제2항).

다음으로, 노사협의회의 의결사항은, 근로자의 교육훈련 및 능력개발 기본계획의 수립·복지시설의 설치와 관리·사내근로복지기금의 설치·고충처리위원회에서 의결되지 아니한 사항·각종 노사공동위원회의 설치이다(제21조). 의결된 사항을 정당한 사유 없이 이행하지 아니한 자에 대하여 1천만 원 이하의 벌금에 처한다(제30조 제2호).

끝으로, 노사협의회의 보고사항은, 경영계획 전반 및 실적에 관한 사항·분기별 생산계획과 실적에 관한 사항·인력계획에 관한 사항·기업의 경제적·재정적 상황이다(제22조 제1항).

이상의 노사협의회의 협의·의결·보고사항을 보면, 게다가 폭넓

가 조직되어 있는 사업소는 조사대상 사업소의 55.7%이고, 노동조합이 존재하는 사업소의 경우는 80.7%가 설치되어 있으며, 한편 1963년 노동생산성본부의 조사결과에 의하면 조사대상 사업소의 68%가 노사협의회를 설치하고 있고, 노동조합과 노사협의회와의 관계에 있어서 단체교섭의 사전 협의기관으로서 성격을 갖는 것이 39%, 단체교섭기능을 갖는 것으로 21% 나타나 기업별노동조합 조직이 대부분인 일본의 경우에도 노동조합과 노사협의회의 활동이 중복되고 있음을 알 수 있다(송강직, "단체교섭의 대상 - 인사·경영사항을 중심으로", 『노동법의 쟁점과 과제』(김유성교수화갑기념), 법문사, 2000, 368면.

은 협의사항을 의결사항으로 할 수 있다는 것, 의결사항 위반에 대한 벌금형 등을 고려할 때에 우리나라에서 경영참가와 관련하여 노사협의회의 제도적 의미는 크다고 할 수 있다.

이러한 제도하에서 노사협의회제도와 관련된 논의는 주로 노사협회의 제도의 활성화 방안에 초점이 맞추어져 있고, 실제 노사협의회의 기능에 대한 실태조사는 부족한 상황이라고 할 수 있다. 그리고 노사협의회 제도 또한 경영사항의 핵심인 경영계획, 생산계획, 인력계획 등은 단순한 보고사항으로 남아 있는 것에 근본적인 한계를 갖고 있다. 동시에 노사협의회 설치가 상시 근로자 30인 이상의 근로조건에 대한 결정권이 있는 사업이나 사업장 단위로 설치하도록 하여 상시 근로자 30인 미만의 경우에는 설치가 의무화되어 있지 않다는 것이고, 이러한 소규모 사업 또는 사업장의 경우 노동조합도 조직되어 있지 않는 경우가 많다는 것 등에서 노사협회의 기능은 그 제도가 기대하는 수준으로 행하여지고 있지 않는 것으로 보인다.

4. 비정규직 근로자의 경영참가 한계

특수고용형태 노무에 종사하는 자들은 일반적으로 사업자로 분류되고 있어 노동조합을 설립할 수 없는 노무 종사자들로 분류되고 있다. 그러나 단시간근로자, 기간제근로자, 무기계약직근로자(비정규직에 포함되는지 이론이 있을 수 있음), 파견근로자와 같은 비정규직 근로자들은 노동조합을 설립하거나 노동조합에 가입할 수 있는 근로자들임은 물론이다.

그러나 이들 비정규직 근로자들에게 자녀학비 융자 등 사내근로복지기금 등의 혜택의 수혜 범위의 확대는 부분적으로 이루어지고 있지만, 당해 기업별노동조합에 가입자격이 인정되는 경우는 찾아보기 어렵다. 따라서 이들은 기업 외의 노동조합조직인 지역별노동조합 등에 가입하는 것은 별론으로 하더라도 자신들이 근로를 제공하고 있는 기업의 기업별노동조합의 조합원 자격을 획득하고 있지 못하고 있다. 필자가 지방공기업 평가를 하면서 기간제근로자와는 다른 무기계약직 근로자에게 당해 기업별노동조합이 조합원 자격을 인정하는 노동조합이 20여개 지방공기업 가운데 단 한곳만 있었을 정도였다. 이러한 관점에서 보면 기업별노동조합은 폐쇄성이 강하다고 할 수 있다.

이러한 상황에서 상시 근로자 30인 이상의 근로조건에 대한 결정권이 있는 사업이나 사업장 단위 내에 근로자 과반수 노동조합이 설립되어 있는 경우에 비정규직 근로자들은 노사협의회에 관여할 수 있는 제도적 장치가 불비한 상태에 놓여 있다. 물론 당해 노동조합이 조합원이 아닌 비정규직 근로자를 과반수 노동조합의 대표자와 그 노동조합이 노사협의회의 근로자위원으로 위촉하는 경우에 경영에 참가할 수는 있겠지만 이는 사실상 기대하기 곤란하다. 특히 이들 비정규직 근로자들 가운데 기간제근로자 및 파견근로자는 원칙적으로 1년을 초과하지 못하고 최장 2년의 기간제 내지 파견의 근로형태이기 때문에 노사협의회 위원의 임기가 3년이라는(근참법 제8조 지1항) 노사협의회 위원 임기와 처음부터 괴리가 있다.

「기간제 및 단시간근로자 보호 등에 관한 법률」에서는 비교대상 근로자(기간의 정함이 없는 근로자 및 통상의 근로자)와의 사이의 차별시정을 요구할 수 있는 것(제8조-제15조의2), 「파견근로자보호 등에 관한 법률」상의 파견근로자의 사용사업주의 동종 또는 유사한 업무를 수행하는 자와의 차별 처우에 대한 시정요구(제21조 및 제22조) 정도이다. 이러한 차별시정도 이들 비정규직 근로자의 근로조건 개선을 통한 경영참가의 유형으로 볼 수도 있겠지만 본래의 의미의 경영참가와는 질적으로 다른 침해당한 권리의 구제적 성격이 강하다.

이들 비정규직 근로자들의 경우에는 자신들이 기업별노동조합에 가입하지 못하여 기업 외 노동조합에 가입하는 경우에도 복수노동조합하의 교섭창구단일화제도에 의하여 당해 사업 또는 사업장의 근로조건 결정에 참가할 수 있는 여지가 사실상 봉쇄되어 있다고 할 수 있다. 복수노동조합하의 교섭창구단일화 절차는 하나의 사업 또는 사업장 내에 기업별노동조합 상호 간의 대립하는 형태로 존재하는 경우가 많은 문제를 낳고 있으나, 기업 외부의 노동조합과 기업 내의 노동조합 형태의 복수노동조합의 경우에는 기업 내의 노동조합이 근로자 관반수를 조직하는 경우가 일반적이어서 기업 내의 노동조합이 교섭대표노동조합이 되는 형태로 교섭창구가 단일화되기 때문에 기업 내 노동조합에 가입자격이 일반적으로 배제되고 있는 비정규직근로자들의 경우 실질적으로 경영에 참가할 수 있는 여지가 없고, 이 경우 교섭창구단일화 절차에 참가한 경우에 공정대표의무 위반 등에 의한 구제신청이 인정될 뿐이다.[32] 그렇지 않으면 제도적으로는 비정규직근로자들이 스스로 기업 내 노동조합을 결성하고 교섭단위를 분리하여 단체교섭을 할 수도 있겠으나, 현실적으로 이러한 예는 보이지 않는다.

---

32) 우리나라 교섭창구단일화 제도의 논의에 대하여, 송강직, "韓国における団体交渉窓口の単一化と交渉代表労働組合等の公正代表義務の制度化", 「노동법논총」 제19집, 한국비교노동법학회, 2010, 121~150면. 공정대표의무에 대하여는, 송강직, "미국의 공정대표의무", 「노동법연구」 제33호, 서울대학교노동법연구회, 2012, 351~402면; 동, "교섭대표노동조합의 공정대표의무", 「노동법연구」 제34호, 서울대학교노동법연구회, 2013, 245~287면; 동, "일본의 공정대표의무론", 「노동법학」 제45호, 한국노동법학회, 2013, 279~310면 참조.

결론적으로 비정규직 근로자들의 경우 근로계약, 취업규칙 등에 의하여 근로조건이 결정되게 되고, 이러한 근로계약에 의한 근로조건 결정은 앞에서 본 바와 같이 경영참가 자체가 매우 제한적이라는 것, 나아가 단체교섭에 의한 근로조건 결정의 참가는 노동조합의 조합원 자격이 처음부터 배제되거나 조합원 자격이 있다고 하더라도 사실상 그들의 이익을 보호할 단체교섭 시스템이 결여되어 있다는 것, 나아가 단체교섭에 의한 경영참가 가능하다고 하더라도 정규직 근로자의 경우와 같이 구조조정 등 경영사항은 단체교섭의 대상에서 배제되고 있는 상황이라는 것 등을 고려하면 비정규직 근로자들의 경영참가 기회는 거의 부정되고 있는 것과 마찬가지라고 할 수 있다.

IV. 종업원대표제 논의

우리나라의 경우에 근로자대표는 근로기준법상 노동조합이 당해 사업 또는 사업장의 근로자 과반수를 조직하고 있는 경우에는 당해 노동조합이, 그러한 노동조합이 없거나 노동조합 자체가 설립되어 있지 않는 경우에 근로자대표는 근로자 과반수를 대표하는 자로 되어 있다(근로기준법 제24조 제3항). 그러나 근로자과반수를 대표하는 자의 선출 방법 등에 대한 규정은 존재하지 않는다. 여기서 근로자 과반수를 대표하는 자는 민주적인 절차에 의하여 선출된 자로서 관리감독자가 아니어야 한다는 것으로 이해되고 있다. 우리나라 헌법 제33조 제1항의 노동기본권보장 규정하에서 노동조합은 보호를 받게 되지만 노동조합이 설립은 근로자들의 임의적인 선택이라는 것, 반면에 종업원대표제도는 입법화되는 경우에 그 조직이 강제된다는 점에서 이들 근로자집단의 사이에 어떠한 질서 내지 관계형성이 있어야 할 것인가 하는 것은 중요한 문제라고 할 것이다.

노동조합의 조직률 저하 내지는 노동조합이 설립되어 있지 않은 사업 또는 사업장의 근로자에 대한 기업질서 형성에 대한 관여 내지 참자의 한계는 새로운 노사관계의 논의를 촉발시키고 있다. 동시에 비정규직 근로자가 급속도로 증가하고 있는 상황에서 기존의 노동조합이 비정규직 근로자를 그 조직의 대상에 포섭하고 있지 못하는 등의 현실적 문제는 기존의 동조합이 근로자측 이익을 충분히 대변하지 못하는 내재적 한계를 드러내고 있는 상황은 이른바 종업원대표제 논의를 불러일으키게 하고 있다.

이하 종업원대표제 논의에 대하여 시론적인 단계에 있는 것이므로 그 내용을 소개하는 것으로 한다.

1. 우리나라의 종업원대표제 논의

종업원대표제는 기업단위를 예를 들어 보면 당해 기업의 종업원전체를 대표한다는 점에서 노동조합이 조합원을 대표한다고 하는 것과는 다르다.[33] 종래 노사관계법제도선진화위원회가 제안한 근로자위원의 근로자대표역할 수행이나 이철수 교수의 입법론적

---

[33] 노동조합이 사용자 내지 사용자단체 등과 체결한 단체협약상의 근로조건과 관련한 효력을 동종의 미조직 근로자에게 확장시키는 제도(일반적 구속력 내지 지역적 구속력, 노조법 제35조 및 제36조)는 그 효력의 확장의 대상이 단체협약의 규범적 부분에 한정된다는 것, 나아가 미조직 근로자를 직접적으로 보호하는 측면보다는 노동조합이 보다 더 좋은 조건을 쟁취하기 위한 장애물을 제거한다는 측면이 강하다는 점에서 이를 두고 노동조합이 단순히 조합원 이익을 대표하는 것만은 아니라 당해 사업 또는 사업장 근로자 전체를 대표하는 것으로 볼 수는 없다.

차원의 종업원위원회 제안 등은 근로자 전체를 대표할 위원회 논의라는 점에서 현재의 노동조합 중심의 노사관계의 한계를 극복하기 위한 것으로 이해할 수 있다.[34)]

김홍영 교수가 제안하는 종업원대표제는 현행 노사협의회제도의 폐지 내지 대체입법을 통한 제도 도입은 현실적으로 논의를 부담스럽게 하는 측면이 있다는 점 등에서 현행 노사협의회제도를 근간으로 하고 있다.[35)] 현행 노사협의회는 근로자위원과 사용자위원 동수로 구성되고, 이들 양 위원들이 회의를 통하여 의결 등을 하게 되는데, 김홍영 교수는 근로자위원들만으로 근로자위원회를 구성하여 그 결과를 갖고 사용자에게 제안을 하는 형태의 종업원대표제를 제안한다.[36)] 근로자위원회는 노사협의회제도의 운영에 있어서도 독립적으로 회의를 하되 필요할 경우에 사용자위원 또는 사용자측의 출석을 요청하여 의견을 들 수 있도록 한다. 그리하여 근로자위원회와 사용자측은 사업장협정을 체결한다는 것이다. 한편 현행 노사협의회제도는 근로자위원과 사용자위원이 함께 하는 합동회의체로서 유지한다는 것이다.[37)]

그리고 종업원위원회와 사용자와의 사업장협정의 효력에 대하여 기존의 취업규칙과 동일한 효력을 부여함으로써 노동조합의 역할 등과 출동하는 것을 피할 수 있다고 한다.[38)]

---

34) 이들 논의의 내용에 관하여는, 김홍영, 앞의 발표문, 78~79면.
35) 김홍영, 앞의 발표문, 79면.
36) 김홍영, 앞의 발표문, 80면.
37) 김홍영, 앞의 발표문, 81면.
38) 김홍영, 앞의 발표문, 85면.

2. 일본의 종업원대표제 논의

일본은 우리나라와 같은 노사협의회제도가 강제되지 않으나 임의적 형태의 노사협의회는 사업 또는 사업장에 설치되어 운영되고 있다.[39] 일본의 종업원대표제 논의는 경영참가와 관련하여 논의되고 있으나,[40] 최근에 와다하지메(和田肇) 교수가 사업 또는 사업장 레벨에서의 종업원대표제에 대하여 논한 것을 보면 다음과 같다.[41]

첫째 일본 노동기준법을 입안할 당시에 많은 기업 내에 노동조합이 설립될 것을 예상하고 그 노동조합에 근로자 과반수의 조직으로 권한을 부여할 것을 기대하였다는 것이다. 현재는 80-90%의 사업 또는 사업장에 노동조합이 설립되어 있지 않는 현실이지만 일본국 헌법 제28조의 노동기본권보장을 염두에 둔 것으로서 이를 쉽게 포기할 수는 없다고 한다.

둘째 일본 노동기준법시행규칙 제6조의2 제1항은 노동조합이 과반수이 이르지 못하거나 노동조합이 설립되어 있지 않은 경우의 근로자대표에 대하여 관리감독자는 근로자대표가 될 수 없다는 것과 근로자대표는 민주적인 절차에 따라 선출될 것만을 규정하고 있는데, 이 경우의 근로자대표는 사용자와의 사이에서 대등성을 확보할 수 없고, 근로자대표는 1인도 가능하기 때문에 인적, 재정적, 전문적 지식을 연마할 기회도 없는 경우가 많다.

---

39) 일본의 노사협의회에 대하여는, 송강직, "복수노동조합보장과 집단적 노동관계 형성 방향", 노동법학 제31호, 한국노동법학회, 2009, 52~53면.

40) 毛塚和彰, "団交と協議・参加", 『現代労働法講座 4・団体交渉』, 日本労働法学会編, 1981, 286~315면. 毛塚和彰는 노사협의회제도가 제도적으로 확립되어 있지 않은 상황에서 그 절차 내지 법적 효력 등이 명확하지 않는 현실에서 노동조합에 의한 단체협약을 전제로 한 노사협의회의 확립이 노사관계 개선의 중요한 요소가 된다고 한다(304~305면).

41) 이하 和田肇, 『労働法の復権』, 日本評論社, 2016, 249~251면.

셋째 노동조합도 아닌 근로자대표에게 왜 중요한 근로조건 결정권을 부여하였는가에 대한 법적 근거에 의문이 남는다. 독일의 경우에 노동조합만이 근로자보호법(근로기준법 등)의 강행규정으로부터 일탈할 수 있는 권한을 부여하고 있는데 이는 노동조합만이 이러한 강력한 권한을 행사할 수 있다고 하는 법적 확신에 기초하고 있는 것이다.

넷째 과반수대표자가 소수노동조합에 비하여 근로자의 의견을 대표할 수 있다고 하는 것은 상정하기 곤란하다. 아주 단순한 절차에 의하여 선출되는 근로자대표보다는 소수노동조합이 근로자의 이익대표로서 적합하다,

와대하지매 교수는 결국 일본 노동기준법의 강행규정으로부터 벗어날 수 있도록 할 수 있는 것은 노동조합에게만 부여되어야 한다고 한다. 이 경우 다수노동조합이든 소수노동조합이든 문제되지 않는데 그 이유는 소수노동조합이라고 하더라도 근로자과반수대표보다는 인적, 재정적, 전문적 지식 등을 갖추고 있다는 것, 법에 의하여 강제되는 조직보다는 근로자들 스스로 자주적으로 결성한 조직 내지 단체가 근로조건 결정에 관여하고자 하는 의식이 강하기 때문이다.

그럼에도 불구하고 노동조합이 설립되어 있지 아니한 사업 또는 사업장의 경우에는 과반수근로자위원회의 설치를 고려하여야 하는데, 이 경우에도 노동조합의 결성의 유인적인 형태이어야 한다. 과반수근로자위원회의 설치 단위, 선출위원의 자격, 수 등은 입법적으로 해결하여야 할 것이고, 동 위원회는 노동조합에 유사한 것으로 보아 노동조합활동권이나 부당노동행위 등의 규정의 준용도 고려되어야 한다. 운영비 등도 노동조합의 조합비와 동등한 것으로 취급되어야 한다.

이러한 와다하지매 교수의 견해는 일본 국내의 일반적인 주장

은 아니지만 쉽게 근로자보호의 강행규정의 적용의 일탈에 대하여 매우 신중한 접근이라고 평가할 수 있을 것이다.

V. 결론에 갈음하여

우리나라 근로자의 경영참가는 제도적 측면에서, 나아가 해석론 등에 의하여 매우 제한적이라고 할 수 있다. 본고는 현재의 법제도 하에서 경영참가로 볼 수 있는 내용들을 검토하는 것에 초점을 맞추었고, 비교법적 연구를 통한 제도의 개선이나 새로운 제도의 도입에 대한 논의는 시도하지 않았다. 결론에 갈음하여 위 내용을 요약하면 다음과 같다.

첫째, 우리나라의 현행 제도하에서 근로자의 경영참가는 앞에서 본 바와 같이 노동조합에 의한 단체교섭이 큰 의미를 갖는다고 생각한다. 이러한 의미에서 단결권 자체가 보장되지 않고 있는 특수형태 노무 종사들 등의 단결권 보장이 기본권 보장이라는 관점에서는 물론이거니와 근로자의 경영참가의 면에서도 필요하다는 것이다.

둘째, 근로계약상 근로조건 결정에 있어서, 근로계약 및 취업규칙의 작성·변경에 있어서 해석론상 근로자의 경영참가는 사실상 부정되고 있다는 것이다. 대법원의 취업규칙 불이익 변경 시의 근로자측의 동의 조항에 대한 해석론은 근로자의 경영참가의 입장에서 볼 때에 이를 부정하는 형태로 해석되고 있음을 알 수 있다.

셋째, 노동조합에 의한 단체교섭을 통한 경영참가 또한 단체교섭의 대상에서 경영참가의 핵심적 내용인 구조조정 등의 경영사항은 배제되고 있다는 것이다. 단체협약을 통한 고용안정협정은 규범적 효력을 인정하지만 이 또한 예상하지 못한 경영악화의 경우에는 그 규범적 효력이 부정될 수 있다는 점에서 실질적인 경영참가가 보장되는 것으로 볼 수 없다. 구조조정 자체에 대한 단체교섭 대상이 인정될 때에 비로소 실질적인 경영참가가 도모될 수 있는 것이다. 나아가 대법원의 경영상의 이유에 의한 해고에서의 협의 기간의 절차상의 명문 규정에 대한 규범성 부인은 법해석학 영역을 벗어난 것으로서 용인될 수 없다고 하겠다.

넷째, 노사협의회 제도의 실질적 운영에 있어서 노동조합의 활동과의 중복성이다. 일반적으로 노사협의회 제도는 노동조합이 존재하는 경우 단체교섭의 사전적 조율의 장소로 전락해 있다는 것이 널리 확인되고 있다. 또한 노사협의회 설치가 근로조건에 대한 결정권이 있는 사업이나 사업장 단위로 상시 근로자 30인 이상에 의무화되어 있어 30인 미만의 경우에는 노사협의회의 설치가 의무화되어 있지 않고, 노동조합 설립도 되어 있지 않은 경우가 많아 질적인 경영참가가 행하여지기에는 한계를 지니고 있다.

다섯째, 비정규직근로자들의 경영참가를 위한 제도적 장치는 사실상 거의 전무하다는 것이다. 이들 근로자들의 경우 관련법에 의한 개별적 보호 외에 그들 스스로 경영참가를 통한 근로조건의 대등한 결정을 위한 길은 봉쇄되어 있다.

끝으로 우리나라에서 근로기준법 제4조의 근로조건 결정에 있어서 근로자와 사용자가 동등한 지위에서 자유의사에 따라 결정하여야 한다고 하는 기본 원칙에 충실하기 위해서는 취업규칙 작성 및 변경 절차에 대한 규범적 해석, 단체교섭 대상에서 사용자의 경영사항이라는 배타적인 영역의 배제에 대한 해석론의 대전환, 나아가 노사협의회 제도의 실질적인 정착을 위한 설치의무 기준의 완화·노사협의회 의결사항 등에 대한 재고·노동조합과의 관계 정립의 명확화 등과 같은 입법론적 검토 등이 요구된다고 하겠다.

<참고문헌>

김형배(2015), 노동법, 박영사.

김홍영(2016), "취업규칙 관련 법리의 문제점과 대안 - 근로자위원회의 사
업장협정 도입 모색", 노동법의 신화[1]: 취업규칙, 서울대학교노동
법연구회, 2016. 5. 21. 발표문.

박종희(2003), "근로자 경영참가제도의 기본구조와 방향성에 관한 법적 검
토", 산업관계연구 Vol. 13 No. 2.

송강직(2008), "일본 근로계약법 소고", 노동법논총 제13집, 한국비교노동
법학회.

송강직(2000), "단체교섭의 대상 - 인사·경영사항을 중심으로", 노동법의
쟁점과 과제(김유성교수화갑기념), 법문사.

송강직(2009), "복수노동조합보장과 집단적 노동관계 형성 방향", 노동법학
제31호, 한국노동법학회.

송강직(2010), "노동법학에서의 헌법학의 역할", 동아법학 제48호, 동아대
학교 법학연구소.

송강직(2011), "일본 노동조합법상의 근로자 개념-최고재판소 판례법리를
중심으로", 법제연구 통권 제41호, 한국법제연구원.

송강직(2011), "한국에서의 근로자의 경영참가 법리의 향방", 동아법학 제
50호, 동아대학교 법학연구소.

송강직(2014), "일본의 특수고용형태 종사자들에 대한 논의 방향", 법학연
구 제16집 제3호, 인하대학교 법학연구소.

송강직(2011), "사내도급에서의 위장도급과 불법파견의 상호관계", 강원법
학제32권, 강원대학교 비교법학연구소.

송강직(2015), "노동기본권의 본질과 쟁의행위", 법학논문집 제39집 제1호,
중앙대학교 법학연구소.

송강직(2012), "미국의 단체행동의 정당성", 노동법학제42호, 한국노동법학회.

송강직(2010), "韓国における団体交渉窓口の単一化と交渉代表労働組合等の公正代表義務の制度化", 노동법논총 제19집, 한국비교노동법학회.

송강직(2012), "미국의 공정대표의무", 노동법연구 제33호, 서울대학교노동법연구회.

송강직(2013), "교섭대표노동조합의 공정대표의무", 노동법연구 제34호, 서울대학교노동법연구회.

송강직(2013), "일본의 공정대표의무론", 노동법학 제45호, 한국노동법학회.

이승욱(1999), "노사협의회의 의결사항의 효력", 노동법학 제9호, 한국노동법학회.

이흥재(2009), "노동기본권에 관한 제헌의회의 심의의 쟁점 – 기업경영참가권 보장논의를 중심으로", 서울대학교노동법연구회, 2009. 11. 발표문.

임종률(2016), 노동법, 박영사.

하갑래(2015), 근로기준법, (주)중앙경제.

宋剛直(2001), 韓国労働法, 悠々社.

西谷敏(2013), 労働法, 日本評論社.

桑村裕美子(2010), "労使関係法制―ドイツおよびフランスの動向", 労働法の改革(水町勇一郎·連合総合生活開発研究所編), 日本経済新聞出版社.

독일의 참가형 노사관계 :
그 양면성의 비판적 고찰*

강 수 돌**

I. 서론

산업 민주주의(industrial democracy)라는 말을 최초로 쓴 이는 Sydney Webb과 Beatrice Webb(Webb & Webb 1897/1902)이다. 이들에 따르면 산업 민주주의란 정치 민주주의의 원리를 산업 현장에 구현하는 것으로, 노동자의 목소리를 대변하는 노동조합(trade union)의 인정 및 그에 기초한 노사 집단 간 단체 교섭(collective bargaining)이 그 핵심을 이룬다(Webbs 1897). 달리 말해, 산업 민주주의란 경영 측 주도의 참여 경영(participative management) 스타일을 넘어 노동자가 노동 관련 의사결정(decision-making)에 한 대등한 당사자로 참여하는 것이다. 왜냐하면, 노동자의 경영참가는 노동자의 정보 청구권이나 공동 협의권, 의견 개진권 정도에 국한되기 일쑤이기 때문이다. 그러나 산업 민주주의가 온전히 구현된다는 것은, 노동 조합의 인정 및 단체 교섭을 넘어 경영·경제적 의사결정 과정에서

---

* 본 논문은 원래 서울대 공익인권법센터가 주최한 '2016년 경제민주화 심포지움'(2016. 9. 30)에서 발표된 뒤 수정 및 보완을 거쳐 한국민주주의연구소의 학술지 <기억과 전망> 35(4)에 게재된 것임.

** 고려대학교 경영학부 교수, 경영학박사

노동자의 (공동) 결정권이 보장됨을 뜻한다(M. Poole 1986; Müller-Jentsch 2007). 이런 맥락에서 산업 민주주의를 정의하면, 노동자나 노동자의 대표가 경영·경제적 의사결정에 실질적으로 참여하는 거버넌스(협치)의 한 형태라 본다.

한편, Kaufman(2000)은 영국의 S. & B. Webb 부부나 미국의 J. R. Commons로 대변되는 제도주의 노사관계 학파 관점에서 산업 민주주의의 4가지 핵심적 특징을 다음과 같이 정리한다. 첫째, 노동자 목소리의 대변, 둘째, 사람이 아닌 법규에 의한 통치, 셋째, 공정한 해결 절차, 넷째, 파워의 균형 등이다. 즉, 노동조합과 단체교섭, 노동 관련 법규 제정, 공정한 분쟁 해결, 노사 간 힘의 균형 등 제도적 조건이 갖추어질 때 노사관계가 비교적 공정하고 합리적으로 전개되어 정치 영역의 민주주의를 넘어 산업 영역에서도 민주주의를 구현할 수 있다고 보는 것이다.

바로 이런 관점에서 한국 노사관계를 보면, 1995년 민주노총이 공식 출범하고 각 산업 현장에도 복수 노조 시대가 열렸지만 아직도 노동조합 자체에 대한 편견과 증오가 도사리고 있으며, 힘겹게 합의한 단체협약조차 사용자 측에 의해 일방적으로 파기되기 일쑤다. 나아가 독일 식 노동법원이 부재한 상태에서 노동 문제에 대해 편협한 시각을 가진 재판부에 의해 불공정하고 일관성 없는 판결이 내려지기 일쑤이며, 합리적 분쟁 해결보다 용역 깡패나 공권력의 폭력 투입에 의한 분쟁 해소가 다반사다. 특히, 개별 기업 노사 간에는 힘의 불균형이 심하며, 소수의 대기업과 공공부문을 제외한 대다수 중소, 영세기업에서는 노동자 목소리를 대변하는 조직체 설립조차 어려울 뿐 아니라 공정한 중재자 역할을 해야 할 정부나 국가가 사용자의 편을 들고 있어, 노사관계의 운동장은 심하게 기울어져 있는 꼴이다.

그런데, 이런 상황 속에서도 최근 서울메트로 등 서울시 산하

15개 기관에서 노동이사제(근로자이사제) 도입을 통한 산업 민주주의 시도가 일어나고 있어 심히 고무적이다. 하지만 이와 관련, 노사 양측에서 찬반 논란이 큰 편이다. 찬성 쪽은 노사가 경영 문제를 투명하고 윤리적으로 공동 결정하고 공동 책임을 지기 때문에 구조조정기에도 생산성이나 노사관계 안정화에 기여할 것이라 보는 반면, 특히 전경련 산하 자유경제원이나 경영자총협회 등 반대 쪽은 근로자이사제가 의사결정을 지연시켜 경영 효율을 저하하며 관리비용을 키울 가능성이 높다고 본다(임인택 2016; 김태훈 2016). 한국의 현실적 노사관계 지형에서 볼 때 노동이사제와 같은 시도는 상당히 획기적이긴 하나, 과연 이것이 참된 산업 민주주의를 구현할 것인지, 아니면 용두사미로 끝나고 말 것인지 하는 문제는 미리 결정할 수 있는 것이 아니다.

본 연구는 이런 맥락에서 노동자의 경영참가 내지 산업 민주주의가 비교적 잘 구현된 것으로 알려진 독일의 참가형 노사관계 사례를 심층적으로 성찰함으로써, 향후 한국에서 산업 민주주의를 구현하고자 할 때 어떤 점에 유의해야 할지 이론적, 실천적 시사점을 얻고자 한다.

본 연구의 다음 장에서는 독일의 노동자 경영참가를 역사와 제도의 측면에서 정리한 뒤, 독일이 보여준 산업 민주주의의 양면성, 즉 민주성과 포섭성이라는 모순적 측면들을 상세히 고찰한다. 결론에서는 이상의 고찰이 이론적, 실천적으로 던지는 시사점을 정리한다.

II. 독일의 노동자 경영참가 - 역사와 제도

독일은 1920년 이래 1951년, 1952년, 1972년, 1976년의 노동법들을 통해 노동자의 경영참여를 법적으로 강제해온 대표적 국가다. 사실, 그 이전부터 독일은 아래로부터의 '경제 민주주의(Wirtschaftsdemokratie)' 관점에서 노동자의 경영참가가 주창되고 실현되어 왔다.

물론 독일도 1731년의 길드규제령, 1794년의 프로이센 일반법, 1845년 프로이센 공장법 등에서 장인 등 수공업 노동자의 단결을 금지하는 등 권위주의적 노사관계가 존재했다(Milert & Tschirbs 2012). 일례로, Alfred Krupp은 직원들에 보낸 서한에서 이렇게 말했다: "나는 내 땅과 집의 지배자다(Neuloh 1956)." 이런 억압적 상황을 뚫고 노동자가 기업 경영에 적극 개입해 목소리를 내야 한다는 주장은 1848년 3월혁명 때 '프랑크푸르트 국민의회'의 소수파에 의해 '공장위원회' 제안으로 나왔다. 하지만 이는 혁명의 실패로 물거품이 되었다. 그 뒤 1891년 개정 영업조례는 '노동자위원회' 설치를 명시하였으나 큰 실효성은 없었다.

1905년의 프로이센 광산법은 수주일 지속된 루르 광산노동자 파업 이후 개정된 것으로, 노동자 100인 이상의 광산업에서 노동자위원회 구성을 합법화하고, 정보권, 인사노무 사항의 협의권을 인정했다. 또, (1차 세계대전 중이던) 1916년의 전시동원법은 50인 이상의 사업장에 노동자위원회 설치를 의무화했는데, 여기서 노동자위원회는 별다른 자율성을 갖지 못했다. 그래서 일례로 SPD 지도자 A. Bebel은 친기업적 노동자위원회를 "공장 독재를 가리는 무화과 잎사귀"라 비판했다 (Milert & Tschirbs 2012).

그 뒤, 제1차 세계대전 뒤인 1920년 2월, 독일 최초의 경영참여법이라 할 '노동자평의회법(Betriebsrätegesetz)'이 바이마르 공화국 의회에서 제정되었다. 이는 (20명 이상의) 작업장 차원에서 노동자 평의회(Betriebsräte)가 노동과정과 연관된 제반 문제(노동조건, 인사 정책 등)에 대해 토론·협의하고 결정에 참여할 수 있게 한 것이다. 그런데 이것도 사실은, 1차 대전 말엽(1918년)의 군수산업의 노동 자-병사 평의회 운동(Rätebewegung)의 한 결실이었다. 즉, 당시 사민 당 중심의 바이마르 공화국은 기존의 산업자본주의가 가진 폐해를 넘어가면서도 노동자-병사 평의회 운동의 급진성을 완화할 수 있 는 제도적 방안으로 '노동자평의회법'을 만든 것이다. 한편, 독립사 민당, 스파르타쿠스, 공산당 등 노동운동 내부 급진파들은 그 법 제정에 반대해 대중 시위를 조직했는데, 당국이 기관총을 발사하 며 폭력 진압을 하는 바람에 수십 명이 목숨을 잃었다(Enderle et al. 1932/1967).

그 뒤 본격적인 경제 민주화 논의는 역시 바이마르 공화국 시기 인 1928년, F. 나프탈리(1888~1961)가 펴낸 <경제민주주의>에서 제 시된다. 당시 그는 전 독일노조연맹(ADGB)의 경제정책연구소 소 장으로, 노동자들이 경제 현장의 실질적 주체가 되어 아래로부터 출발하여 사회경제 시스템까지 바꾸어야 한다는 '노동자평의회 (Arbeiterräte) 운동'의 연장선으로 경제민주주의를 실질적으로 구현 할 방법을 탐구했다.

그가 <경제민주주의>에서 강조한 내용들을 세 갈래로 압축하면 다음과 같다. 첫째 전국 차원에서는 노동권 보호 및 사회보장 구축, 경제정책 결정 기구에의 평등한 참여, 노조 참여 하 독점 및 카르 텔의 통제, 산업 전반의 자주관리, 기업체의 공공 관리, 협동조합 및 전문학교를 통한 농업의 민주적 관리, 노조 자체 기업의 설립, 소비자 조직의 촉진, 교육 독점의 타파 등을 포함한다. 둘째 기업 차원에서는 노사 공동결정제가 핵심이다. 특히 감독이사회(결정)나 경영이사회(집행)에 노동자 대표가 참여하는 것이 핵심이다. 셋째로 작업장 차원에선 노동자평의회를 통한 자주관리 및 일반 노동자의 발언권 확대가 핵심이다.

이와 같이, F. 나프탈리의 경제민주주의 개념은 경제운용, 노동관계, 교육제도 등 여러 분야에서 "민주화를 통한 대항권력의 형성"과 같은 포괄적 과정을 담는다. 즉, 그가 말한 경제민주주의는 자본 독재를 예방하는 보호 장치이자, 노동 민주주의를 구현하는 적극적 형성 장치라 할 수 있다.

궁극적으로 이 경제민주화는 원래, 자본 소유에 근거한 경제적 지배의 지양(점진적 철폐)을 목표로 했다. 그렇게 되면 자본주의 이해를 대변하는 기관들이 더 이상 이윤 추구만을 목표로 하게 두는 것이 아니라, 보다 일반적이고 보편적인 이해관계를 실현하는 기관으로 거듭날 수 있다. 그리고 그렇게 되어야만 비로소 민주주의가 경제 영역, 구체적으로는 기업 영역에까지 두루 구현될 수 있다. 요컨대, 나프탈리의 경제민주주의 개념은 과거의 노병평의회 운동의 맥을 잇는 것으로, 반자본주의적 지향을 갖고 있었다.

이런 아이디어는 한국인의 시각에서는 매우 급진적이다. 그러나 독일의 경우 새로운 제도가 형성된 역사적 과정들이 누적적으로 존재했고 특히 역동적인 노동운동의 한 결과가 법·제도로 정착할 수 있었다는 점이 중요하다. 나아가, 운동의 급진성이 일단 제도화한 이후엔 그 동력이 거세되거나 완화하는, 일종의 '제도적 순치(institutional emasculation) 효과'도 나타난다. 게다가 노동운동을 비롯한 사회운동이 약해지면 경제 민주화 내지 경영참가의 제도화 수준이나 내용도 상대적으로 부실해지는 경향이 있다. 특히, 1990년대 이후 글로벌 차원에서 일본의 Q. C.나 한국의 노사협의제로 상징되는, 경영 주도의 노동자 참가가 지배 담론을 형성하게 된 것도 이런 맥락에서다. 결국, 경제 민주화나 노동자의 경영참가 문제 역시 사회적 힘 관계(power relationship)의 산물이다.

　실제로, 1933년에 권력을 잡은 나치(국가사회주의)당은 바이마르 공화국을 종식시킨 뒤, 노동자정당을 불법화하고 노조를 해산했으며, 1934년엔 권위주의적 동원의 성격을 띤 '국민노동질서법'을 제정하는 동시에 노동자평의회법을 폐기하고 말았다. 마치 1925년 조선에서 일제가 '치안유지법'으로 노동 문제를 '치안 유지'의 관점에서 통제한 것과 매우 유사했다.

　제2차 세계대전 뒤 독일 사회 분위기는 역시 반전·반독점·반자본 기조가 강했다. 루르 공업지대의 석탄·철강 자본, 벤츠나 VW, BMW와 같은 자동차 자본, 그리고 획스트나 IG 파르벤 같은 화학 자본 등 독일의 독점 자본이 나치 파시즘을 불렀고 마침내 세계대전과 대량 학살까지 초래했다고 보았기 때문이다. 영·미 연합국들도 독점자본의 해체를 원했다. 강한 노동운동은 독점 대기업의 '국유화'까지 요구했다. 이 급박한 상황에서 기업가들은 '생존'을 위해 공동결정에 동의할 수밖에 없었다. 1949년 독일노총(DGB)이 창립될 때도 경제민주화 이슈가 부각됐다. 사람들이 형식적·정치적 민주주의만으로는 민주 사회를 실현하기엔 부족하다고 보았기 때문이다. 그러나 아데나워 기민련(CDU) 정부는 기업가들의 요구에 부응, 노동 대표 1/2참가를 1/3참가로 약화하려 했다(Müller-Jentsch 2016). 이에 금속노조나 광산노조가 거센 저항을 조직, 완전 평등 참가와 더불어 국유화를 요구했다. 그 타협안으로, 탄생한 것이 1951년 석탄-철강업을 위한 '몬탄 공동결정법(Montan-Mitbesti-mmungsgesetz)'이다(1956년, 2006년에 개정). 그 골자는, 최고 의사 결정 기구인 감독이사회(Aufsichtsrat)에 노동자 대표가 경영자 대표와 완전 동수로 참여하는 것, 중립 의장을 두는 것, 그리고 감독이사회에서 노동 이사(Arbeitsdirektor)를 선임해 경영이사회(Vorstand)에 파견하는 것이다(최종태 1981; 권기홍 1985).

그 뒤 1952년 및 1972년의 경영조직법(Betriebsverfassungsgesetz, 사업장노동자대표법, 1989, 2001, 2009년 개정)에서는 5명 이상 고용하는 모든 기업에서 노동자평의회가 설치되어 노동자의 경제적·사회적·인사적 이해관계와 관련이 있는 사안에 대해 각 공장별로 혹은 기업 전체 차원에서 경영 측과 사업장협정(Betriebsvereinbarung)을 맺을 권리가 있다고 규정했다.[1] 특히 이 법 제90조에 의하면 "사용자는 공장의 신설·개축·증축, 신설비의 도입, 작업과정의 변화 등과 관련하여 계획된 내용이나 그로 인한 영향(작업자나 작업의 종류·속도·방법 등에 미치는 영향, 요구되는 자질 수준의 변화 등)에 관해 제때에 노동자평의회와 협의해야 한다. 그렇게 함으로써 노동자평의회의 역제안이나 문제 제기 등이 계획과정에 반영되도록 해야 한다. 이때 노사는 노동의 인간적 형성에 관한 노동과학적 지식이나 경험도 충분히 고려해야 한다."고 되어 있다. 이런 제도적 조건 속에서 독일 노사는 작업과정 변화에 참여하고 협의, 불필요한 갈등을 예방한다.

또 이 법은 500명 이상의 유한회사, 2,000명 미만의 주식회사에서 감독이사회에 노동자 대표들이 1/3 참여하여 주요 전략적 안건에 대해 공동결정을 하도록 규정했다. 이 법은 2004년 5월의 '1/3참여법(Drittelbeteiligungsgesetz)'으로 대체되었다.

그리고 1976년엔 2,000명 이상의 민간 대기업에서 노동자 대표가 감독이사회에 1/2 참여하도록 규정한 신공동결정법이 제정(2006년 개정)되었다. 물론, 노동자 대표 중엔 생산직, 사무직, 관리직이 두루 참여하기에 엄밀한 의미에서 순수 노동자 대표는 아닐 수 있다. 민간 대기업에서 노동자 대표가 감독이사회에 (형식상이나마) 절반이나 참여하여 전략적 의사 결정에 영향력을 행사하는 것은

---

1) 한편, 공공부문에선 1955년부터 직원평의회(Personalrat)가 설치되었다.

한국에서는 상상하기 어려운 일이다. 하지만 독일에서는 이미 1976
년에 법제화했다.

한편, 관리직 내지 간부급 직원들의 경영참가를 위한 법이 1988
년에 제정되어 2006년에 개정되었는데, 이를 '대표자위원회법
(Sprecherausschussgesetz)'이라 한다(김교숙 2012; 김현기 2013). 이 법
에 따르면, 간부급 직원이 10명 이상 존재하는 기업에서는 대표자
위원회를 설치하여 이들의 이해관계를 대변할 수 있게 해야 한다.

〈표 1〉 독일의 노동자 경영참가 제도 개관

적용 기업	관리·업무적 의사결정	전략적 의사결정	법적 근거
5명 이상 모든 기업	노동자평의회(BR)		1952, 1972년 BVG
500~2,000명 민간기업	노동자평의회(BR)	감독이사회(AR) 내 노동자 1/3	1952, 1972년 BVG, 2004년 DBG
1,000명~ 몬탄기업	노동자평의회(BR)	감독이사회(AR) 내 노동자 1/2, 중립의장, 이사회(V)내 노동이사	1951년 MMB
2,001명~ 민간기업	노동자평의회(BR)	감독이사회(AR) 내 노동자 1/2, 이사회(V)내 노동이사	1976년 MBG

* BR: Betriebsrat(Works Council), AR: Aufsichtsrat(supervisory board), V: Vorstand(management board),
BVG: Betriebsverfassungsgesetz(Works Constitution Act), DBG: Drittelbeteiligungsgesetz(One Third
Participation), MMB: Montan-Mitbestimmungsgesetz(Co-determination Act for Mining, Iron & Steel
Industry), MBG: Mitbestimmungsgesetz(Co-determination Act). 참고로, 공공부문에서는 BR 대신
PR(Personalrat)을 설치한다.
* 자료: 최종태(1981), 권기홍(1995), 김교숙(2012) 등을 참고해 필자 재구성.

요컨대, 독일의 경영참가는 <표 1>과 같이 이중구조로 되어 있
는데, 첫째, 5명 이상 모든 기업에 적용되는 경영조직법(BVG)에 의
거한 노동자평의회의 경영참가, 둘째, 500명 이상 대기업에 적용되
는 공동결정법(MBG)에 의거한 감독이사회 및 경영이사회 참가로
대별된다. 500명 이상 대기업도 다시 규모별, 성격별(일반 민간 또

는 석탄철강)로 다르다.

여기서 우리는 독일의 산업민주주의가 단지 기업 내지 사업장 단위의 경영참가만이 아니라 산별 수준의 단체교섭과 긴밀히 연결 되어 있음을 상기할 필요가 있다(Müller-Jentsch 2016). 광의의 산업 민주주의는 단체교섭과 경영참가를 포괄하기 때문이다. 독일의 산 별 단체교섭은 파업권을 가진 산별 노조 주도로 이뤄지되, 산별 차 원의 단체협약(Tarifvertrag)과 더불어 개별 사업장 수준에 내려가서 는 사업장협정(Betriebsvereinbarung)으로 보다 구체화, 보완된다. 사 업장협정에서는 산별 교섭에서 큰 틀을 정한 뒤 사업장 수준으로 이양한 안건들을 다루되, 합의 당사자는 경영진과 노동자평의회이 다. 결국, 독일 식 산업민주주의의 세 범주는 산별 교섭, 사업장 협 정, 공동결정 등으로 요약된다.

III. 산업 민주주의의 양면성 : 민주성과 포섭성

1967년 기민련(CDU)의 쿠르트 비덴코프(Kurt Biedenkopf) 위원회 보고서[2], 그리고 2005년 사민당(SPD)의 공동결정평가위원회 보고 서는 모두, 공동결정 제도가 독일 기업의 경제성이나 수익성에 결 코 해로운 결과를 초래하지 않았다는 결론을 냈다. 달리 말해, 경영 참여 내지 경제민주화를 통한 '경제와 사회의 조화'가 (어느 정도까

---

2) 이 위원회는 당시 보고서에서 "공동결정에 참여하는 대표들이 하는 역할 이 기업의 경영계획에 부정적인 영향을 미친다고 하는 것은 잘못"이라 확 인한 바 있다(Adamy & Steffen 1988, 69~70). 그 뒤 비덴코프 위원장은 한 신문에서 "석탄·철강업의 공동결정 모델이 다른 중요 기업들에 확장되었 다 해도 노조의 영향력은 여전히 대형 은행 3개보다 크지 않을 것"이라 했 다(Die Zeit, 1980. 9. 19. 18쪽).

지는) 실제로도 가능하다는 점을 독일 사례에서 확인할 수 있다.

그러나 경제민주화를 통한 경제와 사회의 조화를 노사 모두의 만족성(윈-윈)이라는 잣대로 파악할 것인지에 대해서는 보다 깊은 논의를 필요로 한다. 왜냐하면, 노사 모두가 '윈-윈'하는 데는 분명히 한계가 존재하기 때문이다. 이런 면에서 독일의 참여형 노사관계조차 일정한 민주성과 더불어 포섭성이라는 한계 내지 모순을 동시에 갖고 있다는 점을 살필 필요가 있다.

1. 참가형 노사관계의 민주성 – 산업민주주의

산업 민주주의의 본질과 관련해 다양한 관점이 가능하겠지만, 여기서는 독일식 참가형 노사관계가 가진 민주성을 존재 인정, 정보 공유, 현장 권력 등 세 차원에서 논하고자 한다.

(1) 존재 인정 : 경영참가를 통해 노동자 및 대표 조직의 존재를 인정하고 존중한다

이 점은 특히 한국의 현실에 비추어 볼 때 독일의 참가형 노사관계가 민주성을 띠는 근거가 된다. 보다 일반화하면, 독일은 세계 각국의 노사관계를 비교할 때 사업장 및 기업 차원에서의 공동결정 제도 속에서 노동자 및 그 대표의 존재[3]를 인정함으로써 자본의 제왕적 권력(imperial power) 내지 경영 전권(managerial prerogative)의 견제가 가능하다는 의미에서 선진적이다. '인정 투쟁(recognition struggle),' 즉 존재의 인정을 위한 투쟁, 노동의 사회적 시민권 확보를 위한 투쟁은 역사적으로도 사회의 민주화 과정에

---

3) 여기서는 전국적 산별 노조(Industriegewerkschaften) 및 사업장 노동자 대표 기구인 노동자평의회(Betriebsrat)의 존재를 인정하고 존중하는 것이다.

상당한 중요성을 띤다(문성훈 2005; Honneth 1992; 최장집 2012; Marshall 1950).[4]

물론, 한국 헌법이나 노동법은 공식상 노동3권(단결권, 단체교섭권, 단체행동권)을 인정한다. 하지만, 독일 노동법은 사실상 노동5권을 인정한다. 기존 노동3권 외에 (노동자평의회나 감독이사회 참여로) 동의거부권과 공동결정권을 비교적 폭넓게 인정한다. 구체적으로, 사용자가 직원들을 해고하는 경우나 신기술 도입, 신규 채용, 공정 변화, 인원 배치 등 개별 인사·노무 사항에 관해 공동 협의권 및 동의(거부)권이 있다. 나아가 노동자평의회가 공동 결정할 수 있는 사안은 산별 노조가 사업장 협정으로 위임한 사항들로, 작업장·근태, 작업시간의 개시와 종료 시간, 작업시간의 일시 연장 내지 단축, 기술적 설비를 사용하는 노동자의 작업형태와 성과, 결원 충원, 사업장 변경에 따른 대책 수립 등이다(Adamy & Steffen 1988). 한편, 노동자평의회는 기업의 경영·재무 상황이나 인사계획, 간부 직원의 채용 등에 대한 정보청구권도 가진다.

앞서 살핀 바, 독일 노동법에 따르면, 상시 5명 이상 사업장에서는 노동자 의지에 따라 노동자평의회를 설치해야 하고, 게다가 500명~2,000명 사업장에서는 감독이사회에 노동자 대표가 1/3 참여하며, 상시 2,000명 이상 대기업에서는 감독이사회에 노동자 대표가 1/2 참여할 뿐 아니라 이사회에 노동자 이사가 파견된다. 이러한 경영참가권은 법적으로 강제되기 때문에 독일 기업에서는 '당연히 그래야 하는 것'으로 간주된다(Müller-Jentsch 2016). 특히, 독일은 노동법원(Arbeitsgericht)이 독립된 기구로 존재하기에(이희성 2005) 노동 관련 전문 판사가 비교적 공정한 판결을 한다.

물론, 각 사업장에서 노동자평의회와 경영 측이 합의에 이르지

---

4) 이에 대해선, 문성훈(2005), 호네트(1992), 최장집(2012), Marshall(1950) 등 참고.

못할 경우, 노사 동수와 중립 의장으로 구성되는 조정위원회
(Einigungsstelle)를 통해 결정한다. 여기서 합의가 안 되면 노동법원
으로 간다. 또, 독일의 각급 학교에선 사회 교과(Sozialkunde) 시간
에 노동자의 권리, 노동조합, 단체교섭, 경영참가 등 주제들을 체
계적으로 가르친다.5) 노동자들도 '교육 휴가' 제도를 활용해, 노
조 주최의 교육 프로그램에 참여, 교섭이나 공동결정을 배운다:
"학교 다닐 때도 좀 배웠지만, 노동자가 된 뒤 특히 노조 신임자
(Vertrauensleute)로 활동하면서 주요 안건을 공동결정 제도로 해결
하는 법을 배웠어요."6) 그리하여 오늘날 독일에서 공동결정은 제
도 이전에 '문화'이고 '기본 가치기준(Grundwertekanon)'이다(Müller-
Jentsch 2016). 이런 조건 속에서 독일 노사는 대체로 노동자(대표)
의 존재를 존중한다.

(2) 정보 공유 : 경영참가는 정보 비대칭을 줄여 일방적 희생 강요나 불필요한 갈등을 줄인다

감독이사회나 이사회를 통한 참가이건 노동자평의회를 통한
참가이건, 노동자의 경영참가는 노사 간 정보 비대칭(information
asymmetry)으로 인한 문제들을 예방한다. 따라서 상호 소통이 효율
화하고 상호 신뢰가 증진되어 불필요한 노동쟁의가 예방된다. 나
아가 원활하고 투명한 소통 및 정보 공유는 합리적 의사결정과 더
나은 대안의 모색을 가능하게 한다. 특히, 이는 경제 위기나 구조
조정 시기에 노동자들에게 일방적 희생 강요 또는 그로 인한 장기

---

5) 성공회대 하종강 노동대학장은, "독일은 초등학교에서 '모의 단체교섭'을
  교육과정에 포함 시켜놓았다."고 하며 노동교육의 중요성을 강조한다. 독
  일의 초등학교에선 1년 동안 6번 가량 '모의 단체교섭'을 진행하는데, 학
  생들은 노동자와 경영자 역할을 번갈아 맡아 토론과 논쟁을 벌인다. 이에
  대해선, 하종강(2015) 및 박장현(2004) 참조.
6) 독일 IG Metall 활동가인 Helmuth Knoblauch와의 인터뷰(2015. 6. 21).

적 쟁의 행위와 같은 불합리한 일들을 예방해 준다. 특히 투명한 정보 공유(재무적, 인사적 정보)와 상호 신뢰에 기초한 공동결정은 노동자 측으로 하여금 경영 결과에 대한 공동책임까지 지려는 경향이 있다.

한편, 경영측 입장에서도 노동자 대표들로부터 현장의 정서나 분위기 등 다양한 정보를 공유하게 됨으로써 합리적 대응을 하기 쉬워진다. 요컨대, 노사 간 정보 비대칭의 해소는 조직 유효성(organizational effectiveness) 관점에서 긍정적으로 작용한다.

특히, 독일에서 1990년대 초반에 경제 위기, 특히 자동차 산업에 위기가 닥쳤을 때, 폭스바겐(VW)에서도 약 3만 명의 인력을 줄여야 하는 압박에 직면했지만, 노동자평의회와 노동자 이사(당시 페터 하르츠 박사7)), 감독이사회의 노동자 대표, 그리고 금속노조(IG Metall) 등이 유기적 협력을 통해 사측과 소통을 잘 해낸 결과, 상대적으로 짧은 시간 안에 정리해고 없는 인력 구조조정에 성공했다(강수돌 2002). 오히려 약간의 임금 감소가 있긴 했지만, 정리해고 없이 노동시간 단축(주 36시간에서 20% 감축, 주 28.8시간으로)을 이뤄낸 점, 특히 노사 간 적대적 대립과 투쟁 없이 비교적 원만하게 합의를 이룬 점은 주목할 만하다. 한국의 자동차 산업과 유사한 조건 속에서도 독일은, 사회적 비용을 최소화하면서도 노사 양

---

7) 페터 하르츠(P. Hartz) 박사는 당시의 공적을 인정받아 2003년 G. 슈뢰더 사민당·녹색당 연정 하에 추진된 노동개혁('아젠다 2010') 위원회 대표 역할을 맡아, '노동시장 유연화'를 위한 노동개혁을 추진했다. 그는 폭스바겐사 평사원에서 출발하여 1990년대엔 노동자 추천 이사로서 감독이사회의 공동결정에 참여했다. 대량의 정리해고 대신 '노동시간 단축과 일자리 나누기'를 성공적으로 시행한 상징적 인물이다. 하르츠 개혁이라고도 불리는 노동개혁은 원래 사민·녹색당 연정에서 출발했지만, 2005년 앙엘라 메르켈의 보수 기민·기사련 연정 시기 이후에도 그 기본 틀이 유지되어 왔다.

측이 수용 가능한 합의에 도달할 수 있었다(Ellguth et al. 2014).

나아가, 오늘날 OECD 회원국 중에서도 독일이 파업 빈도나 파업 손실 일수가 가장 짧은 축에 드는 것도 이러한 경영참가 제도나 단체교섭 제도를 통해 노사 간 갈등을 사전에 합리적으로 조율하고 노사 모두 합의 가능한 대안을 도출했기 때문이다. 노동자 경영 참여의 효과를 연구한 Vitols(2010)에 따르면, 강한 공동결정제(이사회 수준에서 노동자 대표의 경영참가)를 가진 나라들(그룹I)은 그렇지 않은 나라들(그룹II)에 비해 시간당 노동생산성이 높았을 뿐 아니라(101.0 vs. 95.3), 파업률(노동자 1,000명당 손실 일수)도 현저히 낮았다(9.7일 vs. 104.8일)(Vitols 2010). 그룹I보다 그룹II의 평균 파업률이 10배 이상 높았다. 이러한 비교 방식을 독일 쾰른의 경제 연구소 Lesch(2015)의 비교 분석 결과(Lesch 2015)에 적용하면 흥미로운 결과를 얻게 된다. 즉, 다소 간의 예외가 있지만, 그룹I에 드는 독일, 오스트리아, 헝가리, 스웨덴, 노르웨이, 네덜란드, 슬로바키아 등의 (2005~2014년의 최근 10년간) 평균 파업률은 3.9일로 나타났다. 반면, 그룹II에 드는 프랑스, 아일랜드, 폴란드, 포르투갈, 스페인, 벨기에, 이태리, 영국, 캐나다 등의 평균 파업률은 62일로 나타났다. 그룹I보다 그룹II의 평균 파업률이 15배 이상 높게 나타난 것이다.[8]

게다가 2008년 이후 세계적 금융위기가 세계 경제를 강타했을 때도, 독일은 노사정 위원회 차원의 정보공유와 사회적 대화를 통해 그 충격을 완화할 수 있었고, 오히려 그를 기반으로 더 튼실한 경제를 구축했다. 노사정 간 협정을 통해 임금인상 자제 대신 해고 억제와 단시간 근로 확산, 정부 지원 강화 등 프로그램이 합의 시행되었던 것이다(Müller-Jentsch 2016).

---

8) 한편, 한국의 같은 기간 평균 파업률은 718일로, 그룹I에 비해 184배, 그룹II에 비해 11배 높았다.

〈표 2〉 이사회 차원의 공동결정제와 파업률의 연관성 국제 비교
(2005~2014년, 단위: 일)

		공동결정제 강함			공동결정제 약함 또는 없음	
	국가	2005~2009	2010~2014	국가	2005~2009	2010~2014
대표 그룹	독일	6	3	프랑스	115	139
	오스트리아	0	4	아일랜드	46	10
	헝가리	5	3	포르투갈	10	24
	스웨덴	6	4	스페인	72	61
	네덜란드	6	10	벨기에	71	71
	슬로바키아	0	0	이태리	46	n.a.
				영국	26	26
				캐나다	130	83
그룹 평균		3.9			62	
예외 그룹	노르웨이	21	93	폴란드	8	1
	덴마크	163	100	미국	11	4
	핀란드	91	50	일본	0	0

* 파업률: 노동자 1000명당 파업 손실 일수, 특히 2008년 세계금융위기 이후 파업률 비교는 의미가 크다.
* 자료: Lesch(2015: 72)의 Table 2 자료를 Vitols(2010: 7)의 분류 따라 필자 재구성.

(3) 현장 권력 : 경영참가를 통해 의사결정 과정에 노동자의 목소리를 일상적으로 반영한다

사업장 내지 기업 단위의 노동자 경영참가는 경제 및 산업 분야에서 일종의 '풀뿌리 민주주의'를 강화하는 핵심 기제가 된다. 산업별 내지 업종별로 조직된 산별 노조는 사업장이나 기업 '외부'에서 노동자의 전반적 이해관계를 대변하는 기구로서 사회 전반적인 수준에서의 영향력은 높지만, 현장 노동자들의 목소리를 대변하기엔 규모도 크고 현장과 유리되는 면도 있다. 하지만 사업장 단위로 조직된 노동자평의회나 기업 단위의 감독이사회 및 이사회 내에서의 노동자 대표들은 일종의 '현장 권력'을 상징한다. 즉, 일상적인 노동과정에서 제기되는 노동자들의 불만이나 고충, 요구와 제안을

경영 측에 전달하고 상호 신뢰의 기반 위에서 합리적 대안을 모색함으로써 현장 노동자들의 목소리를 비교적 충실히 조직화하는 역할을 한다.

고용관계 변동과 관련한 노동자 이해대변 조직들의 전략적 선택은, A. O. 허쉬먼(1970)의 EVL-모형을 원용해 설명할 수 있다 (Hirschman 1970; Farrell 1983; Wilkinson 2011). 그에 따르면 불만족 상황이 있을 때 행위 주체들은 기본적으로 이탈(Exit) 내지 목소리 (Voice) 중 선택을 한다. 물론, 불만족 상황 자체를 크게 의식하지 않고 오로지 조직을 위해 충성(Loyalty)을 바치는 이들도 많다. 또, 임금 종속적 노동자나 그 대변 조직들은 불만족 상황에서조차 생계 문제 등으로 쉽사리 이탈하기 어려운 면도 있다. 그래서 대체로는 충성을 다하는 경향이 있지만, 현장에서 목소리를 내는 이들도 많다. 그렇지 않은 경우, 목소리를 내다가도 처벌(해고나 징계)의 두려움으로 인해 침묵(Neglect)하기도 한다. 그리하여 이것은 EVLN-모형으로 확장되었다.

이 모형에 따르면, 독일 식 노동자 경영참가는 목소리(V) 전략에 해당한다. 조직이나 사회의 관점에서 보면, 그 구성원들이 불만족 상황에 대해 충성(L)이나 침묵(N), 또는 아무 말 없이 이탈(E)하기보다 적극적으로 목소리를 내는 것이 조직적 건강성을 고양하는 데 도움이 된다. 침묵이나 충성보다 차라리 이탈이나 목소리가 조직이나 사회의 건강성 증진에 기여한다. 그렇게 해야 역사도 발전한다. 그러나 이탈은 현장의 문제를 그대로 둔 채 다른 현장만 찾는 것이므로 간접 압력이 될 수는 있으나 직접적 현장 개선엔 큰 도움이 안 된다. 나아가 새 현장조차 새 문제를 드러낼 수 있기에 당사자는 이탈만 거듭할 수 있다. 따라서 이탈은 장기적으로 현장의 개선에 건강한 대안은 아니다. 결국, 조직의 건강성은 물론 산업 민주주의(industrial democracy) 차원에서 보면 목소리(Voice) 전략이 가장 큰 힘이다. 물론, 여기서 그 목소리의 내용이나 방식이 파괴적이 아니라 건설적이어야 한다는 것은 기본 전제 조건이다(강수돌 2002).

한편, 사업장 외부의 산별 노조와 마찬가지로 사업장 내부의 노동자평의회조차 현장 노동자의 목소리를 충실히 대변하지 못할 수도 있다. 그러나 이것은 조직의 관료주의적 경직화 내지 현장과의 유리 등, 조직들이 일반적으로 직면할 수 있는 문제로, 별도의 논의를 필요로 한다. 여기서 중요한 점은, 현장 노동자들이 소외되지 않은 형태로 고유의 목소리를 낼 수 있고 또 경영 측의 계획이나 결정에 제안, 동의 내지 거부를 할 수 있다는 자체가 이미 상당한 현장 권력을 상징한다는 것이다. 이런 의미에서 노동자 경영참가는 산업 현장에서의 풀뿌리 민주주의를 위한 제도적 기초다.

이와 관련, 두 가지 사례를 들 수 있다. 첫째는 독일 베를린의 금속산업에서 일했던 Uwe씨 사례로, 그가 노동자평의원으로 활동할 때 회사 측에서 초과근무 계획을 밝혔다. 이에 그는 노동자평의원으로서 현장 노동자들의 의견을 수렴해, "초과근무는 거부한다. 업무량이 많으면 차라리 인력 충원을 통해 전체적인 작업 부담을 줄이는 것이 옳다."고 역 제안할 수 있었다.9)

둘째는, 독일 뮌헨의 한 박사 연구자 P씨의 사례다.10) P씨는 한국인으로, 독일에서 박사 학위를 취득한 뒤 산업체 관련 연구소에서 3년째 연구원으로 일을 하고 있다. 그런데 회사 업무가 밀리고 또 보고서의 마감일도 급해, 약 일주일 정도 밤늦게까지 일을 한 적이 있었다. 그러던 다음 날 아침, 그 직장의 노동자평의회 의원 한 명이 자기에게 다가와, "밤늦게까지 일을 하느라 고생이 많은 것 같은데, 그렇게 업무 부하가 크면 우리 노동자평의회에서 경영

---

9) Uwe씨와의 인터뷰(2015. 5. 1).
10) P씨와의 인터뷰(2015. 7. 16).

측에다 충원을 더 하라고 정식으로 제안을 할까?"라고 묻더라는
것이다. 게다가, 그 평의원은 "초과근로 시간을 모았다가 휴가로
쓸 수 있을 뿐 아니라, 일 년 간 주어진 30일의 연차 휴가를 모두
쓰지 않으면 날아가 버릴 수도 있으니, 얼른 찾아 쓰는 것이 좋다."
고 알려주더라는 것이다. 이것이 곧 풀뿌리 민주주의다.

2. 참가형 노사관계의 포섭성 – 산업 의회주의

노동자가 경영참가를 한다는 것은 그 자체로 획기적일 수 있으
나, 아무리 노동자 의식이 확고한 대표라 할지라도 실은 경영 측
및 주주 측, 두 진영으로부터 엄청난 압박을 받는다. 사실, 주식회
사와 같은 대기업의 '주인'이 누구인가에 관해서는 논란이 있을 수
있지만(김상봉 2012), 노동과 자본은 현실적으로 대등하고 수평적
인 관계를 유지하기 어렵다. 설사 1951년의 독일 몬탄 공동결정법
처럼 감독이사회에 노사 대표가 동수(각기 5명)로 참여하고 '중립'
의장이 있다고 하더라도, 그 의장은 노사 쌍방의 감독 이사 3명 이
상의 추천으로 주주총회에서 선출된다. 이 중립 의장은 대체로, 은
행가, 변호사, 또는 전직 중역 중에서 선출된다. 따라서 "실질적으
로 본다면 11번째 감사역(중립 의장) 선정권한은 주주 측에 있다"
고 해도 무리가 아니다(최종태 1981).

이런 맥락에서, 노동자 경영참가 역시 '산업 의회주의'로 변해
당초 달성하려던 산업 민주주의를 배반할 수 있다. 아래 세 가지
메커니즘으로 설명 가능하다.

(1) 공동 책임의 덫 : 경영 결과에 대한 '공동 책임' 때문에 노동자 목소리가 굴절된다

경영에 참가하는 노동 대표들은 현장 노동자에 대해 일종의 '관리자(Co-manager)' 역할을 수행한다. 따라서 노동자 고유의 목소리들이 굴절되기 쉽다. 사실, 독일 식 노동자 경영참여(전국 차원, 기업 차원, 작업장 차원의 참여)는 참여와 동시에 '책임'이 동반되기에, 노동권만 주장하고 끝나는 것이 아니라 경영권을 동시에 고려하고 그 둘 사이에 균형과 조화를 추구해야 한다.

일례로, 2015년에 불거진 VW사의 배출가스 조작 사건을 생각해 보자. 처음 이 사건은 미국에서 먼저 발견되어 터졌고 한국에서도 문제가 있었음이 확인되었다. 그런데 세계적으로 유명 브랜드로 통하는 초일류 기업에서 배출가스 조작이 꽤 오래 전부터 있었다는 사실은 기술 분야의 책임자도 문제지만, 경영 전반을 감독해야 할 감독이사회나 경영 과정을 직접 관장하는 경영이사회가 제 역할을 제대로 하지 않았음을 방증한다. 여기서는 VW사의 감독이사회에 노동자 대표가 1/2이 참여하고 있다는 사실도 별 의미가 없었다. 경영참가 중인 노동자 대표가 그런 사실을 알았는데도 묵인했다면 공동책임이 아니라 공동정범이 되며, 처음부터 아무 것도 몰랐다면 집단지성이 아닌 집단무지에 불과하다: "공동결정법에 따르면 평의회나 감독이사회는 기업의 이익에도 봉사해야 해요. 그러기 위해선 경영진이 하는 일들에 대해 관대할 수밖에 없죠."[11]

특히 경제위기 시엔 경영참여에 들어간 노동 대표는 위기관리(crisis management)의 동반자가 된다. 그 결과는 대체로, '노동의 배신'이다. 전술한 VW사의 1990년대 전반기 고용조정 당시, 20%의 임금 감축을 동반한 노동시간 단축을 통해 대규모 정리해고를 막

---

11) Uwe와의 이메일 인터뷰(2016. 8. 31).

은 것은 긍정적 측면이 있지만, P. 하르츠와 같은 노동이사가 노동자의 대표로서 '적절한' 선에서 경영 측과 협조하여 '위기관리'의 파트너 역할을 했다고 비판받기도 한다. 사실, 아무리 노동 대표가 경영 의사결정에 참여한다 하더라도, 최종적 준거 기준은 역시 기업 생존과 자본 이윤이다. 따라서 공동결정은 필시 기업 생존이나 이윤에 대한 공동책임을 동반한다. 즉, 노동자 대표가 공동결정에 참여해 '고위급'이 되는 순간, 노동을 '공동 관리'해야 한다. 고위급 노동 대표가 받는 기대 압력은 크다(Rehder 2006). 이제 노동은 '대변'되는 게 아니라 더 부드럽게 '관리'된다. 노동 대표는 '완충 기능'을 한다(Dahrendorf 1972). 그리하여 (일과 삶에 대해) 노동자 고유의 자율성을 추구하는 목소리는 굴절, 억압, 조절, 타협된 나머지, 현장 노동자들에게 '낯설어진다.' 노동자들은 그 대표로부터 소외(Entfremdung)된다. 공동결정의 덫이다.

특히, 감독이사회 내 노동 대표들이 실질적으로 50%를 차지하기는 어렵고, 노동자평의회의 경우도 노동자 대표 조직이라 하지만 그 이슈의 성격이나 평의원들의 성향에 따라 노동자의 자율성을 발휘하지 못할 수 있다: "공동결정제가 가진 한계는 우선, 경제적 사안에 대해선 노동자 대표들이 별로 목소리를 낼 수 없다는 점, 그리고 노동자평의회에서 다수를 차지하지 못하면 노동자들의 정리해고조차 제대로 막아내기 어려워요. 또, 평의회나 각 위원회는 회사 결정에 발이 묶이기 쉽고, 혹시 불만이 있어도 쟁의행위는 못해요. 노동자의 움직임이 미리 차단되죠."[12]

즉, 노사 선진국에서조차 노동자의 경영참여는 (경영관리 측의 계획이나 구상에 대해) 사전적(ex ante)이라기보다 사후적(ex post)이며, 능동적(proactive)이라기보다 반응적(reactive) 성격을 띤다. 즉,

---

12) 앞 Helmuth Knoblauch와의 인터뷰.

노동자 이해관계에 불리한 결정이나 제안이 경영 측에서 나오면 그에 대한 동의 아니면 거부 의사를 낼 수 있을 뿐, 처음부터 경영 측과 함께 계획이나 구상에 대해 합의를 도출하며 설계하는 것은 아니라는 말이다. 2015년 VW사 배출가스 조작 사건 역시, 사전 예방은 불가능했으나, 노동자 대표들이 대표 이사의 사임을 요구하고 검찰에 고발한 것도 '사후적' 조치에 불과했다. 이런 점은 근본적으로 자본주의 노사관계가 직면한 '이윤'이라는 정언명령 때문이다.

나아가, 나중에 경영 결과에 대한 책임은 노-사가 공유해야 한다. 즉, 독일식 공동결정 내지 노동자 경영참가 제도조차 '권력 불평등 속의 책임 균등화'를 내장하고 있다. 특히, 경영참가 중인 노동자 대표들은 (노동조합과는 달리) '조화의 원리(Harmonieprinzip)' 및 '평화의무(Friedenspflicht)'를 준수해야 한다. 산별 노동조합과는 달리, 노동자의 불만을 집단행동으로 조직화할 수는 없다. 그로 인해 노동자의 경영참가는 생산비용 내지 거래비용을 줄이는 효과가 있다(Abelshauser 2003). 당연히, 경영·자본 측에 유리하다: "1952년에 경영조직법이 통과되었을 때 수많은 노동자, 노조들이 반대 운동을 했죠. 당시 분위기는 자본주의를 극복하자는 거였는데, 그 법은 '산업평화'를 정착시키려 했거든요. 만일 사업장 분위기가 살벌하면, 노동자평의회 의장은 종종 기업에 의해 납치되기도 했고 결국 매수당하기도 했죠."13)

---

13) 당시 청소년이었던 Olga와의 인터뷰(2016. 6. 29), Olga는 진보적 학생운동을 거쳐 노사관계 연구자가 되었다.

(2) 노동 역동성의 지렛대: 노동자의 힘 또는 운동의 역동성이 약해지면 경영 참가도 퇴색한다

흔히 기업 경영에서 노동자의 목소리를 반영할 수 있는 양대 축으로 단체교섭과 경영참여를 든다. 크게 보면 이 둘 다 노동자의 경영 개입(관여)을 보장하는 제도적 틀이다. 그러나 이 둘은 결코 배타적이지 않다. 즉, 독일의 역사적 경험에서 보더라도 좀 더 실질적인 경영참여가 가능하려면 노동의 교섭력 내지 노동의 사회세력화가 최대로 고조되어야 한다. 즉, 강력한 노동조합·노동운동의 존재가 없이는 실질적 경영참여도 가능하지 않다. 이런 전제가 없이 시행되는 경영참여 제도란 한국의 노사협의회처럼 의례적이거나 무기력하다. 겉보기에 그럴 듯한 제도만 존재하지 실상은 아무 힘도 쓰지 못하는, 일종의 '좀비화'다.

게다가 노동자평의회는 법에 따라 "노사의 공동 이익을 위해 '상호 신뢰'의 정신으로 협력해야" 한다. 교섭권도, 파업권도 없다. "평화의무"까지 있어, "쟁의행위"는 불법이다. (산별 노조와 달리) 경영참가 중인 노동자평의회 대표들은 처음부터 경영 측과 신뢰 위에 협력해야 한다. 따라서 평의회의 공동결정권이나 동의 거부권, 공동협의권조차 노사 협력이라는 틀 안에서만 가동된다. 이것을 노동자의 자율성 관점에서 보면, '노동자평의회를 법제화하는 데는 오랜 투쟁이 필요했다. 하지만, 일단 법제화가 성취되고 나니 노동자 투쟁은 불법으로 규정된다.'고 할 수 있다. 그 결과, 한편으로는 산별 노조의 영향력이 상당히 차단되는 동시에, 다른 편으로는 평의회 의원이나 직원들의 태도(Mentalität)가 노사 파트너십으로 공고화한다. 노조운동이나 평의회운동의 역사적 역동성이 거세될 위험이 크다. 그리하여 공동결정 제도 자체가 실질적 힘을 잃기 쉽다.

사실, 독일의 경우도 1951년의 몬탄 공동결정법은 1920년대 평의회 운동이나 F. 나프탈리 식 경제민주주의 사상을 구현하는 데 최선을 다한 법으로 볼 수 있지만, 그 뒤 노동운동이 약화하면서 중견기업(노동자 500~2,000명)이나 대기업(노동자 2,000명 초과)에서의 공동결정제는 상당히 형해화한 경향이 있다. 예컨대. 1951년의 몬탄법에서는 감독이사회에 노사가 완전 동수로 참여하고, 중립적 입장을 가진 의장을 두며, 노동자 대표 한 명이 노동이사로서 경영이사회에 파견되었다. 그러나 1952년, 1972년의 경영조직법에서는 감독이사회에 노동자 대표가 1/3밖에 참여하지 못하고 중립의장도 없으며 노동이사 지명·파견도 없다. 그리고 1976년의 신공동결정법에서는 감독이사회에 노사가 형식상 절반씩 참여하나, 노동자 대표 중엔 생산직 외에 사무직, 특히 관리직까지 포함되어, 실질적으로는 노동자 비중이 절반이 되지 않는다. 중립 의장도 없으며, 노동이사 지명·파견도 없다. 그런데 이러한 변화는 노병평의회 운동에 준하는 혁명적 노동운동이 아래로부터 거세게 불지 않는 한, 몬탄 공동결정법과 같은 강력한 공동결정 제도 및 문화는 결코 뿌리를 내릴 수도 없거니와 전 사회적으로 확산되기 어려움을 뜻한다. 요컨대, 현장에서 올라오는 경영·경제·사회 민주화에 대한 거센 요구나 외침이 갈수록 약화하고, 또 노조 조직률조차 하락하며(Müller-Jentsch 2016), 노동자의 집합적 요구들이 통일적으로 제기되지 못하게 되면 공동결정제조차 경향적으로 약화한다. 마침내 경영의 노동에 대한 통제력이 막강해지면서 경영 참여 중인 노동자 대표들조차 나름의 독립성과 주체성을 상실한 채 경영진이 주도하는 바대로 끌려가기 쉽다. 특히, 1990년 이후 산업구조 변동이나 독일 통일, EU 내 자본의 자유 이동에 노동진영이 잘 대응하지 못하면서 노조나 평의회의 실효성이 줄었다.

일례로, 2014년 현재 독일에서 2000명 이상의 민간 대기업에 설치된 감독이사회는 635개로, 전체 노동자의 20%를 대변할 뿐이다. 그리고 2014년엔 약 12만 개의 노동자평의회가 존재, 활동 중인데, 회사 규모별 차이가 크다(Müller-Jentsch 2016). 즉, 노동자평의회는 500명 초과 대기업에선 그 89.5%, 노동자의 91.5%를 대변하나, 5명 이상 고용 기업은 9%, 노동자의 38%만 대변한다. 게다가 5명 미만의 영세기업(Wasserman 1989)이나 서비스, 미숙련, 정보기술 분야 등에선 노동자평의회가 없다. 그런 경우, 라운드테이블, 직원위원회, 대변인 제도, 작업장 대표, 노인위원회(노령 노동자 대변 조직) 등 새로운 참가 형태가 임의로 생긴다(Ittermann 2009).

물론, 여기서 산별 노조는 파업권을 기초로 노동자들의 집단적 목소리를 대별할 수 있기 때문에 경영참가 제도의 한계를 극복하는 다른 대안이 될 수도 있다. 즉, 독일의 산업민주주의를 전술한 산별 단체교섭, 사업장 합의, 그리고 사업장 경영참가 등 세 범주로 세분화할 수 있다는 점을 감안한다면, 이들이 상호 보완적으로 작용하면서 사업장 경영참가의 결함을 일정 정도 상쇄할 수 있음을 알 수 있다(Müller-Jentsch 2016).

(3) 자본 독재의 벽 : 노동자의 경영참가로 자본과 권력의 독재를 민주화하기엔 역부족이다

이미 오래 전부터 '노동자 경영참가'의 실효성에 대한 논란이 있어 왔지만, 경영참가가 자본의 독재를 막아내고 경제 및 사회를 실질적으로 민주화할 수 있을지에 대해선 대체로 회의적이다. 공동결정의 덫이 (생존 및 이윤에 대한) 공동책임으로 나타난다면, 바로 그러한 덫 뒤에는 '자본 독재'라는 유리벽이 존재한다. 자본 독재라는 유리벽은 투명해서 잘 보이진 않지만, 사람들이 그 너머로 잘 건너가지 못하게 가로막는 장벽이 된다.

자본 독재의 본질적 기초는 고용과 임금이다. 즉, 자본은 일자리와 임금을 통해 종속 노동을 합법적으로 지배한다. 종속 노동은 임금을 얻기 위해 자본의 지휘와 명령에 복종해야 한다. 독일 식 참가형 노사관계에서조차 자본의 독재는 예외 없다. 물론, 나라 별 그 형태가 좀 다를 뿐이다. 한국의 배제형 노사관계가 민주노조나 진보 정당을 '나쁜' 집단으로 낙인찍거나 노조를 와해하기 위해 불법 파업을 유도하고 공권력을 투입한 뒤 천문학적 손배 가압류 등 다양한 수법을 쓴다면, 독일은 노동자평의회나 감독이사회 수준에서 노동자 대표가 참여한다. 하지만 노동자평의회나 감독이사회조차 자본 독재의 도구가 될 수 있다: "평의회나 이사회는 우선, 노동자들의 정서나 분위기를 경영진에 알려주는 정보 창구가 됩니다. 혹시라도 현장 분위기가 좋지 않으면 경영측은 발빠르게 대응할 수 있지요. 또, 노사 간 갈등이 발생하더라도 평의회의 거부권이나 결정권에만 의존해야지 단체행동 같은 걸 하면 불법이 됩니다. 결국, 자본의 독재가 좀 세련된 형태로 관철되지요."14)

한 때 독일노총에서 활동했으나 지금은 프랑스에 거주 중인 Werner도 이렇게 말한다: "독일에서는 '사회 동반자' 개념이 지배적인데, 프랑스에서 특히 CGT나 '연대노조'에서는 그런 사회 동반자 개념을 자본이나 국가와의 공범 관계에 불과하다고 부르죠. 달리 말해, 노동을 자본의 독재 안으로 통합해버린 겁니다."15) Werner에 따르면, "VW 배출가스 조작 사건에서 보다시피 노동자 경영참가조차 불법을 막기보다는 오히려 같이 했죠. 사회도 속이고 환경도 오염시켰어요. 또, 공동결정이 각 기업 별로 이뤄지기에 다른 기업, 다른 나라 노동자들을 희생시킬 수 있죠."16) 이렇게 공동결

---

14) 앞 Olga와의 인터뷰.
15) Werner와의 이메일 인터뷰(2016. 9. 2).
16) 위 인터뷰.

정조차 자본 독재를 은폐할 수 있다.

게다가 수많은 기업들, 특히 중소, 영세기업들은 다양한 방식으로 산별 교섭이나 경영참가 모두를 회피하려 한다(Helfen & Schuessler 2009). 노동은 자본에 생계가 묶여 있지만, 자본은 비교적 자유롭게 유럽 전체, 나아가 세계 전체로 이동할 수 있다. 경영참가는 상시 500명 이상 기업들에서는 80% 이상 실시되고 있지만, 그 이하 규모에서는 50%도 되지 않는다. 즉, 대기업들이 시행하는 경영참가는, 역설적으로 광대한 '공동결정 없는 구역'을 교묘히 가리는 역할을 함으로써 자본 독재를 온존한다. 그런 기업들은 대체로, 노동자의 개별 참여(팀 작업이나 QC서클 등)나 노동과정의 직접 감독을 선호한다.

끝으로, 오늘날 후기 산업사회 또는 금융자본주의 단계에서 기업들은 주주 이익 극대화를 목표로 그 사회적, 생태적 무책임성을 노정하는 경향이 있다. '주주 자본주의(shareholder capitalism)'의 글로벌화가 경영진으로 하여금 무한 이윤에 더욱 집착하게 만들 뿐 아니라, 경영참가 중인 노동자 대표들조차 주주 이익 극대화 내지 경영 위기 극복이란 목표에서 벗어나기 어렵기 때문이다(맥낼리 2011).

IV. 결론 - 노동자 경영참가의 실효성 제고를 위하여

지금까지 독일의 참가형 노사관계를 역사적, 제도적, 이론적으로 검토하면서 확인할 수 있었던 점을 간략히 정리하면 다음과 같다. 이는 우리가 독일식 참가형 노사관계를 한국에 도입할 때 유의할 점들이기도 하다.

첫째, 독일의 사례에서 보듯이 노동자의 경영참가는 산업 민주주의 맥락에서의 민주성과 더불어 산업 의회주의 맥락에서의 포섭성을 동시에 내포한다. H. 사이먼의 '제한된 합리성' 개념을 원용하면(Simon 1957, 1991), 일종의 '제한된 민주성(bounded democracy)'이다. 노동자 경영참가가 여전히 자본의 이윤 증식과 기업 간 경쟁을 전제하기 때문이다. 따라서 노동자 경영참가가 무매개적으로 산업민주주의 구현의 충분조건이라 볼 순 없으며, 동시에, 그렇다고 해서 노동자 경영참가는 노동의 참여와 협력을 얻기 위한 산업 의회주의에 불과하므로 처음부터 무의미하다고 보기도 어렵다.

요컨대, 노동자 경영참가에 대한 올바른 접근 방식은, 현재의 노동배제적이고 반민주적인 노사관계를 민주적으로 혁신하기 위한 제도적, 구조적 노력을 지속하되, 이것이 자본과 권력에 포섭당해 형해화하지 않게 만드는, 의식적이고도 전략적인 운동을 유지하는 것이다. 경영참가란, 말하자면 '민주주의의 각축장'이다. 특히, 독일 사례가 잘 보여주듯, 아래로부터의 강력하고 광범위한 요구나 운동이 없이는 노동자 경영참가가 법제화, 정착화하기 어렵다. 이런 맥락에서 노동운동과 정당운동, 여러 사회운동은 실질적 산업민주주의 구현을 위해 더 많은 소통과 연대를 해야 한다.

둘째, 전술한 의미에서 경제 민주주의 내지 산업 민주주의를 위한 실질적 공동결정, 실질적 경영참가가 가능하기 위해선, 경제와 노동의 '민주적 통제'에 대한 사회적 공론화가 필요하다. 그것은 보다 구체적으로, 무엇을 어떻게 생산하고 분배하며 소비할 것인가? 또, 노동을 어떻게 배분하고 어떻게 수행·보상할 것인가? 하는 것이다. 현재 한국만이 아니라 세계경제는 전반적 침체기, 즉 '글로벌 슬럼프'에 접어들었다(맥낼리 2011). 이것은 단순히 경기적, 순환적 요인만으로 설명되지 않는, 구조적 문제를 내포한다. 달리 말해 그 근본적이고도 구조적인 뿌리는, 한편으로 (인간적 필요가 아닌) 자본의 이윤을 위한 무한 경쟁이라는 사회적, 경제적 한계이며,

다른 편으로는 지구라는 공간과 자원이 (세계 각국이 추구하는) 무
한 성장의 신화를 지탱하기엔 명백한 물리적, 생태적 한계를 지니
고 있는 데 있다. 이제, 우리가 진정으로 인간과 생명을 존중하는
경제, 즉 경제민주화를 이루려면 바로 이런 근본적 관점으로 다시
출발해야 한다(Dörre 1995). 요컨대, 대량생산과 대량소비에 기초한
무한 이윤의 패러다임이 더 이상 가능하지도 바람직하지도 않다는
사실을 솔직히 인정한 위에서 지속 가능한 삶을 탐색하는 것이 진
정 우리 모두가 해야 할 '공동 결정'의 내용이다(러미스 2002; 작스
2010; 라투슈 2014a, 2014b; 무라카 2016; 조수룡 2016).

　물론, 이런 변화들이 가능하기 위해선, 마치 2차 대전 뒤 독일의
나치 청산처럼 한국에서도 친일파 청산 및 재벌 구조 변화 등 근본
혁신이 일어나야 한다. 또, 미군정에 의해 일본 재벌이 해체된 것
과 달리 남한이 다른 길을 간 것은 미국의 동아시아 전략과 연관된
다(커밍스 1986). 이 모든 조건들이 변해야 한다. 이것은 공동결정
형 산업 민주주의의 전제조건임과 동시에 그 자체가 사회경제적,
정치적 민주주의의 형성 과정이다.

　셋째, 독일의 참가형 노사관계를 형성 과정 내지 학습 과정으로
이해하면, 노사 모두 '의도치 않은 결과(inadvertent results)'를 얻었
다고 본다. 그것은, 노동자 입장에서 보면 '좋게 설계된, 나쁜 제도'
이며, 사용자 입장에선 '나쁘게 설계된, 좋은 제도'란 것이다. 여기
서 노동자 입장이란 인간다운 삶의 필요라는 관점인데, 그런 의미
에서 독일 식 경영참가란 경제 민주주의 내지 산업 민주주의를 위
해 '좋게' 설계된 것이긴 하지만, 결국 자본의 이윤 요구에 종속된
다는 점에서 '나쁜' 제도가 된다. 민주성에도 '불구하고' 포섭성이
강하다. 한편, 사용자 입장은 이윤 극대화의 관점인데, 이런 의미에
서 독일 식 경영참가는 일정 정도 경영권을 제약하기 때문에 '나쁘
게' 설계되긴 했지만 결국은 노동자들이 자본을 파트너로 인정하

고 극한투쟁을 자제하며 협력하기에 '좋은' 제도가 된다. 민주성을 '뒤집어' 포섭성을 키운다. 실제로 독일 노사관계가 민주적이면서도 안정적인 까닭, 또 독일 경제가 유럽 내지 세계 차원에서 비교적 탄탄한 까닭이 바로 여기에 있다.

그럼에도 불구하고, 공동결정이라는 배가 항해하는 (자본주의란 이름의) 바다는 역시 경쟁과 이윤의 원리 위에 존재하므로, 노사의 행동반경에 제약이 크다. 따라서 노사 모두가 이런 제약을 넘어가기 위해, 그리하여 명실상부 모두가 '윈-윈'하기 위해 어떤 사회경제 패러다임을 선택할 것인지 노사 모두, 장구한 학습과정을 거쳐야 할지 모른다.

요컨대, 독일 식 참가형 노사관계는 척박한 한국의 노동 현실에 비춰볼 때, 분명히 선진적이고 민주적인 모델로서 시사하는 바가 작지 않지만, 그런 제도가 제대로 정착되기까지의 역사적, 사회적 조건들을 고려할 때, 결코 결과로서의 제도만 이식한다고 될 일은 아니다. 정치적 민주화를 넘어 경제적 민주화를 실질적으로 구현해야 한다는 사회적 성찰 및 사회적 공감대 형성이 그 중요한 전제 조건이요, 그에 기초해 실질적인 산업 민주주의 내지 경제 민주주의를 정착시키기 위한 사회적 세력 관계의 변화가 필수요건이 될 것이다. 특히, 독일 사례에서 보듯이 산별 교섭 구조의 제도적 정착은 실질적 경영참가 및 경제 민주화의 실현에 중요한 기둥 역할을 할 것이기에(Müller-Jentsch 2016), 이를 강제할 수 있는 단체교섭법(Tarifvertragsgesetz)의 제도화가 선결 과제로 남는다.***

<참고문헌>

강수돌(2002), 노사관계와 삶의 질, 한울.

권기홍(1985), "독일의 노동자 참가제도", 세계의 노동자 경영참가, 창작과
　　비평, 123~167면.

김교숙(2012), "독일의 근로자 경영참가제도", 비교법학 23집, 3~21면.

김상봉(2012), 기업은 누구의 것인가, 꾸리에.

김태훈, "노동자 경영참여가 구조조정 해법이다", 주간경향 1180호, 2016.
　　6. 14.

김현기(2013), "독일 작업장평의회의 주요 특징과 최근 변화에 대한 연구
　　고찰", 산업관계연구 23(4), 1~44면.

라투슈·세르주(2014a), 탈성장사회: 소비사회로부터의 탈출, 오래된생각.

라투슈·세르주(2014b), 낭비 사회를 넘어서: 계획적 진부화라는 광기에 관
　　한 보고서, 민음사.

러미스·더글러스(2002), 경제성장이 안되면 우리는 풍요롭지 못할 것인가,
　　녹색평론사.

맥널리·데이비드(2011), 글로벌 슬럼프, 그린비.

무라카·바르바라(2016), 굿 라이프: 성장의 한계를 넘어선 사회, 문예출판사.

문성훈(2005), "노동운동의 이념적 자기반성을 위하여: 1987년 노동자 대투
　　쟁은 '인정투쟁'이다!", 시대와 철학 16(3), 181~212면.

박장현(2004), 독일의 학교노동교육: 교실-일터 연계한 직업진로 지도에 역
　　점, 한국노동교육원.

이희성(2005), "우리나라의 노사분쟁해결제도의 개선을 위한 독일의 노동
　　법원제도의 도입방안", 법학연구 21(2), 253~276면.

임인택, "서울시 산하기관에 노동이사제…'노동자 경영참여' 첫발", 한겨레
　　2016. 5. 10.

작스. 볼프강(2010), 반자본 발전 사전: 자본주의의 세계화 흐름을 뒤집는
　　19가지 개념, 아카이브.

조수룡(2016), "발전이라는 이름의 매트릭스: 한국 현대사 연구의 발전 패
　　러다임에 대한 성찰", 역사와 현실 100호. 359~396면.

최장집(2012), 노동 없는 민주주의의 인간적 상처들, 폴리테이아.

최종태(1981), 현대노사관계론, 경문사.

커밍스 브루스(1986), 한국전쟁의 기원, 일월서각.

하종강, "노동문제 해결하려면 교육문제 풀어야", 오마이뉴스 2015. 10. 16.

호네트 악셀(1992), 인정투쟁. 문성훈, 이현재 역, 사월의책.

Abelshauser, W(2003), *Kulturkampf - Der deutsche Weg in die neue Wirtschaft
　　und die amerikanische Herausforderung*, Berlin: Kulturverlag Kadmos.

Adamy, W. & J. Steffen(1988), *Co-determination in the Federal Republic of
　　Germany*, Bonn: Friedrich Ebert Stiftung.

Dahrendorf, R(1972), *Sozialstruktur des Betriebes*, Wiesbaden: Gabler.

Die Zeit, 1980. 9. 19. S.18.

Dörre, K(1995), "The 'Democracy Question' at Work," *International Journal of
　　Political Economy* 25(3). 61-87.

Ellguth, P., H.-D. Gerner & J. Stegmaier(2014), "Wage effects of works councils
　　and opening clauses: The German case", *Economic and Industrial
　　Democracy*, 35(1). 95-113.

Enderle, A., H. Schreiner, J. Walcher & E. Weckerle(1932/1967), *Das rote
　　Gewerkschaftsbuch*, Frankfurtt am Main: Neue Kritik.

Farrell, D(1983), "Exit, Voice, Loyalty, and Neglect as Responses to Job
　　Dissatisfaction: A Multidimensional Scaling Study," *Academy of
　　Management Journal*, 26(4). 596-607.

Helfen, M. & E. Schuessler(2009), "Uncovering Divergence: Management attitudes towards HRM practices and works council presence in German SMEs," *Economic and Industrial Democracy* 30(2), 207-240.

Hirschman, A. O(1970), *Exit, Voice, and Loyalty: Responses to Decline in Firms, Organizations, and States*. Cambridge, MA: Harvard University Press.

Ittermann, P(2009), *Betriebliche Partizipation in Unternehmen der neuen Medien. Innovative Formen der Beteiligung auf dem Prüfstand*. Frankfurt a. M.: Campus.

Kaufman, B(2000), "The Early Institutionalists on Industrial Democracy and Union Democracy," *Journal of Labor Research* 21, 189-209.

Lesch, H(2015), "Changes in industrial action: a comparison between Germany and other OECD countries," *CESifo Forum*, 4/2015 (December), 68-78.

Marshall, T. H(1950), *Citizenship and Social Class: And Other Essays*, Cambridge: Cambridge University Press.

Milert, W. & R. Tschirbs(2012), *Die andere Demokratie. Betriebliche Interessenvertretung in Deutschland, 1848 bis 2008*, Essen: Klartext.

Müller-Jentsch, W(2016), Formation, development and current state of industrial democracy in Germany, *Transfer* 22(1), 45-62.

Müller-Jentsch, W(2007), "Industrial Democracy: Historical Development and Current Challenges," *Management Revue* 19(4), 260-273.

Neuloh, O(1956), *Die deutsche Betriebsverfassung und ihre Sozialformen bis zur Mitbestimmung*, Tübingen: Mohr.

Poole, M(1986), *Towards a New Industrial Democracy*, London: Routledge & Kegan Paul.

Rehder, B(2006), "Legitimitätsdefizite des Co-Managements: Betriebliche Bündnisse für Arbeit als Konfliktfeld zwischen Arbeitnehmern und betrieblicher Interessenvertretung," In: *Zeitschrift für Soziologie* 35(3),

227-242.

Simon, H(1991), "Bounded Rationality and Organizational Learning," *Organization Science* 2(1), 125-134.

Simon, H(1957), "A Behavioral Model of Rational Choice", in *Models of Man: Social and Rational-Mathematical Essays on Rational Human Behavior in a Social Setting*. New York: John Wiley.

Vitols, S(2010), 「The European Participation Index (EPI): A Tool for Cross-National Quantitative Comparison」, Background paper, European Trade Union Institute, Brussel.

Wasserman. W(1989), "Germany: *Industrial Relations in Small and Medium-Sized Enterprises*," In P. Auer and H. Fehr-Duda(ed.), Industrial Relations in Small and Medium-Sized Enterprises, Brussels: European Commission, 143-174.

Webb, S. & B. Webb(1897/1902), *Industrial Democracy*, London: Longmans, Green and Co.

Wilkinson, A(2011), "Reconceptualising employee silence: problems and prognosis," *Work, Employment & Society* 25(1), 51-67.

스웨덴 노동자의 경영 및 소유 참가와 시사점[*]

신 범 철[**]

Ⅰ. 서 언

1990년대 초 소련과 동구유럽 국가를 비롯한 국가사회주의 국가들의 몰락이 새로운 사회주의 대안애 대한 관심이 높아지고 있다. 사회주의의 모색은 자본주의 체제가 갖는 구조적 모순들, 즉 비인간적 경쟁이데올로기에 의해 지배되고 사회경제적 불평등의 문제를 극복하는 과정에 이루진다고 할 수 있다. 그럼에도 불구하고 사회주의 체제에서 평등이데올로기 추구에 따른 개인의 동기부여 부족과 소유권 결여 등의 문제를 어떻게 극복하느냐가 핵심적인 연구사안일 것이다.[1]

스웨덴 노동자의 경영 및 자본(소유)참가는 1970년대 산업민주주의 실현을 위한 여러 관련법의 제정과 함께 임금소득자기금제도 도입에 관해 논의하면서 본격적으로 시작되었다고 할 수 있다. 일반적으로 산업민주주의는 노동자의 기업 내 의사결정 참가를 의미하는 것으로 노동자대표이사제도, 노동자평의회, 자주관리제도, 그

---

* 이 글은 2006년 산업연구, 제20집에 게재된 논문을 일부 수정·보완한 것임.
** 경기대학교 경제학과 교수, 경제학박사
1) Stiglitz(1994)는 사회주의 문제점을 소유권결여, 동기부여 부족, 경쟁의 결여 등 세 가지를 지적한다.

리고 공동결정제도 등이 여기에 속한다. 반면 경제민주주의는 종
업원의 기업 소유참가와 이에 따른 경제적 보상을 의미하는 바, 종
업원소유의 정도에 따라 집단적 기업소유, 자본소유, 종업원주식소
유제도, 그리고 다양한 형태의 이윤배분제도 등이 여기에 해당한
다. 스웨덴의 임금소득자기금제도는 이윤배분제도와 집단적 기업
소유의 결합된 형태로 볼 수 있으며 영국과 미국의 경제민주주의
는 이윤배분제도와 ESOP의 혼합형, 혹은 ESOP 단독 형태로 발전
되었다.

통상적으로 산업민주주의와 경제민주주의는 상호 밀접한 관계
를 갖고 발전하게 된다. 이 두 제도가 동시에 발전하기도 하고, 순
차적으로 혹은 단독으로 두 제도의 발전이 진행되기도 한다. 예컨
대 미국의 경우 산업민주주의 실현을 위한 법적 제도적 장치 없이
경제민주주의가 진행되어 가고 있다. 다른 한편 스웨덴의 경우
1970년대 전개되었던 사민당의 경제민주주의에 대한 비전은 산업
민주주의와 경제민주주의 실현을 동시에 이루고자 하는 것이었다.
즉, 미시적 수준에서 산업민주주의와 거시적 수준에서 경제민주주
의의 구현을 지향하였던 것이다.

스웨덴 임금소득자기금제도(wage-earner fund) 혹은 임노동자기
금은 노동자의 기업내부 경영참가를 대표하는 산업민주주의의 실
현과 동시에 자본주의의 사적 소유의 모순을 극복하기 위해 사회
적 소유와 노동자의 자본참가를 통한 경제민주주의 실현을 시도한
것으로 볼 수 있다.

경영참가는 '근로자 또는 노동조합이 기업경영 상 여러 문제에
의사결정과 운영에 참여'하는 것이라 정의된다(최종태, 1989; 노동
연구원, 1990). 이는 크게 집단적 참가와 개별적 참가, 두 개의 유형
으로 구분할 수 있고, 전자는 소유(자본)참가, 성과참가 및 의사결
정 참가가 포함되며 후자는 목표관리제, 소집단활동 등이 포함된

다. 협의의 의미에서 경영참가는 근로자 혹은 노동조합의 의사결정 참가를 가리킨다. 노동자 경영참가는 기업의 통제권과 잔여이익처분권으로 구성되어 있는 소유권 귀속여부에 따라 경영참가 유형의 차이 발생할 수 있다.[2] 주주 주권론에 의하면 기업의 소유권은 주주에게만 귀속되기 때문에 주주의 용인 없이 노동자의 경영참가는 재산권의 침해에 해당한다. 그럼에도 불구하고 노동자의 경영참가가 기업성과제고의 효과를 갖는다면 주주권을 기반으로 규범적으로 도구적으로 그 합당성이 인정될 수 있다. 반면 이해당사자(stakeholder) 주권론에 의하면 기업은 주주만이 아니라 채권자, 노동자, 소비자 등 이해당사자들의 소유이기 때문에 노동자의 경영참가는 노동자의 권한 행사에 해당한다는 것이다.

이 논문은 스웨덴의 협의의 경영참가제도로서 의사결정 참가제도인 공동결정법과 광의의 의미로서 자본참가제도인 임노동자기금제도를 비교논의하고 한국의 소유 및 경영참가에 대한 시사점을 정돈하고 한다. 특히, 스웨덴 산업민주주의 실현 과정과 노동자의 집단적 소유(자본)참가제도로써 임금노동자기금제도의 변천과정과 특성, 그리고 그 성과를 살펴보고 시사점을 논의할 것이다.

---

2) Grossman and Hart(1990)는 기업 소유권을 기업의 통제권이라 하였고 Alchian and Demsetz(1972)은 잔여이익청구권이라 하였다. 따라서 기업 소유권은 양면적 성격을 모두 갖고 있다고 할 수 있다.

II. 스웨덴 노동자 경영참가

1. 경영참가의 도입배경과 특성

스웨덴 방식의 4가지 특징은 사회계급 간 세력균형에 대한 믿음, 사회적 문제에 대한 폭력적 해결 방식의 배격, 국가개입과 시장기능에 대한 실용적 접근, 기능사회주의에 대한 믿음과 혐오의 현실화(칼손, 1993) 등이다. 자본주의의 금권정치를 배격하고 노동계급과 부유계층간 세력균형에 대한 믿음이 노동자 계급의 경영참가 형태로 반영되었다고 할 수 있다. 스웨덴은 발렌베리와 같은 재벌의 경제력 집중을 수용하는 한편 중앙노조의 노동운동을 지원하고 사민당의 장기 집권을 유지하여 사회계급간의 세력균형을 유지하고자 하였다.

스웨덴 노사관계는 스웨덴노조연맹(LO)과 스웨덴경영자연맹(SAF)간 중앙 집중적 단체교섭과 노사간 자율교섭의 원칙을 특징으로 하고 있다. 특히 1938년 노사간 자율적 해결의 원칙, 중앙집권적 조정의 원칙, 그리고 평화적 해결의 원칙을 천명한 LO와 SAF의 잘쯔요바덴(Saltzjobaden)협약은 스웨덴 노사관계의 기본적인 틀을 형성하였다. 또한 2차 대전 이후 연대임금정책과 적극적 노동시장정책을 근간으로 한 렌-마이드너(Rehn-Meidner)모델의 구현을 통해 거시적 효율성, 완전고용과 실질임금의 지속적 상승, 그리고 보편주의적(universal) 사회복지제도의 구축으로 스웨덴은 복지국가 자본주의를 추구하였다. 하지만 1970년대 스웨덴은 경제위기와 노동조합의 구조적 변화, 연대임금정책(solidaristic wage policy)으로 인한 자산소유불균형의 심화 등으로 발생한 불평등 문제를 해소하기 위해 법적 강제에 의한 노동조합의 경영참가와 임금소득자기금제도

에 의한 소유참가 등을 포함한 여러 가지 대안적 정책을 모색하게
된다.

스웨덴 경제가 1950~60년대에는 연대임금정책과 적극적 노동시
장 개입정책을 근간으로 낮은 인플레이션과 低실업률 등 긍정적인
거시경제적 성과를 보였다. 연대임금정책은 스웨덴 자본주의 불균
형발전으로 산업간, 그리고 기업간 노동자들의 임금격차가 확대되
어 노동운동의 연대 확립에 장애가 발생하자 기업의 지불능력과
상관없이 '동일노동 동일임금'의 원칙에 따라 임금지급을 강제하
고 이로 인해 경쟁력이 낮은 기업을 도태시키고 노동자 연대를 강
화하기 위해 도입되었다. 연대임금정책에 의해 도산한 생산성이
낮은 중소기업 소속 노동자의 실업은 고생산성 기업의 초과이윤에
대한 과세를 재원으로 재교육과 훈련을 통해 경쟁력 높은 산업에
재배치하였다. 결국 연대임금정책은 수익성이 높은 기업 소속 종
업원에게는 임금인상을 억제하는 정책적 성격을 갖기 때문에 불리
하게 작용하는 반면 수익성 낮은 기업 소속 종업원에게는 임금 인
상효과를 가져와 유리하게 작용하였다. 또한 연대임금정책으로 수
익성 높은 기업의 소속 노동자는 상대적으로 낮은 임금을 받는 반
면 기업은 높은 초과이윤을 획득하게 되었다. 연대임금정책의 이
러한 성격은 노노간, 노동조합간의 갈등, 그리고 노사간 갈등을 초
래하였다. 대부분 수익성이 높은 기업이 가입하고 있는 금속노련
은 LO 지도부에게 기업들의 초과이윤에 관해 문제를 제기하기도
하였다.

1950년 말과 1960년대 렌-마이드너 모델의 효과적인 운영을 통
해 스웨덴은 전례 없는 고성장과 높은 복지를 달성하였다고 할 수
있다. 하지만 1970년대에 들어서 두 차례 오일쇼크로 세계경제가
침체되면서 스웨덴은 수출둔화와 高인플레이션, 실업률 상승, 경제
성장의 둔화 등 여러 가지 거시경제적 문제가 발생하기 시작하였

다. 1970년대 스웨덴의 인플레이션은 유럽 OECD국가 평균보다 높
았고, 이 인플레율은 1980년대 더욱 더 상승하였다.

　　이러한 여러 가지 스웨덴의 거시경제 문제는 이른바 '스웨덴 모
델의 위기'에 관한 논쟁을 촉발하는 계기가 되었다. 실제로 스웨덴
의 1인당 GDP성장률은 1973년 이후 1950~60년대 비해 급격히 떨어
지고 있음을 볼 수 있다(<표 1>). Linbeck(1997)은 이른바 스웨덴 모
델 이전의 스웨덴은 상대적으로 부유한 국가이었지만 1950년대 연
대임금정책과 적극적 노동시장 개입정책, 그리고 복지국가 정책을
확대하면서 'OECD 국가의 평균 성장률보다 하락하였다'고 주장하
였다. 하지만 Korpi(2001)는 스웨덴 GDP 성장률은 이미 1950년대부
터 둔화되기 시작하였으며 OECD국가 평균 성장률보다 낮은 성장
률을 보이고 있다고 주장하였다(<표 1>). 더군다나 1970년 이후는
스웨덴뿐만 아니라 미국과 영국의 1인당 GDP 성장률 역시 하락하
였다. 반면 스웨덴과 유사한 복지 분배정책을 확대·실시하였던 노
르웨이는 미국보다 훨씬 성장률이 높게 나타났다는 것이다. 따라
서 복지정책과 스웨덴의 경제성장률 둔화는 직접적인 연관성이 없
다는 것이다.

〈표 1〉 스웨덴과 OECD국가의 1인당 평균 실질 GDP성장률(단위 %)

	1950~60년	1960~68년	1968~73년	1973~79년	1979~89년
OECD	2.9	3.9	3.5	1.9	2.1
스웨덴	2.6	3.6	3.1	1.5	1.8
차이	-0.3	-0.3	-0.4	-0.4	-0.3

* 자료: Korpi(2001)

　　<표 1>을 보면 Korpi의 주장처럼 스웨덴의 경제성장률이 이미
1950년대부터 OECD국가의 평균성장률 보다 낮게 나타나고 있다.
1973년 이후 스웨덴의 경제 성장률은 1950~60년대에 비해 상대적

으로 급속히 둔화되고 있는 것을 볼 수 있다.

　이러한 스웨덴의 거시 경제지표들의 악화가 소규모 개방경제, 특히 수출 의존도가 높은 스웨덴의 위기의식을 높여주기에는 충분하였을 것이다.[3] 이러한 경제위기 의식과 함께 1969년 말과 1970년 초 대규모 노동자의 파업 발생을 계기로 정치적 사회적 민주주의 단계에서 경제적 민주주의 단계로 전환해야 한다는 요구가 증가되었다.[4] 이러한 1970년대 스웨덴의 경제위기와 경제민주주화의 요구는 법적 제도화를 통한 노동조합의 경영참가와 소유참가에 대한 논의를 촉진하는 계기가 되었다고 할 수 있다.

　1970년대의 스웨덴 경제위기의 원인은 다양할 것으로 보이나 노동통제의 약화, 자본 집중이 핵심적인 요인으로 볼 수 있을 것이다.[5] 우선 스웨덴의 경우 대부분의 노동자가 노조에 가입되어 있어서 해고의 위협이 상대적으로 작고 해고로 인한 재산 상 손실 역시 작아 노동통제가 약화될 수 있다. 즉 연대임금정책으로 인한 기업간, 그리고 산업간 임금격차 축소는 노동자의 해고로 인한 경제적 손실 위험성이 낮아지는 것이다. 이는 노동자가 근로태만으로 해고될 경우 임금수준이 비슷한 동종업종의 다른 기업에 재취업될 가능성이 높아, 해고로 인한 경제적 손실이 작아지기 때문이다. 또한 대기업의 경우 종업원수가 많고 복잡한 분업체계로 종업원의 직무 평가와 성과 측정이 어려워 노동통제가 약화되고 근무태만

---

3) 1980년의 스웨덴 무역의존도를 살펴보면 GDP 중 수출이 차지 비중(수출비중)은 미국이 6.1%, 일본이 13%, 독일 26%, 스웨덴 30%로 스웨덴 수출의존도가 가장 높았고 수입비중도 스웨덴 28%로 가장 해외무역의존도가 높았다.
4) 스웨덴의 노동쟁의 수는 1961년 12건에서 1971년 60건으로 5배 이상 증가하였고 노동손실일수 역시 1961년 2,100일에서 1971년 839,000일로 급증하였다. 이영희(1993), p.167 참조.
5) 조영철(1997)은 이러한 요인들과 함께 세계화와 자본축적이 1990년 스웨덴 위기 또 다른 원인으로 지적하고 있다.

가능성도 그만큼 높아질 수 있다. 실제로 1960년대 말부터 스웨덴 노동자들의 결근율과 이직률은 급격히 상승한 것으로 나타나고 있다.[6]

렌-마이드너 모델이 완전 고용정책으로 유발될 수 있는 인플레 문제를 해소하기에는 효과적이었지만 노동통제의 약화를 해소하기에는 어려웠다.[7] 1970년대 스웨덴 경제 악화와 렌-마이드너 정책에 따른 노동통제의 약화는 기업경쟁력 악화로 이어졌다. 사용자는 약화된 기업경쟁력을 높이기 위해 이윤분배제도와 자본참가를 확대하고 생산조직 개혁을 통해 생산 효율성을 향상시키고자 하였다. 하지만 사용자의 이러한 생산조직 개편을 통한 기업경쟁력 추구가 노동조합과의 논쟁과 갈등을 유발하였다. 즉 노조는 생산조직 개편문제는 단체교섭 대상이라고 주장하는 반면 사용자들은 잘쯔요바덴협약에 따라 경영권에 해당한다고 주장하였다. 이러한 노동계의 주장과 노사간 갈등은 LO로 하여금 노사관계 조정에 관한 법 제정의 필요성을 인식토록 하였으며 이러한 인식이 1970년대 산업민주주의 관련법을 사민당에 요구하게 되는 계기가 되었다고 할 수 있다.

둘째 연대임금정책으로 임금소득자간의 임금격차는 완화되었지만 고임금근로자의 임금이 억제되어 수익성 높은 대기업의 초과이윤이 증대되었다. 이러한 초과이윤의 증가는 주식발행에 의해서보다 자기자본에 의한 자금조달을 용이하게 하였다. 이 자기자본 조달의 용이성과 함께 공공저축에 의한 저리융자의 확대는 투자재

---

6) 이영희(1993)는 1970년 스웨덴 노동자의 결근율과 이직률이 50%에 달했다고 밝히고 있다.

7) 고용과 물가의 상충관계를 보여주는 필립스곡선의 존재 여부는 통화론자와 케인즈학파 경제학자간 쟁점사항 중 하나이긴 하지만 완전 고용정책의 추구는 최소한 단기적으로 인플레이션을 유발할 수 있다는 것이 통설이라고 할 수 있다.

원을 쉽게 조달할 수 있게 되었다. 이에 따라 주식발행이 축소되었고 주식과 유동자산의 소유 집중 현상이 심화되었다. 이러한 자산의 소유 집중 현상은 임금소득자기금제도 도입에 관한 논의의 계기가 되었다.

마지막으로 노동조합의 구조 변화가 노동자의 경영참가의 제도화를 촉진하는 계기가 되었다. 20세기 초부터 SAF와 생산직 중심의 LO 간의 임금협상은 사무직노동자연맹의 TCO와 전문직노동자연맹인 SACO-SR의 이해를 완전히 반영하기 어려웠다. 이러한 이해충돌은 TCO와 SACO의 조합원수가 증가되면서 표출되기 시작하였다.[8] 더군다나 동일한 LO 내에서의 노조간, 예컨대 수익성 높은 금속연맹과 여타의 노조 간 이해조차 일치되지 않았다. 중앙노조인 LO가 이러한 다양한 노조의 현장의 불만과 이해를 충족시키기 쉽지 않았던 것이다.

스웨덴의 노동자 경영참가는 1970년대와 1980년에 일련의 참가 관련법, 즉 고용안정법(1974) 직장위원회법(1974), 공동결정법(1976), 노동자대표이사회참가법(1973, 1976), 등의 제정으로 제도화 되었다.

고용안정법은 사용자가 일정 고용기간 동안 노동자를 고용할 수 있는 능력을 제한하고 사전해고 통지의 의무화, 해고 시 보상 의무화, 불법적 해고에 대한 상세한 안정망 제공 의무 등을 규정하고 있다.

---

8) LO는 스웨덴 1노총으로 지자체종사자노조, 금속노조, 전기공노조, 운송노조 등이 주로 블루칼라 노동자가 주축이 되어온 반면 제2의 노총인 TCO는 주로 사직기술직노조, 교직원노조, 지자체공무원노조가 참가하고 있고 제3노총인 SACO는 엔지니어노조, 교수 및 강사노조, 의사노조 등 주로 화이트칼라노조 등이 참가하고 있다.

2. 공동결정법에 의한 경영참가

스웨덴의 공동결정법(Board Representation Act)은 1973년 의회를 통과하여 3년의 시험기간을 거쳐 1976년에 확정 시행되었다. 이 공동결정법은 작업장에서 종업원의 공동의사결정 권한을 보장하도록 노사 간 합의를 의무화하고 산업민주주의를 촉진하기 위해 제정되었다. MBL이라고 부르는 이 법을 Haug(2004)는 스웨덴에서 20세기 초 정치적 민주화를 위한 보통선거 운동 이래 가장 혁명적인 법안으로 평가하였다.[9]

이 공동결정법의 핵심은 공동결정에 관한 협약권(right to sign codetermination agreements), 협상권(right of negotiation), 해석의 우선권(right of priority of interpretation), 정보권(right of information) 등에 관한 것이다.

우선 종업원은 사용자와 공동결정 협약권을 갖고 있다. 이 공동결정 협약서에 반드시 종업원의 의사결정 참여 과정에 대한 방식, 그리고 참여의 범위와 한계를 명시하여야 한다. 사용자가 이 협약에 합의하지 않을 경우 노조는 단체협상과 단체행동을 통해 관철할 수 있다.

둘째 사용자가 우선적으로 공동결정 사항에 관해 협의를 선도할 수 있지만 노조는 노동자에 관한 어떠한 사안을 사용자에게 협의할 것을 요구할 수 있다. 이는 사용자가 우선협상권을 갖고 있지만 노조가 단체행동권을 행사한 후 보다는 단체행동이전에 반드시 노조의 주장을 고려해야한다는 것을 의미한다. 노사간 협의 대상이 되는 사안으로는 인력재배치, 신규채용, 경영진의 임명, 새로운 근로방식과 생산방식 도입, 예산의 결정요인과 여타 조직상 변화 등이 포함된다.

---

9) Haug(2004) 참조.

셋째 종업원의 직무에 관한 분쟁이 발생하였을 경우, 공동결정 협약에 관한 해석권은 노동자가 갖고 있다는 점이다. 사용자는 노조의 해석 사항에 대해 노동법원에 제소할 수 있지만 시간과 비용이 많이 드는 부담을 갖게 된다. 하지만 임금쟁의에 관한 해석권은 예외적으로 사용자가 갖게 된다. 이 경우 사용자는 일정한 기간내 신속하고 공정한 결정을 내려야 한다.

마지막으로 사용자는 노조의 요구 시 모든 정보를 제공해야할 의무를 갖는다. 즉 사용자는 노동조합에 기업의 경영상태와 인사정책 등에 관해 지속적으로 정보를 제공해야 하며 노동조합이 회사의 각종 장부와 서류를 검토할 수 있도록 하여야 한다. 또한 사용자는 노조가 올바른 결정을 내릴 수 있도록 노조에 이에 관련된 연구비를 포함한 비용을 지급해야 한다.

3. 노동자대표 이사회 참가를 통한 경영참가

노동자대표 이사회 참가제도는 1973년 노동자의 경험을 이사회에서 활용하고 회사의 정보를 노조와 노동자에게 제공할 목적으로 처음 도입되었다.

〈표 2〉 독일과 스웨덴의 이사회 참가를 통한 노동자 경영참가

구분	독일	스웨덴
경영참가 주체	·공장평의회 (노조원과 비노조원으로 구성)	·노조 (전국조직인 LO)
참가방법	·이중이사회제도: 감사위원회를 통해 경영진 감시감독	·단일이사회제도: 25인 이상 기업은 2인 이상 노동자대표 이사 선임권 ·1,000명이상은 3명의 이사 선임권
근거법	·1952년 공장법, 1976년 개정 공장법	·1976년 노동자대표이사회참가법

LO는 종업원이 50인 이상인 기업에서 이사의 1/3을 노조가 선임할 수 있도록 하는 안을 제안하였으나 1972년 사민당정부가 제출한 법안은 종업원이 100인 이상인 기업에서 2명의 이사를 선임할 수 있도록 하고 있다. 하지만 1976년 개정법에서는 종업원이 25인 이상 기업에서 노조는 2명의 이사(1,000명 이상의 경우는 3명의 이사)를 선임할 수 있고 또한 2명의 대의원을 이사회에 파견할 수 있도록 확대되었다. 여기서 노조대표이사는 발언권과 투표권을 갖지만 대의원은 발언권만을 갖도록 하고 있다.

스웨덴의 노동자경영참가는 독일과는 달리 법에 모든 사항을 규정하는 것이 아니라 단체교섭 틀 내에서 결정된다. 즉, 스웨덴의 공동결정법은 단체교섭 절차에 관한 사항을 규정하고, 그 구체적인 내용과 형식은 단체협약에 의해 결정된다는 것이다.

III. 스웨덴의 노동자소유참가

혁신적인 소유참가제도로 관심을 받아온 스웨덴의 임노동자기금제도는 연대임금의 약화의 산물로 나타났다(신정완, 2010). 산업 혹은 기업의 특성 차이를 무시하는 연대임금제가 경쟁력 약화와 임금부상(wage drift)으로 인해 균등임금제를 약화시켰다는 것이다.

1950년대부터 중앙 노조인 LO에 의해 실시되어 온 스웨덴의 연대임금정책은 동일노동 동일임금을 적용하는 임금균등화정책이라 할 수 있다. 저수익 기업의 저임금노동자들의 임금인상을 지원하는 한편 고수익 기업의 고임금근로자들의 임금인상을 최대한 억제하는 정책이다. 중앙노조인 LO 입장에서 당시 국제경쟁력 심화로 임금인상이 어려운 수출기업과 임금인상이 상대적으로 자유로운 내수기업 간의 임금격차를 인정하기 어려운 것이다.

이 연대임금정책에 의한 임금인상 억제는 정부가 전후 만연된 인플레이션 억제와 긴축재정정책이 가능토록 하였다. 이 연대임금 정책은 고용유지와 인플레이션 억제를 동시에 이룰 수 있는 이른 바 케인즈언적 소득정책인 셈이다. 이러한 연대정책의 장점에도 불구하고 두 가지 핵심적인 문제점을 야기하였다. 우선 균형임금 정책은 고수익 고임금근로자들의 근로의욕 약화를 유발하여 기업 경쟁력 약화로 이어질 수 있다는 경영자의 우려와 임금인상 억제 로 인한 기업의 과다한 초과이윤 취득으로 노조의 반발을 초래하 였다. 새케인즈학파(New Keynesian)의 효율임금론이 아니더라고 경 쟁기업에 비해 상대적 고임금 지급과 임금격차를 통해 동기부여와 생산성 향상으로 기업경쟁력 제고를 추구하는 고수익 기업에게는 연대임금이 적정임금(새케인즈언학파의 효율임금)이 되지 못하는 것이다. 고인력 유지와 확보 및 생산성 증대를 통한 기업경쟁력 제 고를 위해 고수익 기업은 협약임금에 추가적인 보상을 지급하여 임금인상을 실행하였고 이는 저수익 근로자의 임금인상 요구로 이 어지면서 연대임금이 약화되었던 것이다. 다음으로 저수익 기업에 대한 인금인상은 기업도산과 실업을 유발하였다.

스웨덴의 중앙 집중적 임금교섭에 의한 연대임금정책은 대기업 들의 초과이윤 급증으로 경제력 집중과 소유 집중 현상이 심화되 었고 이 초과이윤에 대한 노동자의 분배 요구로 나타났다.

또한 중앙 집중적 단체교섭을 통한 임금 및 근로조건의 결정과 공동결정법, 노동자대표이사회참가법 등 산업민주주의 관련법과 협약은 스웨덴 노동자의 경영참가의 범위와 권한을 확대하였다고 볼 수 있지만 일정한 한계를 갖고 있었다. 즉, 이해당사론을 근거 로 법에 의한 의사결정 참가는 노동자의 자본참가, 즉 소유참가를 바탕으로 하는 의사결정 참가보다 상대적으로 참가 동기부여나 참가의 정도 면에서 미약할 수 있다는 점이다. 이는 소유참가에 의한 의사결정 참가가 의사결정으로 인한 재산상의 손실이 상대적으로 커질 수밖에 없기 때문에 그만큼 신중을 기할 것이고 적극적일 수밖에 없기 때문이다.

1. 임금소득자기금제도의 도입과정과 특성

임금소득자기금제도(임노동자기금제도)는 스웨덴의 독창적인 제도도 아니고 놀랄만한 새로운 제도도 아니었다. 집단적 주식소유제로서 임금소득자기금제도는 1960년대 독일인 경제학자 Bruno Gleitz에 의해 창안되었다. 이후 유사한 제도가 오스트리아, 네덜란드, 1960년대 말과 1970년 초 덴마크에서 제안되었지만 정치적 반대에 부딪쳐 실행되지 못했다. 최근 이 제도의 변형된 형태가 덴마크, 체코와 폴란드에서 다시 논의되고 있다.

스웨덴의 임노동자기금제도는 마이드너(Meidner)가 처음 제안하고 LO 총회에서 1976년 공식적으로 수용되었다. 이 마이드너가 제안한 최초 임금소득자기금안과 1983년 최종적으로 확정 시행되었던 제도는 여러 가지 목적을 갖고 있다(<표 3>).

우선 임금소득자기금제도를 도입하여 연대임금정책으로 대기업의 이윤이 증가하고 이로 인해 기업의 소유자에게 부가 집중되는 것을 억제하고자 하였다(Meidner, 1981). 연대임금정책은 기업의 지불능력보다는 동일한 직무에 동일한 임금을 지급하여 노동자간 임금 격차를 축소하였지만 이로 인한 불평등한 기업이윤 확대와 이직률 상승과 근로의욕 축소로 생산성 하락과 경쟁력 악화를 초래하였다. 기업 입장에서 보면 능력 있는 새로운 노동자를 채용하는 한편 부족한 숙련인력을 확보하여 이직률을 낮추고 노동자의 근로의욕을 증대시키기 위해서는 임금부상(wage drift)은 불가피하였다.

둘째 고도로 산업화된 경제에서 자기자금조달(self-financing)로 인해 부수적으로 발생하는 부의 집중과 이로 인한 권력의 집중을 억제하고자 하였다. 스웨덴의 부의 불평등 정도는 독일, 영국과 미국 등과 비교해 상대적으로 낮은 편이었지만 절대적 수준에서 상당히 높은 것으로 나타나고 있다. 임금소득자기금제도의 도입이 논의되었던 1976년 상위 소득자 5%가 스웨덴 부의 약 38%, 상위 10% 계층이 純國家富의 약 55%를 차지하고 있었던 것으로 나타났다. 주식소유의 불평등정도는 스웨덴 전체 가구 중 상위 0.3%가 1975년 스웨덴 내 전체 기업 주식의 50%를 보유한 것으로 집계되어 훨씬 더 심각한 것으로 나타났다. 이러한 경제적 부와 권력의 집중 현상을 마이드너는 산업민주주의와 경제민주화의 강화 및 확대를 통해 해소하고자 한 것이다.

〈표 3〉 스웨덴 임금소득자기금제도의 마이드너안과 입법안,
미국 ESOP의 비교

구분	마이드너안(1976년)	최종 입법안(1983년)	미국 ESOP
제도 목적	- 연대임금정책의 보완 - 부의 집중 해소 - 노동자의 영향력 확대	- 임금인상 억제 - 경제민주주의 실현	- 경제민주주의 실현 - 소득불균형 완화
재원 조달방식	- 세전 수익의 20%를 신주 발행의 형식으로 징수	- 초과이윤분에 대해 20% 이윤배분세 징수 - ATP 출연금 0.2% 인상	- 기업출연: 이윤, 보너스, 금융차입 - 종업원출연
운영 및 관리	- 노동조합에 의해 중앙 기금관리위원회 선출 - 노조와 공공대표에 의한 부문별 기금위원회 결성	- 지역별로 5개의 독립적 기금으로 구성 - 기금의 이사회가 운영관리	- ESOP신탁을 설립하여 운영 및 관리
의결권 행사	- 지역노조가 처음 20% 투표권을 행사하고 이후 기금이 투표권 행사	- 투표권은 기금운영위원회가 갖고 있지만 지역 노조가 행사할 수도 있음	- 원칙적으로 종업원 주주의 지시에 의해 신탁이 의결권을 행사

적용 대상 기업	- 주식회사형 민간 대기업	- 주식회사, 협동조합, 저축은행, 상호손해보험	- 상장·비상장 전 기업
기금 투자	- 배당금은 주식 매입과 운영비로 활용	- 배당금 일부를 국민연금에 출연 - 주식구입에 우선적 투자	- 배당금은 종업원에게 현금배분하거나 자사주 매입에 활용

셋째 노동자의 소유참여를 통해 작업장에서 임금노동자의 영향력을 확대·강화하고자 한 것이다. LO는 집단적 주식소유제인 임금소득자기금제도를 공동결정제도의 보완장치로 간주하였고 집단적 소유제는 노동자가 기업 의사결정에 영향력을 확대하여 기업의 신규 투자와 종업원 해고에 대한 결정과정에 종업원이 참여하고 영향력을 행사할 수 있을 것으로 기대하였다. 또한 LO는 임금소득자기금제도가 스웨덴 기업에 대한 외국기업의 적대적 기업인수를 방지하고 스웨덴 기업의 해외 이전으로 인한 국내 고용 악화와 자본 유출을 억제할 수 있다고 생각하였다.

넷째 마이드너안 이후의 임금소득자기금제도에 추가된 목적으로 스웨덴 산업에 투자 자본을 확대 공급하기 위한 것이다. 집단적 소유기금을 기술개발과 생산투자에 필요한 자본을 개별 산업에 제공함으로써 국가발전과 지역발전에 활용한다는 것이다. 이는 조세 제도와 재정정책으로 노동자의 소득을 사적 소유자에게 재분배하기 보다는 자본형성을 통해 직접 분배하는 정책으로 전환하는 것을 의미한다. 이러한 부의 재분배에서 자본형성으로 전환하는 것은 LO나 SAP 모두 정치적으로 타협할 수 있는 합리성을 제공하였지만 마이드너안이 변질되게 하였던 요인으로 작동하였다.

마지막으로 임금소득자기금제도의 대중적 지지를 확보하기 위해 LO와 SAF가 임금소득자기금의 일부를 연금에 출연할 수 있도록 규정하여 임금소득자기금을 보충연금제도와 연계하였다. 스웨덴의 연금제도는 두 가지 형태로 구성되어 있다. 하나는 65세 이상

의 모든 국민이 세금을 재원으로 지급하는 기초노령연금제도이고
또 다른 하나는 사용자가 출연하여 65세 이상의 퇴직자에게 지급
되는 소득보충연금제도(ATP)이다. 퇴직자는 이 두 연금으로 퇴직
이전 15년 동안의 평균소득의 65%를 지급받을 수 있다. 사용자 출
연의 ATP와 자영업자는 모두 이른바 ATP라는 국민연금(National
Pension Insurance Fund)에 가입해야 한다. 문제는 이러한 연금출연
금이 1980년 초부터 감소하기 시작하였던 것이다. 대중적 지지를
얻기 위해 임금소득자기금제도를 이러한 연금문제와 연계하였던
것이다. 임금소득자기금제도를 연금개혁과 연계하는 것은 스웨덴
기업의 사회화를 목표로 하였던 마이드너 임금소득자기금제도에
대한 국민적 반발과 저항을 줄이고자 한 것이다.

국민적 지지를 얻는다는 관점에서 보면 임금소득자기금제도와
연금의 연계는 두 가지 목적을 갖는다고 할 수 있다. 하나는 개별
시민에게 직접적으로 임금소득자기금의 일부를 배분하는 것이고
또 다른 하나는 1974년 ATP 적립금의 일부를 주식시장에 투자할
목적으로 설립된 제4차 소득보충연금(the Fourth AP Fund)과 유사한
기금을 설계하는 것이다.

제4차 소득보충연금제도의 도입은 처음부터 격렬한 논쟁에 휩
싸였음에도 불구하고 1980년 초 이 연금제도가 혼합경제의 중요한
수단으로 받아들여 도입하게 된다. 임금소득자기금제도와 ATP와
의 연계를 통해 스웨덴 경총인 SAF는 임금소득자기금제의 급진성
을 제거하고 기존제도의 확대 및 강화의 수단으로 활용한 것이다.
결국 임금소득자기금제도는 1983년 제4차 연금제를 모델로 도입되
었다. 실제로 1983년 임금소득자기금은 제4차 연금보다는 작지만
지역 기반을 둔 5개의 임금소득자기금으로 설계되었다. 또한 1989
년 말 제4차 연금의 총액이 임금소득자기금의 총액과 거의 일치하
여 스웨덴 상장주식 총액에 약 3% 정도였다.

마이드너 임금소득자기금제의 핵심은 노동자의 집단적 기업소유화를 통해 재산분배균등화와 임노동자의 영향력을 강화를 위한 것이라고 할 수 있다. 마이너안은 재원조달은 대기업들이 세전 이윤의 20%를 신규 발행주식으로 기금에 출연하게 하고 이 기금은 노동조합에 의해 집단적으로 이 기금을 소유·관리하는 것이다. 출연된 주식이 집단적으로 소유되기 때문에 개별 노동자에게 개인 지분 형태로 배분되지도 않고 주식에 대한 배당금은 신규 주식매입과 서비스에 지출되어 개별 조합원에게는 지급되지 않는다. 결과적으로 출연된 주식은 외부로 유출되지 않고 지속적으로 기금에 누적되어 결국은 이 임금소득자기금이 기업의 대주주가 된다는 것이다.

마이드너 임금소득자기금안은 여러 가지 면에서 변질되어 사민당이 재집권에 성공한 지 1년 후인 1983년 공산당의 지지를 받아 사민당 정부 단독법안이 가까스로 의회를 통과하게 된다. 이 통과된 사민당 정부의 단독법안을 살펴보면, 우선 제도는 1984년부터 1990년까지 7년간 한시적으로 운영하도록 하고 있다. 기금의 재원조달 방식은 세전 이윤이 1백만 크로나(우리 돈으로 약 1억 5천만 원)를 초과한 금액에 대해 20%를 과세하여 조달하거나 모든 기업의 인건비 중 0.2%를 과세하여 조달하도록 하고 있다.

둘째 마이너드너안과 달리 사민당 정부에 의해 입법화된 기금은 신주 형태로 출연하거나 출연 기업의 주식만을 매입하는 것이 아니라 위험을 분산하기 위해 여러 기업의 주식을 매입할 수 있도록 하고 있다. 다만 이 경우 특정 기업의 주식 지분이 8%를(1988년에는 6%로 축소) 이상 보유할 수 없도록 하고 있다.

셋째 임금소득자기금은 지역별로 5개의 독립적인 기금으로 구성되고 각 기금은 9명의 이사로 구성되어 있는 이사회가 운영한다. 이 9명의 이사 중 5명은 임금소득자기금의 대표로 구성되어야 하지만 실제로 LO와 TCO가 추천한 인사가 임명된다. 나머지 4명의 이사는 회사의 대표가 임명되도록 하였지만 회사가 이 제도에 참가를 거부하였기 때문에 정부가 학계, 협동조합, 지역노조, 그리고 시민단체 대표 중에서 임명하였다.

마지막으로 1983년 임금소득자기금법은 기금운영을 장기적 관점에서 투자하되 수익성과 위험을 동시에 고려하여 분산투자하도록 하였으며 기금의 수입 중 3%를 연금에 투자하도록 하였다. 또한 각 기금은 특정기업의 의결권주를 8% 이상 소유하지 못하도록 하여 전체 5개 기금 모두 합하여 한 특정기업의 주식을 50% 이상 매입할 수 없도록 하였다. 소속 종업원이나 지역 노조가 요구하는 경우 임금소득자기금이 보유한 소속 기업의 주식 50%에 대해서 해당 기업의 종업원이나 노조가 의결권을 행사할 수 있다.

1983년 입법화된 임금소득자기금제도는 마이드너가 제안하고 1976년 LO가 수용한 안과 몇 가지 점에서 차이를 보이고 있다. 우선 마이드너안은 재원조달 방법으로 기업의 이윤배분금의 출연만을 기초로 설계된 반면 최종안은 이윤에 대한 과세와 인건비에 대한 과세를 재원으로 하고 있다. 둘째 마이드너안은 임금소득자기금이 의무적인 신주발행을 통해 주식을 취득할 수 있도록 하고 있는 반면 최종안은 개인과 기관이 보유한 주식을 시장매입을 통해 취득하도록 하고 있다. 즉, 기존 주주가 매각한 주식을 매입하여 새로이 주주가 되는 것이다. 따라서 최종안은 기금이 시장매입을 통해 기존 주식을 취득함에 따라 마이드너 최초안과 달리 주식발행으로 인한 주주권 희석효과를 유발하지 않는다. 셋째 마이드너안은 임금소득자기금이 보유한 주식의 배당금이 노동자 교육, 기금의 컨설팅, 소유권행사에 필요한 정보를 취득하기 위한 운영비에 사용할 수 있도록 하고 있는 반면 최종안은 배당금을 연금에 출연하거나 주식시장에 추가적으로 자금지원을 할 수 있도록 하고

있다. 마지막으로 마이드너안은 기업이윤의 일부를 임금소득자기
금에 출연함에 있어서 기간 제한을 두지 않고 있는 반면 최종안은
1984년에서 1991년까지 7년 동안 한시적으로 출연하도록 하여 임
금소득자기금이 절대 대주주(50% 이상의 지분보유자)가 될 수 없
도록 제한하고 있다.

　하지만 최종적으로 입법화된 임금소득자기금제도도 1991년 보
수연립정부가 재집권하면서 1991년까지 시행하도록 한 일몰조항을
개정하지 않음으로써 기금의 신규 출연이 중단되었다. 결국 임금
소득자기금제도는 노동자의 사회적 소유를 통해 경제민주주의를
실현하려는 본래의 목적을 이루지 못하고 투자기금의 역할만을 수
행하게 된 셈이다.

2. 임금소득자기금제도와 종업원주식소유제도

　경제민주화의 수단으로서 마이드너 임노동자기금제도, 1983년
입법화된 기금제도, 영미식 종업원주식소유제도(ESOP)와 우리사주
제도 등이 서로 유사성과 상이성을 갖고 있다.[10] 우선 마이드너의
임금소득자기금제도와 영국과 아일랜드의 ESOP은 기업이윤의 일
부를 주식으로 출연한다는 점에서 유사하다. 둘째 이 임금소득자
기금제는 미국식 ESOP에서처럼 주식을 퇴직 시까지 매각할 수 없
어 누적될 수 있다는 점이다.

　하지만 마이드너 임금소득자기금제도는 종업원주식소유제도와
는 두 가지 핵심적인 차이점을 갖고 있다. 우선 소유의 형태와 관
리 운영방식의 차이이다. 임금소득자기금제도에 출연된 주식은 개
별 노동자에게 배분되거나 매각되지 않고 집단적으로 소유되고 관

---

10) 각국의 종업원주식소유제도에 관해 자세한 것은 신범철 외(2004) 참조.

리된다. 반면 영국 ESOP 경우 기업의 이윤으로 출연된 주식은 ESOP신탁에 의해 관리되지만 기본적으로 주식은 개별 종업원의 소유이고 일정기간이 경과하게 되면 종업원 개인계좌에 배분되고 종업원이 이 주식을 매각할 수 있다. 반면 임금소득자기금제도는 ESOP과는 달리 자본주의의 사적 소유의 모순을 극복하고 사회적 소유화를 도모하기 위해 개별 노동자가 주식을 소유하는 것이 아니라 기금이 소유·관리한다는 것이다.

다음으로 기금의 관리주체의 상이성이다. 스웨덴의 임금소득자기금제도는 노동조합의 주도하에 형성되는 반면 미국과 영국의 ESOP은 회사의 주도하에 관리 운영된다. ERISA(Emplyee Retirement Income Security Act)에 근거하고 있는 미국 ESOP은 회사가 종업원을 수혜자로 제3의 ESOP신탁을 설립하고 회사가 이 신탁에 이윤이나 성과급, 금융차입금 등으로 취득자금을 출연한다. 마이드너 임금소득자기금제는 회사의 이윤의 일부를 출연하지만 노동조합이 관리하도록 하고 있다. 이 경우 노동조합이 소유참가에 적극적인 태도를 보이면서 참여와 협력의 길을 모색할 수 있도록 하는 반면 노동조합과 조합원간의 비대칭정보로 대리인문제가 발생할 수 있다.

한편 마이드너안이 수정되어 1983년 사민당정부에 의해 단독으로 입법화된 임노동자기금제는 마이드너안 뿐만 아니라 미국의 ESOP과도 큰 차이를 보이고 있다. 우선 제도적 취지 상 차이점이다. ESOP은 국가의 재정적 지원으로 경제적 부를 재분배하기 보다는 노동자의 자본참가와 자본형성을 통해 부의 공정한 분배를 목표로 하고 있다. 반면 입법화된 임금소득자기금제는 우선적으로 노동자의 임금인상을 주된 목표로 하고 있다는 점이다. 마이드너안이 소유의 사회화를 목표로 한 것과는 전혀 다른 취지를 담고 있다.

둘째 재원조달 상의 차이점이다. 미국의 ESOP은 개별 기업의 성과 즉 이윤, 종업원의 성과급, 금융기관의 차입금과 종업원 자신의 출연금이 자사주 취득자금에 활용된다. 반면 스웨덴의 입법화된 임금소득자기금제도는 이윤에 대한 과세와 인건비에 대한 과세를 재원으로 하는 조세방식을 취하고 있다는 점이다.

셋째 기금의 운영과 관리상 차이점이다. 미국 ESOP은 종업원의 소유를 전제로 한 ESOP신탁이 관리 운영하고 있다. 반면 스웨덴의 기금제도는 기업단위가 아닌 5개의 독립적인 기금으로 구성하여 각각의 기금이사회가 운영한다는 점이다.

넷째 무엇보다도 큰 차이점은 종업원의 의결권 행사권 여부와 행사방식이다. 미국의 ESOP은 종업원의 지시에 의해 ESOP신탁이 의결권을 행사하지만 스웨덴의 임금소득자기금제에서는 기금운영위원회에 의해 행사되고 제한적으로 지역노조가 행사하기도 한다. 결국 스웨덴의 임금소득자기금제도는 노동자가 소유하지도 않고 따라서 의결권 행사를 통한 소유권 행사를 할 수도 없다는 것이다.

마지막으로 임금소득자기금제도와는 달리 종업원주식소유제도의 경우 종업원의 경영참가에 대한 결과에 대해 재산상 손실을 노사간 공유를 통해 종업원의 도덕적 해이를 억제할 수 있다. 종업원의 주식소유 참가는 종업원의 기업특수 인적자본(firm-specific human capital) 투자뿐만 아니라 기업특수 자산(firm-specific assets) 투자도 늘어나게 되어 잘 못된 의사결정에 의한 손실 위험이 크게 된다. 따라서 스웨덴이나 독일에서 시행되고 있는 소유참여 없는 경영참가는 도덕적 해이나 무임승차가 발생할 가능성이 상대적으로 높게 나타날 수 있다.[11]

---

11) 이는 소유참가 없이 법적 강제에 의한 경영참가는 종업원의 특수인적자본 투자의 손실 위험성을 근거로 하고 있는 반면 종업원주식소유참가는 특수 인적자본 투자와 기업특수인적자본 손실 모두를 근간으로 이루어지기 때문에 그 만큼 재산상 손실 위험이 크게 되는 것이다.

3. 임금소득자기금제도의 도입과 평가

스웨덴의 의사결정참여로서 노동자경영참가는 노사간 자율교섭 원칙과 달리 1970년대 법적 제도적 장치를 만들어 강화하였다. 다른 한편, 임금소득자기금제도로 대변되는 스웨덴의 소유참가제도는 연대임금정책의 문제점을 최소화하고, 스웨덴의 자산불평등과 소유집중의 해소, 그리고 노동자의 기업 내 의사결정과정에서 영향력 증대를 위해 제안되었다.

그러나 1983년 실시된 임금소득자기금제도는 LO가 처음 제시한 안과는 전혀 다른 내용을 포함하고 있다. 최종 입법화된 기금제도는 기업 소유의 사회화라는 급진적 성격이 제거되고 임금인상 억제를 최우선으로 하는 목적으로 변질된 것이다. 이와 같이 마이드너안이 변질된 이유는 우선 스웨덴의 경영계와 다수의 非사회주의자들의 반발과 저항이었다(신정완, 2000). 더군다나 이 마이드너안의 급진성 때문에 대부분의 국민의 지지를 받지 못하였고 사민당 지도부조차도 마이드너안에 부정적 시각을 갖고 있었다는 점에 있다. 사민당의 내부갈등과 사민당과 LO 간 갈등은 국민들로 하여금 마이드너안을 더욱 더 수용하기 어렵게 만들었고, 결국 입법화된 임금소득자기금도 1990년에는 부르주아 정당에 의해 해체되었다. 1990년대 기금출연이 중지되었다는 점과 이 기금제도의 핵심적인 목표인 경제민주주의 실현에 거의 기여하지 못하였다는 점을 고려한다면 이 제도는 사실상 실패하였다고 할 수 있다.

이러한 임금소득자기금제의 실패 요인으로 여러 가지가 지적되고 있다. 우선 소유의 사회화 주체를 노동자만으로 국한하였다는 점이다. 현실적으로 사회를 구성하는 여러 그룹 중 하나인 노동자만으로 국한한다는 것은 대다수 사회 구성원의 반발을 초래할 수 있다. 국가나 準국가적 공공기구가 사회화의 주체가 되었다면 보다 폭넓은 지지를 얻을 수 있었을 것이다.[12]

둘째 임금소득자기금이 사회기금의 형태를 취해 이윤이 직접 개별 노동자에게 배분되지 못해 국민적 감정을 충족시키지 못했다는 것이다.[13] 이윤배분이 직접적으로 개별 노동자에게 배분되지 못하면 노동자의 근무태만을 증가시키고 이에 따른 감독비용이 증가되어 기업경쟁력 약화를 초래할 수 있다. 결국 앞서 지적된 두 가지 문제는 기업소유의 사회화의 범위에 관한 쟁점으로 요약될 수 있다.

셋째 제도자체의 문제보다는 사민당과 LO의 추진 방식의 문제, 즉 준비 부족과 설득논리의 취약성이 지적되고 있다.[14]

마지막으로 임금소득자 문제를 둘러싼 사민당과 노동계의 내부 갈등이다. 생산직 노동자를 중심으로 하는 LO와 사무직 노동조합의 중앙조직인 TCO 간의 입장 차이가 크고 민간부문 노동조합과 공공부문 노조와의 이해관계가 대립되었다. 사민당내에서 이 제도에 대해 근본적으로 상이한 시각, 즉 마이드너 안에 대한 지지자들, 중앙집권적 시민기금 안에 대한 찬성론자, 그리고 분권화된 다원적 시민기금안에 대한 지지자들의 시각이 서로 달랐고 이러한 시각과 주장이 최종 임금소득자의 결정에 영향을 주었다. 중앙집권적 시민기금 안은 코르피 등이 주장하는 제도로 기금의 소유관리를 임금소득자가 아닌 모든 시민이 1인 1표의 민주적 의사결정방식에 따라 관리하자는 것이다. 반면 분권화된 다원적 시민기금 안은 사민주의 주류경제학자인 린벡과 외만 등이 주장하는 안으로 기금의 운영관리를 시장원리에 맞도록 수행해야한다는 것이다. 린

---

12) 이 주장은 신정완(2000) 참조.
13) 조기제(1993)와 조영철(1997) 참조.
14) 이 주장에 관해 자세한 논의는 신정완(1999)과 조돈문(1999) 참조.

벡은 기금제도가 시장원리를 훼손하지 않기 위해서는 소규모 다수의 기금이 독립적으로 주식시장 내에서 경쟁적으로 운영되어야 한다고 주장한다.[15]

IV. 한델스방켄 사례

한델스방켄(Handelsbanken)의 종업원 주식소유참가는 이윤배분을 근간으로 한다는 점에서 마이드너의 임금소득자기금제도와 유사하다. 하지만 옥타곤넨재단(Oktogonen Foundation)이라고 부르는 이 제도가 처음 도입·시행되었던 시기가 스웨덴 중앙 노조인 LO에 의해 공식적으로 수용되어 논의되기 이전인 1973년도였다. 따라서 한델스방켄의 이윤배분제도에 의한 종업원주식소유제도가 스웨덴의 임금소득자기금제도의 논쟁이 직접적으로 영향을 주었다고 보기는 어려울 것이다.

1. 개관

한델스방켄은 1871년 설립된 은행으로 2004년 말 현재 9천 150명의 종업원이 종사하고 있고 국내지점 수 453개와 해외지점이 120개인 상장 은행이다(<표 4>). 이 은행의 영업이익은 1천 305만 크로나로 전년 대비 13%가 상승하였다. 총자산규모는 전년대비 7% 상승한 약 13억 5천 크로나로 자산수익률은 0.99정도였다.

이 은행의 배당정책의 기본방향은 배당금을 스칸디나비아 국가들의 은행 평균배당금보다 높게 지급하는 것이다. 실제 이 은행의

---

15) 좀 더 자세한 것은 신정완(1999) 참조.

주당 배당금은 1999년 3.0크로나에서 2004년 6.0크로나로 지난 5년 간 100%가 증가하였다. 지난 5년간의 이러한 증가율은 스칸디나비아 국가 은행들 평균 배당 증가율(60%) 보다 높은 것이다.

2. 의결권 행사와 지배구조

한델스방켄은 회사의 중요한 안건에 대해 주주의 의결권이 매년 총회에서 행사된다. 회사의 CEO나 이사가 이 총회에서 선임되고 있다.

이 은행은 스웨덴의 일반 기업과 마찬가지로, 적대적 인수합병을 방어하기 위해 두 종류의 주식, 즉 A급과 B급의 보통주를 발행하는 차등의결권제도를 실시하고 있다.[16) A급 보통주는 1주당 10표의 의결권을 행사하는 반면 B급 보통주는 1표의 의결권을 행사하게 된다. A급 주식은 전체 발행 주식 중 97%를 차지하고 있고 B급 주식은 1990년 A급 주식 주주에게 최초 무상으로 배분하였다.

이 은행의 주식은 스웨덴 주식시장이 최초로 개장되었던 1901년에 상장되었고 100주 단위로 거래가 이루어진다. <표 5>에 제시되어 있는 주주분포를 살펴보면, 2004년 말 현재 이 은행의 주주는 약 10만 명으로 대부분 소액주주이다. 스웨덴 국내 기관투자가와 소액주주가 전체 주식 약 70만주 중 약 78%를 보유하고 있고 이 중 15개의 국내 기관투자자가 총발행주식의 50%를 보유하고 있는 반면 외국계 기관투자자가 약 22%를 보유하고 있다.

---

16) 스웨덴 회사법과 증권법은 상장기업의 지배를 유지하기 위해 이중주식제도, 피라미드형 소유구조와 주식상호보유제를 허용하고 있다. 이 제도에 의해 소유와 분리 정도가 높은 편으로 알려져 있다(Holmen and Knop, 2004).

〈표 4〉 한델스방켄의 일반 현황

	2004년	2003년	2002년	2001년	2000년
종업원수	9,150	9,258	9,752	9,239	8,574
국내지점수	453	453	456	458	460
해외지점수	120	101	96	93	56
영업이익 (SEK m)	13,056	115,050	10,190	11,208	11,683
총자산 (SEK m)	1,349,090	1,260,454	1,277,514	1,174,521	1,020,353
자산수익률(%)	0.99	0.90	0.83	0.99	1.17
주당배당금 (SEK)	6.00	5.25	4.75	4.50	4.00
A급 주가 (SEK)	173	147	116	154	161.5
P/E비율(%)	12.5	12.6	11.0	12.8	12.5

주: 1) SEK m은 백만 스웨덴 크로나를 의미함.
　　2) 해외지점은 스칸디나비아 반도의 국가와 영국의 지점만을 포함하고 있음.
　　3) 주가는 2004년 12월31일의 주가를 나타냄.

〈표 5〉 한델스방켄의 주주 분포

주식수	주주수(명)	주주비율(%)	주식수(천주)	주식비율(%)
1~500주	59,475	59.2	10,620	1.5
501~2,500주	29,711	29.6	34,400	5.0
2,501~25,000주	10,340	10.3	61,274	8.9
25,001~250,000	706	0.7	50,158	7.2
250,000주 이상	204	0.2	513,189	74.4
합계	100,436	100	693,387	100

* 자료: Handelsbanken Annual Report 2004.

　　이 은행의 정관은 어떤 주주도 주총에서 10% 이상의 의결권을 행사하지 못하도록 규정하고 있다. 이러한 규정으로 대주주인 옥타곤넨 이윤배분기금도 10%의 지분만을 보유하고 있다(<표 6>).
　　스톡홀름의 주식거래소의 규정에 따라 주총에서 선임된 이사

중 과반수는 회사와 독립된 사외이사로 구성되어야 하며 전체 이사 중 최소 2명은 대주주와 독립된 이사를 선임해야한다. CEO는 이사 중 선임되며 1명 이상의 이사가 매일 회사의 경영에 간여할 수 있다.

〈표 6〉 스웨덴인의 대주주 분포

국내 기관투자자	의결권 비율(%)	자본비율(%)
Oktagonen Foundation	10.1	9.6
Industribaden	10.1	9.5
Alecta	4.6	4.3
AMF Funds	3.8	4.0
Robur Funds	3.3	3.2

* 자료: Handelsbanken, Annual Report 2004.

이사의 보수는 2004년 주총에서 총 560만 크로나로 결정되었고 이 중 CEO는 110만 크로나(약 1억 5천만 원), 부사장 2명은 각각 65만, 신용위원회 이사는 47만 5천, 그 외 사외이사는 33만 크로나로 책정되었다. 보상위원회와 회계감사위원의 이사에게는 추가적으로 5만 크로나를 더 지급하기로 결정되었다. 외부 회계사는 주총에서 선임되고 법률에 따라 4년을 임기로 하고 있다. 선임된 외부 회계사는 이 은행의 주식을 소유할 수 없고 또한 이 은행으로부터 신용 대출을 받을 수 없다.

스웨덴 공동결정법에 따라 노조는 2명이상의 이사를 선임할 수 있는 권한을 갖고 있으나 이 은행은 노조대표이사를 따로 선임하는 것이 아니라 옥타곤넨 이윤배분기금에서 선임된 이사로 대체하고 있다. 하지만 노조 대표 이사는 성과와 연계된 보상을 수급하지 않고 일반 종업원과 같이 옥타곤넨 기금을 통해 배당금이 지급된다.

이 은행 스웨덴의 여타 은행과 같이 1990년부터 외국인의 주식 소유를 허용하고 있다.

3. 종업원 이윤배분제도에 의한 주식소유 참가

이 한델스방켄은 Oktogonen 이윤배분제도를 통해 종업원 주식소유제를 실시하고 있다. 이 은행은 1973년 이윤배분제도를 실시한 이래 매년(1년만을 제외한 모든 해) 이윤의 일부를 옥타곤녠 이윤배분기금에 출연하여 이 기금으로 자사주를 매입 운영하고 있다. 은행이 이윤 중 최대 1/3까지 이 기금에 출연할 수 있지만 주주에 대한 총 배당금의 15% 이내로 출연을 제한하고 있다. 2004년 말 현재 이 옥타곤녠 재단은 한델스방켄 총주식의 10%를 보유한 최대주주이다.

종업원은 이 옥타곤녠 재단으로부터 주식을 배정받지만 퇴직시까지 배정된 주식을 인출하여 매각할 수 없다. 이러한 이윤배분제도를 통한 주식소유참가제도는 스웨덴 국내 지점뿐만 아니라 유럽 내 해외지점까지 확대·실시되고 있다. 예컨대 한델스방켄 영국지점의 경우 이 지점 소속 종업원이 60세 이후 혹은 퇴직 이후 배당금을 받을 수 있도록 하고 있다.[17)]

2004년 한해 한델스방켄의 스웨덴 정규직 종업원에게 배분된 주식은 6만 6천 크로나(한화로 약 85만 원)였지만 1973년부터 이 은행에 종사한 임원의 경우 이 배분금은 약 112만 크로나(약 1억 5천만 원)로 상당히 큰 금액이다.

이 은행의 기본적인 인사정책은 인사권의 중앙 분권적 성격을 특징으로 하고 있다. 은행의 경영진은 내부발탁과 내부승진을 통해 이루어지고 중앙의 간섭 없이 지점에서 종업원의 요구와 필요성에 따라 독립적으로 결정할 수 있도록 하고 있다. 이 은행의 경

---

17) 영국의 ESOP제도에서는 종업원에게 배분된 주식은 3~5년 이내에 인출 매각할 수 있도록 하고 있으나 이 한델스방켄 종업원은 이 은행의 제도에 따라 퇴직 이후에나 매각할 수 있다.

영진의 94%가 내부승진에 의한 것이고 경영진의 주된 업무의 하나
가 종업원의 능력을 발휘할 수 있도록 격려하는 것이다. 결국 이
은행의 인사체계는 미국의 ESOP기업에서 흔히 나타나는 수직적
의사전달체계와 수평적 의사전달체계의 통합을 의도하고 있는 것
이다.[18]

또한 종업원이 은행의 경쟁력을 증진시키도록 하기 위해 지식
과 기술 및 경험을 습득·발전시키고 축적하는 것을 목표로 하고 있
다. 모든 종업원은 반드시 자신의 경쟁력을 제고시키고 주변 동료
와 그 경쟁력을 공유하도록 요구된다.

종업원 개인의 연봉 수준 역시 중앙의 결정보다는 지점 혹은 부
서에서 직속상관과 협의에 의해 결정될 수 있도록 하고 있다. 이러
한 연봉수준은 기본적으로 개별종업원의 활동계획과 이 계획의 수
행결과에 따라 결정되는 것이 통례이다.

V. 결론과 시사점

스웨덴의 소유 및 경영 참가제도는 1970년대 스웨덴의 경제위
기와 노동조합의 구조적 변화로 인한 노동통제의 약화, 그리고 연
대임금정책으로 인한 자산불균형의 심화 및 소유와 권력의 집중
등으로 발생하는 여러 가지 사회적 문제를 해소하기 위해 대안적
정책을 모색하는 과정에서 발전하게 된다.

노동자 소유참가제도로써 임금소득자기금제도는 1976년 경제력
집중과 권력집중을 완화하고 소유의 사회화를 통해 임금노동자의
영향력을 확대하여 사회계층간 세력균형을 유지하기 위해 제시되

---

18) 미국 ESOP기업의 특징은 신범철(2002) 참조.

었다. 그러나 이 제도의 급진적 성격으로 인한 경영계와 비사회주의자들의 반발과 저항, 국민의 지지 결여, 그리고 사민당과 LO의 갈등 등으로 경제민주주화 실현을 목적으로 하는 노동자소유참가제도와는 거리가 먼 투자기금제로 변질되어 사민당 정부에 의해 1983년 제정되어 한시적으로 실시되었으나 1991년 보수연립정부가 일몰조항을 개정하지 않음에 따라 신규출연이 중단되어 사실상 실패하였다.

임금소득자기금제도의 실패와는 달리 스웨덴의 의결권참여제도로서 경영참가제도는 1970년대와 1980년에 일련의 참가 관련법, 즉 고용안정법(1974) 직장위원회법(1974), 공동결정법(1976), 노동자대표이사회참가법(1973, 1976) 등의 제정으로 제도화되었고 할 수 있다.

스웨덴의 노동자 경영참가는 법률적으로 보장된 유럽식 모델의 한 유형으로 법적으로 보장되지 않는 영미식 경영참가 모델과 구분된다. 통상적으로 유럽식 경영참가 모델에서는 법에 의해 노동자의 경영참가가 보장되기 때문에 종업원의 소유참가를 통한 경영참가에 대해 소극적인 태도를 취할 수밖에 없다.

이러한 소유참가에 대한 소극적인 태도와 중앙집중식 협상 문화가 중시되어 왔던 스웨덴에서 경제민주주의 실현의 실패는 당연한 귀결로 보인다. 기업 단위 교섭에 의존하는 이윤배분제도나 ESOP제도가 LO의 중앙집중식 교섭력을 약화시킬 수 있는 반면 법적 제도적 보장에 의한 노동자의 경영참가제도는 오히려 중앙노조의 교섭력을 강화시킬 수 있다. 이러한 이유로 스웨덴에서 경제민주주의 한 형태인 이윤배분제도나 임금소득자기금제도 보다는 법적 제도적 보장에 의한 노동자의 경영참가제도를 통해 산업민주주의가 정착화되었다고 볼 수 있다.

하지만 소유참가 없는 유럽식 경영참가 모델은 영미식 소유참가를 통한 경영참가 모형에 비해 의사결정참여에 관한 도덕 해이 발생 가능성이 높아질 수 있다. 법에 의한 유럽식 경영참가의 경우 잘 못된 의사결정으로 회사가 도산하였다고 하더라도 종업원은 자신의 기업특수 인적자본의 손실이 대부분이 실업으로 발생되는 반면 소유참가를 통한 경영참가의 경우는 회사의 도산으로 발생하는 손실이 종업원 자신의 특수인적자본의 상실뿐만 아니라 종업원 자신의 주식투자로 발생하는 손실 위험이 추가된다. 따라서 소유참가 없는 경영참가의 경우 종업원의 의사결정 참가로 인한 손실 위험이 소유참가를 통한 경영참가에 비해 상대적으로 작기 때문에 도덕 해이가 발생할 가능성이 높아지지만 소유참가를 전제로 경영참가는 손실 위험이 커지기 때문에 참가의 정도가 높아질 뿐만 아니라 회사경영에 보다 적극적으로 관심을 갖게 되는 것이다.

연대임금정책에 따른 임금격차 완화는 동일노동에 대해 동일임금을 적용한다는 장점에도 불구하고 대기업의 초과이윤이 확대되고 경제적 부가 집중되는 단점을 갖게 된다. 이 뿐만 아니라 연대임금정책에서는 노동의 질적 수준이 아닌, 직무 상 성격에 따라 보수 수준이 결정되기 때문에 근로의욕이 약화될 수 있다는 단점을 갖고 있다. 이러한 연대임금정책에 의한 임금격차 완화는 근무태만에 따른 해고위험을 줄이며 능력 있는 노동자의 보수가 축소하게 되어 생산성을 하락시키는 요인으로 작용할 수 있다. 한델스방켄의 이윤배분제도에 의한 소유참가제도는 이러한 연대임금정책의 단점과 유럽식 경영참가제도의 문제점을 보완하는 제도적 장치로 그 의의가 있다고 할 수 있다.

<참고문헌>

김황조(1996), "스웨덴의 노사관계," 세계 각국의 노사관계, 세경사.

노동자기업인수지원센터(1999), 한국형 종업원소유참가제도 개선을 위한 법 제정보고서.

노동연구원(1990), 경영참여의 제유형, 한국노동연구원.

신광영(1989), "스웨덴의 노동조합운동," 동향과 전망 제4호, 227~247면.

신광영(1990), "스웨덴 사회민주주의와 경제정책," 사회비평 제4호, 260~288면.

신범철(2002), "미국 종업원주식소유기업의 성장과 시사점," 증권금융 제280호, 2001 겨울호, 한국증권금융, 53~94면.

신범철(2002), "종업원주식소유기업과 기업지배구조," 기업지배구조연구 Vol. 4, 좋은기업지배구조연구소, 14~26면.

신범철(2003), "근로자주식소유참여와 노동생산성," 경제학연구 제51집, 3호, 117~152면.

신범철(2004), "종업원 주식소유제도와 경영참가," 국제ESOP회의, 대통령자문 정책기획위원회, 207~238면.

신범철(2006), "스웨덴의 노동자 경영참가와 소유참가: 한델스방켄 사례를 중심으로," 산업연구 제20집, 173~192면.

신범철·남상섭·박용석(2004), 우리사주제도 실태조사와 외국제도 비교 연구, 노동부 연구용역 보고서.

신정완(1999), "임노동자기금 논쟁에 나타난 스웨덴 사회민주주의자들의 이념적 스펙트럼," 사회경제평론 제12호, 1999.4., 189~218면.

신정완(1999), "임노동자기금 논쟁에 나타난 스웨덴 사회민주주의 딜레마," 동향과 전망 제41호, 94~112면.

신정완(2000), 임노동자기금 논쟁과 스웨덴 사회민주주의, 여강.

신정완(2002), "노동자 경영참가 문제에 대한 스웨덴 노동조합 총연맹(LO)의 접근방식," 사회경제평론 제17호, 95~130면.

안상훈(1994), "스웨덴의 사회변화와 사민주의 복지개혁," 동향과 전망 제38호, 208~237면.

이영희(1993), "스웨덴의 산업민주주의와 신경영전략," 경제와 사회 가을호, 통권 제19호, 162~190면.

이병천·김주현 엮음(1993), 사회주의의 새로운 모색: 스웨덴의 경우, 백산서당.

인수범(1995), "스웨덴의 산업별노조 건설과정과 단체교섭구조의 변화," 동향과 전망 봄호, 통권29호, 145~180면.

인수범(1995), "스웨덴 노동조합의 경영참가," 노동사회연구 제3호, 317~356면.

인수범(2000), "사회민주주주의 대안의 한계와 가능성-임노동자기금을 둘러싼 담론분석," 사회경제평론 제16호, 345~350면.

조영철(1997), "스웨덴 모형의 위기와 재편," 산업관계연구, 제7권, 317~356면.

조돈문(1999), "임노동자기금 논쟁에 나타난 스웨덴 사회민주주의 딜레마를 읽고-임노동자 기금제를 위한 변명," 동향과 전망 제41호, 113~118면.

최종태(1989), 현대경영참가론, 경문사.

칼손(1993), "기능사회주의론." 이병천·김주현 엮음, 사회주의의 새로운 모색: 스웨덴의 경우, 백산서당, 177~201면.

홍성우(1995), "스웨덴의 노동자 경영참가제도와 관행," 조우현 편, 세계의 노동자 경영참가, 168~227면.

홍장표(2002), "서장: 기업민주주의와 기업지배구조 - 주주권론 대 이해당사자론," 민주주의사회연구소편, 기업민주주의와 기업지배구조, 백산서당, 15~56면.

Alchian, A. and H. Demseta(1972), "Production, Information Costs, and Economic

Organization," *American Economic Review*, vol. 62, pp.77~95.

Bardhan, P. K. and John E. Roemer(1993), *Market Socialism: The Current Debate*, NY: Oxford University Press.

Blair, Margaret M., and Mark J. Roe, ed(1999), *Employees and Corporate Governance*, Brookings: Washington DC.

Bradley, Keith and Alan Gelb(1983), *Worker Capitalism: The New Industrial Realtions*, MA: The MIT Press.

Cin, Beomcheol, Tzu-Shian Han, and Stephen C. Smith(2003), "A Tale of Two Tigers: Employee Financial Participation in Korea and Taiwan," *International Journal of Human Resource Management*, Vol. 14, No. 6, pp.920~941.

D'Art, Daryl(1992), *Economic Democracy and Financial Participation*, NY: Routledge.

Dowrick, Steve(1996), "Swedish Economic Performance and Swedish Economic Debate: A view From Outside," *Economic Journal* 106, pp.1772~1779.

Grossman, S. and O. Hart(1986), "The Cost and Benefits of Ownership: A Theory of Vertical and Lateral Integration," *Journal of Political Economy*, vol. 94, pp.691~719.

Handelsbanken(2005), *Annual Report* 2004.

Haug, Ralph(2004), "The History of Industrial Democracy in Sweden: Industrial Revolution to 1980," *International Journal of Management*, Vol. 21 No. 1, pp.7~15.

Henrekson, Manus(1996), "Sweden's Relative Economic Performance: Lagging Behind or Staying on Top," *Economic Journal* 106, pp.1747~1759.

Korpi, Walter(1996), "Eurosclerosis and the Sclerosis of Objectivity: On the Role of Values Among Economic Policy Experts," *Economic Journal* 106, pp.1727~1746.

Korpi, Walter(2001), "The Economic Consequences of Sweden's Welfare State," *Challenge*, Vol. 44 No. 6, pp.104~112.

Levinson, Klas(2001), "Employee Representatives on Company Board in Sweden," *Industrial Relations Journal*, Vol. 32, pp.264~274.

Lindbeck, Assar(1997), "The Swedish Experiment," *Journal of Economic Literature*, Vol. 35, pp.1273~1319.

Madsen, Morten(1996), "Trade Union Democracy and Individualization: the Cases of Denmark and Sweden," *Industrial Relations Journal*, Vol. 27, pp.115~128.

Meidner, Rudolf(1981), "Collective Asset Formation through Wage-earner Funds," *International Labor Review*, Vol. 120 No. 3, pp.303-317.

Myrdal, Hans-Goran(1981), "Collective Wage-earner Funds in Sweden," *International Labor Review*, Vol. 120 No. 3, pp.319~334.

Olsen, G.M(1996), "Re-modeling Sweden: The Rise and Demise of the Compromise in a Global Economy," *Social Problems*, Vol. 43, No1.

Roemer, John E., *A Future of Market Socialism* (고현욱·강문구 역, 새로운 사회주의 미래, 한울), MA: Harvard University Press, 1994.

Stiglitz, Joseph E., *Whither Socialism*(강신욱 역, 시장으로 가는 길, 한울), MA: MIT Press, 1994.

Vodopivec, Milan(1992), "State Paternalism and the Yugoslav Failure," in Hillman, A. and B. Milanovic, ed., *The Transition from Socialism in Eastern Europe*, The World Bank.

한국에서 '근로자이사제'의 도입은 어떻게 가능한가
- 서울시 투자·출연기관의 시도를 중심으로 -*

박 태 주**

I. 문제의 제기

2016년 9월 29일, 서울시가 추진한 「서울특별시 근로자이사제 운영에 관한 조례」가 발효됐다. 이로써 민간·공공부문을 통틀어 우리나라에서 최초로 서울시 투자출연·기관에서 근로자이사제를 도입할 수 있는 법적인 근거가 만들어졌다.

공공기관에 근로자이사제를 도입하겠다는 서울시의 방침은 다양한 사회적 논란을 거쳐야했다. 그것이 "현행법의 테두리 내에서 가능한가, 경영권 침해는 아닌가"라는 질문에서부터 외국(독일)의 '실패로 판명이 난 사례'를 도입하려 든다거나 그것이 노조의 경영권 침해를 가져와 효율을 떨어뜨리고 노사갈등을 부추길 것이라는 주장에 이르기까지 비판의 폭은 넓었다(한국경영자총협회, 2016; 이상희, 2016). 고용노동부장관조차 서울시가 도입하려는 근로자이사제는 "한국 상황에 맞지 않고 노사관계의 근간까지 흔들 수 있

* 이 글은 2016년 9월 30일, 서울대학교 공익인권법센터에서 주최한 경제민주화 심포지움에서 같은 제목으로 발표한 글을 대폭 수정한 것이다.
** 고려대학교 연구교수, 노동문제연구소

다"고 비판하고 나섰다(경향신문, 2016. 5. 13). 한편 찬성하는 측은 근로자이사제가 도입되면 "경영이 투명해지고 불필요한 노사불신이 상당부분 덜어질 것"(한국일보 사설, 2016. 3. 21)이라고 주장하거나 그것이 열어나갈 노사관계의 새로운 지평에 대한 기대를 숨기지 않았다(김호균, 2016).

그간 우리나라에서 외국의 공동결정제도는 적지 않게 소개되었다(강수돌, 2016; 이승협, 2005; 김호균, 2006; 신정완, 2001). 그러나 누구도 그것을 한국이 '수입'할 수 있을 것이라는 발상에는 이르지 못했다. 그런 만큼 학문적인 차원에서 공동결정제도를 도입하기 위한 연구는 이뤄지지 않았다. 심지어 주식회사엔 주인이 없다는 사실을 논증하며 주식회사의 경영권이 노동자에게 귀속되어야 한다고 주장하는 김상봉(2012)조차 노동자가 참가하는 이사회의 구성에 대해서는 침묵한다. 경제민주화를 논의하는 과정에서도 그것은 경제력 집중과 남용의 방지, 중소기업의 강화 등에 초점을 맞췄을 뿐 근로자이사제나 공동결정제도의 도입은 관심 밖이었다(유종일 엮음, 2012; 최태욱 엮음, 2011). 노동자는 핵심적인 경제주체이며 노동자의 경영참가는 '아래로부터의 경제민주화'에 해당된다는 사실을 인식하지 못한 탓이었다. 한 마디로 근로자이사제의 도입에 관한 학문적 연구는 버려진 묵정밭이었다.

이 글은 서울시 공공기관이 도입하려는 근로자이사제의 의미와 내용을 살펴보기 위한 것이다. 이를 통해 한편으로는 공동결정제도에 관한 학문적 연구의 공백(gap)을 메우고 다른 한편으로는 정책의 실천이라는 차원에서 그것이 갖는 의의와 한계를 살펴본다. 특히 정책의 실천과 관련해서는 근로자이사제가 법제도적인 측면이나 정치적 측면, 그리고 노사관계 측면에서 장애를 뚫고 도입되다보니 내용상 왜곡이 벌어질 수밖에 없었던 정황도 살펴보고 그것을 정착시킬 수 있는 방안도 검토한다. 근로자이사제는 서울시에서 최초로 도입되는 만큼 그것의 성공여부는 향후 경영참여의 움직임에 이정표가 될 수밖에 없을 것이다. 이런 점에서 이 글은 '길 없는 길'을 걸어온 궤적이자 앞으로의 항로를 밝히는 항해도에 해당된다.

이 글은 문헌조사 이외에도 근로자이사제 도입과정에서 수시로 개최된 노사 간담회 자료와 서울시가 개최한 전문가 간담회(2016. 5. 2) 자료 등을 참고했다. 이와 아울러 서울시가 발주한 용역결과 (배규식 외, 2015)와 조례입법을 위한 공청회(2016. 6. 29) 자료, 노동조합의 토론회(2016. 5. 27) 자료, 그리고 투자·출연기관 노사와 서울시로 구성된 TF의 논의 결과도 중요한 참고자료였다. 글쓴이는 근로자이사제를 설계하는 과정에서 두 차례에 걸쳐 독일과 스웨덴의 공공기관을 방문했으며 당시의 논의내용도 이 글에 포함시켰다.[1]

이 글은 다음과 같이 구성된다. 먼저 제Ⅱ장에서는 근로자이사제의 도입이 갖는 의미를 살펴본다. 여기에는 경영참여가 갖는 일반적인 의미 외에도 공공기관 지배구조의 개선이라는 관점이 추가된다. 제Ⅲ장에서는 근로자 이사제의 도입경과와 이에 따른 장애요인을 살펴보고 제Ⅳ장에서는 구체적인 내용과 근거를 검토한다. 이어 제Ⅴ장에서는 서울시의 근로자이사제가 갖는 한계를 살펴보고 (가칭) '공공기관 경영참여법'의 제정을 비롯한 대응과제를 검토한다. 마지막으로는 요약과 결론이 따른다.

---

1) 글쓴이는 이번 근로자이사제의 도입 대상인 서울시 투자·출연기관의 노사와 서울시로 구성된 노사정서울모델협의회 위원장을 맡고 있다. 근로자이사제를 도입하는 과정에서 노사정서울모델협의회는 서울시와 참여당사자 사이의 논의 공간이었다. 따라서 이 글의 연구방법은 '참여 관찰'(participant observation)에 해당된다.

II. 왜 참여형 노사관계인가

노동자의 경영참여가 갖는 의미는 다양하다. 여기서는 경영참여가 갖는 일반적인 의미에 더해 대상기관이 서울시 투자·출연기관이라는 점에서 그것이 공공기관의 지배구조에 미치는 효과와 공공부문 노동운동에 대해 갖는 함의를 살펴본다.

1. 경영참여의 의의

노동자가 경영에 참여하는 것은 경제민주주의를 실현하는 수단이 된다. 공장 문 앞에서 멈춘 민주주의를 공장 안으로 끌고 들어오는 역할을 하는 것이다(켈리, 2013). 이 경우 민주주의란 기업의 의사결정으로부터 영향을 받는 사람들이 그 의사결정과정에 참여하는 것을 말한다. 노동자들은 기업의 핵심적인 내부 이해관계자로서 경영참여를 통해 비로소 스스로를 통치할 수 있는 권리를 갖는다(Dahl, 1985). 정치적 약자가 정치적 의사결정과정에 참여하는 것이 정치적 민주주의라면 경제적 민주주의는 경제적 약자가 경제적 의사결정과정을 공유하는 것을 말한다. 경제적 권력의 분점(power-sharing)이자 마이크로 수준의 사회적 합의제(micro-corporatism)라고도 할 수 있다(선학태, 2011).

노사갈등을 제도적으로 해결하는 장치로서 단체교섭은 교섭대상의 제한이라는 벽에 부딪힌다.[2] 이에 반해 경영참여는 인사경영권에 대한 노조의 개입을 허용함으로써 노조의 활동영역을 확장시

---

2) 대법원은 단체교섭의 대상과 관련하여 "정리해고나 사업조직의 통폐합, 공기업의 민영화 등 기업의 구조조정의 실시 여부는 경영주체에 의한 고도의 경영상 결단에 속하는 사항으로서 이는 원칙적으로 단체교섭의 대상이 될 수 없다"고 밝히고 있다(대법원 2002. 2. 26. 선고 99도5380 판결).

킨다(김교숙, 2011). 잭슨(Jackson, 2005)이 경영참가를 "작업장 내에서 노조의 확대된 팔"(the extended arm of unionism within the factory)이라고 부르는 이유도 여기에 있다.

노동자의 경영참여가 경영의 효율성을 높일 것이라고 기대할 수도 있다. 이는 경영참여로 인해 △내부의 감시와 견제가 이뤄져 경영의 투명성과 책임성이 높아진다는 사실 이외에도 △경영진들이 갖지 못한 노동자들의 특별한 관점과 지식, 경험, 노하우(암묵지)를 바탕으로 생산성, 품질, 공정개선, 안전 등 성과향상에 기여할 수 있으며, △소통을 통해 의사결정이 원활히 이뤄짐으로써 갈등을 줄일 수 있다는 사실에 의존한다. 실제로 원활하고 투명한 소통 및 정보공유는 불필요한 노동쟁의를 줄일 뿐 아니라 합리적 의사결정과 더 나은 대안의 모색을 가능하게 한다(강수돌, 2016).[3] 그런데 경영에 대한 노동자의 참여는 경제적인 측면이 아니라 기업결정의 정당성을 높이고 사회 전체의 민주주의를 강화하는 토대가 된다는 점에서 평가할 필요가 있다(배규식 외, 2015: 163). 민주주의는 효율성의 문제가 아니라 규범의 문제이며 달성하고자 하는 상태가 아니라 절차를 의미한다(정원규, 2009). 경영참여는 궁극적으로 효율성을 높이기 위한 수단은 아니다. 효율성을 민주주의의 잣대로 내세우는 것 자체가 신자유주의 사고에 해당된다.

결론적으로 근로자이사제의 도입, 나아가 참여형 노사관계의 실현은 이해당사자의 참여를 기반으로 경제민주주의를 실현한다는 의미와 더불어 현장의 경험과 지식을 경영에 반영함으로써 새로운

---

3) 근로자의 경영참여가 기업경영에 미치는 실증적인 효과는 엇갈린다. 효율성이 높아진 나라도, 그렇지 않은 나라도 있다(배규식 외, 2015). 그러나 위그볼더스 등(2016)은 종업원협의회가 기업성과에 미친 영향에 관한 주요 연구결과들을 검토한 결과 대부분의 연구가 경영참가와 효율성 사이에는 긍정적인 상관관계를 보인다고 말한다(Wigboldus et al., 2016).

정보와 해결책을 제시하는 '혁신 효과', 그리고 소통을 통해 논쟁
적인 경영계획에 노조(종업원)의 지지를 확보하는 '사회적 효과'를
낳는다. 뿐만 아니라 근로자이사제는 그것이 권력분점을 통해 지
배구조의 개편을 의미한다는 점에서 경영의 기회주의적인 행동을
제어하는 '정치적 효과'를 갖는다(Wigboldus et al., 2016). 특히 이번
근로자이사제는 지방자치단체 공공기관을 대상으로 한다는 점에
서 또 다른 관심의 대상이 된다.

2. 왜 공공부문에서 참여형 노사관계인가?

최근 들어 기업의 지배구조에 대한 관심이 높아지고 있다. 지배
구조는 민간, 공공부문을 가리지 않고 한국기업의 아킬레스건이
되고 있다. 이른바 주주자본주의를 채택하고 있다고 말하는 민간
기업들은 실상 재벌총수의 독단적인 지배가 관철되면서 걸핏하면
'오너 리스크'를 낳는가하면 그것은 한국증시가 주요국에 견줘 제
값을 못받는 '코리아 디스카운트'의 주범이라는 인식도 확산되고
있다(연합뉴스, 2015. 8. 10). 공공기관들 역시 관료들의 권위적·위
계적 지배구조를 벗어나지 못하고 있다.

공공기관은 흔히 시장경쟁에 노출되지 않거나 노출되더라도 반
드시 수익의 극대화를 목표로 삼는 것은 아니다. 그 결과 시장규율
이 결여되어 적극적으로 기업을 운영해야 할 유인이 모자랄 수 있
다. 게다가 공적 소유('주인 없는 기업')는 복잡한 주인-대리인 관
계를 형성한다. 국민-정부-경영진 사이에서 이해관계가 다를 수 있
을 뿐 아니라 정보의 비대칭으로 인해 방만경영과 도덕적 해이가
발생할 수 있는 것이다. 실제로 이런 주장은 역대정부가 반복적으
로 공공기관 개혁을 내세운 근거이기도 했다. 박근혜 정부만 하더

라도 방만경영을 억제하고 부채를 감축한다는 명분으로 '공공기관 정상화 정책'을 추진해 왔다. 그러나 정부는 지배구조의 개선에 나서기는커녕 잦은 낙하산 인사와 노동조합에 대한 탄압에 나섬으로써 외려 지배구조의 왜곡과 노사관계의 비정상화를 부추기고 말았다(노광표, 2016a). 지배구조의 개선을 동반하지 않는 공기업 개혁은 정부의 면피성 개혁에 지나지 않는다.

공공기관을 혁신하기 위해서는 정부의 과잉개입을 막고 공공기관의 자율성과 책임성을 높여야 한다. 공공기관이 자율성과 책임성을 갖지 못하는 이유는 무엇보다도 이사회가 제 역할을 다하지 못하기 때문이다(조택, 2007). 기관의 제한된 자율성과 빈번한 낙하산 인사로 인해 이사회의 기능과 역할이 제한되면서 책임경영이 이뤄지기 어려운 구조를 보이고 있는 것이다. 이사회가 거수기 또는 고무도장에 비유되는 이유이기도 하다.[4] 실제로 공공기관은 외부적으로 공공기관운영위원회의 결정사항이나 각종 감사(감사원, 국회, 소관부처), 정부부처의 지침·지시에다 예산통제, 나아가 비공식적인 지시에 이르기까지 거미줄 같은 통제망에 갇혀있다. 지자체 공공기관에는 시의회나 지자체로부터의 통제가 추가된다(최계영, 2015).

이런 상황에서 근로자이사제는 기관의 독립성과 자율성을 높이는 계기가 될 수 있다. 물론 소수의 근로자이사가 참여한다고 해서 지배구조의 체질을 바꿀 수는 없겠지만 변화의 첫걸음을 뗄 것이라고 기대할 수는 있다. 근로자이사는 내부의 다양한 정보를 갖고

---

4) 이는 최근 정부의 성과연봉제 도입과정에서도 여실히 드러난다. 정부가 노조의 동의가 없더라도 이사회 의결로 성과연봉제를 도입하라고 강요했을 때 이를 거부한 이사회는 한 곳도 없었다. 성과연봉제는 그 효과가 회의적인데다 노조의 강한 반발을 불러일으켰다. 뿐만 아니라 이사회의 일방적인 의결은 노조의 동의 없는 취업규칙의 불이익 변경이라는 점에서 근로기준법 위반의 소지까지 내포한 것이었다(노광표, 2016b).

있을 뿐 아니라 종업원의 대표라는 권위를 갖는다. 때로는 노조의 지원을 받기도 한다. 근로자이사는 종업원이라는 내부 이해관계자의 대표로서 "자율경영 및 책임경영체제의 확립"(공운위법 제1조)에 기여할 수 있는 것이다.

한계가 없는 것은 아니다. 공동결정제도라고 하나 노사가 동일한 의사결정권을 갖는 것은 아니다. "개인의 소유권이 인정되는 법체계 아래에서 아무리 근로자의 경영참여가 인정되더라도 사업주의 이윤추구를 위한 최고의사결정에 대등한 지위에서 참여할 수는 없으며 기업경영에 관한 한 사업주의 우월한 지위를 보장할 수밖에 없"기 때문이다(김교숙, 2011). 근로자의 경영참여가 헌법의 기본가치인 시장경제 질서를 침해할 수도 없다.[5] 독일과 스웨덴의 경우를 보더라도 노동자들의 경영참여를 폭넓게 인정하고 있지만 그것이 사용자가 갖는 경영상 결정권한의 본질을 침해하지는 않는다(박종희, 2003).

공공부문 노동운동의 관점에서 경영참여는 공공성을 실현하는 수단이 될 수 있다. 근로자의 경영참여는 경제적이고 물질적인 이해를 추구하는 수단이 아니다. 경제적 이해갈등은 단체교섭을 통해 해결하는 것이 원칙이다. 경영참여는 다양한 이해관계자들이 기업의 의사결정과정에 참여하여 그들의 선호와 이익을 대변함으로써 사회적 책임을 실현하는 계기가 된다(손영우, 2012). 노동운동

---

5) 헌법의 기본가치가 시장경제질서인가에 대해서는 이론이 있다. 가령 이병천(2016)은 우리 헌법은 자유시장경제가 아니라 넓은 의미에서 사회적 시장경제에 기초하고 있다고 주장한다. 또한 헌법 제119조에 관해 헌재는 "우리 헌법의 경제 질서는 사유재산제를 바탕으로 하고 자유경쟁을 존중하는 자유시장 경제 질서를 기본으로 하면서도 이에 수반되는 갖가지 모순을 제거하고 사회복지·사회정의를 실현하기 위하여 국가적 규제와 조정을 용인하는 사회적 시장경제질서로서의 성격을 띠고 있다"고 말한다(헌재 2001. 6. 28. 선고 2001헌마132).

의 관점에서 이는 공공성의 제고로 나타난다.

> 종업원대표들이 이사회에 참여하고 있다면 공기업의 고유목적사업들, 시민들을 위한 공익사업들을 사수해 내는데 상당한 역할을 할 수 있을 것이다. 근로자들이 경영에 참여하는 것은 자신들의 이익들을 관철하기 위해서가 아니라 정치적 외압으로부터 공기업의 고유목적사업들을 지켜내는, 그래서 정치적 브랜드사업들을 막아내는 그런 역할을 할 수 있기 때문이다(전문가 간담회, 2016. 5. 2).

그간 노동운동이 임금과 근로조건 등 경제적·물질적 이익에 치중하여왔다면 공동결정제도는 근로자들이 노동생활의 질과 노조의 사회적 역할에 눈을 돌리기 시작했음을 의미한다. 특히 저성장 시대의 노동운동이 임금인상과 같은 양적인 목표가 아니라 경제사회 환경변화와 노동시장의 구조변화에 맞춰 질적인 목표를 추구할 필요가 있다면 경영참여야말로 새로운 노동운동의 초점이 될 수 있다. 단체교섭을 통해 경제적 이해를 실현하려는 대립적인 노사관계를 벗어나 경영참여는 노동의 인간화와 기업의 사회적 책임을 추구하며 사회적 파트너십을 실현하는 수단이 된다(이승엽, 2005; Wheeler, 2002).

요컨대 근로자의 경영참여는 경제민주주의와 이해관계자 모형을 실현하고 산업평화와 경영의 투명성을 높이는 계기가 된다. 특히 공공기관의 경우 그것은 지배구조를 개선하고 공공성을 제고하는 디딤돌이 된다. 그러면 서울시에서 도입하려는 근로자이사제는 어떤 모습을 띠고 있을까. 다음 장에서는 서울시가 근로자이사제를 추진해 온 경과와 그 과정에서 부딪힌 장애요인들을 살펴본다.

Ⅲ. 근로자이사제의 추진경과와 장애요인들

1. 추진경과

서울시가 공공기관 혁신방안의 하나로 참여형 노사관계를 도입하기로 발표한 것은 2014년 11월 24일이었다. 서울시장은 "상생 협치의 노사문화를 조성하기 위해 참여형 노사관계 모델을 도입"하고 이를 위해 "노동이사제도를 도입해 근로자의 이사회 참여를 보장하고 노사가 참여하는 경영협의회를 설치·운영"하겠다고 밝혔다. 이어 서울시는 한국노동연구원에 「참여형 노사관계 모델 도입 방안 연구」 용역을 의뢰했다(2015. 5~2015. 12). 서울시는 연구진에게 근로자이사제의 설계에 못지않게 연구과정에서 노사의 의사수렴을 강조함으로써 사실상 액션플랜을 요구한 것이나 다름없었다. 연구진은 독일과 스웨덴의 사례에 대한 심층연구를 바탕으로 서울시 공공기관의 경영참가 모델을 설계했다(배규식 외, 2015).

참여형 노사관계, 특히 근로자이사제는 2016년 4·13총선 이후 본격적으로 논의되기 시작했다. 투자·출연기관 노사와 서울시는 「근로자이사제 도입을 위한 TF」를 구성해 조례(안)을 확정짓는 한편 세부 운행지침을 논의했다. 조례안은 2016년 9월 9일 서울시 의회를 통과해 9월 29일 발효되었다. TF는 9월 30일, 「서울시 투자·출연기관 근로자이사제 세부운영지침(안)」을 확정했다.

2. 근로자이사제 도입의 제약조건들

우리나라에서 근로자이사제를 비롯한 공동결정제도를 도입한다는 것은 가시밭길을 걸어가는 일이나 다름없었다. 법률적·정치적 장애를 헤치고 나가야 할 뿐 아니라 경영참여에 우호적이지 않는 중앙정부와 보수언론의 벽도 넘어야했다. 심지어 노동조합조차 초기에는 이를 노조 포섭의 수단이라는 의혹의 시선을 거두지 않았는가 하면 '쟁취의 산물이 아닌 시혜의 대상'이라는 점에서 무관심을 드러내기도 했다.

　근로자의 경영참여는 경제민주화를 규정짓고 있는 헌법 119조 2항에 바탕을 두고 있다. "국가는 균형 있는 국민경제의 성장 및 안정과 적정한 소득의 분배를 유지하고, 시장의 지배와 경제력의 남용을 방지하며, 경제주체간의 조화를 통한 경제의 민주화를 위하여 경제에 관한 규제와 조정을 할 수 있다". 그러나 '경제주체간의 조화를 통한 경제의 민주화'라는 헌법 조항은 법체계 속에서 구현되지 못했다. 지방공공기관의 운영을 규정하고 있는 지방공기업법이나 지방자치단체 출자·출연기관법에 대해 이런 정신을 기대한다는 건 애초부터 무리였다.

　지자체로서는 기존의 법체계 속에서 경영참여를 꾀할 수밖에 없었다. 법 개정에 대한 중앙정부의 이해와 협조를 기대하기가 어렵다면 대안은 조례를 통해 법적인 근거를 마련하는 수밖에 없었다. 헌법 제117조에 따르면 "지자체는 … 법령의 범위 안에서 자치에 관한 규정을 제정할 수 있"으며 지방자치법 제22조는 "지자체는 법령의 범위 안에서 그 사무에 관하여 조례를 제정할 수 있다"고 규정하여 자치입법권을 보장하고 있다. 그러나 조례규정이 법률의 위임이 없이는 주민의 권리를 제한하거나 의무를 부과할 수는 없으며 법률 조항을 위반할 수도 없다. 그 결과 근로자이사제의 도입을 규정한 조례를 제정하더라도 임원추천위원회(임추위)의 구성이나 임원의 자격요건 및 결격사유 등은 법률로 규정되어 있어 근로자는 불리를 감수할 수밖에 없다(후술).

　정치적 요인도 간과하기는 어렵다. 근로자이사제를 도입하더라도 그것이 시행착오를 거치면서 뿌리를 내리기까지에는 상당한 시일이 걸릴 것이다. 그런데 이른바 '대권 후보'로서 서울시장이 갖는 정치적 입지는 차치하더라도 지자체장의 임기는 제한되어 있다. 이는 "근로자이사제를 반대하는 시장이 당선되더라도 참여형 노사관계가 유지될 수 있을까"라는 의문을 낳는다. 대답은 현 시장이 물러나더라도 그것이 유지되도록 근로자이사제를 제도화 해야 한다는 것이었다. 조례를 제정하고 정관을 바꾸는 작업은 제도의 도입을 위해서도 필수적이지만 제도의 안정성을 확보하기 위한 조치라는 의미도 갖는다. 앞서 말한 「서울시 투자·출연기관 근로자이사제 세부운영지침(안)」을 채택한 것도 마찬가지다. 곳간이 헐리는 것을 막기 위해서는 곳곳에 방호시설을 설치하고 자물쇠를 채울 필요가 있다.

　노사관계를 보더라도 근로자이사제의 도입은 녹록치 않다. 독일이나 스웨덴이 산별 체제를 바탕으로 협력적인 노사관계를 갖고 있다면 한국은 기업별 체제를 바탕으로 대립적인 구조를 갖고 있다. 권력이 중앙으로 집중된 강력한 산별노조가 존재한다는 것은 공동결정제도에 대해서도 여러 가지 의미를 갖는다. 첫째, 노사 간의 권력관계가 상대적으로 대등하여 근로자의 이해대변이 가능하다. 두 번째는 산별교섭의 외부화로 인해 기업내부에서 노사 간 이해대변의 경합이 발생하지 않는다. 테리(Terry, 2003)가 지적하듯이 산별차원에서 노사 갈등이 해결됨으로써 기업차원에서는 노사 파트너십의 기반이 마련되는 것이다. 이처럼 산별체제에서는 노조와 공동결정제도의 역할이 뚜렷하게 구분된다. 그런데 기업별 노조체제에서는 노조와 경영참가기구의 활동이 중첩되어 긴장과 갈등을 낳을 수 있다. 마지막으로 산별체제는 기업별 체제에서 발생하기 쉬운 노조와 경영진 사이의 내부담합을 막는 장치로 작동한다. 교섭이 산별체제에서 이뤄질 뿐 아니라 독일의 경우에서 보듯이 산

별노조의 간부가 기업 이사회에 참여함으로써 노사가 담합하는 것
을 방지한다. 이런 점에서 경영참여는 기업별 체제가 아니라 산별
체제의 일환이다.

　노동조합의 조직체제에 못지않게 중요한 것은 경영참여에 대한
노조의 인식, 그리고 노조에 대한 사회의 인식이다. 먼저 근로자이
사제는 서울시가 위로부터의 개혁의 일환으로 제시된 것으로 노조
가 적극적으로 요구하거나 투쟁한 결과가 아니었다. 그 결과 노조
는 경영참여에 냉소적이거나 과도한 요구로 나타날 수 있다. 이러
한 태도는 동전의 양면이다. 논의 과정에서 나온 "비상임이사의 반
을 주거나 싫으면 관두라. 우리가 언제 근로자이사제를 도입해 달
랬나?"라는 발언이 대표적이다.[6] 노조의 소극적인 자세는 근로자
이사제에 대한 공격이 닥쳤을 때 노조로 하여금 방어적인 대응에
그치게 만들 수도 있다. 근로자이사제가 투쟁을 통해 얻어낸 결과
가 아니기 때문에 그것을 뺏기더라도 상실감이 그다지 크지 않을
수 있는 탓이다.

　경영참여가 이뤄졌을 때 노조가 이를 어떻게 활용할 것인가도
관심의 대상이다. 노동조합이 경영참여로 얻은 '더 많은 권력'을
경영을 합리화하고 운영의 투명성을 제고하여 대국민 서비스의 질
을 높이는데 활용할 것인가라는 문제가 그것이다. 노조가 참여형
노사관계를 자신들의 집단적인 이해관계가 아니라 공공의 이익을
위해 사용할 것이라는 사회적 신뢰가 바탕이 되지 않으면 노조에
게 더 많은 권력을 주는 일이 사회의 공감대를 얻기는 어렵다. 경

---

6) 근로자이사제는 계급협력정치를 강화하고 근로자를 분열시킨다거나(강동
　훈, 2016) 노조도 공동책임의 덫으로부터 자유로울 수 없기 때문에 결국
　자본에 포섭되는 수단이 될 수 있다는 주장(강수돌, 2016)이 제기되기도
　했으나 논의과정에서 힘을 받지는 못했다. 민주노총은 강령에서 "공동결
　정에 기초한 경영참가를 확대하고 노동현장의 비민주적 요소를 척결한다"
　라고 선언하고 있다.

영참여를 계기로 노조가 산별체제로 이행하고 공공서비스 노조주의(public service unionism: 박태주, 2016)를 내면화시키는 것이 필요한 이유가 여기에 있다.

이처럼 서울시 투자·출연기관에서 도입하려는 근로자이사제는 △법적 장치의 부재와 △제한된 시장의 임기, △기업별 체제에서 비롯되는 노사관계 측면에서의 장애는 물론 △근로자이사제에 대한 노조의 인식과 사회적인 논란이라는 벽을 거쳐야 했다. 이런 제약요건들을 짧은 시일 내에 해결할 수 있는 것은 아니다. 제약요건을 인정하면서도 빠른 시일 내에 근로자이사제를 도입하기 위해서는 몇 가지 기본원칙이 필요했다.

3. 근로자이사제 도입의 기본원칙

근로자이사제를 도입하는 과정에서 설정된 몇 가지 원칙은 다음과 같다.[7] 첫째는 기존 법과 시행령의 테두리 내에서 도입하되 불가역적으로 제도화시켜야 한다는 점이다. 근로자이사제를 도입하려면 조례의 제정과 정관의 개정은 필수다. 이와 동시에 단체협약이 경영권 침해라는 이유로 고용노동부의 시정대상이 될 수 있다면 노사와 서울시가 사회적 협약을 맺는 방안도 검토할 수 있다. 필요하면 4·13총선으로 바뀐 국회의 지형을 활용하여 관련법을 개정하거나 (가칭) '공공기관 경영참여법'을 제정하려는 노력도 요구된다.

두 번째는 단계적인 접근방식을 택한다는 점이다. 이 제도를 성공시키기 위해서는 여론이 수용할 수 있는 공간 내에서 추진하되

---

7) 이 원칙은 글쓴이가 근로자이사제의 도입을 논의하는 과정에서 몇 차례 개진한 내용이기는 하나 공식적으로 확인되거나 추인된 것은 아니다.

그 범위는 점진적으로 확대시켜 나갈 필요가 있다. 점진적으로 접근한다는 것은 이사의 수를 단계적으로 늘리는데서 그치는 것이 아니라 공공기관의 지배구조를 개선하는 사업까지 포함한다. 정부나 경영진이 정치적 목적으로 공공기관을 활용하는 것을 막기 위해서라도 자율적인 책임경영체제를 구축하는 일은 중요하다.

세 번째는 가능한 한 단순하게 정리하는 게 중요하다는 점이다. 일반 근로자의 참여를 끌어내기 위해서는 단순하고 이해하기 쉽게 제도를 설계하는 것이 중요하다. 물론 이런 사실이 복잡한 논의의 과정을 생략하는 것을 의미하지는 않는다. 단순함의 이면에서는 기존 법제도의 테두리나 공기업의 경영 및 노사관계 현황, 근로자이사제의 사회적 의미, 조합원(근로자)의 반응이나 실현가능성 등을 고려하지 않을 수 없을 것이다.

마지막으로 근로자이사제의 내용을 노사가 합의하는 것도 중요하지만 도입과정에서 노사를 주체로 세우는 일은 더욱 중요하다. 비록 서울시가 근로자이사제를 발의한 주체라고는 하나 논의과정에서 서울시는 노사 간의 합의를 지원하고 조정하거나 스스로가 이해관계자의 일원으로 참여하는데 그쳐야 한다. 근로자이사제는 시혜에 의한 참여가 아니라 참여에 의한 합의방식으로 도입돼야 하는 것이다. 실제로 노사와 서울시, 그리고 외부전문가로 「근로자이사제 도입을 위한 TF」를 꾸려 논의를 이어왔다. 다음 단계는 근로자이사제의 내용을 확인하는 일이다.

IV. 근로자이사제의 설계를 둘러싼 쟁점들

1. '노동이사'인가 '근로자이사'인가

근로자가 기업의 이사회에 참여한다고 했을 때 먼저 따르는 문제는 그 '이사회의 구성원'을 무엇이라고 불러야 하는가다. 그 제도가 외국에서 유래됐고 국내에서는 실험조차 된 적이 없는 탓에 사회적으로 합의된 명칭조차 없다. '노동이사'(labor directors)라는 말이 관행화되어있고 서울시장이 참여형 노사관계의 도입을 제시했을 때 사용한 용어도 노동이사였다. 유럽대륙, 가령 독일이나 스웨덴에서는 '종업원 대표이사'(board-level employee representatives)라는 용어가 일반적으로 쓰이고 있으며 영미문헌에서는 '노동자(근로자)이사'(worker directors)라는 표현도 보인다(Conchon, 2015).

결론적으로 노사와 서울시는 비공식적으로는 노동이사와 근로자이사를 함께 쓰더라도 공식문건에서는 '근로자이사'로 통일하기로 합의했다. 근로자라는 말이 법률 용어라는 사실이 우선 고려됐다. 노동이사란 말이 혼동을 초래할 수 있다는 점도 무시하긴 어려웠다. 독일에서 노동이사는 경영이사회의 구성원으로 노무와 인적자원관리 업무를 담당하는 경영측 이사를 의미한다. 노동자 출신의 이사라는 우리의 용법과 노동 관리업무를 담당하는 사측 임원이라는 독일식 용법에는 차이가 있는 것이다. 마지막으로 근로자대표(위원)라는 용어는 노사협의회의 '근로자를 대표하는 위원(근로자 위원)'이나 근로기준법상의 '근로자대표'와 혼동될 수 있다. 그리하여 근로자이사라는 용어를 채택했지만 '노동이사'라는 명칭을 고집하는 노동조합의 반발이 컸다는 사실은 지적하고 지나갈 필요가 있다.

2. 대상기관

근로자이사의 도입과 관련하여 대상기관은 일반적으로 규모를 기준으로 설정하지만 그 규모는 나라마다 다르다. 가령 독일은 500명이 하한선인데 반해 스웨덴은 그것이 25명이다. 서울시는 근로자 100명을 하한선으로 삼아 이를 초과하는 13개 기관을 도입 대상기관으로 잡았다.[8] 입법 예고한 조례(안)에서는 30명을 하한으로 하였으나 심의 과정에서 100명으로 상향됐다.[9] 따라서 기관의 규모가 100명을 넘으면 의무적으로 도입하되 100명에 미치지 못하더라도 이사회 의결로 근로자이사를 둘 수 있도록 했다. 이 경우 근로자의 수는 정관 또는 직제규정에서 정하고 있는 정원을 의미한다.

특별법에 의해 설립된 출연기관에 근로자이사제를 도입하는 방안은 세밀하게 점검해야한다. 이런 출연기관은 "지방의료원의 설립 및 운영에 관한 법률"에 의해 설립된 서울의료원을 비롯해 8곳에 이른다. 예를 들어 서울의료원의 경우 이사는 지자체장이 추천하는 공무원 2명, 지방의회가 추천하는 1명, 보건의료 전문가 1명 이상, 비영리 민간단체와 소비자 단체 추천 각각 1명 이상. 지역주민 대표 1명 이상으로 구성하도록 되어있다(제8조 4항). 그렇다면 근로자이사를 추가로 선임할 수 있는가라는 의문이 제기된다. 그

---

8) 13개 기관은 다음과 같다. 서울메트로(9,150명), 서울도시철도공사(6,524명), 서울시설관리공단(2,217명), 서울의료원(1,189명), SH서울주택도시공사(781명), 세종문화회관(351명), 서울농수산식품공사(298명), 서울신용보증재단(292명), 서울산업진흥원(236명), 서울디자인재단(152명), 서울시립교향악단(144명), 서울문화재단(110명), 서울연구원(109명) 등이다.

9) '근로자참여 및 협력증진에 관한 법률'(근참법)에 따르면 상시 30인 이상의 근로자를 사용하는 사업이나 사업장에서는 의무적으로 노사협의회를 설치해야 한다. 근로자이사제 도입 사업장의 하한선을 초기에 30인으로 설정한 것은 이를 원용한 것이었다.

런데 이 조항은 이 조항에 해당되는 사람들이 이사에 포함되어야 한다는 것이지, 이러한 사람들만 이사가 될 수 있다는 의미로 해석되어서는 안될 것이다. 그렇다면 임추위는 제8조 제4항에 해당되는 사람이 아니더라도 종업원 가운데서 선출된 자를 공개모집 방식으로 선출할 수 있을 것이다(배규식 외, 2015). 한편 서울연구원과 서울신용보증재단은 이사 선임 시 임추위의 추천을 거칠 필요가 없이 원장이나 이사장의 추천으로 시장이 임명하는 등 관련법에 따라 비상임이사를 위촉하는 절차가 조금씩 다르다.

대상기관과 관련하여 2014년 11월, 근로자이사제를 도입하기로 발표할 당시에는 시범실시가 예정되어 있었다. 시범실시를 통해 경험을 축적하여 단계적으로 근로자이사제를 확대한다는 방안이었다. 실제로 서울시가 발주한 용역에서도 "기관유형별로 양 지하철 통합기관을 포함하여 투자기관 1개, 출연기관 1개의 시범기관을 선정하여 근로자이사제를 시범적으로 도입한다"고 명시하고 있다(배규식 외, 2015). 시범기관에 한정하여 조례와 정관을 개정한 뒤 그 성과를 분석하여 확대하는 것이 바람직하다는 것이었다. 그러나 추진과정에서 시범실시는 삭제됐다. 이는 특정기관을 대상으로 조례를 번갈아 제정하는 일이 번거로울 뿐 아니라 앞서 말한 대로 단계적으로 도입하여 제도를 정착시키기에는 시장의 임기가 짧다는 사실을 반영한 것이었다. 결과적으로 서울시 투자·출연기관 전체가 시범기관이 됐다고도 할 수 있다.

3. 근로자이사의 수

유럽에서 근로자이사제를 채택하고 있는 나라는 유럽연합(EU) 28개국 가운데 18개국에 이르며 유럽경제공동체(EEC)에 속한 노르웨이까지 포함하면 19개국에 이른다. 이들 나라에서 근로자이사의 수는 전체 이사의 1/3을 차지하는 것이 일반적이다(Conchon, 2015). 이런 점에서 2,000명 이상의 경우 감독이사회의 절반을 근로자이사로 채우는 독일의 경우는 예외에 해당된다.

〈표 1〉 유럽의 근로자이사제도

	도입부문	규모	노동이사 비율	선출기구	지배구조
오스트리아	공공/민간	300명이상	감동이사회의 1/3	종업원협의회 임명	이원적
덴마크	공공/민간	35명	1/3(최소 2명)	근로자 선출	선택적
프랑스	공공	-	200명 이하는 2명<1/3	근로자 선출	선택적
	민간	1,000명이상	1~2명		
독일	공공/민간	500명	1/3~1/2	근로자 선출	이원적
그리스	공공	-	1명	근로자 선출	단일
아일랜드	공공	-	1/3	근로자 선출	단일
네덜란드	공공/민간	100명	1/3	WC 추천, 주주총회	선택적
노르웨이	공공/민간	30명	1명~1/3	노조추천, 근로자선출	단일
스웨덴	공공/민간	25명	2~3명(+참여이사)	노조 임명	단일
스페인	공공	1,000명	2~3명(+참여이사)	노조 임명	단일
핀란드	공공/민간	150명	1/5~4명	근로자선출	선택적

* 자료: Conchon, 2015.

근로자이사는 비상임 이사(non-executive directors)로 이사회에 참여한다. 노조에서는 근로자 대표가 직접 경영을 담당하는 상임이사를 요구하기도 했지만 유럽에서도 그런 사례는 없다. 독일의 감독이사회에서 보듯 근로자이사의 일차적인 기능은 경영진(상임이사)을 견제하고 감시하는 일이다. 아울러 이사회의 일원으로서 이해관계자(종업원)의 관점을 대변하는 것이 근로자이사의 역할이다.

근로자이사의 수를 정하기 전에 먼저 고려한 사항은 스웨덴의 예에서 보이는 후보이사(deputy representatives)를 둘 것인가라는 점이었다. 스웨덴에서는 노조측에 대해 근로자이사 2~3명과 함께 동수의 후보이사를 할당한다. 후보이사는 정보권과 발언권을 갖지만 의결권은 없다. 이사의 수와 관련하여 연구용역을 담당한 연구진은 1~2명의 이사 이외에 스웨덴과 같은 후보이사제도를 도입할 것을 권고했다. 후보이사는 △이사회에서 소수인 근로자이사를 지원할 수 있다는 점, △후보이사가 그 자체로 교육훈련의 기회가 되며 나아가 △근로자이사가 유고됐을 경우 대체할 수 있는 자원이 될 수 있다는 점이 주요한 근거였다. 결론적으로 후보이사제는 도입하지 않기로 의견을 모았다. 그것은 근로자이사를 늘리기 위한 편법으로 비쳐질 수 있을 뿐 아니라 제도 자체를 지나치게 복잡하게 만들 수 있다는 점 등이 고려된 결과였다.

근로자이사의 규모와 관련하여 또 다른 고려사항은 위촉직 비상임 이사의 규모였다. 지방공기업의 경우 상임이사는 사장을 포함해 3~5명이고 비상임 이사는 6~8명 수준이다. 그런데 비상임 이사에는 당연직 이사(시장이 지명하는 시의 공무원) 2명이 포함되므로 위촉직 비상임 이사의 수는 4~6명에 지나지 않는다. 따라서 근로자이사가 차지할 수 있는 규모는 제한적이다. 시민단체나 공공서비스 소비자의 대표를 비상임이사로 위촉할 필요가 있다면 근로자이사의 규모는 더욱 제한될 것이다.10)

결론적으로 근로자이사의 정수가 비상임이사 정수의 1/3을 넘지 않되 근로자의 수가 300명 이상인 기관은 2명, 그 미만인 기관은 1명의 근로자이사를 두기로 의견을 모았다. 그 이면에는 근로자이사가 소수이지만 기존의 비상임 이사와 달리 이사회체제에 변화를 줄 수 있을 것이라는 기대도 있었다. 기존의 비상임이사가 회사와 직접적인 이해관계가 없는 사람들 가운데서 임명되는 것과 달리 근로자이사는 회사의 핵심적인 이해관계자다. 따라서 근로자이사는 정보의 양이나 책임성·전문성에서 기존의 비상임 이사와 다를

---

10) 서울메트로나 도시철도공사는 지하철 운영과 관련된 전문가나 시민대표 중에서 이사를 임명할 수 있도록 하는 규정을 정관에 두고 있다.

수 있다. 특히 노조와 공조를 택할 경우 근로자이사의 영향력은 더욱 커질 것이다.

예컨대 전체이사 숫자가 10명 안팎인데 거기에서 한두 명 정도의 비상임 이사를 차지한다는 것은 결코 작은 비중이 아니다. 어차피 노동자 자주관리기업이 아닌 한 노동자 대표가 이사회를 장악해서 의사결정을 주도한다는 것은 말이 안 된다. 노동자대표이사가 해야 할 중요한 역할 중에 하나가 경영진의 판단에 뭔가 심각한 오류가 있을 때 그것에 대해 강하게 브레이크를 거는 것이고 그건 독립적인 이사 한 두 명만 있어도 충분히 가능하다. 만장일치 결의가 이루어지지 않았다라고 하는 것이 나머지 이사들한테 주는 압박감이라고 하는 것은 상상할 수 없다. 근로자대표가 분명한 이유를 대면서 반대의사를 밝히고 그것을 상세히 이사회 의사록에 남김으로써 외부에서 어떤 사람들이 그 이사회 의사록을 볼 수 있게 한다는 것은 충분히 긍정적인 기능이 있다(전문가 간담회, 2016. 5. 2).

더욱이 일부 기관이긴 하나 노조대표가 이사회에 참관하고 있기도 하다. 서울메트로나 SH서울주택도시공사, 서울복지재단 등이 대표적이다. 따라서 이들 기관의 이사회에서 근로자이사와 노조대표가 협력체제를 구축한다면 근로자 대표 한 두 명의 참여를 과소평가할 이유는 없다. 근로자이사가 소수일 수밖에 없다면 교육훈련을 통해 이들의 역량을 높이는 일이 중요하다는 것은 두 말할 나위도 없다.

4. 선출 절차

근로자이사를 선출하는 방식은 논의과정에서 가장 예민한 지점이었다. 여기에는 선출절차는 물론이거니와 피선거인의 자격요건, 선거관리위원회(선관위)의 구성과 선거관련 분쟁의 해결, 선거인의 범위와 투표권의 수 등이 포함된다. 또한 근로자이사는 법에 따라 임원추천위원회(임추위)의 공개모집과 2배수 추천절차를 밟아 위촉되는 만큼 근로자로부터 선출된 후보가 근로자이사가 되지 못하는 일이 벌어질 수도 있어 이를 방지하는 일도 과제로 등장한다.

근로자이사의 선출절차를 정하기 위해서는 근로자이사와 노동조합의 관계를 어떻게 설정할 것인가라는 점부터 확인해야 한다. 노동조합의 추천으로 위촉할 것인가 아니면 종업원의 투표로 선출할 것인가가 그것이다. 스웨덴은 노조가 근로자이사를 추천하는 노조중심적인 참여방식을 택하고 있다. 그러나 독일을 비롯한 유럽 대부분의 나라는 종업원이 근로자이사를 선출한다. 근로자이사는 노조로부터 일정 부분 독립성을 가질 필요가 있다고 본 탓이다.

서울시 공공기관의 경우 노조는 기업별 형태를 취하고 있으며 단체교섭도 기업차원에서 이뤄진다. 따라서 노조활동과 근로자이사의 역할이 중첩될 수 있어 단체교섭으로 대표되는 노사의 이해충돌로부터 근로자이사를 떼어놓을 필요가 있다. 게다가 이사는 법령과 정관의 규정에 따라 회사를 위해서 그 직무를 충실하게 수행하여야 한다(상법 제382조의 3). 노조가 근로자이사를 추천하게 되면 근로자이사는 노조로부터 독립성을 갖고 의사를 결정하기 어려운 경우가 발생한다. 물론 근로자이사가 노조와 독립적으로 선출될 경우 기관 내부에서 노동조합과 근로자이사 사이에 이중권력의 문제가 나타날 수 있다. 그러나 이는 어디까지나 노동정치의 영역으로 봐야 할 것이다.

노조가 근로자이사를 추천하는 방식을 택할 경우 기술적인 우려도 제기된다. 첫째는 노조가 없는 기관이 존재할 뿐 아니라 노조가 있는 경우에도 복수노조가 존재하거나 과반수 노조가 없는 경우가 발생한다. 과반수 노조가 이사를 추천하는 경우 과반수 노조를 확인하는 방법도 문제가 될 수 있다. 두 번째는 노조 집행부의 임기와 근로자이사의 임기가 다를 경우 노조 집행부와 근로자이사 사이에 갈등이 발생할 수 있다(이사의 임기는 3년인데 일반적으로 노조 집행부의 임기는 2년이다). 만일 근로자이사를 추천한 노조 집행부의 임기가 끝나거나 중도에 사퇴하고 전현직 집행부 사이에 갈등이 발생한다면 이는 노조와 근로자이사 사이의 갈등으로 번질 수 있다. 따라서 근로자이사는 종업원이 직접 선출하는 것이 바람직스러워 보인다. 물론 노조가 독일식으로 이사후보를 선출하는 과정에서 자체 후보를 내세우거나 특정 후보를 지지하는 것은 무방할 것이다.

피선거인과 선거인의 자격도 쟁점이었다. 결과적으로 피선거인의 자격은 공사 등의 소속 근로자로서 1년 이상 재직한 사람으로 제한하는데 그쳤다.[11] 독일에서도 1년 근속을 하한선으로 규정하고 있다. 노조 가입여부와는 무관하다. 잔여 재직기간이 이사의 임기인 3년 이상 남은 사람만이 출마할 수 있다는 조례(안)의 단서규정은 삭제됐다. 근로자이사제 도입취지에 맞도록 다양한 경험을 가진 근로자들이 경영에 참여할 수 있도록 피선거권을 확대하려는 시의회의 의지가 변영된 결과였다. 이는 사실상 비정규직에게도

---

11) 조례안에는 5년이었으나 시의회의 심의 과정에서 1년으로 단축되었다. 노사의 논의 과정에서 피선거권자를 재직기간 5년 이상인 자로 제한한 것은 출마의 남발을 막기 위한 조치였으나 서울시의회에서는 피선거권을 확대해 문호를 개방하는데 초점을 맞췄다.

출마자격을 준다는 것을 의미한다. 여기에는 무기계약직(업무직)은 물론 직접고용 비정규직(기간제, 시간제)도 포함된다. 단 지자체 출자출연기관법이나 지방공기업법에 임원이 될 수 없는 자를 규정하고 있어 이 규정은 따를 필요가 있다.[12]

선거관리위원회를 어떻게 구성할 것인가도 쟁점이었다. 회사측이나 노조측이 선관위를 구성하는 것은 사리에 맞지 않는다. 현실적으로 100명 이상의 기관에는 노사협의회가 있는 만큼 노사협의회가 선관위를 구성하는 방안도 고려의 대상이었다(독일의 경우 사업장협의회에서 구성한다). 그렇지만 과반수 노조가 있는 경우 과반수노조가 노사협의회 위원을 추천하는 관계로 과반수 노조에게 유리하게 선관위가 구성될 여지가 있다. 대안은 임추위 산하에 선관위를 구성하는 것이었다. 비상임이사는 임추위가 주관하여 공개모집한다는 법률규정에도 부합되는 안이었다. 임추위 산하에 비상임이사를 위원장으로 노사동수가 참여하는 선관위를 구성하는 안은 노사 및 서울시의 동의를 받았다. 선거에 관한 분쟁이 발생할 경우 노사정서울모델협의회가 중재에 나선다.

근로자이사의 선출과 관련하여 노사, 노정 사이에서 막판까지 줄다리기를 거듭한 쟁점은 근로자 1인이 행사할 수 있는 투표권의 수였다. 서울시와 사용자측은 '1인 1표'를 주장한데 반해 노조는 300인 미만 기업(이사 1명 선출)은 '1인 2표', 300명 이상 기업(이사 2명 선출)에서는 '1인 4표'를 주장했다. 노조가 후보의 유효득표수를 높인다는 명분으로 임추위가 2배수를 추천하는 비상임이사 후

---

12) 지방공기업법 제60조 제1항에 따르면 대한민국 국민이 아닌 사람, 미성년자, 금치산자 또는 한정치산자, 파산선고를 받고 복권되지 아니한 사람, 금고 이상의 실형을 선고받고 그 집행이 끝나거나(집행이 끝난 것으로 보는 경우를 포함한다) 집행이 면제된 날부터 2년이 지나지 아니한 사람, 이 법을 위반하여 벌금형을 선고받고 2년이 지나지 아니한 사람, 법원의 판결에 따라 자격이 정지 또는 상실된 사람은 공사의 임원이 될 수 없다.

보를 독점하겠다고 나선 셈이었다. 결국 투표방법은 공직선거법 등 일반적 투표방식을 준용하여 "1인 1표를 기본으로 하되 기관별 특성을 감안하여 선관위에서 조정 가능하다"로 합의했다.

비상임이사 선출절차에 따르면 종업원으로부터 선출된 사람이 근로자이사로 임명되지 않을 수가 있다는 점도 문제였다. 선출절차는 임추위가 구성되면 임추위의 공모와 심사, 그리고 2배수 추천을 거쳐 시장이 임명한다(<그림 1>). 공무원처럼 당연직으로 임명하는 방안은 없다.13) 따라서 임추위의 심사과정이나 시장의 임명과정에서 종업원으로부터 선출된 후보가 탈락할 수도 있다. 그리하여 임추위의 평가요소에 투표결과를 반영하기로 합의함으로써 임추위에서 다수 득표자가 추천후보에서 탈락될 수 있는 여지를 좁혔다. 그렇더라도 시장의 최종 임명과정에서 소수 득표자가 임명되는 일까지 막기는 어렵다. 임추위에서 2배수를 추천하면 그 중에서 시장이 임명한다는 것은 법률규정이기 때문이다. 현재로서는 운영의 묘를 살려 다수 득표자가 자동적으로 비상임이사로 위촉되는 것을 관행으로 만드는 수밖엔 없다.

---

13) 지방공기업법에서는 당연직을 공무원으로 한정하는 명문의 규정이 없어 근로자이사를 당연직으로 임명할 수 있다는 주장도 있다. 그러나 행정자치부의 민원답변(2015. 11)은 "당연직은 직책을 가진 공무원과 공공기관 임직원"에 한정되는 것으로, "근로자 대표를 당연직으로 임명하는 것은 불가"하다는 것이었다.

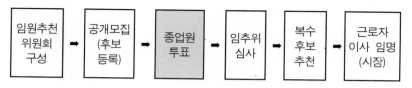

<그림 1> 근로자이사 선출 절차

5. 근로자이사의 지위

근로자이사는 근로자의 자격을 유지하면서 비상임이사의 역할을 수행한다. 근로자이사는 관계 법령 및 조례, 정관으로 정하는 일반 비상임이사와 동일한 권한을 갖는다. 다만 지방공기업법 시행령(제56조의 3, 4항) "소속 기관의 임직원은 임추위 위원이 될 수 없다"는 조항에 의해 근로자이사는 임추위 위원이 될 수 없다. 근로자이사의 보수는 이중보수 금지의 원칙에 해당되어 지급되지 않는다. 실제로 서울메트로의 정관(제18조 3항)에 따르면 "비상임 이사에게는 보수를 지급하지 아니한다. 다만, 이사회 출석 등에 따라 회의참석수당, 여비 등 실비 이외에 예산의 범위 내에서 이사활동에 필요한 경비를 월정액으로 지급할 수 있다"(개정 2010. 5. 26)로 규정돼 있다. 또한 근로자이사에 대한 근무평정은 사측으로부터 부과될 수 있는 불이익을 방지하기 위해 평가등급별 인원에서 제외하되 우(B) 등급 이상을 부여하기로 합의했다.

보수를 지급하지 않더라도 근로자이사는 임금과 근로조건에서 다른 근로자와 동등하게 대우하여야 하며 근로자이사가 직무를 수행하거나 그 직을 상실한 이후에도 불이익을 주어서는 안된다. 회사는 근로자이사의 직무수행을 위해 필요한 정보나 기본적인 편의는 물론 교육훈련의 기회를 제공하여야 한다. 특히 근로자이사는 이사회 출석은 물론 노동자의 의사를 수렴하는 등 근로자이사로서 활동하기 위해 필요한 시간을 근로계약에 따른 근로시간으로 확보하는 일은 중요하다. 이와 관련하여 노사는 300인 미만 기관은 연간 300시간(월 3일), 300인 이상 기관은 연간 400시간(월 4일) 이내의 근로시간 면제(time-off)를 부여하되 교육훈련시간은 제외하기로 합의했다. 근로자이사의 활동시간은 필요할 경우 이사회의 의결로 조정할 수 있다.

출자·출연 기관의 임원이 의무와 책임을 이행하지 아니하거나 게을리 한 경우 주무기관의 장이나 지방자치단체의 장은 심의위원회의 심의·의결을 거쳐 그 임원을 해임하거나 그 임명권자에게 해임을 요구할 수 있고, 그 출자·출연 기관으로 하여금 손해배상을 청구하도록 요구할 수 있다(지방출자·출연법 제9조 제4항). 반면 투자기관의 경우에는 이에 상응하는 직접적인 규정이 없다. 지방공기업법 제75조에 따르면 이 법에 규정되지 아니한 사항은 상법을 준용한다고 규정하고 있다. 따라서 이사에 대한 손해배상을 규정하고 있는 상법 제399조를 원용하여 그 기관의 장이나 서울시장이 의무와 책임을 이행하지 않은 임원을 해임할 수 있도록 하고 서울시 감사관이나 그 산하기관으로 하여금 손해배상을 청구할 수 있도록 규정할 필요가 있다(배규식 외, 2015).

근로자이사의 대우와 관련하여 논란거리가 된 또 하나의 사항은 근로자이사가 노동조합원의 자격을 유지할 수 있는가라는 점이었다. 결론부터 말하면 "안된다"였다. 노조법상 이사는 사용자에 해당되며 이들이 노조에 남아있을 경우 '노조 아님' 통보의 대상이 될 수 있다. 실제로 고용노동부는 서울시의 근로자이사제 도입과 관련하여 '사용자 혹은 그의 이익을 대표하는 자'가 노조에 참가할 경우 정부는 해당노조를 '노조 아님'으로 판단할 수밖에 없다고 으름장을 놓았다(매일노동뉴스, 2016. 4. 30). 근로자이사제를 도입한 취지가 근로자의 권익과 관점을 회사의 경영에 반영하기 위한 것이며 이 과정에서 때로는 노동조합과 협력할 필요가 있다는 점에서 근로자이사가 노동조합원의 자격을 갖지 못한다는 건 문제가 있다. 직원이 노동조합원으로서 지위를 유지하면서 비상임이사가 될 수 있는지에 관해서는 선례가 없는 현재로서는 해석상 논란이 될 수 있는 것은 사실이다.[14] 외국의 사례를 보더라도 근로자이사의 노조 탈퇴를 요구하는 예는 보이지 않는다. 오히려 대부분의 나라에서 근로자이사는 조합원 신분을 유지하면서 사업장협의회나 노조와 밀접한 협력관계를 맺고 있다(Wadidngton et al., 2016).

근로자이사가 비조합원이어야 한다는 사실은 근로자이사가 노조로부터 독립성을 갖는데 도움이 될 수 있다. 그러나 근로자이사가 근로자 또는 노조(및 노사협의회)와 상호결합(articulation)이 느슨할 경우 근로자이사가 고립되면서 사측에게 포섭(incorporation)될 가능성이 높아진다. 실제로 유럽의 경우 근로자이사는 노동조합과 항상적이고 연속적으로 정보를 교환함으로써 노조와의 갈등을 예방하고 노조의 지지와 지원을 확보한다. 이는 이사회에서 근로자이사의 영향력을 높일 뿐 아니라 근로자이사의 포섭을 방지하는 기능을 수행한다(Waddington et al., 2016). 이런 점에서 근로자이사의 노조탈퇴를 강제하는 것은 자칫 근로자 이사와 노조 사이의 역할중복에 따른 갈등을 심화시키거나 근로자 이사의 포섭을 방치하는 결과를 낳을 수 있다.

이상 논의한 서울시 공공기관에서 도입하려는 근로자이사제를 둘러싼 노사 간의 쟁점사항과 논의결과를 정리하면 <표 2>와 같다.

---

14) 당시 서울시가 의뢰한 법률자문 결과는 다음과 같다. "근로자이사(노동이사)의 경우, 사업의 경영담당자 또는 항상 사용자의 이익을 대표하여 행동하는 자에 해당될 가능성이 없지 아니한 바, 근로자이사(노동이사)의 조합원 지위는 유지되기 어려울 것으로 생각되며, 따라서 근로자이사(노동이사)로 선임되는 경우에는 노동조합에서 탈퇴하도록 함이 타당할 것임".

〈표 2〉 서울시 공공기관의 근로자이사제를 둘러싼
쟁점사항 및 논의결과

쟁점사항	주요 쟁점내용		논의결과
	市·사용자	노동조합	
명칭	- 근로자이사	- 노동이사	- 공식문건에서는 '근로자이사'로 통일
노조탈퇴 여부	- 노조탈퇴	- 조합원 신분 유지	- 상위법에 따라 노조 탈퇴 불가피, 향후 법령 개정 노력
선출방식			
선출 방식	- 투표 또는 추천	- 추천방식	- 추천 후 투표
추천 요건 등	- 적정 추천인원 - 중복추천 허용 여부 - 투표주관 등		- 추천인원 : 근로자 5% 또는 200인 추천(중복추천 가능) - 투표관리 : 임추위에 선관위 구성, 위원장은 임추위원, 위원은 노사대표 각 3인으로 구성
투표권	- 1인 1표	- 1인 다표(2~4표) ·300인 이상 4표 ·300인 미만 2표	- 「공직선거법」등 일반적 투표방식을 준용하여 1인 1표를 기본으로 하되, 다만 각 기관별 선거관리 규정 제정 시 기관별 특성에 따라 조정 가능
임추위 후보 추천	- 임추위 고유권 한존중(선거결과외 임추위의 별도 심사기능 존중)	- 최다득표자의 탈락방지(임추위에 가부권한만 부여)	- 투표결과를 평가에 반영
피선거권	- 기관별로 정함	- 구체적 기준 필요	- 조례에 규정된 사용자성을 가진 근로자는 제외하되 범위는 기관별로 정함
활동지원			
근무 형태 및 부서	- 이사 역할 수행에 적합한 근무형태 지원방안		- 본인요청 시 적합한 부서로 전보 - 교대 근무자인 경우, 통상근무자로 변경
근무 평정	- 근로자이사의 근무평정시 불이익 방지 방안 (1안) 직전 평정등급 이상 (2안) 직전 평정등급으로 하되, 최소 우(B)등급 이상 (3안) 최소 우등급(B등급) 이상		- 평가등급별 인원에서 제외하되 우(B)등급 이상 부여

| 활동에
필요한
시간 | - 100시간 이내
회의 1회당 자
료검토시간(4시
간) 및 회의시
간 포함 | - (300인 미만) 연
200시간 이상으로
이사 회에서 결정
- (300인 이상) 연
300 시간 이상으로
이사회에서 결정 | - (300인 미만) 연 300시간 이내
이사회에서 결정
- (300인 이상) 연 400시간 이내
이사회에서 결정 필요시 이사회
의결로 조정가능 |

* 자료: 서울특별시 기획조정실, 2016.

V. 서울시 근로자이사제 도입의 한계와 과제

서울시 투자·출연기관에서 도입하는 근로자이사제는 여러 가지 한계를 안고 있다. 이 글에서 근로자이사제 내지 공동결정제도가 갖는 본질적인 한계를 지적하지는 않는다. 여기에는 궁극적으로 자본우위의 의사결정구조를 갖고 있다든지(김교숙, 2011), 그것이 노조포섭용 장치가 될 수 있다는 사실(강수돌, 2016), 노사관계의 분권화를 촉진할 수 있다는 사실(신정완, 2001; 이승협, 2005) 등이 포함된다. 이 글에서는 유럽의 제도와 비교하여 서울시가 도입하려는 근로자이사제가 갖는 제도상의 한계를 살펴본다. 여기에는 △법률적 장치의 부재로 인한 제도의 왜곡과 안정성의 결여, △노조교섭구조와의 역할 중복, △경영협의회에 대한 논의의 미진, 그리고 △지배구조의 개선에서 갖는 한계 등을 들 수 있다.

첫째로 법률적인 제약으로 인해 내용의 왜곡이 발생하고 있다. 서울시는 기존 법·제도의 틀 속에서 미로를 헤매듯 합법적인 경로를 찾기 위해 노력했지만 그로 인한 한계까지 피할 수는 없었다. 명칭을 노동이사가 아닌 근로자이사로 정한다든지 근로자이사는 노동조합을 탈퇴해야 한다는 사실, 그리고 종업원 투표에서 다득표한 사람이 최종 임명과정에서 탈락될 수 있다는 사실 등이 그것이다. 법·제도적인 한계는 근로자이사의 도입기관이 사실상 서울의 투자·출연기관으로 제한되고 있다는 사실로 이어진다. 법률적인 뒷받침이 없는 탓이다. "진정한 힘은 법적인 힘을 의미한다"(켈리, 2013)면 (가칭)「공공기관 경영참여법」의 제정은 제도의 확산은 물론 안정성을 위해서도 중요하다.

유럽의 경우를 보더라도 민간과 공공부문에서 동시에 공동결정제도를 도입한 나라가 대부분이지만 두 부문을 분리하여 도입할 경우 공공부문부터 먼저 도입하는 것이 일반적이었다. 대표적인 나라가 프랑스다. 프랑스는 1983년 공공부문에서 선도적으로 근로자이사제를 도입하고 2013년에 민간부문으로 확산시켰다. 공공부문만 근로자이사제를 도입하고 있는 나라로는 그리스, 아일랜드, 스페인, 포르투갈, 그리고 체코 등이다. 반면 민간부문에서만 근로자이사제를 도입하고 있는 나라는 없다(Conchon, 2015).

두 번째로 근로자이사제는 기업별 노사관계, 특히 기업차원의 단체교섭과 역할이 중첩됨으로써 양자 사이에 긴장이나 갈등을 낳을 수 있다. 앞서도 지적했듯이 근로자이사제 나아가 공동결정제도는 산별체제의 형성을 전제로 한다. 기업차원의 노사관계가 경영참가와 결합할 경우 경영진과 노조가 담합하여 내부기득권을 강화시킬 수 있다. 독일에서 보듯 기업차원의 공동결정제도는 노사갈등 이슈를 해결하는 산별차원의 단체교섭과 공존함으로써 스스로를 유지한다. 경영참가는 노조의 경제적인 이해를 실현하는 도구가 아니다. 노사의 이해가 대립되는 이슈는 기업의 바깥에서, 즉 산별차원의 단체교섭을 통해 해결하는 것이 원칙이다.

세 번째는 근로자이사제에 집중하느라 공동결정제도의 또 다른 축인 '경영협의회'의 설치를 다루지 못했다는 점이다. 서울시가 공공기관에 도입하기로 밝힌 근로자이사제는 애초 노사협의회의 기능을 강화한 '경영협의회'와 함께 설계됐다(배규식 외, 2015). 근로자이사제가 전략적 의사결정과정에 대한 근로자의 참여라면 경영협의회는 일상적 경영의사결정에 대한 근로자의 참여에 해당된다. 서울시는 이 둘을 뭉뚱그려 '참여형 노사관계'라고 불렀다. 양자의 시너지 효과를 기대한 것이다.

> 기본적으로 지금 상황에서 경영참여를 실현시킬 수 있는 중요한 수단은 이사회에 노동자 대표가 참여하는 것보다 노동조합을 통한 노사협의회 참여가 기본틀이 되어야 하지 않을까 생각한다.… 노사협의회 시스템과 근로자이사제가 같이 가지 않으면 이것은 효과를 발휘할 수가 없다. 경영참가는 기본적으로 두 축으로 가는 것이기 때문이다. 근로자이사제만 두고 있는 나라는 없다. 그러니까 근로자이사제를 두고 있는 모든 나라들이 경영참가를 통해서 공동결정제도를 실행하고 있다.15) 일반사항에 대한 노사협의회 차원의 공동결정과 중요사항에 대한 이사회 차원의 공동결정을 서로 병행하지 않으면 경영참가라는 효과를 거두기가 쉽지 않다(전문가 간담회, 2016. 5. 2).

근로자참여 및 협력증진에 관한 법률(근참법)이 갖는 한계는 차치하더라도(신권철, 2013; 이승욱, 2000) 현행법 내에서도 노사협의회의 경영참가 기능을 강화하는 것은 문제가 없다. 개별기업을 뛰어넘는 노사협의회도 구성할 수 있다. 경영협의회에 대해서는 △노사 협의 사항의 일부를 합의사항으로 변경함으로써 노사협의회의 기능을 강화한다, △'근로자위원회'의 구성과 역할, 그리고 활동지

---

15) 노사협의회(사업장협의회)와 근로자이사제가 유럽의 모든 나라에서 병존하는 것은 아니다. 예를 들어 스웨덴에서는 근로자이사제만 존재할 뿐 사업장협의회는 존재하지 않는다. 노동조합의 힘을 분산시키지 않으려는 LO(노총)의 의지가 반영된 탓이다. 스웨덴에서 사업장협의회의 역할은 현장 노조(지부)가 담당한다. 스웨덴의 공동결정법에 따르면 사용자가 회사의 정책과 체계를 변화시키려면 노조와 교섭할 것을 요구하고 있다(배규식 외, 2015).

원 방안을 논의한다, △합의 사항의 구속력을 높인다, 그리고 △합
의사항을 의결하지 못하거나 의결된 사항의 해석이나 이행방법 등
에 관해 의견이 일치되지 아니할 때는 노사정서울모델협의회의 중
재를 받는다 등이 간헐적으로 논의되어 온 정도다. 근로자이사제
에 대한 논의가 일단락된 만큼 노사 및 서울시는 경영협의회에 대
한 논의를 재개하기로 의견을 모았다.

　네 번째는 근로자이사제의 도입이 공공기관의 지배구조에 미치
는 영향이 없지는 않겠지만 그렇다고 그것이 근본적인 변화를 가
져올 것이라고 기대하기는 어렵다는 점이다. 소수의 근로자이사가
참여했을 때 이들의 의견이 얼마만큼 이사회의 의사결정과정에 반
영될 것인가도 문제지만 더욱 중요한 것은 근로자 이사의 수와 무
관하게 이사회가 자율성을 가질 수 있을까라는 점이다. 물론 근로
자 대표의 이사회 참여는 경영진에 대한 견제와 감시기능을 높이
고 기업경영의 투명성이나 독립성을 높이는데 도움이 될 것이다.
그러나 근로자이사제의 도입이 이사회의 근본적인 혁신으로 이어
지는 데는 한계가 있다.

　공기업의 지배구조가 갖는 문제는 중앙정부의 그물망 같은 통
제와 빈번한 낙하산 인사로 인해 자율경영과 책임경영체제가 확립
되지 않고 있다는 데 있다. 이런 상황에서 내부지배구조를 확립하
기 위해서는 최고경영자의 임면을 포함한 이사회 기능의 실질적인
활성화와 경영평가제도의 개선, 의사결정과정에서의 독립성 강화
등의 조치가 필요하다. 이와 더불어 서울시 출자·출연기관과 투자
기관(공사·공단)을 통합적으로 관장하는 (가칭)'서울시 공공기관
운영심의위원회'를 설치하고 거기에 노동계 인사가 참여하는 등
외부지배구조를 강화하는 방안을 찾아볼 수도 있다(노광표·김인재
외, 2015).

　지배구조와 관련하여 임추위의 구성도 검토의 대상이다. 지방공

공기관의 임추위는 지방의회가 추천하는 3인과 지자체장이 추천하는 2인, 그리고 해당 공사의 이사회가 추천하는 2명으로 구성된다(지방공기업법 시행령). 출자·출연기관도 마찬가지다. 그런데 임추위를 구성할 경우 국가공기업이나 준정부기관에서는 "당해 공기업·준정부기관 구성원의 의견을 대변할 수 있는 사람 1명"을 포함시키도록 되어 있다(공공기관 운영에 관한 법률 시행령 제23조 3항). 또한 「공기업·준정부기관의 인사운영에 관한 지침」에 따르면 "'구성원의 의견을 대변할 수 있는 사람'은 기관의 직급별 대표자회의, 구성원의 투표 등 기관 구성원 전체의 의견을 수렴할 수 있는 방법에 의해 추천된 자 중에서 이사회가 선임한다"로 규정되어 있다(제21조 4항). 지방공공기관의 임원추천 절차에는 이런 규정이 없다. 다시 말해 '그 공사의 구성원'은 근로자이사의 선임과정은 물론 다른 임원의 선출과정에 개입할 수 있는 여지가 없는 것이다. 그렇다면 지자체 공공기관에서도 당해 기관 구성원의 의견을 대변할 수 있는 사람을 임추위에 포함시키는 방안을 검토할 필요가 있다.

결론적으로 서울시 투자·출연기관에서 도입되는 근로자이사제는 △법·제도적인 기반의 부재와 △기업별 체제에 따른 단체교섭과의 역할 중복, △경영협의회의 미도입, 그리고 △공공기관의 지배구조 개선에 대해 갖는 한계 등의 문제를 안고 있다. 그러나 이런 문제들은 근로자이사제의 도입이 갖는 의미를 덮기보다는 추후과제를 제시하는 것으로 이해해야 할 것이다. 중앙정부 공공기관을 비롯한 모든 공공기관에서 근로자이사제의 도입이 가능하도록 법률적인 뒷받침을 마련하는 일이나 공공기관 지배구조의 개선, 그리고 경영협의회의 도입은 시급하고도 중요한 일에 속한다. 기업별 노조체제에서 비롯되는 경제주의적인 편향이나 공공성의 결여도 넘어서야 하겠지만 산별체제로 이행하려는 노력 역시 공동결정제도를 정착시키기 위해서는 중요한 과제에 속한다.

VI. 맺음말

서울시 투자·출연기관에 대해 근로자이사제의 도입을 규정한 조례는 시의회를 통과해(2016. 9. 9) 서울시장이 공포했다(2016. 9. 29). 후속절차는 해당기관이 조례에 따라 정관을 개정하고 근로자이사 후보를 선출하기 위해 임추위를 구성하고 선거관리위원회를 꾸리는 일이다. 노사관계에서 새로운 장이 열리는 것이다. 처음 가는 길이었으며 이정표가 될 만한 참고자료도 없어 '맨땅에 헤딩하듯' 헤쳐나간 길이기도 했다.

근로자이사제의 도입이 서울시 노동행정에서 갖는 의미는 그 초점이 시혜에서 참여로 옮겨가고 있다는 점이다. 여기서 참여란 기업(기관)의 의사결정과정에서 노조 또는 노동자 대표가 주체로 나서는 것을 의미한다. 이런 '참여형 노사관계'는 그것이 노동포용적(labor-inclusive)이라는 점에서 노동배제적(labor-exclusive)인 공공개혁을 추진하는 중앙정부와 대비된다(박명준, 2016).

참여형 노사관계를 구축하려는 노력은 궁극적으로 한국 노사관계모델의 마지막 퍼즐을 맞추는 작업이다. 한국형 노사관계 모델은 전국차원에서는 사회적 대화를, 산별차원에서는 단체교섭을, 그리고 기업이나 작업장 차원에서는 경영참여를 축으로 한다(김동원 외, 2009). 사회적 대화와 산별교섭은 비록 그것이 성공하지는 못했지만 끊임없이 추구되어 왔다. 한국형 노사관계모형을 설계하면서 유일하게 실험조차 되지 않았던 영역이 바로 기업차원의 경영참여, 즉 공동결정제도였다. 이런 의미에서 서울시가 투자·출연기관에 대해 공동결정제도를 도입하려는 노력은 단지 지방자치단체 차원의 실험이 아니라 한국의 노사관계에서 새로운 패러다임을 구축하려는 노력에 해당된다.

킹돈(Kingdon, 2013)은 다중흐름모형(multiple streams framework)을 통해 비합리성과 모호성을 전제로 한 정책결정과정을 설명하고 있다. 그에 따르면 정책은 문제의 흐름, 정치의 흐름 그리고 정책의 흐름 가운데 두 개 이상의 흐름이 선호하는 정치적 세력이나 힘에 의해 정책의 창(policy window)이 열렸을 때 비로소 형성되고 변동된다. 정책의 창이 열렸다는 것은 어떤 정책이 변화의 기회를 맞이했다는 것을 의미한다. 정책의 창은 강력한 정책문제가 발생하거나 정치의 흐름 속에서 열린다. 그런데 정책의 창은 그게 열리더라도 금방 닫히게 되므로 정책의 창이 열리는 기회를 놓치게 되면 다음 기회를 기다려야 한다. 서울시 공공기관에서 도입하려는 근로자이사제, 나아가 공동결정제도가 바로 여기에 해당된다. 변화는 시작됐고 정책의 창은 열렸다. 그것이 실패하면 서울시와 서울시 공공기관 노사의 실패에서 그치는 것이 아니라 경영참가에 대한 논의 자체를 한 동안 수면 아래로 가라앉게 만들 것이다. 이 글을 쓰는 시점까지 서울시 투자·출연기관에 근로자이사제를 도입하려는 시도는 순항 중이다.

<참고문헌>

강동훈(2016), "노동자 경영참여는 노동자를 분열시킨다", 노동자연대 140
　　　호(12. 22).

강수돌(2016), "독일의 참가형 노사관계 : 그 양면성의 비판적 고찰", 서울
　　　대학교 공익인권법센터·서울대학교 인권센터 주최, 2016년 경제민
　　　주화 심포지움 발표문.

김교숙(2011), "산업민주주의와 근로자 참여 및 협력증진에 관한 법률", 노
　　　동법논총 제21집.

김동원·이규용 외(2009), "한국적 노사관계 모형의 개발을 위한 탐색적 시
　　　도", 노동정책연구, 제9권 제2호.

김상봉(2012), 기업은 누구의 것인가, 꾸리에.

김호균(2016), "근로자이사제, 갈등비용 줄여 기업생산성 향상될 것"(서울
　　　경제신문, 5. 20).

김호균(2006), "독일공동결정제와 현황과 과제", EU학 연구 Vol.11, No.1.

노광표(2016a), "공공부문 구조조정의 현황과 노동의 대응", 한국산업노동
　　　학회 추계학술대회 발표문.

노광표(2016b), "공공부문 성과연봉제 및 퇴출제의 문제점과 노동조합의
　　　대응", 국제공공노련 한국가맹협의회(PSI-KLC) 주관, 공공부문 성
　　　과연봉제의 문제점과 노동조합의 대응방안토론회 발제문.

노광표·김인재 외(2015), 서울시 공공기관 운영위원회 설립 및 운영에 관한
　　　연구」, 서울특별시의회.

박명준(2016), "포용적 노동시장개혁은 불가능한가? 시론적 유형화와 한국
　　　상황 성찰", 경제와 사회 가을호(통권 111호).

박종희(2003), "근로자 경영참가제도의 기본구조와 방향성에 관한 법적 검
　　　토", 산업관계연구 제13권 제2호.

박태주(2016), "공공서비스 노조주의 관점에서 살펴본 철도노조의 민영화 저지투쟁", 산업노동연구 제22권 제1호.

배규식 외(2015), 서울시 투자출연기관 참여형 노사관계 모델 도입방안 연구. 서울특별시.

서울시투자기관노동조합협의회·사회공공연구원(2016), 공공서비스 증진을 위한 서울시 산하기관 노동이사제 도입방안정책토론회 자료집.

서울특별시 기획조정실(2016), 서울시 투자·출연기관 근로자이사제 세부운영지침(안)(9. 30).

서울특별시·서울특별시 의회(2016), 서울특별시 근로자이사제 운영에 관한 조례제정 공청회자료.

선학태(2011), 사회적 합의제와 합의제 정치, 전남대학교 출판부.

신권철(2013), "노사협의회의 법적 지위와 역할", 노동법 연구 제35호(9월).

손영우(2012), "노동조합에게도 사회적 책임이 있는가?: 사회적 책임의 대상 확대와 노조적용에 관한 연구", 기억과 전망(겨울호).

신정완(2001), "노동자 경영참가 문제에 대한 스웨덴 노동조합 총연맹(LO)의 접근방식", 사회경제평론 제17호.

유종일 엮음(2012), 경제민주화, 분배친화적 성장은 가능한가, 모티브북.

이상희(2016), "서울시 공기업 근로자이사제도입의 문제점 검토", 바른사회시민회의 주최 서울시 근로자이사제 도입의 문제와 파장토론회 발제문.

이승욱(2000), "한국 노사협의회의 운영과 관련한 법적 문제점과 입법정책상의 과제", 한국노사관계학회 추계국제학술대회 발표문 .

이승협(2005), "독일 노동자 경영참여 모델의 구조와 전망", 산업노동연구 제11권 제1호.

정원규(2009), "공화주의적 경제 민주주의 전망", 사회와 철학 제17호.

조택(2007), "우리나라 공공기관의 지배구조에 관한 연구", 한국정책과학학회보 제11권 제4호.

최계영(2015), "지방공기업의 법적 쟁점과 과제: 공기업 통제의 문제를 중심으로", 경제규제와 법 제8권 제2호.

최태욱 엮음(2011), 자유주의는 진보적일 수 있는가, 폴리테이아.

한국경영자총협회(2016), "서울시의 노동이사제(근로자이사제) 도입 계획에 대한 경영계의 입장"(5. 10).

마조리 켈리 지음, 제현주 옮김(2013), 주식회사 이데올로기, 북돋움.

Conchon, A.(2015), *Workers' voice in corporate governance: A European perspective*: TUC.

Dahl. R.(1985), *A Preface to Economic Democracy*, Berkley: University of California Press<배관표 옮김(2011), 경제민주주의에 관하여, 후마니타스>.

Jackson, G.(2005), Employee Representation in the Board Compared: A Fuzzy Sets of Analysis of Corporate Governance, Unionism and Political Institutions, *Industrielle Beziehungen* 12:3.

Kindon, John, W.(2013), *Agendas, Alternatives, and Public Policies.* updated 2nd ed., New York: Addison-Wesley Educational Publishers Inc.

Terry, M.(2003), Partenrship and thje Future of Trade Unions in the UK, *Economic and Industrial Democracy*, Vol.24, No.4.

Wheeler, J.(2002), Employee Involvement in Action: Reviewing Swedish Codetermination, *Labour Studies Journal*, Vol.26, No.4.

Waddington, J. and Conchon, A.(2016), *Board-level Employee Representation in Europe: Prioirties, Power and Articulation*, Abingdon: Routledge.

Wigboldus, J. E., Grift, Y., van den Berg, A., Looise, J. K.(2016), The economic effects of works councils: Channels and conditions. Using secondary data to test a new theoretical model, *Economic and Industrial Democracy* 37(3).

엮은이

조 국 서울대학교 법학전문대학원 교수
　　　　서울대학교 공익인권법센터장, 법학박사

필 자

이병천 강원대 경제학과 교수, 경제학박사
이 근 서울대학교 경제학부 교수, 경제학박사
이건호 서울대학교 경제학부 석사과정
정승일 새사연 이사, 경제학박사
송기춘 전북대학교 법학전문대학원 교수, 법학박사
황승흠 국민대 법과대학 교수, 법학박사
송석윤 서울대학교 법학전문대학원 교수, 법학박사
송강직 동아대학교 법학전문대학원 교수, 법학박사
강수돌 고려대학교 경영학부 교수, 경영학박사
신범철 경기대학교 경제학과 교수, 경제학박사
박태주 고려대학교 연구교수, 노동문제연구소

서울대학교 법학연구소 공익인권법센터

경제민주화의 이론과 과제

초판 1쇄 인쇄 2017년 3월 20일
초판 1쇄 발행 2017년 3월 28일

엮 은 이 조 국

발 행 인 한정희
발 행 처 경인문화사
총 괄 이 사 김환기
편 　 집 김지선 나지은 박수진 문성연 유지혜
마 케 팅 김선규 하재일 유인순
출 판 번 호 406-1973-000003호
주 　 소 파주시 회동길 445-1 경인빌딩 B동 4층
전 　 화 031-955-9300 팩 　 스 031-955-9310
홈 페 이 지 www.kyunginp.co.kr
이 메 일 kyungin@kyunginp.co.kr

ISBN 978-89-499-4274-2 93360
값 28,000원